BIBLIOTHÈQUE
DE PHILOSOPHIE CONTEMPORAINE

LE
PERSONNALISME

SUIVI D'UNE ÉTUDE

SUR LA PERCEPTION EXTERNE
ET SUR LA FORCE

PAR

CHARLES RENOUVIER

De l'Institut.

> Si, ô Socratès, après tant d'autres qui ont parlé des Dieux et de la création du monde, nous ne pouvons rendre raisons de ceste matière du tout certaines et assez perfettes, je vous prie ne vous en émerveiller, ains plus tost vous contenter si les trouvez autant probables que celles d'un autre, réputant que moi qui parle, et vous qui en jugerez, estes hommes, à fin qu'en trouvant mon propos vraysemblable ne demandiez rien plus.
> — *Le Timée*, dans la traduction de Loys le Roy.

PARIS
FÉLIX ALCAN, ÉDITEUR
ANCIENNE LIBRAIRIE GERMER BAILLIÈRE ET Cie
108, BOULEVARD SAINT-GERMAIN, 108

1903

LE PERSONNALISME

SUIVI D'UNE ÉTUDE

SUR LA PERCEPTION EXTERNE ET SUR LA FORCE

AUTRES OUVRAGES DE M. CHARLES RENOUVIER

A LA LIBRAIRIE FÉLIX ALCAN

Les dilemmes de la métaphysique pure. 1 vol. in-8°, de la *Bibliothèque de philosophie contemporaine*. . . . . . . 5 fr. »
Histoire et solution des problèmes métaphysiques. 1 vol. in-8°, de la *Bibliothèque de philosophie contemporaine*. 7 fr. 50
Uchronie. *L'utopie dans l'histoire*. 2ᵉ édition; 1 vol. in-8°. 7 fr. 50

Essais de critique générale. 1ᵉʳ essai, Logique, 2ᵉ édition, 3 vol. in-12. *Au bureau de la Critique philosophique* . . . Épuisé.
Essais de critique générale. 2ᵉ essai, Psychologie, 2ᵉ édition, 3 vol. in-12, *Au bureau de la Critique philosophique*. . Épuisé.
Essais de critique générale. 3ᵉ essai, Principes de la nature, 2ᵉ édition, 2 vol. in-12 . . . . Épuisé.
Introduction à la philosophie analytique de l'histoire. 2ᵉ édition entièrement refondue, 1 vol. grand in-8°. Ernest Leroux, éditeur . . . . 12 fr. »
La philosophie analytique de l'histoire, 4 vol. grand in-8°, Ernest Leroux, éditeur; le volume . . . . 12 fr. »
La science de la morale. 2 vol. in-8°. *Au bureau de la Critique philosophique*. . . . . Épuisé.
Esquisse d'une classification des systèmes. 2 vol. in-8°. *Au bureau de la Critique philosophique* . . . . Épuisé.
La nouvelle monadologie. (En collaboration avec M. L. Prat), 1 vol. in-8°. Armand Colin, éditeur . . . . 12 fr. »
Victor Hugo, le poète. 1 volume in-12. Armand Colin, éditeur . . . . 3 fr. 50
Victor Hugo, le philosophe. 1 volume in-12. Armand Colin, éditeur . . . . 3 fr. 50

LE
PERSONNALISME

SUIVI D'UNE ÉTUDE

SUR LA PERCEPTION EXTERNE
ET SUR LA FORCE

PAR

CHARLES RENOUVIER
De l'Institut.

> Si, ô Socratès, après tant d'autres qui ont parlé des Dieux et de la création du monde, nous ne pouvons rendre raisons de ceste matière du tout certaines et assez perfettes, je vous prie ne vous en émerveiller, ains plus tost vous contenter si les trouvez autant probables que celles d'un autre, réputant que moi qui parle, et vous qui en jugerez, estes hommes, à fin qu'en trouvant mon propos vraysemblable ne demandiez rien plus.
>
> *Le Timée*, dans la traduction de Loys le Roy.

PARIS

FÉLIX ALCAN, ÉDITEUR

ANCIENNE LIBRAIRIE GERMER BAILLIÈRE ET Cⁱᵉ

108, BOULEVARD SAINT-GERMAIN, 108

1903

Tous droits réservés.

PRÉFACE

⟨Les deux questions réunies par le titre de cet ouvrage en composent réellement une seule, avec ses principales dépendances. La première, enfermée dans le terme de *personnalisme*, ou doctrine de la personnalité, nous donne la tâche de démontrer par des raisons, logiques d'abord, morales ensuite, que la connaissance de la personne en tant que conscience et volonté est le fondement de toutes les connaissances humaines. De cette connaissance primordiale, qui est celle d'une certaine relation de relations impliquée dans toutes nos connaissances possibles, — le rapport du sujet à l'objet mental, — il s'agit de déduire ce qu'il est possible de découvrir, au moins dans leur plus grande généralité, des relations constitutives des objets de l'expérience.

Les objets de notre expérience, en effet, ont pour facteurs ou coefficients les lois de la conscience. Quand ils sont représentés à la conscience extérieurement, ils le sont sous les lois de la représentation *externe*, qui est une représentation *en nous.*⟩

La seconde partie de l'ouvrage : *Étude sur la perception externe et sur la nature de la force*, prend la question de la connaissance sous l'aspect inverse, en considérant les objets externes comme donnés por eux-mêmes. Il faut alors envisager des relations de dépendance mutuelle entre les modifications de soi, que perçoit la conscience, et les modifications propres de ces objets, qu'elle perçoit aussi, mais hors d'elle-même.

A ce point de vue, si c'est à l'objet lui-même que l'on pense, il s'agit de chercher comment il se peut faire que ses changements, quels qu'ils soient, qui sont représentés à la conscience par des sensations, et qui sont autre chose que ces sensations, soient suivis de ces autres changements, dans la conscience, qui sont pour elle les sensations ; et de chercher, en conséquence, quelle peut être la nature, et en quoi peuvent consister les changements propres de cet objet. Cette double question est celle de la *perception* externe, dont celle de la *nature des corps* est inséparable. Car cet objet est le Corps.

Et si c'est l'autre côté de la relation de dépendance que nous considérons, la question est de savoir comment il se fait que des désirs et des actes de volonté, phénomènes internes d'une conscience, soient régulièrement suivis de certains changements de l'objet externe, perçus alors passivement par cette conscience. Le siège de ces changements, phénomènes externes, apparaît à la conscience, en premier lieu, dans un corps *organique*, également externe pour elle, mais partiellement et spécifiquement modifiable en rapport avec ses changements propres internes, de l'ordre mental des appétitions et des volitions. Ce siège apparaît, en second lieu, dans les corps extérieurs liés à ce corps organique par des lois qu'on appelle mécaniques, et les changements se propagent mécaniquement dans le monde extérieur.

Qu'est-ce que ce mécanisme ? La question de la *force*, ou de la *nature de la force*, se pose à cet endroit. Car c'est indubitablement au sentiment interne de la volonté, d'une part, et, de l'autre, à la constante expérience de l'efficacité du vouloir pour donner lieu à la production d'un mouvement de notre corps, que nous devons attribuer ce fait psychologique, — on ne peut le nommer autrement, — ce fait, que nous appliquons spontanément le même terme à la désignation de deux lois de phénomènes entre lesquelles nous ne saurions trouver aucun rapport, *si nous ne consultions que notre sentiment et non les faits*. La première de ces lois est celle qui donne pour *cause* à tel phénomène de mouvement suscité dans un corps un phénomène mental, un désir ; par la seconde nous supposons un rapport de causalité analogue entre deux corps dont les états respectifs et successifs de repos ou de mouvement sont mutuellement déterminés et varient suivant des modes que nous connaissons empiriquement et formulons mathématiquement. Le sens du terme de *force* appartient directement au premier cas, au cas de la volition ; son application à l'autre cas soulève une question si peu accessible à la mécanique rationnelle que les mathématiciens et les physiciens ont dû l'abandonner, ou du moins le réduire à sa valeur nominale, exprimant un rapport défini d'antécédent à conséquent dans un ordre de causalité expérimental.

La question de la force soumet donc au philosophe, ainsi que celle de la perception externe, le problème de la nature des corps et de la nature des *actions* exercées par les corps. Ce n'est autre chose que la recherche du fondement rationnel des notions générales de la physique. Notre étude qui comprend, avec la critique des théories psychologiques de la perception externe, l'esquisse des principaux systèmes de physique *a priori* qui ont place dans l'histoire de la science, a pour objet l'éclaircissement de ce problème en rapport avec la doctrine personnaliste. Elle nous conduit, pour terminer, à l'examen de quelques cosmogonies scientifiques, ou hypothèses sur l'origine et la fin du monde physique actuel, autant qu'on peut les conjecturer d'après la marche des phénomènes observables.

Le personnalisme est le vrai nom qui convient à la doctrine désignée jusqu'ici sous le titre de néocriticisme. Ce titre était tiré, non sans raison, des caractères par lesquels cette philosophie se rattachait au criticisme Kantien, et ces caractères, c'était, pour le dire en deux mots, l'adoption de la méthode des concepts, et la substitution du principe de la croyance rationnelle au faux critère de l'évidence en ce qui touche la recherche de ces connaissances inaccessibles à l'expérience dont se composent tout ce qu'on appelle métaphysique et les thèses de la psychologie transcendante. Toutefois il y avait, sur chacun de ces points, une différence profonde, et sur laquelle on n'a jamais assez appuyé, entre le néocriticisme et le criticisme de Kant. Le système des concepts *a priori*, régulateurs de l'expérience, ne s'éloigne pas seulement par les définitions et par la classification des catégories, dans le néocriticisme, des formes de la sensibilité et de la table des catégories, telle que la présentent l'*esthétique* et l'*analytique transcendantales* Kantiennes ; il s'y oppose radicalement en se fondant sur le principe de relativité, en répudiant le réalisme de la substance, en ramenant toutes les catégories à la relation, forme fondamentale de la pensée, et égale en extension à toute pensée possible.

Mais ceci n'est encore que la moindre différence, et ne fait pas assez ressortir le personnalisme comme inhérent au néocriticisme : tandis que la philosophie de Kant est en très grande partie tournée à la ruine du principe de la personne. Elle intronise, à la place des anciennes substances, on ne sait quels êtres en soi, ou *noumènes* inconnaissables, et le pur *inconditionné* par-dessus, comme réalité suprême ; elle abaisse à une réalité *empirique* peu différente d'une illusion tout ce qui est phénomène, et, par conséquent la personne vraie, dont tous les modes sont phénoménaux et relatifs. Enfin, par le déterminisme universel et absolu des phénomènes, Kant infirme la partie de ses propres théories qui concerne la pratique ; il nie rigoureusement la liberté dans le monde phénoménal. Et cependant la liberté est, il le déclare, la condition de possibilité de la morale du devoir, qui est la sienne même !

Le néocriticisme, dès son origine (*Essais de critique générale, Premier essai*, 1854. — *Deuxième essai*, 1859) est en opposition décisive avec tous les points caractéristiques de la doctrine kantienne, un relativisme net, qui est en même temps le personnalisme. En voici les termes : toute connaissance est un fait de conscience qui suppose un sujet, à savoir, la conscience elle-même, et un objet représenté ; et toute représentation est un rapport, ou un groupe de rapports assemblés par une loi. Une loi est une relation générale. La plus générale, que toutes les autres supposent, est la Relation elle-même. Cette première des *catégories*, considérée, non plus abstraitement, mais dans un vivant théâtre de représentations, est la loi de conscience, ou de personnalité, qui embrasse à la fois, comme ses instruments de connaissance et ses formes, le Temps et l'Espace, la Qualité, la Quantité, la Causalité, la Finalité. Le cercle des catégories, constitué par la Relation, dans l'ordre universel abstrait, s'ouvre et se ferme pareillement, dans l'enceinte individuelle, qui est aussi la plus enveloppante à sa manière : la conscience, où tous les rapports possibles se trouvent définis et coordonnés.

C'est donc sous l'aspect de la personnalité que nous devons rationnellement nous représenter la synthèse totale des phénomènes et définir le monde réel, le monde vivant. L'Inconditionné, la Substance, les Noumènes sont des abstractions, de pures fictions intellectuelles.

La recherche d'une notion synthétique du monde phénoménal soulève la question métaphysique de l'infini, que Kant prétendait éluder par ses antinomies. Le néocriticisme, dès son origine, a réfuté les antinomies, et démontré par le principe de contradiction l'impossibilité logique de l'extension sans borne des phénomènes, soit dans l'espace, soit dans le temps écoulé.

Kant affirmait dogmatiquement le déterminisme universel comme loi absolue du monde phénoménal. Le néocriticisme, dès son origine, a reconnu les thèses du déterminisme universel, et du libre arbitre réel comme dépassant, l'une et l'autre, la portée de la pure logique, et il a montré l'affirmation du libre arbitre réel comme engagée dans les notions morales de la personne. Il n'a pas eu à sortir de l'expérience et des phénomènes pour en assigner le siège, l'idée que nous en avons, sa définition, ne pouvant porter que sur leurs relations modales.

Le néocriticisme admettait donc la conscience comme fondement de l'existence, la personne comme premier principe causal à l'égard du monde, et posait la thèse métaphysique d'un premier commencement des phénomènes, à raison de l'impossibilité logique de leur rétrogression à l'infini. La doctrine personnaliste a été plus tardive à se compléter par la reconnaissance d'un acte de création comme fait initial, et de l'unité de la personne première et créatrice comme une vérité imposée à notre assentiment par le caractère d'unité harmonique des lois qui régissent l'entendement des êtres intelligents, et ce monde, dont la représentation leur est donnée. Le concept du commencement premier ne se peut fixer sur aucun autre sujet ou matière que le sentiment du vouloir, fondement unique des concepts de cause et de force. La création est et doit être, ainsi que le commencement, hors de notre compréhension. L'hypothèse du monde existant par soi, éternel, n'est pas non plus celle d'un monde qui pourrait se rendre raison à lui-même de son existence.

Le dernier progrès que réclamait le personnalisme a été le nécessaire complément de ce théisme positif. Le néocriticisme laissait, en effet, l'étude critique de Dieu et du monde à l'état sceptique ou négatif, s'il ne l'étendait pas jusqu'à une théorie de la théodicée, ou de l'origine et de la fin du mal. C'est une question qui s'attache inévitablement à la doctrine de Dieu créateur, parce que l'idée de Dieu est l'idée de la personne parfaite, et que le monde, œuvre de Dieu, doit être un monde parfait. Or le mal règne dans le monde. La théorie cosmogonique et eschatologique du personnalisme, abordée dans les *Essais de critique générale*, *Troisième Essai* (2ᵉ édit.) et exposée dans la *Nouvelle monadologie* est reprise à fond dans l'ouvrage que nous publions aujourd'hui.

LE PERSONNALISME

PREMIÈRE PARTIE

LA MÉTAPHYSIQUE DU PERSONNALISME

CHAPITRE PREMIER

LES DEUX HYPOTHÈSES CONTRAIRES. — LA CRÉATION.
LA SUITE INFINIE DES PHÉNOMÈNES SANS ORIGINE

L'hypothèse de la création du monde par un acte premier, origine des phénomènes, est plus intelligible, s'accorde mieux avec nos maîtresses notions logiques que l'hypothèse d'une série infinie de phénomènes successifs sans origine.

La doctrine de l'éternité antérieure des phénomènes successifs s'appuie sur l'hypothèse de l'éternité antérieure successive des causes, en vertu du principe de causalité, c'est-à-dire du jugement *a priori*, que *tout ce qui commence d'exister a une cause*. Mais l'interprétation de ce principe est vicieuse quand on lui fait dire que toute cause implique une cause antérieure dont elle est l'effet. Ce dernier jugement n'est pas analytiquement lié à la notion de cause, et ne s'impose pas non plus *a priori*.

La nécessité qu'une cause soit toujours causée est contradictoire à la nécessité d'une cause première des phénomènes ; elle est donc réfutée si celle-ci est prouvée. Or une démonstration logique de la nécessité que la série des causes, prise régressivement, ait un premier terme, se tire du concept catégorique de la quantité numérique, d'après lequel toute suite de choses nombrables, réelles et distinctes les unes des autres, forme une somme donnée et déterminée, qui ne peut être à la fois infinie et effectuée. Une somme de causes ou de phénomènes successifs, considérés à un moment quelconque du temps, s'ils sont ou ont été réels et distincts, doit donc être une somme donnée et déterminée à ce moment, car une somme déterminée ne peut pas se composer de termes à l'infini. Les idées d'infinité et de sommation sont des idées mutuellement contradictoires.

Le système de l'éternité des phénomènes, éternité divisée en phases ou évolutions successives dont chacune a sa fin déterminée par ses conditions initiales, est dans le même cas que le système de l'éternité sans divisions, en ce qui concerne la suite des phases. Chacune des phases est un tout, mais, soit qu'on les rattache toutes ou non à une cause commune, on ne saurait admettre sans contradiction que leur succession dans le temps n'a point eu d'origine.

Examinons de plus près ces différents points.

*

L'idée du possible, par opposition à l'idée du réel, est l'expression d'un rapport : c'est l'idée générale et abstraite de l'existence du terme qui peut être l'antécédent d'un conséquent pour un fait de devenir ; et l'idée du devenir est l'idée du changement qui survient dans quelque chose qui est. Si on ne suppose pas l'existence de quelque chose, si on dénie au fait du devenir tout antécédent, il faut que tout à la fois ce qui devient *ne soit pas et soit*, puisqu'*il devient*. Le non-être est donc l'être ! C'est vainement que l'on croit, en un tel devenir, éviter l'idée du pur premier commencement.

La thèse du *possible* ne saurait donc se poser rationnellement comme un antécédent réel de la thèse de l'*être*, et comme une manière d'expliquer l'origine des choses, parce que de l'idée du *possible* on ne peut passer à celle du *devenir* qu'en pensant au rapport de certains phénomènes donnés avec d'autres dont ils renfermeraient la raison d'être sous une condition de temps. L'idée du possible n'offre pas le moyen d'éviter l'option entre la thèse du pur commencement et la régression à l'infini des phénomènes.

*

Une idée vague qui semble de nature à nous faciliter le passage du concept du possible à la donnée du réel est celle d'une sorte de virtualité tendancielle, assez bien rendue par l'image commune du passé gros de l'avenir, aspirant à l'avenir; mais il est difficile de voir là quelque chose de plus qu'une imagination, si ce n'est un effort d'abstraction qui, élevant le principe de finalité au-dessus de l'expérience, l'envisageant hors de toute intention consciente et même de tout sujet déterminé où l'intention pourrait avoir un fondement, le poserait comme une entité supérieure au monde et génératrice de l'être.

*

Quand nous ajoutons au concept du devenir, le concept de la cause, qui en est, selon notre jugement, le complément, en quelque sorte, et l'explication, et quand nous refusons d'entendre le *principe de causalité* en ce sens que toute cause soit elle-même l'effet d'une cause antécédente en remontant une suite indéfinie de phénomènes, nous nions l'infinité réelle de cette suite, et nous posons une cause première.

L'argument à l'appui de cette hypothèse, indiqué plus

haut, est exactement le suivant : une démonstration *per absurdum :*

La série des phénomènes passés qui n'auraient pas eu d'origine première, et que nous supposerions avoir été donnés réellement à leurs moments, distincts les uns des autres, par conséquent, et nombrables, cette série constitue, pour notre pensée, une somme en soi déterminée d'unités distinctes, c'est-à-dire un tout défini et un nombre. Mais, par hypothèse, ces phénomènes ne pourraient jamais former un tout et un nombre déterminé : car auquel que ce fût de tous les nombres *possibles* qu'on supposerait ce tout fixé, un nombre plus grand que celui-là devrait toujours être substitué, et des phénomènes antérieurs devraient s'ajouter au tout antérieur supposé, ce qui est contradictoire.

En d'autres termes, une même série de phénomènes, que nous savons actuellement venue jusqu'à nous, dans le sens descendant du temps, et terminée, si nous l'envisageons dans le sens ascendant, est interminable, et se présente à la pensée comme sans fin, impossible à épuiser. La succession des unités phénoménales formait un tout, leur numération rétrospective ne peut plus en faire un.

La contradiction est donc la plus formelle qui puisse être. Il serait logique, et il serait honnête que les philosophes partisans du procès régressif des phénomènes à l'infini déclarassent nettement que le principe de contradiction ne fait pas loi pour leur entendement.

*

Il peut paraître que l'expérience ne s'accorde pas avec la logique pour nous mener à notre conclusion ; car c'est plutôt un enseignement contraire que nous tirons de l'expérience, à cet égard, et qui a lui-même toutes les apparences d'une loi de l'entendement. Il importe beaucoup d'éclaircir cette difficulté.

Il n'est pas conforme à l'ordre empirique des phénomènes qu'un premier commencement soit possible en aucune chose, car cet ordre des phénomènes, matière de l'expérience, forme, en remontant, une chaîne de conséquents et d'antécédents qui sont eux-mêmes des conséquents d'autres antécédents, et notre imagination, exclusivement instruite par l'expérience, est incapable de nous présenter la série des événements sous un autre aspect. La doctrine du libre arbitre nous autorise, il est vrai, à regarder certains de nos actes comme de véritables commencements, en ce qu'ils ouvrent des séries de phénomènes; mais, quoiqu'ils puissent constituer des prolongements différents les uns des autres pour les mêmes antécédents, ils ne laissent pas de subir ces antécédents comme leurs conditions nécessaires sous de très nombreux rapports. Mais l'enchaînement général suffit, malgré les ambiguïtés internes, pour que les actes libres ne puissent être assimilés à des commencements premiers. L'expérience n'en admet pas de tels, la loi constamment vérifiée par l'expérience est celle qui établit pour tout phénomène la nécessité des antécédents.

L'objection qui paraît si logique, et si conforme au principe de relativité de la connaissance, est pourtant trompeuse; elle change le terrain de la question; elle porte sur l'ordre de l'expérience, tandis que la question du premier commencement est celle de l'origine et de la cause des phénomènes qui ont été soumis à cet ordre, à cette loi. Il est donc logique que la thèse du premier commencement soit jugée par un argument tout autre que celui qu'on tire du cours des choses une fois institué. Cet argument décisif est fourni par le principe de contradiction.

Si nous supposons l'existence de la série des phénomènes sans commencement, si nous regardons l'idée de cause comme uniquement représentée et signifiée par l'idée de l'enchaînement empirique des phénomènes, conditionnés les uns par les autres en vertu d'une loi qui les aurait ainsi liés sans impliquer un terme initial de la série venue jusqu'à nous en traversant l'infinité du temps, nous embrassons une hypothèse inconciliable avec les concepts essentiels et fondamentaux, les plus fermes et les plus assurés de ceux qui régissent tout exercice de notre entendement : les concepts de quantité et de nombre d'après le principe de contradiction.

Il n'y a qu'une voie ouverte au penseur pour échapper au principe de contradiction ; c'est celle qui consiste à embrasser la contradiction elle-même, non comme une loi de l'esprit, mais comme une loi de la nature. Seulement, si l'on prend ce parti, il faut en voir les conséquences. La loi du nombre ne s'applique à la quantité qu'à la condition qu'on reconnaisse, dans la quantité, des unités distinctes, des unités nombrables par la raison qu'elles peuvent être distinguées les unes des autres. C'est le motif pour lequel, en démontrant l'impossibilité logique d'une série actuellement infinie de phénomènes successifs, nous avons eu soin de spécifier que ces phénomènes devaient être regardés comme distincts, et leur succession comme réelle, leur division dans le temps, réelle. De même, s'il s'agissait de l'étendue, au lieu de la durée, la démonstration de l'impossibilité de l'infini actuel, supposerait que la quantité géométrique, indéfiniment divisible, est composée d'éléments réels, sortes d'unités nombrables. Dans les deux cas, le penseur peut échapper à l'étreinte de la preuve en soutenant cette thèse : que la division des phénomènes dans l'espace et le temps est l'œuvre de l'imagination et ne répond point à la réalité des choses[1]. C'est la doctrine

1. La quantité géométrique n'étant pas composée d'éléments réels et distincts, unités nombrables, on ne saurait, en effet, démontrer l'impossibilité d'un infini actuel formé par cette quantité, en s'appuyant directement sur le principe de contradiction. On le peut seulement par

de Spinoza, la seule qui soit logique, parmi les doctrines infinitistes ; mais elle réduit le monde phénoménal à n'être qu'un système d'apparences, et toutes nos perceptions à n'être que des illusions. Il est douteux que beaucoup de ceux-mêmes qui acceptent du spinosisme les thèses théologiques et cosmologiques de la substance indivisible universelle, et la négation de toute individualité réelle, se rendent bien compte de la conséquence de ce dogme de l'unité absolue de l'être pour la véritable opinion à prendre de la nature. C'est celle de Schopenhauer, quoique si différente quant à l'idée de Dieu : c'est l'illusionisme universel.

Après avoir admis l'hypothèse de la cause première, il reste à rechercher la définition de cette cause, ce qui la caractérise pour notre connaissance, et quels attributs doivent s'y unir pour répondre au titre de premier terme de la série des phénomènes, ou réalité première.

CHAPITRE II

DES DOCTRINES QUI FONT DESCENDRE LE MONDE DE PRINCIPES ABSTRAITS

Les idées abstraites auxquelles la philosophie a presque toujours demandé l'explication du monde phénoménal à

cet argument : que l'étendue étant, selon sa définition reçue par les géomètres, un continu indéfiniment divisible, ses parties vont, comme les nombres, *à l'infini*, ce qui est précisément le contraire d'être *en nombre infini*, et ne peuvent donc se sommer pour former un *infini actuel*. Leibniz l'entendait ainsi (XI, note). Il en est du temps abstrait, autre continu, comme de l'étendue. Mais pour les choses, pour les phénomènes positifs et distincts, soit considérés dans l'espace, soit considérés dans le temps, l'impossibilité qu'elles forment ou puissent jamais constituer un infini actuel se démontre directement par la contradiction qui existe entre l'idée d'une somme donnée, réelle, et un nombre indéterminé et indéterminable.

titre de cause première sont ou de certaines qualités sensibles par lesquelles les corps nous sont représentés, et que le philosophe *substantifie* comme données hors de la sensation ; ou ce sont des notions de l'entendement, qu'il porte à l'absolu, ou enfin des modes émotionnels de la conscience.

Les qualités sensibles les plus saillantes des corps, réputées les plus fixes au fond, se sont toujours offertes pour la définition de la matière en soi, ou de ses éléments constitutifs. Cependant une notion logique, le rapport du phénomène objectif à son sujet représenté d'inhérence, puis des suggestions de l'imagination d'après l'apparent témoignage des phénomènes, ont fait ajouter au réalisme des essences, ou qualités essentielles, le réalisme de la *substance*, les transformations qualitatives de la substance, et la fiction des actions transitives et des forces génératrices. De là les systèmes divers, les uns atomistiques, fondés sur le réalisme de l'*étendue impénétrable*, les autres vaguement qualifiés de *dynamiques*, dont les vues générales, quand ils ont admis le procès à l'infini des causes, ont tendu souvent à ce qu'on a nommé le *panthéisme*, encore bien qu'ils pussent être indépendants de l'idée de Dieu, comme chez les anciens.

Les principes d'ordre proprement intellectif sont l'Unité, l'Infini, les Nombres, les Idées, la Substance, la Puissance, l'Intelligence, le Moi pur, ou l'Idée pure (avant la conscience), la Volonté pure, la Force, et enfin l'Inconditionné, ou Absolu, auquel peuvent ou non s'ajouter les *hypostases*, soit au sens néoplatonicien, soit au sens chrétien.

Les principes du genre émotionnel ont dans l'antiquité leur application la plus caractéristique, en ce qui concerne l'origine et l'évolution des phénomènes. L'Amour et la Haine de quelques philosophes antéplatoniciens, et le Feu artiste des stoïciens, agent sensible de l'évolution et de l'involution des phénomènes, ne sont plus guère représentés dans la philosophie moderne que par le principe de l'Amour comme moteur universel du mouvement cosmique. Encore voit-on ce principe se réduire souvent à l'idée d'une certaine tendance universelle des choses, dont le penseur craint de préciser la fin, et qui a chez lui sa source dans un vague optimisme esthétique.

*

Tous les principes mis en œuvre dans les systèmes qui érigent en réalités fondamentales des modes de penser relatifs sont entachés de ce vice commun : qu'ils ne remontent pas jusqu'à la relation fondamentale, condition de tous les rapports particuliers possibles. Ceux qu'ils posent comme premiers, ils voudraient les soustraire à la condition de relativité, à laquelle tout ce qui peut appartenir à la connaissance est assujetti.

Les philosophes qui élèvent au plus haut degré la réalisation de l'abstrait vont jusqu'à prendre pour principe de toute réalité un pur nom : l'*Absolu* ; car ce mot, quand il est employé, non comme un terme qualificatif, et ainsi qu'il s'entend d'ordinaire en théologie, mais en manière de substantif, *absolument*, n'a point de sens. Les penseurs qui s'en servent, ou de son synonyme : l'*Inconditionné*, ne réussissent pas même à s'épargner le procédé illogique des inventeurs d'hypostases. Ces derniers, en effet, font sortir les hypostases des idées de relation que leur soumettent l'esprit et le monde; où les prendraient-ils ailleurs ? Ils prétendent ensuite en déduire l'esprit et le monde, en déduire l'ensemble de ces mêmes rapports dont les hypostases tirent leur signification. Et les inconditionalistes, eux aussi, sont obligés de recourir à des intermédiaires pour établir un rapport entre l'Inconditionné et le monde, c'est-à-dire de chercher, comme les autres, des hypostases, s'ils veulent que l'Inconditionné soit le principe de quelque chose.

Le rapport fondamental ne peut être logiquement, pour notre intelligence, que celui que constitue par elle-même la conscience, puisque celui-là est supposé par notre représentation des objets quelconques et du monde. Le philosophe réaliste, ne le présupposant pas, est obligé de l'expliquer, de le déduire. Ce cercle vicieux ne se peut éviter qu'en posant la première réalité dans la relation première qui est la conscience.

Le principe logique de relativité est respecté par cette doctrine, que nous nommons le personnalisme ; car la conscience est par elle-même un rapport ; elle est, dans la pensée que, par elle, nous prenons d'elle, générale et rationnelle, aussi bien qu'individuelle et empirique ; et elle est le rapport du sujet à l'objet, universellement. Hors de l'idée de ce rapport, l'idée de conscience s'évanouit.

Et selon qu'on suppose la conscience réduite à la plus simple expression des rapports qui s'unissent pour la constitution synthétique du rapport fondamental : — perception, prise de connaissance des objets extérieurs, communication avec des consciences autres qu'elle-même, — appétition, sentiments et désirs relatifs à cette connaissance et à cette communication, — énergie, action modificatrice de ces rapports objectifs et subjectifs, dans la mesure et à différents degrés d'une puissance individuelle, limitée ; — ou qu'on envisage la conscience comme élevée à la perfection des attributs définis par ces différents rapports, et parvenue à l'entière adéquation de l'intelligence, du désir et de la volonté avec leurs objets et leurs fins ; — selon qu'on se forme l'idée générale de l'être réel à l'un ou à l'autre de ces deux points de vue, on a ou le concept de la simple monade, être élémentaire de tous les êtres de la nature, organisés ou inorganisés qu'ils soient, ou le concept suprême du créateur de la nature, providence du monde.

CHAPITRE III.

LA CAUSE PREMIÈRE COMME VOLONTÉ ET PERSONNALITÉ
LA CONSCIENCE. LE MONDE EXTÉRIEUR

Nous avons posé l'hypothèse d'un acte premier, commençant les phénomènes. Un tel acte est l'acte d'une volonté. Car nous n'avons aucune idée d'un pouvoir de suscitation de phénomènes qui ne soit la volonté, quand nous en cherchons un au delà du simple fait de succession et d'enchaînement des phénomènes de notre expérience objective.

Poser la volonté première comme une entité pure, absolue, sans l'intelligence et sans la conscience, telle que l'a conçue Schopenhauer, ce serait imiter ces penseurs réalistes qu'on a vu de tout temps prendre pour principes du monde des concepts : l'Infini, la Substance, le Nombre, l'Un, l'Idée, l'Atome, la Force, l'Inconditionné, l'Inconnaissable. Mais toutes ces abstractions, ces modes universels de penser impliquent l'intelligence, impliquent la conscience. La volonté elle-même est, sans la conscience, un terme abstrait, auquel on donne le sens de force productive interne, engendrant l'intelligence et la conscience : mythologie pure.

La volonté créatrice du monde doit être unie à la pensée, à l'intelligence, et à ce troisième principe d'action qui est le désir, ou l'amour, afin de former une synthèse mentale semblable à la synthèse qui est notre être propre, la personne humaine, en la conscience qu'elle a de soi.

La conscience de soi se définit par le rapport d'un sujet à un objet. Le terme représentatif, ou sujet, en ce rapport, et le terme représenté, ou objet, sont inséparables, c'est-à-dire indéfinissables autrement que par la relation de l'un à l'autre. Et il n'est pas possible de sortir de cette loi, notre pensée n'y échappe pas, quand elle pose l'objet comme autre que le sujet, et extérieur au sujet; ce ne peut jamais être que par un acte de conscience, qui est une pensée, que l'objet est ainsi représenté hors du sujet.

Une pensée est un acte particulier de détermination de la relation générale de sujet à objet qui constitue la conscience. Quand l'objet est représenté comme extérieur au sujet, encore qu'il lui soit, d'autre part, intérieur et inhérent comme représentation donnée, cette connaissance de la chose, la pensée qui la pose, sont des actes de croyance, soit spontanée, soit réfléchie, tout autant qu'aucun doute n'intervient. La connaissance et la chose connue, celle-ci en tant qu'externe, ne se peuvent rencontrer et joindre de telle façon que la première vérifie l'existence de la seconde.

Toute pensée est donc la représentation d'un rapport qui lui-même en embrasse d'autres. La conscience est elle-même une relation, la relation essentielle et première du sujet à l'objet; l'objet, externe qu'il soit, aussi bien qu'interne, est un rapport à la conscience, et les objets en leur variété ne se définissent que par les rapports sous lesquels la sensibilité et l'entendement nous les représentent (V).

L'objet constitué extérieurement par une croyance naturelle est posé comme constituant un sujet pour lui-même; mais la nature de ce sujet, aux yeux du penseur qui ne cède pas aux premières tentations naturelles d'affirmer, reste à découvrir et à définir, car cette nature doit être distinguée de l'espèce des modes objectifs de représentation qui tiennent à la représentation elle-même, à ses formes, aux conditions que lui imposent les concepts à l'aide desquels ces sujets externes sont pensés, mais non pas définis en ce qu'ils sont eux-mêmes.

*

Indépendamment de toute philosophie, la croyance pose l'existence réelle des choses : réelle, sans poser la question de leur essence propre. Elle affirme seulement par là la réalité de la nature externe. Mais son affirmation morale, ou par excellence, est celle de la personnalité. La conscience qui pose l'existence de sujets semblables à elle, extérieurs à elle, se pose nécessairement elle-même comme extérieure par rapport à ces sujets, objective pour eux ; de là tout à la fois le concept de l'individualité, et le concept de la personne, en sa généralité, avec les attributs essentiels de volonté, d'intelligence et de désir qui supposent à chaque personne des fins propres, en tant qu'individuelle.

Cette conscience de la personne, cette notion de la personnalité, ne portent pas avec elles la certitude d'une « substance » du moi. La doctrine réaliste met une idée abstraite à la place du fait psychologique (et physiologique aussi, par sa condition) afin de tirer de l'idée de l'âme-substance la preuve de la permanence de l' « âme ». Mais le fait suffit comme fondement de tout ce qu'on peut atteindre de croyance. Sans doute, il existe une imagination de la substance : c'est celle dont est née la doctrine des métempsychoses, et elle a son utilité pour le langage. Mais si l'on cherche vraiment à savoir, sans métaphore, à quoi pense, en se pensant, le sujet du *Cogito ergo sum* cartésien, voici ce qu'on trouve : il pense et il croit qu'il y a un passé, et qu'il y aura un avenir, comme il y a maintenant un présent, pour sa conscience, pour son moi, le même dont il a et dont il avait tout à l'heure le sentiment. Pour la pensée, c'est là ce que c'est que d'*exister* ; et c'est l'identité du moi, et c'est sa permanence. L'homme ne pourrait pas avoir ce sentiment actuel, s'il n'avait le souvenir du sentiment qui a précédé celui-là, et des autres, antérieurs, qui se distinguent les uns des autres par les variations des rapports du sujet aux objets. La conscience et la mémoire sont inséparables, parce que la conscience ne saurait s'enfermer dans l'instant sans par là même s'évanouir. La prévision entre également dans la conscience, à cause des fins dont la poursuite est attachée aux modifications objectives de la pensée. Cette extension et ce prolongement dans les deux dimensions du temps sont, pour la pensée, considérée d'abord en son sentiment phénoménal actuel, l'agrandissement auquel s'applique la notion intégrale de la personnalité. L'idée de la continuation de cette synthèse vivante au delà du temps de l'expérience mortelle est celle qui ouvre la voie à la croyance en l'immortalité personnelle. Et c'est juste autant que pensait pouvoir en garantir Descartes qui, après avoir posé l'être abstrait de la « chose qui pense », avouait ne pouvoir rien enseigner sur la vie future, qui reste une espérance. Le réalisme de la substance lui était donc inutile.

La personne humaine étant bornée en connaissance, et dans tous ses pouvoirs, dans l'accès de toutes les fins qu'elle peut se proposer, l'idée élevée et parfaite de la personnalité doit se prendre en la personne suprême dont l'intelligence embrasserait toute la sphère de l'intelligible, dont la puissance s'étendrait sur tout le possible et sur la totalité de l'être, et dont les fins, relatives au monde, seraient celles de son œuvre, la création. La croyance à un tel être est essentiellement la croyance en *notre objet extérieur*, au-dessus toutes les existences individuelles que nous envisageons hors de nous ; car l'idée de création impliquant l'existence du monde hors du créateur, il faut bien que nous posions réciproquement le Créateur comme extérieur au monde. Et c'est à lui que notre pensée doit remonter comme à la cause première, de la façon dont l'entendait Descartes ; car c'est de la personne et de ses attributs comme être pensant, à meilleur droit que de toute cause définie par un terme abstrait, qu'on peut dire avec Descartes : « Encore qu'il puisse arriver qu'une idée donne la naissance à une autre idée, cela ne peut pas toutefois être à l'infini ; mais il faut à la fin parvenir à une première idée, dont la cause soit comme un patron ou un original, dans lequel toute la réalité ou perfection soit contenue formellement et en effet, qui se rencontre seulement objectivement ou par représentation dans ces idées. » (*Médit. métaph.*, III, 18).

Ces *idées-représentations* sont celles des attributs de la personnalité, ou elles en dépendent. C'est donc dans l'esprit du Créateur qu'elles existent *formellement* et dans leur plénitude. En aucun temps la croyance aux dieux (ou aux êtres invisibles auquel ce nom s'est appliqué, élevés ou bas qu'ils fussent en leurs concepts) n'a jamais été ni pu être autre chose que des personnifications de qualités ou de pouvoirs dont les idées se tiraient de la connaissance des facultés des personnes. A mesure que l'idée de personnalité a grandi, ou s'est épurée, l'idée de Dieu est devenue celle de la personne à facultés accomplies, qui est la véritable. Elle a été seulement affaiblie et combattue par les doctrines de l'Infini et de l'Absolu, qui tendent toutes à remplacer la divinité par des abstractions.

CHAPITRE IV

DE LA PERSONNALITÉ DIVINE CRÉATRICE

Si le Créateur est une personne, les théologiens ont mal parlé en usant de ce terme : *la nature de Dieu*. Dieu n'est pas *une nature*. Pour créer le monde, c'est-à-dire pour donner, en un acte de volonté, l'origine à cette suite des phénomènes qui constituent *la nature*, pour les lier entre eux et les disposer en vue de fins déterminées, il faut, premièrement, se les représenter en les voulant. Cet acte d'un sujet qui se propose un objet implique la conscience de soi, que nous devons nommer *individuelle*, nonobstant ici l'universalité de ce qu'elle embrasse. Secondement, il faut se représenter les phénomènes objets du vouloir, concevoir les rapports suivant lesquels ils se déterminent à l'égard les uns des autres, établir les lois générales qui de leur assemblage dans l'espace et le temps composent un monde : c'est la fonction de l'intelligence, ou entendement. Et, troisièmement, il faut être animé du sentiment caractéristique de l'intention ; car le rapport de la pensée à sa fin réalisable suppose l'amour de l'œuvre, le désir de l'accomplir.

La personne première, ainsi définie, est *créatrice*, et non pas seulement *démiurgique*, en ce qu'elle constitue par son acte un sujet autre qu'elle-même, et qui reste dans sa dépendance sans être ni une partie ni un développement, soit spontané, soit volontaire, de son être propre, non plus que le produit d'une opération effectuée sur des éléments donnés hors de lui. Cette dernière hypothèse démentirait celle d'un premier commencement par un acte de volonté impliquant unité et instantanéité. On est donc tenté d'appeler la création, ainsi entendue, un mystère. Mais c'est à tort, parce qu'elle s'impose à la manière d'un fait, et que le caractère de ce fait est de ne pouvoir s'expliquer, parce qu'il ne se déduit point d'autres faits : il équivaut à l'*apriori* de l'existence, nécessairement inexplicable.

On demande l'explication des uns par les autres des phénomènes renfermés dans la sphère de l'expérience accessible ; on demande la preuve des relations et des lois qui se rattachent à des rapports supérieurs déjà démontrés ; mais la création est un acte qui, par hypothèse, porte sur cet ensemble de l'expérience, l'enveloppe et le régit; il ne peut donc en subir les conditions. Cet acte ne peut pas être soumis au commun contrôle de la raison, parce que c'est la raison même qui en exige l'hypothèse; elle le pose comme la limite de la connaissance possible, le terme supérieur de toutes les relations. Nous avons montré que la loi de causalité, en tant que relation bilatérale entre antécédents et conséquents, était logiquement inapplicable à la cause première, et qu'on ne pouvait sans contradiction en poursuivre à l'infini l'application en niant la cause première.

*

Nous disons que l'acte créateur ne doit pas se traiter de mystère, à moins que le mystère ne soit l'existence elle-même, qui certainement est inexplicable. Si nous considérons le fait de l'existence dans l'unité et le tout de l'être indépendamment du temps, il nous est impossible de concevoir comment cet être connaîtrait la cause ou raison de son existence, car il devrait pour cela connaître quelque chose d'antérieur à lui, qui lui donnât cette raison, ce qui est contradictoire. Et si nous considérons l'existence dans la diversité des êtres du temps, individuellement conscients, objets les uns pour les autres, et connaissant, mais d'une manière inadéquate, une nature et des lois, ces êtres se cherchent eux-mêmes et cherchent leur auteur. S'ils pensent le trouver dans une de ces *choses* qui tombent sous leurs sens, ou dans un de ces *concepts* qui leur servent à assembler et à comparer les représentations qui leur sont données, ils ne parviennent jamais à s'expliquer à leur gré la cause de toutes ces choses, et principalement celle qui les a fait être eux-mêmes, avec leurs idées ou concepts, leurs désirs et leurs volontés, qui sont aussi des causes.

S'ils croient à la volonté première, créatrice du monde, c'est en vain qu'ils s'efforcent de lui trouver néanmoins une cause (*cause de soi*, qui impliquerait alors l'*antériorité à soi*, contradictoire) ; et ce n'est qu'au prix d'autres contradictions inévitables, qu'ils essaient de la comprendre comme au-dessus du temps, de l'espace et de toutes les relations, et à la fois présent dans toutes, être et essence véritable et unique de toutes.

Il n'y a qu'une ressource rationnelle et claire, laissée au philosophe qui entend maintenir sincèrement le principe de la création, c'est de la regarder comme le *fait* rigoureusement primordial de la suscitation hors de soi des consciences et volontés individuelles par l'acte de la Conscience et Volonté suprême. Or, ce fait n'est ni plus ni moins explicable ou intelligible que le fait de l'existence, pour qui la considère dans l'individuel et dans l'universel, dans leur union et dans leur fondement.

*

Le pouvoir du Créateur de susciter non seulement en soi des phénomènes, comme fait la Pensée, mais, hors de soi, d'autres consciences, pour lesquelles existent aussi, représentativement, des phénomènes, et qui, sous des conditions données, sont aptes à en susciter, ce pouvoir n'est que l'expression parfaite et l'extrême portée de la puissance que possèdent les consciences incomplètes, extérieurement bornées, comme les nôtres, d'agir pour se modifier les unes les autres, modifier leurs objets respectifs, et se créer par là mutuellement des modes d'être, ou les supprimer. L'efficacité de notre action causale nous paraît plus intelligible que ne l'est la causalité divine donnant l'être à des consciences pour soi : c'est que nous percevons des intermédiaires entre cette cause qui est notre volonté, et ses effets externes ; mais ces intermédiaires ne sont pas *la cause* ; l'efficacité externe de la cause phénomène interne n'est pas à proprement parler, ou en elle-même, intelligible : elle est un fait, en vertu d'une loi.

Le point unique et caractéristique de l'acte divin de la création, c'est que cet acte fait la créature capable d'une volonté qui n'est plus la volonté du Créateur. L'absence de limites du pouvoir créateur est la puissance indéfinie d'agir et de créer, non l'acte infini, éternel du vouloir immuable. Sa limitation actuelle est constituée par ses relations de connaissance et d'action avec son œuvre finie qui est le monde. Les doctrines de la création *continue*, et toutes celles qui attribuent au Créateur une éternité en laquelle l'avenir et le présent s'identifient, l'ubiquité dans l'espace sans bornes, et une action actuelle dont tout ce que les créatures ont d'être réel et d'action réelle serait fait, ces doctrines théologiques ne diffèrent d'une philosophie qui prête à la nature naturante et naturée les mêmes propriétés, qu'en cela, qu'elles ajoutent aux contradictions de cette dernière une contradiction de plus : la personnalité de cette nature divine infinie.

CHAPITRE V

LES PRINCIPES DE RELATIVITÉ ET DE CONTRADICTION
LA RÉALITÉ ET L'IDÉE

L'hypothèse de la personnalité divine et celle de la création par l'acte de la volonté n'étant justifiées que par l'exclusion de l'hypothèse de l'évolution universelle des phénomènes sans origine, et du système de la descendance des choses d'un pur principe abstrait, ou d'un principe inconditionné inconnaissable, dépendent de l'acceptation du principe de contradiction et du principe de relativité.

Ce sont des postulats, car ils sont indémontrables : il n'y a pas d'arguments capables de vaincre cette affirmation : qu'une proposition dont les termes sont contradictoires pour notre entendement peut cependant être vraie en soi; ou cette autre affirmation, que l'existence d'une chose impossible à connaître, et même à définir, est cependant une chose réelle et certaine.

En admettant les deux postulats, on est sur le terrain de la logique, on ne le dépasse pas. Ils se rapportent exclusivement aux lois les plus générales, ou catégories, de l'entendement : à la Relation, à la Qualité, à la Quantité, au Devenir dans l'Espace et dans le Temps, à la Causalité, à la Finalité, — mais à cette dernière, en tant seulement qu'il faut un but à l'action, et de quelque espèce que soit ce but, — à la Personnalité, enfin, mais indépendamment des notions morales. Ils n'impliquent donc nulle affirmation sur la création comme bonne ou mauvaise, ou sur la nature, œuvre du Créateur, comme justifiable au point de vue du bien des créatures. Un tout autre postulat est réclamé pour répondre aux *requisita* moraux de la métaphysique : un postulat de la Perfection, qui ne dépend d'aucune relation logique des phénomènes, d'aucun principe purement intellectuel apte à les gouverner. Mais achevons de nous expliquer sur les postulats logiques.

Quoique les philosophes n'aient guère coutume, et c'est un tort grave, de mettre leurs soins à dégager les postulats qu'ils ne peuvent éviter dans l'exposition de leurs doctrines, il est clair que celui qui assure pouvoir s'en passer, s'il en est de ceux-là, a mal étudié la logique de la preuve, ou doit prétendre à l'intuition personnelle infaillible de la vérité. Comme toute science a ses postulats, la métaphysique a les siens. Ils sont cependant, contrairement à ce qu'on serait disposé à penser quand on n'y a pas assez réfléchi, en nombre moindre que ceux de la géométrie, et que ceux des sciences expérimentales. Ce qui trompe sur ce point, c'est qu'ils sont beaucoup plus disputés, et, par suite, aisément obscurcis ou travestis.

Le principe de contradiction, en apparence bien étudié, plus que cela, formulé sans opposition en pure logique, n'est pas appliqué, ou même reconnu par les philosophes autant qu'on l'imagine. De grandes et illustres doctrines en impliquent la violation ou en montrent la méconnaissance manifeste, encore que le plus souvent inavouée. Contentons-nous ici de cette observation, que nous avons ailleurs longuement développée.

Le principe de relativité, dont la formule a beaucoup embarrassé des philosophes mêmes qui disaient l'admettre, n'a pas l'avantage dont jouit au moins le principe de contradiction depuis Aristote. Ce dernier est en possession d'une formule nette invariable ; l'autre ne nous paraîtra pas moins net, toutefois, si nous l'exprimons en ces termes :

Nul objet de pensée ne saurait être connu et défini qu'en l'idée que nous en avons, et cette idée énonce toujours un rapport à l'idée de quelque autre chose, objet ou sujet de pensée également.

Ce principe est applicable, et le cas est capital, à l'idée de Dieu, qui n'est définissable, ou même pensable, que par rapport à l'idée du monde, et comme auteur, ou providence, ou essence et substance, etc., du monde, peu importe ici ; et cette idée est une croyance religieuse ou un concept philosophique.

*

On prend quelquefois pour la forme achevée de la constatation du caractère relatif de la connaissance humaine cette simple remarque : que la vérité de nos jugements dépend de la nature de notre intelligence, laquelle nous est donnée sans garantie, et pourrait nous tromper. Mais cette observation incontestable est plutôt faite pour nous éloigner de la vraie question de la relativité; car c'est de la nature de la connaissance en elle-même qu'il s'agit, comme essentiellement relative, et non de sa valeur en soi. Toute notion définie est, ainsi que toute perception, la détermination d'un rapport. Or, nous pouvons bien douter de la vérité du rapport en soi, *si nous doutons de la véracité de nos facultés*, mais non du jugement que nous devons porter de cette vérité, *dans l'hypothèse où il suffirait des lois de notre entendement, telles qu'elles sont, pour la contrôler*.

La vérité consiste, suivant sa définition justement réclamée par les croyances communes, dans la conformité de *l'idée* à la *chose*, et la chose est bien le *réel*; mais le réel, c'est le *rapport réel*, c'est-à-dire le *rapport externe vrai*. L'erreur de la méthode réaliste est de chercher une autre réalité que cette vérité externe des rapports pensés, c'est-à-dire que leur conformité aux représentations que nous nous en formons, et l'exactitude des termes dans lesquels nous les énonçons.

Le concept de la réalité ne diffère donc pas au fond du concept de l'existence, si ce n'est qu'il implique une distinction entre l'idée donnée en une conscience, comme représentative d'un rapport externe, et ce même rapport comme vrai, c'est-à-dire tel qu'il faut qu'il soit pour être perçu ou conçu *le même* par une conscience capable d'embrasser l'ensemble des rapports mutuellement dépendants dont il fait partie. Si l'idée ne satisfait pas à cette condition, le rapport est imaginaire, quoique réel et vrai encore, en ce sens qu'il est une représentation réelle en cette conscience qui s'abuse, et en ce sens, enfin, qu'il est donné dans l'ensemble des rapports de notre milieu, avec d'autres unis entre eux, et cohérents, dans lesquels se découvrirait aussi sa raison d'être, si, tous, ils étaient connus.

Une idée est le phénomène quelconque objet de perception pour une conscience donnée, interne ou externe qu'il lui soit représenté. Sur l'idée, en tant que toujours représentative d'un rapport, un point est à éclaircir : la donnée du rapport ne suppose-t-elle pas celle de ses termes, et ceux-ci ne doivent-ils pas être quelque chose d'absolu à la fin ? Il est vrai que la perception, dans sa plus simple expression objective, peut ne pas paraître un rapport ; il y a, par exemple, des sensations, ou des émotions individuelles, intransmissibles, qui sont des idées relativement simples (hormis le témoignage de la conscience toutefois, qui est un rapport), mais elles n'existent, et on ne peut les désigner, de même qu'elles ne viennent à la pensée, que grâce à des rapports. Un son, une couleur, quant à la sensation pure, ne sont pas des rapports, mais cependant n'existent pour l'entendement que liés à leurs conditions de perception : lieux, temps, organes appropriés, et les divers autres phénomènes sensibles auxquels ils sont comparés, et dont les idées ne pourraient en être séparées sans qu'il cessât d'y avoir réellement connaissance.

Les phénomènes se produisent partout et toujours en fonction les uns des autres. Il faut donc bien que l'expérience nous les présente comme des rapports. Ils sont de plus soumis, par l'entendement, afin d'être perçus, à des lois, ce sont les concepts fondamentaux, qui sont eux-mêmes des conditions de la représentation et des rapports généraux. Et, définitivement, la conscience, ultime relation, est la condition universelle.

*

Le vrai sens, le sens rationnel de l'idéalisme, sans les altérations provenues des doctrines qui réalisent hors de la conscience les idées, ou encore de celles qui tendent à la négation du monde extérieur, nous est ainsi donné par le principe de relativité, par la définition de l'idée comme rapport, et de la réalité, comme vérité des rapports tant internes qu'externes, tous objets de conscience et matière de jugement.

L'espèce d'idéalisme qu'on appelle subjectif absolu est cependant d'un sérieux intérêt pour la méthode : il a ce double caractère singulier, instructif pour la question logique de la certitude et de la croyance, que sa thèse est parfaitement inadmissible en même temps que logiquement irréfutable. Nulle représentation objective ne peut être quelque chose de plus que *subjectivement objective*, de quelque nature que soit la perception, quelque forme qu'elle affecte, de quelque jugement qu'elle s'accompagne.

L'affirmation de la réalité du monde extérieur est donc une croyance et un postulat moral. Mais gardons-nous de la confondre avec le réalisme de l'étendue en soi et de la matière en soi, sujet brut des propriétés géométriques et mécaniques. Ce réalisme, réfuté par les principes de relativité et de contradiction, pose une question indépendante de notre affirmation des êtres, quelle qu'en puisse être la nature, qui nous sont représentés hors de nous, et dont l'existence doit à cette représentation intuitive spatiale son caractère d'évidence, au sens propre et pratique de ce mot : *évidence*.

Malgré ce caractère qui lui appartient, notre affirmation réfléchie de la nature externe se rattache au postulat moral, plus général, qu'on pourrait nommer postulat de la *perfection*, qui est la demande d'une adhésion philosophique au principe, que notre croyance spontanée suppose, de l'*accord entre le témoignage de nos facultés et l'ordre du monde*.

CHAPITRE VI
L'IDÉE DE PERFECTION

Un ensemble de phénomènes coordonnés, dans lesquels le concept de finalité trouve d'autant plus d'applications que leurs causes efficientes sont presque partout invisibles, alors que les effets s'unissent et concourent de toutes parts à la production d'admirables synthèses finales, est naturellement propre à suggérer l'idée d'une œuvre d'art. La disposition esthétique de l'intelligence à considérer sous cet aspect tout assemblage remarquable par une adaptation de moyens à des fins, comme le sont ses propres œuvres, la porte à reconnaître l'existence réelle d'une loi de finalité dans la nature; et l'idée de la finalité, par une induction spontanée, amène celle de la personnalité, pour satisfaire au besoin de trouver la cause efficiente. L'ordination des phénomènes en vue les uns des autres, et pour en produire de nouveaux, est la propriété essentielle de cette finalité vivante et en acte qui est une personne, dans tout ce qu'elle produit. La genèse de la personnalité, en un monde tout mécanique d'ailleurs, serait entièrement inexplicable.

La puissance du sentiment anthropomorphique n'a pas eu d'autre source, dans l'histoire des religions. Il a obligé les nations les plus attachées par leurs traditions à la doctrine de l'évolution (c'est-à-dire de la descendance du monde d'un chaos ordonné ou fécondé par des principes physiques ou mythologiques vaguement personnifiés) à admettre, de suite après, des dieux nés, personnes immortelles, qui répondaient mieux à l'explication de ce qui apparaît d'ordre intentionnel dans le monde. Ni l'absolutisme divin de la doctrine juive, à partir d'un certain moment, ni celui des gnostiques et des néoplatoniciens; ni la théologie catholique avec son infinitisme à outrance n'ont pu affaiblir la tendance des peuples à maintenir un règne sérieux du personnalisme divin, quoique avec le revêtement des symboles, des légendes et des superstitions. Le personnalisme, en son caractère le plus net, qui est son accord unique avec le principe rationnel de la création (opposée à l'éternité du monde et au système de l'évolution), et en sa connexion nécessaire, unique aussi, avec le principe de finalité, ne devrait, si l'on y réfléchissait assez, être rejeté avec une apparence de logique que par des philosophes placés formellement au point de vue du pur matérialisme. Aussi voit-on assez ordinairement les hommes d'un esprit vulgaire passer à ce matérialisme, doctrine à leur portée, et qui leur paraît naturellement fort simple et facile à comprendre, quand une fois ils abandonnent franchement les croyances théistes. Les esprits métaphysiques ont, en pareil cas, la ressource de se faire des dieux avec des idées abstraites, avec des mots.

L'interprétation de l'idée de perfection a été l'une des principales causes de l'affaiblissement de la doctrine de la personnalité divine, dans l'esprit des penseurs, quand ce n'en a pas été, comme chez les plus logiques, le total abandon. En effet, quand on a pris l'Absolu, ou une essence qu'on disait être au-dessus de l'être, et innommable, puisqu'on renonçait à le définir par quelque relation que ce fût ; quand on a pris l'idée de ce néant pour l'idée de la réelle perfection, on a posé précisément le contraire du sens vrai, du seul sens intelligible de la perfection de l'être : l'être entier, accompli, qui réunit en une synthèse réelle et sans défaut tous les éléments de la pensée objective et subjective dont nous ne concevons que des idées partielles, imparfaites. On a dû alors recourir aux hypostases pour rétablir les attributs, qu'on supprimait, de l'être suprême : l'intelligence et la vie ; et qu'est-il arrivé ? c'est que le concept de personne n'a pu s'unir, dans les théologies hypostatiques, au faux concept de perfection pour constituer un vrai monothéisme.

De ces théologies, l'une, qui n'a pas cru devoir nommer les hypostases des personnes, n'a pu appliquer l'idée de personnalité qu'aux dieux traditionnels du polythéisme, quoiqu'ils n'eussent déjà plus pour les philosophes qu'une valeur de symboles : c'est le néoplatonisme. L'autre, qui a nommé les hypostases des personnes, a attribué la divinité intégralement à chacune d'elles : au *Fils* (consubstantiel au *Père*), à l'*Esprit saint* (procédant du *Père* et du *Fils*, si ce n'est du *Père* seul) et au *Père*, qui, nonobstant la mystérieuse trinité, représente l'héritage du monothéisme israélite. Le concept de personne est ainsi suspendu entre le Dieu des doctrines absconses, être infini et absolu, et la représentation personnelle et humaine, qui, donnée par l'*orthodoxie* à l'une des hypostases, est devenue le fondement d'un culte anthropomorphique à tendances polythéistes.

La fausse idée de l'infini, l'idée de l'infini actuel, a contribué plus encore que la doctrine de l'Absolu à l'affaiblissement de la croyance en la personnalité divine, en même temps qu'elle était la négation de l'idée vraie de la perfection. En effet, la réalité de la quantité *infiniment divisée*, se substituant à la puissance de la quantité *indéfiniment multipliable et divisible*, a rendu inconcevable et sans application possible à la perception des phénomènes localisés et successifs une intelligence divine qui devrait être à la fois simultanée et divisée en son acte pour les saisir distinctement, et pour les saisir tous, quoiqu'ils n'aient point de bornes. Nous n'avons pas d'autre idée des fonctions de perception, de conception, de mémoire et de prévision que celle qui implique distinction, union et détermination des objets.

L'opposition entre les modes de penser et de connaître humain et divin, a produit la doctrine théologique suivant laquelle le Créateur aurait prédéterminé, aussi bien que prévu éternellement, toutes les choses du temps et les actes humains, et à la fois les réaliserait, pour lui, dans l'instant de sa vie divine, et pour nous successivement. Cette contradiction des deux points de vue, accompagnée de l'idée bizarre que l'homme peut faire librement dans le temps, ce que, dans l'éternité, il fait nécessairement; et de cette autre idée, que Dieu n'est point l'auteur du mal, quoiqu'il l'ait prédéterminé, a été la source de deux mille ans de controverses et de procès d'hérésie, dans l'École et dans l'Église, qui ne pouvaient, les prémisses étant immuables, avoir aucune issue philosophique.

*

L'idée de perfection rectifiée, en son acception rationnelle, c'est-à-dire conforme aux lois de l'entendement, devient un principe applicable à la création, considérée comme une œuvre, l'œuvre de Dieu, et permet de la définir. Le parfait et l'imparfait, termes relatifs, se disent des œuvres d'une volonté qui se propose une fin, et selon que cette fin est jugée atteinte, ou approchée plus ou moins, telle que l'auteur l'a conçue. Ce jugement appartient à l'entendement humain, puisque c'est l'entendement humain qui seul peut poser le concept de création comme le concept d'une volonté agissant pour une fin. Cet entendement doit dès lors, et de ce point de vue qui est essentiellement celui de l'homme, considérer dans la fin deux choses : la coordination de tous les rapports dont se compose l'idée du monde : c'est la perfection intellectuelle, et le bien des créatures : c'est la perfection morale. Ce bien devra être défini.

Le concept de perfection, pour être complet, quand c'est à la création qu'il s'applique, demande que la création soit envisagée comme pleine et entière, sans antécédents, ce qui d'ailleurs est une exigence du pur concept, comme nous l'avons expliqué (IV). Un démiurge qui aurait à mettre en œuvre des éléments donnés pour faire un monde, s'ils étaient à l'état chaotique, et constitués en eux-mêmes d'ailleurs, de quelque manière que ce fût, n'aurait pas toute sa liberté ; et s'ils étaient déjà régis par des lois (hypothèse au fond la seule intelligible), aurait devant lui une création faite.

Il faut que le concept de perfection s'applique à la personne du Créateur, pour se pouvoir appliquer à son œuvre, et qu'il s'applique avant tout à l'intelligence comme synthèse créatrice et créée (double face et rapport interne de la conscience objet et sujet) de toutes les lois directrices de l'entendement, et des formes de la sensibilité et des qualités morales de justice et de bonté.

Rappelons que la perfection de la personne, essentiellement intellectuelle et morale, n'est point une quantité; qu'elle ne comporte pas la possession des touts du temps et de l'espace, parce que ces touts n'existent point; que l'indéfini est ouvert à la puissance parfaite, puissance sans bornes en ce sens, puissance infinie, si l'on veut désigner par le mot *infini* un attribut réel de Dieu, un attribut intelligible.

La nature considérée comme un cours de phénomènes sans origine et sans fin nous offre une idée contraire à celle de la perfection : partout suspendue entre des antécédents et des conséquents, elle n'a jamais rien d'achevé, parce qu'on peut dire qu'elle n'a jamais rien commencé; ce sont deux termes qui se tiennent l'un l'autre, dans le concept de finalité. L'hypothèse de la création permet celle de la perfection de l'œuvre, en supposant le Créateur parfait, et cette hypothèse se justifie comme rationnelle, à l'encontre des doctrines de l'absolu et de l'infini (de l'évolution, de l'émanation et des hypostases). Il reste seulement à expliquer l'existence du mal dans le monde, et pourquoi l'œuvre du Créateur parfait n'est pas, si l'on en juge par l'expérience, une œuvre parfaite. Il est vrai que les philosophes adversaires de la doctrine de la création ont eu affaire au même problème fondamental, à un autre point de vue, dans leurs théories, et qu'ils ont professé généralement l'optimisme dans les jugements qu'ils ont portés sur la valeur du monde; mais on s'aperçoit, en les étudiant, qu'ils n'ont eu, pour défendre cette opinion, d'autre ressource que d'essayer de nous persuader que le mal est une sorte de bien.

C'est en ce point des spéculations cosmogoniques, que la question se pose entre l'interprétation optimiste des philosophes partisans de la nécessité, ou enchaînement nécessaire, unique et universel des phénomènes (philosophes déterministes, suivant le terme aujourd'hui préféré, quoique ou parce que moins clair) et les penseurs qui rapportent l'origine du mal à l'acte de la créature dans un monde créé parfait.

CHAPITRE VII

LA PERFECTION DU MONDE CRÉÉ PRIMITIF. — OBJET RATIONNEL DE LA CRÉATION

La différence, qui est profonde, entre les cosmogonies tant de l'Orient que de la Grèce, et celle du second chapitre de la *Genèse*, consiste en ce que cette dernière est entièrement démiurgique, et de plus (comme celle du premier chapitre) aussi près de rendre l'idée de la création pure que l'imagination de l'auteur était capable de l'aborder. En outre, elle décrit le monde comme rapporté à l'homme, excellemment disposé pour l'homme, qui lui-même est parfait en son essence, fait pour l'existence immortelle, et placé dans les conditions d'une vie heureuse et libre, à la réserve d'une certaine abstention que son créateur lui commande. Au résumé, c'est, pour le monde, la perfection, l'état de *bonté* des choses (amplement énoncé dans le premier chapitre), et, pour l'homme, le bonheur, sous la condition qu'il observera le commandement.

L'attention ne se porte jamais assez sur ces traits capitaux de la cosmogonie hébraïque, parce qu'on n'en sait pas généraliser les idées maîtresses, et qu'on n'en atteint pas le plus haut esprit, arrêté qu'on est par d'autres parties du récit, ou symboliques, ou légendaires, ou d'une certaine signification morale, intéressante assurément, mais secondaire. Ce sont : 1° les traits d'un anthropomorphisme naïf dans la conduite de Dieu envers l'homme ; 2° le sujet du commandement, qui est l'interdiction de la science du bien et du mal, de sa recherche, et non point la défense d'un acte dont quelque sentiment de devoir aurait pu faire comprendre à l'homme la raison ; donc, un ordre inexplicable, ou injuste, en apparence, avec des menaces ; 3° le mythe obscur du tentateur. Mais, au-dessus de ces parties accessoires du récit, le concept de la création premièrement bonne subsiste; l'idée de perfection attachée à l'œuvre directe et immédiate de Dieu est en contradiction formelle avec l'idée de l'évolution, qu'une école théologique, jadis attachée scrupuleusement à la lettre de la Bible, voudrait maintenant y substituer, sans aucune raison tirée des documents. C'est de l'arbitraire pur.

Le caractère enfantin des traits d'anthropomorphisme est justement ce qui nous permet de douter que le narrateur ait prétendu faire prendre au pied de la lettre une légende où il ne nous est pas difficile de découvrir l'intention d'un haut enseignement moral. La défense de toucher au fruit de l'*arbre de la science du bien et du mal* signifie assez clairement que l'homme, passant de la vie animale spontanée (état d'innocence) à la réflexion, à la conduite raisonnée, acquiert cette expérience savante des actes et de leurs suites qui est la connaissance formelle du mal, condition de la connaissance du bien, et qui est une chute et une peine. Quant au rôle personnel à donner à Iavéh-Élohim dans le drame du péché, il était naturellement indiqué à un auteur qui ne doutait certainement pas de la personnalité du Créateur.

Le mythe exprime une vérité en ce sens, que la connaissance du bien et du mal est l'effet de la présence du mal dans l'expérience humaine, et n'a point place dans l'idée d'une vie de relation dont les modes seraient entièrement spontanés, naturels et innocents, si l'on y joint comme dans la Bible, la supposition d'un milieu parfaitement adapté aux besoins des vivants. En cette hypothèse, on peut poser la question de la nature et de l'origine du mal, du *mal moral* (le seul supposable en ce cas), c'est-à-dire du *péché*, et trouver la raison de la responsabilité et de la peine. Le mythe de la *Genèse* est sujet seulement à ce reproche, que l'humanité, qui s'y trouve représentée par un couple unique, ne compose pas une société dans laquelle il soit possible de découvrir la source des maux de l'espèce humaine attribuables à la conduite des hommes. La possibilité de l'injustice ne s'y comprend pas assez; le couple humain se montre uni de volonté jusque dans l'acte du péché; le tentateur ne peut susciter, dans l'âme de la femme, qu'une passion naturelle, et très excusable en elle-même, de sorte que l'essence du péché ne se fixe que dans l'idée de la désobéissance à un ordre du Créateur; la liberté de la créature ne ressort que par opposition à cet ordre, qui semble arbitraire. L'idée principale qui subsiste est donc celle de la perte de l'innocence par ambition d'égaler le Créateur en acquérant la science; d'où violation du commandement divin, corruption de la nature auparavant adaptée à l'homme, nécessité du travail, et douleur.

Ainsi le juste et l'injuste ne pouvant, dans le récit biblique, se rapporter aux relations humaines, qui ne sont pas encore développées, se rapportent, pour le sentiment exigé de la créature, à la volonté du Créateur, exclusivement, et tout le devoir, à l'observation d'une loi positive émanée de lui. Cette fiction est d'accord avec l'ignorance où l'homme est supposé du bien et du mal, par conséquent de la loi morale, et avec la spontanéité de ses déterminations dès lors toutes passionnelles (à la réserve du fruit défendu). Elle est accompagnée d'un trait qui existe parallèlement dans la mythologie grecque : la supposition de la jalousie du dieu qui entend garder pour lui la science : « Voyez! dit Iavéh-Élohim, au moment où il chasse le couple humain du paradis, voyez! L'homme est devenu notre semblable par la connaissance du bien et du mal. Pour qu'il n'étende pas sa main et ne prenne pas aussi de l'arbre de la vie et n'en mange, et ne vive indéfiniment... — Et Iavéh-Élohim le chassa du jardin de l'Éden... »

Ce trait, en corrélation avec le mobile de l'esprit féminin, la curiosité et l'orgueil, définit toute la nature du péché, selon l'auteur de la cosmogonie de la *Genèse*. Le mythe du Serpent lui offre l'avantage d'un reculement mystérieux, pour le fait psychologique de l'entrée de la révolte dans le cœur humain ; car ce profond moraliste a bien pu penser, comme Kant a fait trois mille ans après lui, qu' « il n'est point de source intelligible pour nous d'où le mal moral ait pu venir primitivement dans la nature humaine » (*La religion dans les limites de la raison*, I, 4). Seulement Kant a fait cette découverte, d'une haute importance psychologique et morale : que les commandements moraux n'ont dû être regardés comme des commandements de Dieu qu'après qu'ils ont été révélés à la conscience comme loi morale, et que la théologie est postérieure à la morale sous ce rapport.

Moïse, ou les auteurs de la loi mosaïque, s'ils avaient eu à traiter de l'histoire de la création, en admettant la perfection du monde créé, selon la *Genèse*, auraient certainement prêté à Dieu, au lieu de l'interdiction de la science, les commandements de justice et d'amour comme conditions du bonheur, selon la morale qu'ils ont enseignée dans leurs livres ; mais ils auraient dû alors concevoir la création sous l'aspect intégral d'une société humaine, au sein d'une nature parfaite, — telle que les prophètes hébreux l'imaginèrent plus tard, mais en la plaçant à la fin des temps. — Ce n'est plus à un couple humain primitif, comme l'auteur de l'antique cosmogonie, mais à la société instituée divinement qu'ils auraient dû supposer la loi révélée, avant Abraham, avant le déluge des traditions sémitiques ; et cette hypothèse se serait trouvée la même qui résulte, mythologie à part, de nos principes de perfection et de relativité, parce qu'elle aurait été inspirée par le principe fondamental de la *Genèse* : la perfection de l'œuvre divine.

*

Nous devons concevoir la nature et l'ordre de la création comme des réalisations objectives, par l'acte de la volonté créatrice, des attributs dont nous avons défini le Créateur comme le sujet éminent, et dont il n'existe que d'imparfaites images dans les créatures sous nos yeux, les seules à notre connaissance directe. Nos raisonnements, pour en compléter l'idée, ne sauraient s'appuyer que sur les rapports que les principes de la relativité et du bien nous permettent de définir synthétiquement, et qui ont dû être institués comme lois de la création en son état premier.

Distinguons la nature de l'être créé lui-même, et l'ordre des êtres, c'est-à-dire la loi générale et les conditions de l'existence collective. L'être créé n'a pu, d'après nos prémisses, être constitué qu'avec les attributs mêmes du Créateur, mais alors multiple, individuel, et ne possédant ces attributs qu'à l'état imparfait, à tel ou tel degré de développement. L'état actuel des êtres inférieurs, en une multitude de leurs espèces, nous est enseigné dans ses caractères externes sensibles seulement ; nous ne pouvons que par la spéculation métaphysique, et en écartant tout ce qui en eux ne nous semble pas conforme à l'idée du bien, définir ce qu'ils sont au fond, et l'état où ils ont été créés. L'état de l'être supérieur nous est donné exclusivement dans le type humain, parce que c'est de celui-là seul, de ses attributs, que nous pouvons nous faire, en les idéalisant, l'idée de personnes moralement et intellectuellement plus parfaites, et, en les supposant élevées à l'entière perfection, l'idée de la personne suprême.

L'homme, en l'état primitif où, suivant notre hypothèse, il fut constitué par le créateur, est essentiellement l'être par rapport auquel il nous est donné de spéculer sur l'origine et les fins de notre monde, au point de vue moral. Nous n'avons nullement besoin d'imaginer pour cela que l'univers ait été créé exclusivement pour les fins de l'homme, comme on fait à des penseurs qu'on appelle *anthropocentristes* le reproche de le prétendre; mais nous avons le droit, et nous sommes d'ailleurs forcés, faute d'en pouvoir approfondir d'autres, de spéculer sur ces seules fins. L'idée qu'elles existent nous est naturelle, et si nous ne la regardons pas comme illusoire, leur interprétation par le postulat de la perfection du Créateur nous oblige à tenir la création pour bonne en ce qui touche notre destinée. Il faut donc que l'homme ait été créé et établi par l'acte créateur, tant en son caractère propre qu'eu égard à la nature de son milieu, en des conditions bonnes. C'est au surplus de *notre monde*, que nous entendons parler ici. Il est vaste, car la solidarité physique de ses parties nous oblige à lui supposer tout au moins l'étendue du système solaire, mais il est petit comparativement à l'univers, dans lequel peuvent trouver place autant d'autres créations qu'on en peut imaginer, indépendantes de l'homme, si l'anthropocentrisme paraît une conception trop orgueilleuse.

CHAPITRE VIII

CONDITIONS GÉNÉRALES D'UN MONDE PARFAIT

Le monde « sortant des mains de l'Auteur des choses », comme ne craint pas de s'exprimer Rousseau, et adapté, nous le supposons, aux besoins, aux facultés et à la destinée normale des êtres vivants devait réunir deux propriétés qui épuisent le contenu de l'idée du bien : l'une concerne les satisfactions de l'individu sensible, considéré dans ses rapports avec lui-même, l'autre les rapports des êtres entre eux et la loi de ces rapports. L'une est le bonheur, l'autre la justice.

Le bonheur est l'état de la créature qui, obéissant spontanément à toutes ses impulsions mentales, n'éprouve jamais que des émotions agréables, ignore la peine et ne rencontre aucune résistance à l'exercice de ses facultés et à la satisfaction de ses désirs.

La justice est double, objective et subjective ; et le bonheur en exige la donnée, l'observation, la conservation.

La justice objective est un ordre de la nature tel, que toutes ses parties, en toutes leurs modifications, soient adaptées aux fonctions des êtres organisés, vivants, tant de ceux qui agissent par le ressort de la pure spontanéité, que de ceux qui, capables de réfléchir et de délibérer, peuvent ne pas s'écarter des principes de la justice subjective.

La justice subjective est un ordre mental différent de l'ordre intellectuel, ou entendement, et auquel convient le nom de raison morale, qui oblige les agents moraux à la reconnaissance de certaines lois de la volonté et de l'action dont l'observance est nécessaire : non pas en soi, et de manière que l'agent ne s'y puisse matériellement soustraire, mais afin que ses actes ne soient point contraires à l'exercice des fonctions normales des autres êtres. La justice subjective comporte donc une limitation mutuelle des actes des agents moraux. Elle entraîne par là même des devoirs actifs de ces agents les uns vis-à-vis des autres, parce que, dans une société, c'est nuire que de ne point aider.

La justice subjective est la justice proprement dite. La

justice objective est un ordre, une adaptation et une distribution des phénomènes de la nature qui ne dépend pas, pour son établissement et ses lois d'ordre universel, de la volonté des êtres créés. Dans un monde où cet ordre est troublé ou renversé, il est difficile que la justice subjective règne, parce qu'il se produit des oppositions d'intérêt entre les personnes, et des conflits de passions en conséquence. La justice sans le bonheur est précaire, et le bonheur, sans la justice, est impossible.

L'unique conception de la nature, et de l'ordre de la nature, qui rend logiquement possible le monde parfait dans lequel la justice et le bonheur, ainsi définis, puissent être réalisés, et le seraient même nécessairement, si ainsi le voulait l'institution divine, c'est la doctrine des monades et de l'harmonie préétablie. Entendons par monades des êtres dont tous les modes de vie et d'action seraient purement spontanés (sans nous occuper ici de leurs autres propriétés). L'harmonie préétablie est la loi par laquelle est établi *a priori*, pour toute la suite des temps, l'accord constant, invariable de toutes les déterminations spontanées corrélatives de ces êtres.

Le monadisme est, en effet, avec l'harmonie préétablie, un système qu'on pourrait nommer l'idéalisme positif, qui résout seul le problème de la conciliation de la réalité du monde extérieur avec la réduction des phénomènes à la représentation et à la conscience.

Mais pour que ce système pût nous offrir la théorie d'un monde parfait, il faudrait que son auteur n'eût pas lui-même introduit le mal dans les rapports des êtres; et il serait inexplicable que, créé parfait, il ne se fût pas conservé dans sa perfection, alors que, par hypothèse, les phénomènes y seraient rigoureusement prédéterminés.

La définition du bonheur a passé quelquefois pour embarrassante. C'est son extrême simplicité, à la portée de tout le monde, qui semblait en rendre le concept difficile, parce qu'on craignait de le trouver irréalisable. Les légendes du paradis et les tableaux de félicité céleste, toujours très simplistes, étaient loin de favoriser l'idée d'une société parfaite entre de vrais hommes, en de vraies relations humaines, comme terme premier et dernier des destinées, encore moins comme origine de l'humanité au sein d'une nature à la fois réelle et entièrement harmonique. Et d'un autre côté, les études d'histoire naturelle et les théories évolutionistes excluaient la possibilité d'une nature d'ordre divin, adaptée à la vie parfaite et immortelle par destination ; tandis que les vues empiriques, les seules compatibles avec le spectacle d'un monde où l'union et la lutte (l'amour et la haine) se conditionnent mutuellement, nous portent à regarder l'état ou la stabilité du bonheur comme contraires à la nature du caractère humain et des choses.

Cependant cette possibilité d'un accord antique, antérieur au système cosmique actuel, entre les conditions nécessaires de la vie et de l'intelligence et l'état des forces mécaniques et physiques, défie toute objection tirée de la logique. L'hypothèse d'un commencement premier des phénomènes par l'acte de la volonté créatrice, hypothèse logique en elle-même, interdit toute supposition d'antécédents et de moyens par lesquels cet acte ait pu se produire. Il est donc licite de définir l'état initial du monde parfait comme complexe ; et c'est d'ailleurs ce que le concept de sa perfection exige, au lieu que la recherche de l'origine des choses dans l'unité et la simplicité, — fausse idée du parfait, — est la méthode des principes abstraits, l'illusion des doctrines absolutistes, émanatistes ou évolutionistes.

La justice objective ne se peut comprendre pleinement réalisée que par une nature dont toutes les forces sont en-

correspondance exacte et en parfait accord avec les modes de l'organisation, les impressions, les émotions des êtres vivants, et les actions qu'ils ont à exercer d'après leur constitution, de manière à composer un ordre universel dans lequel les fins individuelles sont toujours atteintes sans rencontrer d'obstacle, ni dans leurs rivalités, ni dans les lois générales. C'est, en un mot, l'harmonie intégrale *a priori* des passions et des choses, c'est le préétablissement d'un vaste système de nombres proportionnels des moyens, des besoins, des désirs, des aptitudes et des produits de tous les genres de la terre et des hommes, tel qu'il a été décrit par Charles Fourier. L'erreur de ce grand socialiste fut de croire l'organisme universel combiné de la société humaine et du monde, en fonction l'un de l'autre, réalisable dans les conditions physiques et morales du système solaire et des passions humaines, — moyennant un certain huitième d'exceptions au bien général, qu'il y admettait dans toutes les sortes de rapports calculables (XII). — Un système semblable, non plus comme utopie, mais comme hypothèse d'un monde primitif dont nous ne connaissons aujourd'hui que les ruines, réunit les conditions d'une conception possible. Il offrirait un moindre contraste avec les doctrines philosophiques les plus hardies, qui sont aussi et très justement les plus illustres, s'il ne semblait, plus que tout autre, réclamer l'indépendance de l'esprit par rapport à l'expérience qui ne nous montre partout que l'antagonisme des forces dans la nature : la lutte pour l'existence entre les vivants, et la guerre des passions dans la société humaine. Les philosophes optimistes, et Leibniz plus qu'aucun autre, ont déployé leur génie à la recherche des moyens de faire passer le mal pour une espèce de bien. C'était une manière d'en admettre la nécessité et d'y assujettir Dieu, qui ne serait l'auteur que du meilleur des mondes *possibles*.

Et cependant la doctrine de Leibniz lui-même, quelque

opinion qu'on s'en forme d'ailleurs, est loin d'exclure la possibilité d'une harmonie entière des choses. Les monades, d'après lui, auraient toutes reçu du Créateur, par une anticipation éternelle de leurs destinées futures, le don d'évoluer, par l'expansion de leur activité spontanée, de telle façon que tous leurs actes ou états, prédéterminés pour toute la suite des temps, fussent en outre préordonnés les uns par rapport aux autres. La causalité de tous les effets est le simple résultat de cette coordination, chaque monade n'agissant jamais que par le fait de ses propres sentiments internes, et ne pouvant sortir d'elle-même. La puissance du Créateur pour la constitution d'un tel système de l'univers est, pour notre esprit, la même idée que sa possibilité logique, et il suffit que sa conception n'implique rien de contradictoire. Si donc le Créateur est juste et bon, et il l'est par hypothèse, ou par définition, il a dû composer les synthèses de monades dont il a fait la nature, établir les lois des mouvements des consciences, régler les désirs et les entendements de tous les degrés, fixer enfin les rapports de détermination mutuels, en telle sorte qu'il ne pût jamais exister que des êtres bons et heureux.

Ni le spectacle des misères de notre monde, ni le dogme du péché originel ne touchaient Leibniz. Le péché ne pouvait prendre, dans sa doctrine, une place sérieuse ; car le monde actuel ne pouvait y différer du monde créé, un seul monde ayant été éternellement prédestiné à l'être avec tous ses phénomènes composants, enchaînés et prédéterminés dans les conseils divins ; et celui-là était assez bon puisqu'il était le meilleur possible de tous ceux, en nombre infiniment infini, que Dieu avait pu penser. Être bon ou être le meilleur possible, ce n'est pourtant pas la même chose, mais la nécessité était là : le mal, au dire de Leibniz, n'est qu'une *privation*, et, sans cette privation, le monde eût été adéquat au Créateur, qui seul est parfait. Ici la théorie échoue devant les faits : la douleur est quelque chose d'autre encore que la privation de quelque chose, et la douleur est dans le monde. Le monde pourrait d'ailleurs être parfait comme créature, c'est-à-dire accompli en tant qu'ordre juste et bon des relations des êtres créés, et rester imparfait en ce sens qu'il n'atteint ni lui-même, ni en aucune de ses parties, l'intégrité de la puissance et de la connaissance, attributs du Créateur. C'est la conception fausse du *parfait* qui a trompé le grand philosophe, c'est la confusion du *parfait* avec l'*infini*, qui en est le contradictoire, puisqu'il est l'*irrémédiablement imparfait;* et l'idée propre d'un monde, synthèse finie, intégrale des relations déterminées d'un ordre de créatures lui a échappé.

*

Une hypothèse vraiment positive de l'entrée du mal dans le monde, parce que seule elle est conforme à la fois au principe de relativité et à l'idée d'une origine possible du mal physique, c'est celle qui, dépouillant de ses traits fabuleux, la doctrine symbolique ou légendaire du péché originel, fixe hardiment la chute de l'humanité, comme événement réel, à une époque antérieure à l'état physique actuel du système solaire. Les choses de l'expérience actuelle peuvent n'être que la suite donnée par les lois les plus générales de la création à l'ordre premier de la nature, que ces lois avaient institué, et dont la destruction fut elle-même la conséquence de la perte de la société humaine primitive. La contemplation philosophique du monde actuel, si nous n'avions pas une habitude invétérée du règne du mal dans la nature et dans l'histoire universelle des forces et de la vie, ne serait pas faite pour nous donner à penser que notre habitation présente est quelque autre chose qu'un amas de ruines.

CHAPITRE IX

L'ÉTAT ACTUEL ET L'ÉTAT PRIMITIF DE L'HOMME ET DE LA NATURE

L'état actuel de la nature, le régime des forces en activité sur les planètes, et les conditions d'existence de l'animalité et des hommes dénotent un grand écart du bien et peuvent, par opposition, nous enseigner ce que dut être un état initial conforme aux idées de l'ordre et du bien.

Nous voyons ce qu'on appelle l'ordre de la nature se dérouler tout entier dans la discordance entre une loi morale de finalité universelle, qu'on voudrait croire, et la loi d'évolution de toute vie individuelle, qui est le fait. Les êtres organisés sortent d'un état germinatif potentiel, pour atteindre des degrés plus ou moins élevés de jouissance des facultés caractéristiques de la vie; et une loi inverse des phénomènes vitaux amène ces êtres à la désorganisation, et leurs facultés vitales, si ce n'est à l'anéantissement, à une involution dont l'issue est ignorée. Cette destinée, la seule visible, ne peut pas être l'application d'un plan premier et normal de création. La vie donnée a dû normalement impliquer la vie qui ne finit pas. La vie universelle n'a pas dû être une synthèse de vies mortelles, séparément négligeables, et comme nulles. Le régime universel de la mort paraît être le résultat d'une perturbation profonde.

L'état de la planète Terre, d'après lequel les analogies permettent de juger de l'état des autres planètes, s'il en est d'habitables, est, en ses conditions matérielles, auxquelles le travail de l'homme n'a pu apporter de changements que relativement faibles, tout le contraire d'un habitat ou d'un atelier qui auraient été préparés pour l'entretien de la vie, avec les ressources et les instruments nécessaires à l'industrie humaine. La surface de la planète est elle-même, à proprement parler, une ruine. Ses beautés mêmes ne sont pas autre chose. Tout y a été à faire pour l'accommoder un peu aux besoins des hommes. Ils n'y sont arrivés que partiellement. Loin d'être préadaptée par sa puissance productive à subvenir à l'alimentation de l'espèce humaine future, s'il était permis à la population du globe de croître régulièrement suivant la progression géométrique des générations, la terre ne rend pas à un travail acharné les fruits qu'il faudrait pour préserver le plus grand nombre des vivants actuels de l'exténuation ou de la famine. De là la fatalité de la lutte pour la vie. Il y a d'abord la loi qui oblige les espèces à se nourrir les unes des autres, et qui leur donne à cet effet des instincts prédateurs et des armes (les dents, les venins, les griffes, etc.,) de manière que les individus n'accomplissent même pas facilement et sans danger le cours de leurs évolutions vitales. Il y a ensuite, dans l'espèce humaine, habile en l'art de se créer des armes artificielles et à combiner des moyens de destruction, une révolte fatale de la raison intéressée contre la droite raison, contre la justice. Cette loi de la nature porte les familles et les nations à s'approprier les moyens de subsistance, par la force ou par la ruse, par le meurtre ou par le vol, afin de vivre et se développer au détriment les unes des autres. L'occasion matérielle de cette perversion morale est le manque de ressources naturelles, l'inadaptation du globe à la loi de la population, à la multiplication des espèces animales et végétales, et à l'entretien de la vie.

*

L'état primitif du monde créé par le créateur juste et bon a dû être, par opposition à l'état actuel, un séjour paradisiaque, à cela près qu'au lieu du tableau simpliste que nous a présenté la légende religieuse, il faut imaginer, conformément à ce que la science nous a appris de la grandeur et de la variété des forces naturelles, un ordre des choses où ces forces se déployaient dans leur magnificence, toutes d'accord entre elles pour le bien des animaux et des hommes.

Les fonctions actuelles des forces générales nous offrent les mêmes caractères de disproportion et de désordre qui se remarquent dans les lois de distribution, de conservation et de destruction de la vie. Elles sont toutes, ou par un jeu déréglé, ou par excès ou défaut dans leur intensité, les causes de beaucoup de maux, ou les obstacles à des biens réels. L'homme ne parvient que lentement, difficilement et très imparfaitement à découvrir les lois de la nature pour se les assujétir et les gouverner. Il ne les tourne à son usage qu'en se créant des dangers nouveaux, des misères nouvelles, en se rendant lui-même l'esclave des forces qu'il croit dominer, et qui sont toujours au moment de se soulever pour le détruire, lui et ses engins, aux moindres manques de surveillance. La chaleur et l'électricité sont pour l'industrie humaine d'admirables agents d'utilité prêts à se changer en fléaux, de même que nous les voyons, dans la grande nature, à la fois présider à la genèse et à l'évolution de la vie, et susciter des révolutions terribles. La gravitation et la chaleur entretiennent dans leurs sièges principaux, qui sont les soleils, les étoiles, d'effroyables phénomènes de chaos et de mort dont les durées sont incalculables. Cette pesanteur, force d'attraction et d'organisation universelle, agit, par l'effet de la distribution des densités entre les corps, sur le globe terrestre, de manière à produire des accidents et des maux sans nombre ; les corps des animaux sont inégalement pourvus des organes de la locomotion, et le corps humain, un des plus lourds en son milieu, et pour qui ses propres mouvements sont l'objet d'un long apprentissage, est exposé dans le simple usage de ses membres à d'incessants dangers.

La conception d'un ordre de choses dans lequel cet assemblage de maux ne serait pas une condition de ce qui peut s'y trouver de biens est celle d'un monde où les forces, toujours modérées, seraient et demeureraient d'accord avec les fonctions normales qu'elles doivent remplir pour le plus grand avantage de tous les êtres, et où, parmi ceux-ci, les êtres rationnels auraient la science et le gouvernement des lois naturelles, dans la mesure nécessaire pour la conservation de la vie et des biens de la vie. Cette raison créée qui est l'Homme devrait être la conservatrice de la *justice objective* instituée par le Créateur, la directrice des mouvements et des forces dont l'ordre cosmique dépend.

La *justice subjective*, fondement de l'ordre social, a dû avoir, conformément à cette hypothèse de la création divine, son organisation et son règlement, mais sous la forme d'une loi morale vivante, donnée dans les consciences, et non d'un *commandement de Dieu* portant sur des points déterminés d'abstention ou d'action avec menaces pour le cas où ils seraient violés. Ce n'est pas comme simple individu humain, ce n'est pas comme simple couple humain, que l'homme a dû recevoir la connaissance de lui-même, hors de Dieu, par l'acte créateur ; la société humaine a dû lui être donnée comme son milieu moral, ainsi que lui était donnée la nature, son milieu matériel : et il devait posséder, avec la raison, la connaissance des lois de l'ordre social comme celle des lois de l'ordre matériel, c'est-à-dire la justice de même que les mathématiques, fonctions abstraites de la nature. L'homme en cet état premier, dans l'accord de sa conscience et de son expérience, de ses sentiments et de ses connaissances, ne pouvait avoir aucun motif pour se représenter les préceptes de la justice, non plus qu'il ne se représentait les idées et les relations géométriques, sous la forme négative, où *d'impossibilité des contraires*, ou même *d'impératifs* dans le sens d'une injonction : ces préceptes ne devaient pas être, pour lui, autrement *catégoriques* que le sont les principes logiques. Ses pensées et ses désirs ne se trouvant en opposition avec le dictamen de la raison, ni dans les fonctions qu'il avait à remplir, ni dans ses rapports avec ses associés pour la conduite du monde, ses résolutions et ses actes devaient être, quoique rationnellement délibérés au besoin, spontanés comme des passions, et irréprochables. C'était la condition du bonheur.

Cet état de la personne humaine était donc un état d'entière liberté de la volonté, parce que la puissance du vouloir était dirigée en un sens inéquivoque, déterminé par la connaissance immédiate et directe des relations et des fonctions normales, en harmonie avec les sentiments qui étaient primitivement donnés à la personne humaine pour leur correspondre. Mais cette entière liberté, cette totale absence de contrainte, et même de toute idée de contrainte, n'était pas, ne pouvait pas être le *libre arbitre*, dont le sentiment tient à la présence dans la pensée d'une certaine fin à atteindre, et de la fin contraire, comme pouvant être, l'*une ou l'autre*, des motifs déterminants du vouloir, alors que, l'une des deux ne s'offrant pas comme conforme au bien, le choix à faire entre elles met cependant en balance la conscience de l'agent qu'elles sollicitent.

Il en est du devoir moral comme du libre arbitre, et les deux idées sont logiquement liées ; car une alternative, en un acte prémédité, ne se pose pour l'esprit que jointe à l'idée qu'une chose *doit* se faire de préférence à une autre, quand il s'en offre deux comme également possibles et facultatives, qui s'excluent mutuellement. Le devoir, en cette acception générale, ne dépend pas des catégories logiques, et ne fait emploi d'aucune en particulier, mais de toutes, attendu que le problème de l'alternative *doit* se résoudre par le choix réfléchi de celui des deux partis contraires qui sert le mieux l'objet qu'on a en vue et par rapport auquel l'alternative se pose, de quelque sorte d'objet et de relation intellectuelle qu'il s'agisse d'ailleurs. Mais s'il s'agit du devoir moral, la question change tout à fait de face. Elle n'est pas positivement logique, et c'est pour cette raison qu'on ne voit point le devoir figurer dans les tables de catégories. Les catégories intellectives appartiennent à tout entendement, tant théorique qu'en exercice, et en sont inséparables, au lieu que le devoir moral peut être ignoré ou méconnu par tels ou tels individus, n'a nul caractère scientifique, ne s'impose pas comme détermination précise au même titre que les concepts, enfin ne constitue pas une relation nécessaire. Il résulte de là, et de ce que, dans notre hypothèse, la justice et les lois sociales n'ont point été un sujet de commandements divins, mais un établissement primitif de sentiment et d'impulsions spontanées, — avec les connaissances requises pour la droite conduite — que la question du *devoir* dans le sens d'*obligation* ne se pose qu'après que des passions injustes sont nées dans le cœur humain, ont suivi leur cours, obtenu leurs effets. La notion de l'obligation, comme le formel sentiment du libre arbitre, et comme la connaissance du mal, ont été des suites du mal, des conséquences morales de la chute. Nous aurons à revenir sur ce sujet (XII).

CHAPITRE X

DE LA PERSONNALITÉ ET DES LOIS DE L'ENTENDEMENT

L'essence intellectuelle de la conscience est le rapport du sujet à l'objet (III), et l'objet comprend les modes proprès du sujet, — rapports objectifs de soi à soi-même, unité synthétique de ses représentations, — et les modes extérieurs que le sujet pense comme étant des sujets pour eux-mêmes. Il les pense tels en tant qu'il les *perçoit* sous des formes *sensibles*, tout en les soumettant intellectuellement à des *concepts*, faute desquels ils ne seraient pour lui que de vagues images et des signes d'existence dont il ne pourrait préciser les modes constitutifs et les changements.

Ces concepts sont, pour l'entendement divin, les rapports les plus généraux des choses créées, et s'étendent, pour Dieu, à l'intégralité de la connaissance objective que le Créateur a de la création. Pour l'homme, à qui Dieu a donné un entendement semblable au sien en principe, ces concepts ou rapports s'appliquent à une partie seulement, soit en extension, soit en profondeur, de l'ordre créé; ils le lui montrent soumis à des lois qui ne lui sont que très imparfaitement accessibles. Telle est la différence entre la personnalité divine et les personnes humaines, en ce qui touche l'intelligence. L'entendement humain divise, assemble, limite, détermine, et n'approchant jamais du terme de la connaissance, ni comme tout, ni comme partie composante, se voit réduit à l'idée de l'indéfini pour lui tenir lieu de ce qu'il ne peut embrasser. Il est par là exposé à l'erreur de prendre pour le tout cet indéfini *idéal* qu'il *réalise* comme actuel et qu'il appelle l'*Infini*, qui en est le contradictoire (VI). Mais l'entendement divin forme la synthèse réelle et finie des parties dans le tout.

Atteindre une connaissance objective, éprouver une modification mentale qui exprime des rapports, être instruit des changements dans ces phénomènes, quand il s'en produit, c'est ce qu'on appelle percevoir. La perception de tout ce qui arrive est donc une puissance divine, il faut l'accorder, ou déclarer de deux choses l'une : que Dieu ne connaît pas les événements du monde qu'il a créé, ou que ces événements ne nous sont, à nous, représentés qu'illusoirement, quand ils semblent l'être comme distincts, successifs, effets ou causes les uns des autres. Or, dans les deux cas, c'est au fond, la thèse de la création qui devrait être abandonnée.

*

Si Dieu perçoit les phénomènes, il est naturel, il est logique de penser, et on ne voit pas pourquoi on craindrait d'admettre que les mêmes milieux et les mêmes forces naturelles que Dieu a instituées pour servir aux relations mutuelles des êtres, et aux communications des esprits, par des sensations qui sont pour eux des signes, il en a essentiellement et a dû s'en créer le premier l'usage pour connaître son œuvre en ses parties et dans les modifications qu'elles subissent au cours du temps. C'est là, sans doute, unir à l'idée de Dieu celle d'un organisme, mais intégral et, par conséquent, impossible à assimiler aux modes et aux conditions de perception des personnes humaines, à leurs corps qui ne sont sensibles que grâce à leur petitesse et aux limites si resserrées des forces qui concourent à la formation des organes. Le corps divin ne peut pas même être pensé comme objet de perception possible, puisque étant intégral par hypothèse il y aurait contradiction à le considérer *du dehors*.

Mais *du dedans*, il en est autrement, et Newton a pu écrire, dans le *Scolie général* de ses *Principes mathématiques de la Philosophie naturelle* : Dieu est partout et toujours, tout entier semblable à soi, tout œil, tout oreille, tout cerveau, tout bras, toute puissance de sentir (*sentiendi*), de penser et d'agir »; et Newton n'a pas diminué la valeur propre que possèdent ces termes pour rendre l'idée la plus complète (quoique insuffisante encore) qu'il soit possible à l'homme de se faire d'un parfait organisme, quand il a ajouté : « Mais ce n'est nullement à la manière humaine, ce n'est pas à la manière des corps, c'est d'une manière qui nous est tout à fait inconnue. De même que l'aveugle n'a pas l'idée des couleurs, nous n'avons pas l'idée des modes par lesquels Dieu qui sait tout (*sapientissimus*) sent et pense toutes choses (*sentit et intelligit omnia*). Destitué de tout corps et de toute figure corporelle, il ne peut être vu, ni ouï, ni touché, et il ne doit être l'objet d'un culte sous l'espèce d'aucune chose corporelle ». Et en effet nos modes multiples de la perception externe et partielle n'ont point d'application possible à la perception d'un organisme universel. Nos représentations sensibles prennent nécessairement les formes objectives de l'enveloppé, limité par l'enveloppant, et l'imagination se refuse à l'idée de l'enveloppant intégral comme extérieurement sensible.

Si Leibniz s'était formé de la personnalité divine un concept positif, et non pas si ressemblant à la substance universelle des panthéistes, il ne se serait pas montré scandalisé (*Lettre première* de sa correspondance avec Clarke) de cette pensée de Newton : que *l'espace est l'organe dont Dieu se sert pour sentir les choses*. Les expressions propres de Newton (en son *Optique*) sont les suivantes : « Ne résulte-t-il pas des phénomènes qu'il existe un Être incorporel, vivant, intelligent, partout présent, qui, dans l'espace infini comme en son sensorium, voit intimement les choses mêmes, les discerne jusqu'au fond, et en lui-même les embrasse totalement, lui présent, elles présentes, tandis que cela qui est en nous qui sent et qui pense ne perçoit et ne contemple de ces choses, en son petit sensorium, que des images qui y sont portées par les organes des sens ? ».

L'idée de l'espace comme sensorium implique celle d'un organisme, et Leibniz ne pouvait l'accepter, parce qu'il ne définissait l'espace que comme l'*ordre* des coexistants. Il faut avouer d'ailleurs que l'idée, plus commune, que les philosophes se faisaient de l'espace, l'embarras où ils étaient de le *réaliser*, soit comme *attribut* soit comme *substance*, étaient des difficultés pour expliquer ce que Newton pouvait entendre en lui prêtant la fonction d'un *sensorium*. Mais le point de vue de l'idéalisme objectif, le complément apporté par Kant à la définition de Leibniz, qui ajoute à la *notion de l'ordre l'intuition du lieu universel* des phénomènes sensibles, donnent à la théorie newtonienne un sens et une valeur qui ne pouvaient apparaître à l'époque de la célèbre controverse de Clarke et de Leibniz.

Pour plus de clarté, omettons, dans la formule de Newton, le terme d'*infini*, inutile ou vague, que lui-même n'aurait pas pu mieux justifier rationnellement, en métaphysique, dans le sens d'infini actuel, qu'il ne l'a fait en géométrie, pour son calcul des *fluxions*. Ceci entendu, on comprend nettement l'espace comme l'intuition divine intégrale des choses en tant qu'externes, la perception externe de l'ensemble des rapports de position d'ordre et de grandeur extensive des objets sensibles. Le sensorium universel est ce même espace considéré sous l'aspect des forces naturelles, des mouvements et des qualités sensibles correspondantes qui s'y déploient. Ces qualités doivent être les mêmes, portées seulement à leur perfection, aperçues dans leur fond, leurs origines et leurs rapports, que celles qui servent aux êtres sensibles de la création à se connaître, à communiquer entre eux, à percevoir, avec des impressions diverses, une petite partie des relations constitutives de l'univers dont Dieu a la vision totale.

Les théologiens de l'École, en refusant à Dieu la sensibilité, sous le prétexte de l'incorporéité, n'ont pas assez réfléchi qu'ils supprimaient pour l'entendement divin, tous les signes par lesquels les phénomènes de la pensée et de la vie se manifestent et se distinguent, puisque ces signes sont des sensations. L'analogie de la personnalité suprême et de la personne humaine se démentant ainsi pour ce qui touche la faculté perceptive, il ne reste aucune idée qu'on se puisse former de la connaissance que Dieu doit avoir des choses de l'espace et de leurs accidents.

*

Le cas est pareil en ce qui concerne le temps. Les théologiens ont voulu que la connaissance des choses du temps fût simultanée pour Dieu, tandis qu'elle est successive pour les êtres temporels. Il résultait de là, logiquement, ou que la loi de succession des phénomènes est une illusion attachée à la nature de ces êtres, ou que Dieu ne perçoit pas proprement les phénomènes en leurs changements, mais voit présentes les choses passées, présentes les choses futures, et jusqu'à celles dont les conditions ne sont pas encore données.

Le *temps réel*, c'est-à-dire la relation d'ordre universel des phénomènes comme successifs, n'existant donc pas pour la nature divine, suivant ce système, l'*espace réel*, c'est-à-dire la relation d'ordre universel des phénomènes comme multipliés et divisés, contenants et contenus, distingués en tant que parties et touts par des signes sensibles, n'existant pas non plus comme représenté, pour cet esprit divin dénué de sensibilité, le *devenir réel*, catégorie de l'esprit humain qui réunit les deux précédentes, ne pourrait non plus affecter la nature d'un tel être. Il ne saurait cependant sans éprouver lui-même un changement, — car la perception en est un, — être informé des changements qui s'opèrent dans sa création. Et, si le devenir est étranger à sa nature, comment les causes et les fins d'ordre contingent pourraient-elles la toucher et l'atteindre ?

Achevons de passer en revue les catégories de l'esprit humain. La *qualité* et la *quantité* devraient être refusées à la connaissance divine, comme la *causalité* et la *finalité*, relations d'ordre général dont l'esprit divin n'aurait point les moyens de suivre le développement, ou d'apercevoir seulement l'existence dans ce monde. Lui-même les aurait instituées, cependant, par hypothèse ! Si le Créateur n'avait pas connu, possédé et appliqué ces lois, ces mêmes lois, comme les siennes propres, en sa propre *vie*, comment aurait-il pu les créer et les introduire, en faire des formes de perception pour ses créatures ? Faire que l'être créé ait une certaine représentation, et soi-même l'avoir d'abord, sont choses inséparables. Et si le Créateur l'a eue pour créer, comment ne l'a-t-il pas gardée pour percevoir ?

Mais les théologiens ou philosophes qui ont défini la nature du Créateur de telle sorte que la connaissance de son œuvre lui fût impossible, ont imaginé, d'une autre part, qu'il la connaissait si bien qu'il en étendait, en sa pensée, la connaissance sans limites, dans le temps et dans l'espace, dans l'éternité antérieure et postérieure, et qu'il était lui-même partout et tout entier présent au tout et aux parties du monde, et agent efficace unique en tout ce qui se fait et devient. Cette doctrine peut sembler contradictoire à celle qui rend Dieu étranger au monde contingent ; toutes deux s'accordent, au contraire, en concourant au renversement de l'idée de la création réelle et de la personnalité du Créateur. Ce n'est pas que les théologiens en conviennent, ce qu'ils ne pourraient sans rompre avec la foi absolument imposée à l'Église, mais ils déclarent que la nature divine, telle qu'ils disent la concevoir, est inconcevable quand c'est de la nature de l'entendement humain, de ses propriétés et de ses pouvoirs, qu'on prend l'idée pour penser à des pouvoirs et propriétés de l'entendement divin qu'on désigne par les mêmes noms. Où la prendre cependant ? Le concept de la personnalité est un ; il ne peut se modifier que selon la mesure de perfection renfermée dans les attributs ; or, le sens vrai de la perfection exclut l'infinité dans tout ce qui comporte l'application des lois de nombre et de tout (VI).

L'unité du principe de personnalité, en Dieu et dans l'homme, consiste essentiellement dans l'acte formel de la conscience, et dans le développement d'un ensemble de rapports objectifs, présentés au sujet conscient, dont l'ensemble est un entendement. La nature de cet entendement étant constituée par les mêmes concepts généraux des deux parts, puisque nous ne jugeons de l'un que par la connaissance de l'autre, ces concepts s'unissent dans le plus universel, qui est la Relation, c'est-à-dire, subjectivement, la Conscience elle-même, Relation vivante des relations, parfaite en Dieu, imparfaite pour l'homme ; et se présentent objectivement comme lois générales de la pensée et de la représentation, ou catégories. Ce sont le Temps, ou loi de succession ; l'Étendue, ou loi d'extériorité et de position ; la Qualité et la Quantité ; la Causalité, la Finalité et le Devenir. Les deux premières sont des formes de la perception interne et externe, de la communication es êtres, en un mot, et de toute sensibilité.

CHAPITRE XI

LES MONADES ET L'HOMME. — RAPPORTS DE L'HOMME A LA NATURE

La nature créée est le composé universel des monades, êtres conscients de tous degrés, dont nous devons envisager tout individu, quelle qu'en soit l'espèce, comme défini par une synthèse des trois fonctions radicales de l'être simple, ou monade : activité, perception, appétition. Toute monade est le sujet de ses perceptions, et nulle n'est donnée ni percevable à l'état isolé. Elles sont fonction les unes des autres et forment des suites de groupes, enveloppés et enveloppants, à propriétés distinctes et mutuellement dépendantes. L'expérience méthodique et la mathématique, le rapprochement des sciences, de l'astronomie à la chimie et à la physiologie, nous initient à la connaissance de ces fonctions de fonctions. La logique et la psychologie nous font pénétrer au fond des choses et descendre aux rapports fondamentaux qui convergent vers la conscience et s'y terminent.

Les plus élémentaires des rapports, vus objectivement, ceux qu'on nomme physiques et mécaniques, correspondent pour nos perceptions aux modes de liaison des composés inorganiques. Ils consistent, quant à leurs sujets, en des attractions et des répulsions exercées aux petites distances entre les premières molécules formées par des lois d'action et de réaction des monades. Ces actions et affections, phénomènes internes pour les monades, se traduisent, en vertu du principe de l'harmonie préétablie, en des mouvements extérieurement perceptibles. Ces mouvements perçus sont pour elles, selon l'étendue de leurs perceptions (et pour toute monade, en tant que passive, et placée dans des conditions convenables) des phénomènes liés à certains autres signes sensibles, auxquels se reconnaissent des changements de lieu dans l'espace, des successions de moments dans le temps, et se distinguent les corps ou leurs états, les uns des autres. La composition des mouvements, leur propagation, leur rayonnement sur de grands espaces ont pour effet des sensations transmissibles aux grandes distances, à travers des intermédiaires, et perceptibles, en ce cas, pour des monades éloignées, grâce à des modes d'adaptation qui dépendent de lois autres que celles du pur mouvement, et qui sont les organes [1].

---

1. Il est nécessaire de remarquer ici que ce qui est dit de la transmission du mouvement et des actions aux grandes distances diffère profondément de la monadologie leibnitienne qui, n'admettant pas de bornes à l'univers, n'admet non plus aucun terme à la propagation des mouvements, aucune rupture possible dans la solidarité universelle (*La monadologie*, 36, 37, 61) : « Comme tout est plein, ce qui rend toute la matière liée, et comme, dans le plein, tout mouvement fait quelque effet

Les grandes forces naturelles ont leur origine aux petites distances : cohésion, élasticité, frottement, choc, impulsion ; la gravitation, la translation, la chaleur, la lumière, l'électricité, sont des effets de composition et de propagation des phénomènes élémentaires. Et c'est aussi dans les sphères d'action les plus restreintes que s'exercent les actions spécifiques d'où résultent les merveilleuses synthèses de monades, à propriétés variées innombrables, d'où naissent les molécules des substances corporelles inorganiques.

Quand les composés ne sont plus simplement des corps distingués par ces actions physiques et par les mouvements, les uns moléculaires, les autres de translation, d'où résultent les états des corps, les vibrations et les ondulations éthérées, les grandes agglomérations et les grandes révolutions de masses, tout cet ensemble de forces dont dépend l'ordre mécanique de l'univers ; quand les synthèses de monades que nous considérons dépassent les propriétés d'où procèdent les espèces chimiques, et se présentent à nous comme des composés de cellules, et non plus de simples molécules invariables dans chaque espèce, la loi des phénomènes est complètement changée. Les cellules naissent, se propagent, et meurent. Leur existence, ou mode d'existence, ne nous est pas connue avant qu'elles tombent sous notre expérience ; ni leur origine. Avec elles commence le régime biologique, ou des évolutions vitales, qui, des plus simples, passent aux plus composées, suivant des lois de formation synthétique impénétrables en leurs causes. Nous voyons ces composés, les êtres vivants, naître imperceptiblement, se créer eux-mêmes graduellement, par

---

sur les corps distants, à mesure de la distance, de sorte que chaque corps est affecté non seulement par ceux qui le touchent, et se ressent en quelque façon de ce qui leur arrive, mais aussi, par leur moyen, se ressent de ceux qui touchent les premiers, dont il est touché immédiatement, il s'ensuit que cette communication va à quelque distance que ce soit ».

des productions simultanées, sur des points divers de la matière ambiante, dont les molécules se disposent suivant des modes d'organisation spéciaux et pour de certaines fins. Ces fins sont imprévoyables pour nous, quand nous ne les connaissons pas grâce à l'expérience de celles qui ont été atteintes sous des conditions pareilles. C'est donc la loi de finalité qui seule nous est connue. Ces êtres suivent les phases de leurs évolutions vitales individuelles, ils se propagent, selon leurs espèces multipliées et variées, innombrables, et meurent sans qu'il soit possible de savoir ce qui subsiste après leur mort, plus que ce qui a précédé leur naissance, du principe potentiel de leur existence comme individus.

Le caractère des synthèses vivantes consiste en ce que leurs éléments de composition sont des *organes*, dont la destination est de former des *organismes*, où ils s'unissent et se centralisent en vue de certaines fonctions finales. Les degrés et la nature de cette centralisation et de cette fonction mesurent la perfection relative de l'être. De là une hiérarchie des monades, parce que la théorie exige, au centre des organes, au centre des organismes, en s'élevant, la présence de monades supérieures, en pouvoirs perceptifs et actifs, à celles dont les fonctions leur sont subordonnées comme le sont des moyens à leurs fins. Ainsi le plan général de la nature comporte, dans l'ordre inorganique, l'existence de systèmes de monades non celluliformes, en elles-mêmes étrangères à la vie, qui sont au service des mouvements d'où procèdent les grandes forces physiques, et par ces forces, les moyens de communication mutuelle et de sensation des êtres vivants, d'une part, et, d'une autre part, au service des cellules et de leurs composés pour fournir la matière fluente du support physico-chimique de ces êtres à corps incessamment renouvelables.

Ces monades servantes étant placées au-dessous du règne de la vie, nous pouvons après avoir traversé tous les degrés ascendants de ce règne, où des synthèses de monades constituent des organes pour des êtres vivants à fonctions plus ou moins centralisées, appeler des *âmes* les monades centrales ou dominantes des animaux intelligents, c'est-à-dire doués de mémoire, d'imagination et d'association d'idées sensibles, et non pas seulement les monades dominantes de ceux qui forment des concepts, possèdent la raison. Et nous pouvons, avec Leibniz, étendre le même nom à l'« entéléchie dominante » de « chaque corps vivant », mais non dire comme lui que « les membres de ce corps vivant sont pleins d'autres vivants, *plantes, animaux*, dont chacun a encore son entéléchie ou âme dominante », et cela à l'infini. Il suffit, et il est plus conforme à la raison, comme à l'expérience, en rejetant le dogme antique de la séparabilité de l'âme et du corps, de regarder le corps comme composé d'organes vivants avec leurs monades dominantes, mais non point animales, au service de l'âme. L'organe a normalement la durée de la vie ; le corps, en tant que molécules, est instable : « Tous les corps sont dans un flux perpétuel, comme des rivières, et des parties y entrent et en sortent perpétuellement. Il n'y a jamais ni génération entière ni mort parfaite prise à la rigueur, consistant dans la séparation de l'âme. Et ce que nous appelons génération sont des développements et des accroissements, comme ce que nous appelons morts sont des enveloppements et des diminutions (Leibniz, *la Monadologie*, LXX-LXXIII).

*

En se tenant à la définition monadologique des êtres vivants, dans ces termes précis, si l'on adopte en même temps l'hypothèse suivant laquelle les monades dominantes enveloppées dans les germes que le sort des naissances appelle à se développer dans le monde présent ont été les monades dominantes des organismes des hommes qui vécurent dans le monde parfait primitif ; on peut admettre qu'elles sont demeurées à l'état *enveloppé* pour traverser les phases de l'entière subversion du Cosmos, et recevoir un *développement* nouveau avec des formes et des fonctions nouvelles dans le monde actuel, où la génération sexuelle leur donne des corps sujets à la loi de l'évolution vitale. Dans cette hypothèse, la contradiction caractéristique des conditions de notre monde et des besoins, des désirs et des sentiments moraux des moins abaissés des hommes qui y prennent naissance leur révèle, sous le seul aspect où ils osent l'envisager, et qu'ils nomment *idéal*, l'idée de la perfection, pour eux inaccessible, qui fut leur rapport normal à la nature et au bien, quand la nature elle-même était à l'état normal de la création première.

Le rapprochement qui nous permet, grâce au renversement du point de vue, de regarder comme une inconsciente réminiscence de la réalité passée un idéal ordinairement représenté dans l'avenir, et qui passe pour chimérique quand on ne craint pas de l'envisager dans sa plénitude, ce rapprochement n'est en somme qu'une induction tirée du plan de l'ordre universel et des rapports harmoniques de la vie, considérés dans ce qu'il en reste debout, à l'état de choses que cet ordre primitif intégral a dû constituer pour l'humanité.

Le plan de la nature et de la vie, en la partie demeurée sans changement dans l'ordre actuel, a pour fondement physique la constitution des monades servantes qui exécutent les œuvres du mécanisme, forment les synthèses destinées à composer les éléments inorganiques des corps des monades supérieures, créent les grands milieux qui servent à la transmission des signes sensibles à distance, et aux perceptions lointaines, — les atmosphères, les éthers, — et prêtent par les actions et liaisons des molécules, —

cohésion et gravitation, — les moyens de constituer et de mouvoir des masses à parties solidaires. Les cellules, êtres vivants radicaux, se font des corps avec des monades servantes, puis se composent elles-mêmes en des corps vivants qui sont des organes, et ces organes en organismes. Les végétaux se distribuent en d'innombrables espèces au service de la vie animale. Les animaux atteignent divers degrés de sentiment, d'intelligence et d'activité, et les hommes, monades dominantes de corps mieux conformés pour l'hégémonie centrale, se créent des forces artificielles, grâce à plus de connaissance des forces naturelles, qu'ils adaptent à leurs fins. Ils s'essaient à atteindre la conception de l'ensemble de ces forces, de la nature de l'univers, et de leur propre nature ; ils s'efforcent surtout de tourner à leur usage tout ce que la terre a de ressources pour l'entretien et les plaisirs de la vie, et de donner à l'humanité conquérante, quoique divisée contre elle-même, l'empire de la planète.

Il ne faudrait, semble-t-il, qu'un progrès naturel de puissance et de génie, chez ces êtres perfectibles, pour achever de soumettre et de discipliner les forces naturelles ; ajoutons un peu d'esprit de concorde et le pouvoir, qui jusqu'ici leur a manqué, de se discipliner eux-mêmes. De la vue générale du monde, sous cet aspect, il vient quelquefois à des penseurs, — qui ne consultent que l'histoire naturelle de l'homme, qui ne supposent d'esprit que l'esprit humain, ni de progrès dans le monde que le progrès du monde lui-même, parvenu à la longue à faire naître cet esprit dans la matière, — une idée hors de proportion avec les faits : c'est que ce progrès universel pourrait se continuer et s'accomplir par l'œuvre de l'humanité, dans sa propre existence collective arrivée à terme, grâce au travail des innombrables individus sacrifiés à sa croissance. L'humanité résumant la nature et la vie disposerait à son gré des forces, et peut-être aussi, le transformisme aidant, deviendrait le corps universel où toute existence s'organiserait, — et qui serait Dieu !

Ces sortes d'imaginations naissent d'un aveugle optimisme — contraire à toute méthode rationnelle. Ceux qui s'y livrent, sans pouvoir d'ailleurs donner à leurs vues un caractère précis, ni le moindre fondement, placent avant tout l'affirmation du progrès, sans justifier d'une cause finale, comme si la question de fin pouvait se décider avant la question d'origine. Cependant, s'il existe un mouvement du monde vers le bien, il faut que le bien soit au commencement, et que l'*intention* crée la direction. Pourquoi les phénomènes se développeraient-ils d'eux-mêmes dans un sens déterminé par la raison du bien ? Si leur cours forme une évolution proprement dite, allant d'un premier à un dernier état de choses, le premier a dû renfermer moralement la raison de la fin, puisque la fin est supposée morale. Il faudrait l'assigner. Et si ce cours est infini, sans commencement, il répugne qu'il ait une fin ; car, s'il avait pu en avoir une, elle serait atteinte depuis l'infinité des temps. On imagine donc arbitrairement que la direction d'une suite d'effets de la nature, dont la cause première est indéterminée, vient d'une aspiration universelle des choses au bonheur de l'humanité, tandis que les phénomènes originaires de notre système du monde sont, pour la science, des produits des lois de la thermodynamique, et que, en regard de ce que la science peut prévoir pour un avenir lointain, les phénomènes de l'animalité à la surface du globe sont de simples efflorescences.

Il est assurément concevable, mais nullement rationnel, que la portée empirique des vues et l'étroitesse de l'esprit retienne les hypothèses cosmogoniques dans l'enceinte des phénomènes physiques qui ont causé le chaos incandescent de la nébuleuse, et de ceux qui en ont procédé par le refroidissement. La création reçoit ainsi le caractère d'une révolution physique. Si l'horizon de la pensée, touchant l'histoire universelle du Cosmos, n'était pas borné par cette position d'origine que rien ne justifie; si la philosophie, celle qui ne se croit pas matérialiste, était plus attentive à ne pas laisser passer sans protestation dans les théories l'hypothèse implicite de l'antériorité des phénomènes de la gravitation et de la chaleur aux phénomènes de la pensée, c'est-à-dire de l'*antériorité de l'inférieur*, on trouverait qu'elle a, selon la raison, une vraisemblance réelle, la doctrine qui ne repousse pas l'unique moyen qu'il y ait, en l'état présent de la science, de placer le *supérieur à l'origine*. Cette doctrine considère le plus ancien état de notre système comme l'état d'un monde détruit et d'une nature en décomposition. Elle permet ainsi à la spéculation d'aborder l'hypothèse d'une nature antérieure harmonique parfaite, et d'une humanité primitive qui en aurait eu le gouvernement et aurait été ensevelie sous ses ruines.

CHAPITRE XII

LA SOCIÉTÉ PARFAITE ET LA POSSIBILITÉ DE LA CHUTE. L'ORIGINE DU PÉCHÉ. L'ORIGINE DU DEVOIR

Comment l'homme établi par le Créateur dans un milieu physique parfaitement adapté à ses besoins, l'homme en pleine possession de la raison et pourvu de toutes les connaissances requises pour diriger les forces naturelles confiées à son gouvernement a-t-il pu user de sa liberté pour faire le mal?

L'homme que nous considérons ici n'est pas l'Adam de la légende, être unique de son espèce, responsable envers son seul créateur, auteur d'un péché d'un genre mystérieux dont il devait être puni dans sa descendance encore à venir. C'est, au contraire, l'homme social dans la société primitivement parfaite par hypothèse. Le péché originel est l'entrée de l'injustice dans la société humaine par la volonté de l'homme.

Il importe, avant d'aborder ce sujet, d'écarter une difficulté métaphysique portant sur la donnée du problème. On peut nous objecter qu'il est impossible de concevoir l'acte créateur, acte *premier*, comme nous le posons, instituant du même coup une nature, objet immensément complexe, et une société toute faite d'êtres intelligents en rapport avec cette nature. Ce sont deux choses dont l'idée, autant que nous pouvons nous en former une, implique en tout cas une suite de mesures à prendre *dans le temps* pour conduire les choses au point voulu. Notre thèse fondamentale sur la notion du premier commencement, et sur l'idée de Dieu, le Créateur, serait complètement incomprise ou méconnue, si une objection qui semble au premier abord insoluble n'était pas clairement jugée comme sans portée. C'est en cette question que se concentre la raison pour laquelle le nom de criticisme convient encore à notre personnalisme, doctrine essentiellement organique. Cette raison c'est, on peut la dire en un mot, le principe de relativité. Kant n'a point compris ce principe, et en imaginant l'Inconditionné comme être réel, et les noumènes, il a manqué son entreprise, et versé dans la philosophie de l'absolu.

L'objection ne diffère qu'en apparence de la difficulté générale qu'on a coutume de soulever contre la doctrine de la création, et à laquelle on ne se soustrait que par celle du progrès régressif des phénomènes à l'infini, contradictoire en elle-même (1). Si nous considérons réellement, non pas dans les mots seulement, la création comme un *acte premier*, si nous renonçons, en conséquence, en ce qui touche la nature divine, la vie de Dieu, à réclamer les *antécédents de cet acte*, la moindre réflexion devra nous apprendre que nous devons logiquement poser l'*état pri-*

mitif des choses comme un *état complexe*. C'est une exigence du principe de relativité. Les moyens de la création ne pourraient se connaître que comme antécédents de la création, laquelle, par sa définition, nie les antécédents. La création est un ensemble donné de relations.

Le dernier mot sur la question, c'est que la création, comme telle, n'est ni plus ni moins compréhensible, qu'on la prenne pour un fait réputé simple, ou pour un ordre de faits ; mais ce n'est que comme un ordre de faits qu'elle peut être conçue quant à sa matière. On n'a que le choix entre deux partis : admettre l'ordre de faits créé, comme une donnée originaire que l'entendement réclame, ou embrasser la contradiction du recul des causes à l'infini. Notre hypothèse est l'ordre créé parfait. S'il est parfait, et que l'humanité en soit la partie capitale, il doit être une harmonie de la nature et une harmonie sociale, en rapport l'une avec l'autre.

*

Un ordre social, avec les forces de la nature mises à la disposition de l'homme, suppose une distribution de pouvoirs et de fonctions relatifs aux diverses parties de l'œuvre, une division du travail, et, par conséquent, une société elle-même régie au moyen d'une organisation hiérarchique qui soit en même temps une harmonie entre des autonomies individuelles. Il faut que le terme de *hiérarchie*, employé ici, perde sa signification sacerdotale ou impériale, et qu'on en éloigne toute idée d'une autorité qui ne serait pas simplement fondée sur la nature et l'étendue des connaissances, sur les aptitudes et les vocations, sur la raison et le dévouement des agents, tant d'exécution que de direction, en toutes choses et à tous les degrés.

Une juste conception d'un tel état social, le seul qui pût mériter le nom de parfait, se tirerait aisément du rapprochement, si, par miracle, il était possible, des utopies opposées dont le rêve a charmé les deux plus profonds penseurs humanitaires du xix⁰ siècle. Il faudrait supposer réalisée l'hypothèse incluse dans leurs systèmes, qui n'était autre pour tous deux, à leur insu, que l'élévation du caractère humain, chez l'individu, à un degré de perfection morale capable d'assurer dans ses désirs et dans ses actes, la constante prééminence des mobiles qui tendent au bien commun sur les passions qui ne se peuvent satisfaire chez les uns qu'au préjudice des autres ou de la société.

La doctrine sociale de Henri Saint-Simon, telle que la formulèrent le plus systématiquement ses principaux disciples, consistait dans un plan de répartition des membres de la société à venir en trois classes distinguées et définies par la prédominance de leurs qualités mentales rapportées à une trinité psychologique : amour, intelligence, puissance, et ainsi caractérisées pour déterminer les individus en leurs rapports à la société comme prêtres, savants ou industriels. Le fondement de la hiérarchie, ou classification, et de ses subdivisions était une institution d'éducation universelle sous la direction des prêtres ; et la fin de l'éducation, une distribution des grades et des fonctions à raison des vocations et des mérites : l'avancement et les récompenses *selon les capacités et les œuvres*, le tout, au jugement des supérieurs. Toutes les forces sociales devaient être dirigées vers les travaux de la paix, tous les privilèges de naissance abolis, et l'activité des *plus aimants*, des *plus intelligents* et des *plus forts* employée à *l'amélioration morale, intellectuelle et physique de la classe la plus nombreuse et la plus pauvre*. Par hypothèse, et en vertu de l'excellence de la doctrine elle-même, une fois appliquée sous la direction des Pères, les supérieurs devaient être à la fois les plus capables, les mieux instruits et les plus dévoués, sans aucune responsabilité d'ailleurs envers leurs subordonnés ; et les subordonnés, pleins d'amour et de vénération, toujours disposés à l'obéissance.

La doctrine de Charles Fourier, plus intéressante comme moins éloignée du véritable idéal, qui ne saurait être envisagé sans l'autonomie de la personne; plus profonde aussi, parce qu'elle reconnaît la nécessité d'une hypothèse métaphysique, pose deux points fondamentaux de sociologie, qui ne vont point l'un sans l'autre: le premier, la possession et le plein usage de la liberté d'action des sociétaires, que Fourier nommait des *harmoniens*, qui doivent se déterminer chacun sous l'impulsion de ses *passions*, sans admettre que jamais aucune considération de raison ou de devoir ait à influer sur leur conduite; le second, hypothèse dès lors très nécessaire, une préordination divine de toutes les productions de la nature et de toutes leurs propriétés, d'une part, et des caractères, des aptitudes, des vocations et des actes des hommes, d'une autre part, de telle manière que, nécessairement, il se produisît à chaque instant, pour chaque circonstance, la meilleure adaptation de chaque libre détermination de chaque sociétaire à ce que l'intérêt social et le bonheur de l'individu demandent. Cet universel accord des choses de l'homme et du monde, tel que Dieu, selon Fourier, l'a prédisposé, réclame seulement pour point de départ un premier établissement que les hommes auraient à fonder, et dont le révélateur apportait le plan détaillé. C'était le *phalanstère*, mécanisme social adapté à un nombre d'hommes convenable, et dont le fonctionnement, une fois donné en exemple, entraînerait par imitation l'humanité tout entière. L'harmonie providentielle, une fois réalisée, serait seulement soumise, comme tous les rapports calculables de l'univers, en leur application, à un écart possible, ou *huitième d'exception*, environ. Cette proportion lui rendait raison d'une part laissée au mal, telle qu'il l'estimait, dans tous les ordres de phénomènes, et à l'erreur dans toutes les lois. C'est par là qu'il s'expliquait le *retard* de l'histoire depuis l'époque de la civilisation hellénique, et l'éloignement, où il voyait la civilisation actuelle, de l'établissement de l'harmonie destinée à lui succéder. Un seizième seulement de la durée providentiellement assurée au cours de la vie humaine terrestre étant écoulé, un second seizième devait se placer à la fin de ce cours, afin de compléter la mesure accordée selon la loi d'exception du huitième aux *périodes subversives* de la création. L'intervalle, — 70 000 ans — était promis à l'ère de l'harmonie.

Si le premier de ces penseurs socialistes, Saint-Simon, avait corrigé son utopie autoritaire en y laissant pénétrer la liberté, et en se garantissant contre ses écarts par l'hypothèse d'un accord divinement préparé entre les passions individuelles et l'ordre social scientifique *une fois établi*; ou si le second, Fourier, avait envisagé l'harmonie future, providentielle, dans le rapport exact des actes spontanés des harmoniens, non plus avec des passions impulsives sans règle, mais avec les lois de la raison, *une fois le phalanstère organisé*, ils auraient, chacun de son côté, rencontré une conception analogue à celle d'une société créée parfaite en un monde parfait, à cela près que Saint-Simon, athée, croyait l'autorité indispensable, et que Fourier, théiste, créationiste, introduisait l'exception, c'est-à-dire faisait une part au mal dans le plan de la création. Saint-Simon tombait dans un cercle vicieux manifeste, encore que commun dans les écoles socialistes, en supposant l'autorité capable par elle-même d'instituer la société parfaite et d'en assurer le règne, — quoique l'autorité ne puisse être exercée que par des hommes généralement semblables aux autres hommes par leurs idées, leurs vertus, leurs erreurs et leurs vices, — ou supposer les institutions douées en elles-mêmes d'un pouvoir de rendre justes et bons les hommes dont leur établissement et leur durée dépend nécessairement. Et Fourier calculait arbitrairement, d'après des lois numériques de son invention, les rapports harmoniques ou désharmoniques de l'ordre naturel des passions et des choses. Tous deux croyaient que le caractère humain, tel que nous le connaissons, constitué par les naissances et par l'histoire, offre une matière susceptible d'organisation pour le règne de la justice et de la paix.

« L'âge d'or, qu'une aveugle tradition a placé jusqu'ici dans le passé, est devant nous »; c'est l'épigraphe que se donnait la première revue publiée par l'école saint-simonienne (*Le Producteur*, 1825), et qui offrait le résumé, avec de naturelles inductions, de la doctrine du *progrès indéfini de l'humanité*, propagée avec tant de succès par des penseurs du XVIIIe siècle, en renversement de la croyance à peu près universelle de tous les temps à une ère antique de moralité et de bonheur antérieure aux civilisations. La doctrine du progrès fut d'un grand secours au mouvement révolutionnaire de 1789-1795; car c'est un effet réel des fortes espérances de faciliter le succès des œuvres de réforme, jusqu'au point où se produisent les révoltes de la coutume et des intérêts contre les innovations. Quand vint la fatale réaction de l'esprit monarchique et catholique, il se trouva des penseurs qui ne consentaient point à abandonner les plus hautes vues d'avenir humanitaire et d'institutions de justice sociale, mais qui, répugnant aux scènes d'anarchie dont s'accompagne toujours le renversement de l'autorité, constataient l'impuissance de la liberté à créer des institutions stables. Ceux-là furent à la fois des indifférents, pour ne rien dire de plus, aux efforts des partis qui entendaient continuer la lutte, au nom des principes révolutionnaires, et des novateurs tout autrement radicaux, à la recherche d'une doctrine qui permettrait la reconstruction sociale sur des fondements certains. C'est dans de telles dispositions d'esprit que Saint-Simon et Fourier se tinrent éloignés des écoles libérales : l'un reprenant le principe d'autorité dans toute sa force, à condition de le transformer, en vertu de la loi du progrès, et conformément à une certaine théorie des phases historiques ; l'autre, au contraire, promettant la liberté sans limites, mais rendue possible seulement par une loi providentielle de l'histoire, formulée *a priori*, dont il annonçait la vérification prochaine.

Les projets d'organisation sociale apriorique de Saint-Simon subirent d'intéressantes variations. Ce fut d'abord l'idée, fort malsaine, d'une religion imposée au peuple, pour son bonheur, au nom de la Science, sous le titre de *Religion* de Newton. La loi des *trois états successifs de l'esprit humain*, proposée par Turgot, ouvrait à l'imagination du réformateur la perspective d'un futur sacerdoce de savants à instituer, qu'on accompagnerait des autres chefs de la civilisation, à la tête des autres groupes principaux de l'activité humaine. La loi de la gravitation devait être le principe sous lequel se rangeraient, selon ce plan, toutes les connaissances humaines, une fois le travail scientifique mené à bonne fin.

Cette première phase de la doctrine saint-simonienne fut l'origine du positivisme d'Auguste Comte, et d'un plan de religion nouvelle et de société reconstruite, que le disciple et continuateur de Saint-Simon dans cette direction élabora, en s'inspirant de la politique de l'Église dont il rejetait au reste tous les mystères et les dogmes. L'ardent esprit de Saint-Simon ne s'était pas arrêté à cette conception. Il était passé à d'autres tentatives de réforme sociale en prenant pour mobiles les intérêts industriels, ensuite le dévouement à la classe populaire, et avait trouvé de nombreux disciples. Nous avons dit, en abrégé, à quel plan de société s'arrêtèrent ces derniers. Mais nous ne voulons ici considérer que les doctrines maîtresses, par opposition à notre hypothèse de l'humanité intégrale et parfaite, envisagée à l'origine du monde, ou à la fin des destinées historiques et de la vie humaine terrestre.

Les systèmes de Saint-Simon et de Comte sont des systèmes sans Dieu. Ne sortant pas de l'histoire naturelle de l'homme, et voulant tout ignorer des origines premières, leurs auteurs ne pouvaient poser logiquement un principe de finalité dans le monde ou hors du monde ; ce n'est qu'empiriquement et grâce à des rapprochements sans exactitude, et à des raisonnements sans précision, qu'ils crurent démontrer les institutions de la société future en les déduisant, comme des termes nécessaires à venir, de certaines séries historiques. C'étaient des groupements de faits du passé, interprétés et disposés de façon à faire ressortir des lois imaginaires, qu'ils voulaient faire passer pour expérimentales. Fourier connut mieux la vraie nature du problème et posa sa série historique *a priori* en empruntant seulement à l'histoire quelques éléments de classification saillants. Aussi est-ce un plan de création divine qu'il se flatta de révéler en décrivant les phases du développement humain sur la planète, et en les définissant d'après ce que nous possédons empiriquement de connaissances des différents genres de société. Après une période d'*enfance* de l'humanité : état à peu près édénique (*sectes confuses, ombre du bonheur*), il distinguait six phases qu'il se représentait comme successives, trois de *recul* suivis de trois d'*élan*, qu'il nommait : *sauvagerie, patriarcat, barbarie,* — *civilisation, garantisme, sectes ébauchées.* — Cette dernière, qualifiée d'*aube du bonheur*, et encore à venir, comme au surplus le *garantisme*, dont nous voyons seulement se dessiner quelques essais, correspondait à la première. De là le *saut en harmonie*, huitième phase : soixante-dix mille ans d'*unité sociale* et de *félicité terrestre ;* finalement, une période de *caducité* ou *incohérence descendante*, analogue et parallèle à la première ou d'*incohérence ascendante*, et de durée égale, formant avec elle ce huitième d'exception à l'ordre général dont Fourier croyait reconnaître la présence dans toutes les parties et dispositions du plan du monde conforme aux deux grands attributs de Dieu, la Justice et les Mathématiques. Au bout de quatre-vingt mille années, au total, l'humanité et la planète seraient mises à la refonte, appelées à d'autres destinées.

Les hypothèses d'avenir social de l'école saint-simonienne sont bien mesquines auprès du monde ingénieusement imaginaire né du cerveau de Fourier. Mais nous n'avons à considérer, des deux côtés, que l'esprit général et l'inspiration métaphysique secrète des vues touchant l'origine et la fin des choses. Elles sont plus élevées chez Fourier, elles ne sont pas moins arbitraires chez Comte, ni moins *théologiques*, avec une théologie sans Dieu (l'humanité divinisée) une religion et un sacerdoce qui ne veulent rien savoir de l'origine et des fins de l'univers. A tout prendre, ces systèmes qu'on regarde comme optimistes, et qui le sont en effet, quant aux jugements sur l'avenir de nos sociétés, se trouvent être profondément pessimistes si l'on considère ce que ces jugements ont de positif, c'est-à-dire l'appréciation morale de nos sociétés et de la valeur de la Civilisation. Fourier prenait pour épigraphe de son *Nouveau Monde industriel et sociétaire* cette exclamation de Rousseau dont Rousseau lui-même, premier adversaire de la Civilisation, ne sentait pas la portée métaphysique[1] : « Ce ne sont pas là des hommes ; il y a quelque bouleversement dont nous ne savons pas pénétrer la cause ! » Les ouvrages de Fourier renferment l'étude approfondie avec la satire de la Civilisation et des mœurs des *Civilisés*, au moins autant que de leurs doctrines économiques, tandis que les socialistes actuels, qui ont abaissé la science à un communisme simpliste, ne s'occupent plus guère que

---

[1]. L'erreur de Rousseau n'était pas, comme on voulut le croire, de faire la critique radicale de l'ordre civilisé, mais bien de regarder l'état sauvage comme meilleur que l'état de civilisation, et d'attribuer la corruption immanente de ce dernier état aux sciences et aux arts qui sont, au contraire, les signes de sa supériorité morale.

des intérêts matériels et visent grossièrement à l'égalité des jouissances.

Mauvais disciples de Proudhon qui, lui déjà, abordait exclusivement la réforme sociale par le côté des relations économiques, mais dont les théories de la valeur et de l'échange étaient, à vrai dire, des doctrines de justice *a priori*, — si bien qu'il tombait dans le commun cercle vicieux du socialisme, en supposant les hommes moralement capables, avant d'avoir subi un changement profond dans leur caractère et dans leurs passions, d'instituer d'un commun accord le régime industriel et commercial qu'il désignait sous le nom de *Banque d'échange*, c'est-à-dire de créer l'ordre économique où seraient abolis la rente, l'intérêt, le loyer, le bénéfice, l'*aubaine*, enfin tout contrat permettant un *gain* à l'une des parties, — les socialistes ont donné leur confiance à la méthode révolutionnaire, source de haines, d'injustices et de douleurs, contradictoire à la fin poursuivie de justice et de paix, et dont l'issue historique la mieux éprouvée est de succomber à ses propres efforts ou aux réactions.

Les saint-simoniens et Comte n'ont pas encouru ce reproche. Ils n'ont, au contraire, que trop péché, dans leurs plans d'organisation, par l'imitation des principes d'autorité du passé. Sans doute, leur vue principale, l'amélioration « physique, intellectuelle et morale » de la classe pauvre a contrasté avec l'enseignement de l'Église, qui, passant pour la plus haute représentation de cette autorité du passé, n'a rien fait de sérieux, dans tant de siècles, pour élever la moralité du peuple, abaisser les fausses grandeurs, diminuer l'inégalité des classes, et qui, sous le couvert des formes de la charité et de la paix, n'a cessé d'être, dans l'humanité, un ferment de haine et de guerre, et non le moindre, par sa criminelle intolérance et son esprit de domination. Le socialisme pacifique a le mérite d'avoir donné suite à la philosophie sociale du XVIIIe siècle en opposant l'*humanitarisme* au *nationalisme*. Mais les faits donnent un cruel démenti à leur optimisme.

*

Le spectacle offert, de notre temps, au philosophe, est celui du plus grand effort qui se soit jamais vu peut-être pour armer les peuples et exercer les nations rivales à la lutte pour l'existence. Le monde, depuis un demi-siècle, opère à grands pas un retour à la barbarie, et les penseurs semblent n'y point faire attention. Il règne un étrange contraste entre les signes précurseurs des catastrophes et la confiance qu'ils sont parvenus à donner au public en un avenir inévitablement meilleur que le passé.

L'idéal de la perfection humaine et sociale, irréalisable avec le caractère humain actuellement donné, dont la transformation radicale, qui serait nécessaire, ne peut raisonnablement être espérée quand on consulte l'expérience et l'histoire entière de l'homme à travers les siècles, cet idéal, inspirateur du socialisme doctrinal optimiste, doit, selon nous, se déplacer et passer hardiment à l'hypothèse transnaturaliste de la perfection initiale du monde et de la société des êtres au sein d'une nature aujourd'hui en ruines, et qui doit se reconstituer après que la loi des phénomènes astronomiques aura conduit notre système à son terme. La nature primitive ayant été *corrompue*, comme s'expriment les théologiens, par la chute de l'homme, l'introduction du mal dans la société humaine parfaite est notre premier problème.

La société est une solidarité. Les relations de la vie et les affections entre des égaux s'altèrent nécessairement par la division entre les particuliers des travaux ou fonctions dont les objets sont pour eux d'utilité commune et, par conséquent, mettent certaines fins de l'un dans la dépendance de certaines actions de l'autre et que l'autre fait ou ne fait pas. Notre hypothèse du gouvernement primitif des forces de la nature par l'homme, et la supposition de la connaissance qu'il doit posséder des lois de la création pour éviter de les violer en les maniant afin d'en tirer toutes les jouissances qu'elles comportent, font une seule et même question de cet usage des forces et du devoir envers la société. Ni l'une ni l'autre n'impliquent à l'origine, ainsi comprise, l'obligation, telle qu'elle résulterait d'un commandement divin. Le devoir n'est posé que dans l'acception scientifique de la notion de ce qui est à faire, dans un cas donné, pour atteindre une fin proposée qui n'est pas mise en question ; et ce n'est pas là ce qu'on nomme devoir moral. L'obéissance à son dictamen, quoique due à la raison, non à la passion, ne diffère point, pour le mobile, de celle qui naît de l'impulsion passionnelle, et qui est à peu près instinctive, étant presque exempte de réflexion, tant que n'intervient pas une passion apportant un mobile en sens inverse, qui balance le premier.

Tout acte à faire est naturellement l'objet d'une impulsion passionnelle, quand il est pensé par une fin jugée bonne; et toute fin posée par la raison est, en cela, jugée bonne ; toute fin condamnée par la raison, mauvaise. Il faut donc admettre une déviation de l'impulsion passionnelle par rapport à la raison, pour expliquer l'écart de la loi naturelle, ou scientifique, — les deux termes sont équivalents pour notre hypothèse, — dans la conduite de l'homme qui est supposé la connaître, et qui, par son acte, introduit dans le monde le mal social, l'injustice, principe de la déchéance sociale. Mais cette déviation elle-même, quelle explication peut-elle recevoir ? Comment comprendre que *la science étant en lui*, quelque chose soit survenu *qui ait dominé l'homme et l'ait fait pour ainsi dire esclave ?*

C'est Socrate qui parlait ainsi, ne pouvant croire que la science du bien, la raison, soit vraiment là, présente, quand ce fait se produit, qui serait monstrueux, de l'acte déraisonnable; et Kant, après tant de siècles, a exprimé le même sentiment; et les moralistes n'ont cessé de se plaindre de la *servitude des passions*, sans savoir, le plus souvent, lui opposer rien de mieux que la servitude de la raison : au profit du petit nombre de privilégiés.

Si c'est bien la nature normale de l'homme qui admet cette déviation, comment ne pas douter de la bonté du Créateur, ou de sa puissance? A-t-il pu regarder comme une perfection, chez sa créature, une loi psychologique des passions comportant la possibilité, si ce n'est la certitude, de l'écart des passions et de la raison, et, par suite, de la ruine de ce monde dont il confiait la direction à des êtres qui pouvaient se trouver incapables de le conduire? C'est là que réside la difficulté réelle.

* .

La psychologie des passions repose, en principe, sur l'individualité de l'action chez les êtres animés. L'action individuelle répond à des possibilités diverses pour des circonstances pareilles, et c'est là une condition essentielle de la *création*, qui autrement n'aurait pas différé de l'application de la puissance divine elle même à la production des phénomènes, en apparence remise à des intermédiaires. L'essence de cette individualité, intellectuelle et morale, comme elle est chez l'homme, est la conscience personnelle de ses actes en rapport avec les perceptions et les émotions qui lui viennent de l'ordre externe, et son premier caractère est l'amour-propre, passion de la conservation du moi et de sa liberté, sentiment d'une puissance propre de penser et d'agir, recherche des jouissances attachées à l'usage des sens, à l'exercice de la force, au commerce de la société et de l'amitié, à la poursuite du Beau. Cela posé, quelque bonnes originairement qu'on suppose les relations établies des personnes entre elles, et pour la jouissance des biens naturels, et en supposant de plus, selon notre hypothèse, les hommes pourvus de toutes les connaissances adéquates à leur position et à leurs fonctions dans la nature et dans la société, il arrive toujours, parce que telle est la loi synthétique de l'individualité et de la communauté (et l'on n'en saurait concevoir une autre), qui fait que l'intérêt de la communauté, c'est-à-dire de la société dans les choses d'intérêt commun pour les individus, peut se trouver à tout moment distinct de l'intérêt de l'individu (de son attrait présent particulier), et en exiger le sacrifice. Mais il arrive surtout que tel bien ne peut être partagé, auquel plusieurs individus dans leur liberté peuvent prétendre, et il y a lieu pour certains à renoncement volontaire. Le « droit de chacun sur toutes choses », regardé par Hobbes comme la cause de l' « état de guerre perpétuelle » dans l' « état de nature », et comme le mobile du contrat social, qui est, selon lui, la stipulation de l'abandon total de leurs droits par les individus, doit être, en vertu de ce droit naturel, l'origine de l'état de guerre dans une société supposée primitivement à l'état de paix, si le sentiment de l'égalité essentielle des personnes vient à dominer chez les individus, tentés d'éloigner leur vue de cette connaissance rationnelle, que l'état donné primitif implique chez eux, des conditions forcées d'un état social et de sa conservation. Or ce sentiment s'insinue par l'effet des passions contrariées auxquelles donnent lieu les renonciations nécessaires et les rivalités. L'individualité subversive ne peut cependant se donner carrière sans s'opposer elle-même à la raison, qui est antérieurement donnée par hypothèse ; il y a donc nécessairement comparaison, doute, délibération. C'est dans la condition psychologique ainsi définie que se produisent pour la conscience l'idée nette de l'alternative des possibles, le sentiment du libre arbitre et les notions formelles du devoir et de la justice.

Toutefois la connaissance de la justice n'est vraiment

acquise, ne prend le caractère de l'obligation pour la conscience que par l'expérience de l'injustice, d'où naissent à la fois la réflexion sur la solidarité des hommes dans les conséquences de leurs actes individuels où ils ont un intérêt commun, sur la nécessité, qui s'ensuit, des règles générales de la conduite indépendamment de l'idée du bien telle qu'elle s'offre en sollicitant l'activité de chacun, et sur l'égalité rationnelle des personnes, dérivée du rapport fondamental que la société établit entre elles. Le choc de l'individualité violée, l'atteinte portée à ce que l'individu regarde comme de son enceinte propre, est ressentie comme l'inégalité affirmée, même quand l'auteur de l'injustice est mû par l'idée du bien ; car il n'est rien de si ordinaire que des actes injustes motivés par les bons sentiments envers le prochain, et souvent envers celui-là même à qui l'injustice est faite.

En d'autres termes ; l'idée du mal n'est pas simple. Ce n'est pas la seule contrariété du bien et du mal, la nécessité d'opter entre eux, qui donne son caractère à la délibération ; c'est toujours l'opposition de deux biens en perspective, qui ne peuvent s'obtenir que l'un à l'exclusion de l'autre. Il ne saurait être question ici des devoirs envers soi-même, qui ne se dessinent que dans un milieu de bien et de mal déjà complexes ; et nous pouvons considérer tous les biens comme des satisfactions individuelles bonnes en soi, et les diviser simplement en deux classes selon que leur obtention par l'individu est indifférente ou utile pour d'autres individus (tous ou quelques-uns), où qu'ils ne sont obtenus, au contraire, qu'au détriment des satisfactions d'un ou plusieurs autres individus, ou de la société entière. Il résulte de là que le bien naturel de l'individu peut toujours s'opposer au bien des autres, dès l'origine, en une société normale. La personnalité qui est l'individualité morale, a donc à se garder contre l'usurpation possible d'autrui ; mais cette personnalité d'autrui est dans le même cas à l'égard de la première. De là, pour chaque personne, des contraintes à subir ou à s'imposer, et la raison de tenir la personne d'autrui pour son égale, la sienne pour l'égale d'une autre : le tout indépendamment des affections qui peuvent les lier ou non entre elles ; car c'est un ordre qui commande aux sentiments. Cette égalité des personnes, à la fois dans leurs exigences et dans leurs limites mutuelles, est la justice, quand elle est observée, quand il n'y a pas usurpation. Elle a deux faces logiquement inséparables, qui s'appellent le droit et le devoir. La justice est la condition de la société des personnes. L'injustice est la violation de cette égalité faite de doit et d'avoir. Mais les passions rendent la justice litigieuse, ensuite odieuse à ceux qui l'ont violée. De là la possibilité du mal, et la justification de la possibilité du mal dans l'ordre social créé.

L'individualité personnelle ne serait qu'apparente, si les moyens de l'usurpation lui étaient refusés. L'homme n'aurait été que le premier en rang des animaux domestiques de Dieu, destiné par le Créateur à des fonctions régulières, invariables, et à des jouissances fixes, obtenues par l'abandon de l'âme à de purs instincts, si la personne, — en ce cas bien différente de celle que nous nommons ainsi en la distinguant de la bête, — eût été assujettie par sa nature à faire une chose, toujours la même, en chaque rencontre possible des autres personnes et des choses. Ce devait être une conséquence, un attribut inséparable de l'autonomie, que cette puissance propre donnée à la personne de se faire elle-même loi, contre la Loi, car, en cas contraire, elle n'aurait pas pu posséder cette autonomie, en avoir le sentiment réel, alors qu'elle en aurait eu l'application gouvernée. Or, commandant à soi, la personne commande au dehors (dans les limites, qu'on suppose ici respectées, de son droit) puisque, dans ces limites, le pouvoir sur soi est l'intermédiaire et l'organe de l'action externe. L'acte injuste est l'acte de ce pouvoir en violation de ces limites, et, par conséquent, de la raison donnée, avec l'autonomie, à la personne, afin qu'elle garde l'accord entre l'exercice de sa volonté pour des fins individuelles et l'observation des lois de la société, le respect de l'ordre universel.

L'injustice est donc, ce que la dit une formule usuelle, le vice de l'individu qui rapporte toutes choses à soi, comme s'il était le centre du monde et que le monde fût tout à son service. Mais on a dit aussi, renversant les termes, que l'individu n'existait que pour le monde et devait sacrifier sa personne au tout. Ici est l'erreur, erreur même contre la logique de la création; car le monde est créé précisément pour les phénomènes, et, les phénomènes ont l'individualité et la personnalité pour leurs plus hauts caractères; et comment aurait-il été créé pour eux, si chacun en particulier ne devait être rien pour le monde qui est pour tous! Le Créateur n'aurait donc eu pour fin que lui-même, et c'est alors à Dieu que le sacrifice des individus devrait être rapporté. Mais cette interprétation, favorisée par l'absolutisme théologique, est contradictoire à la loi qui reconnaît aux personnes des fins pour elles-mêmes.

*

Le don de l'autonomie à la personne, justifié par son accord avec l'idée de la création, ne nous laisse plus que la tâche de définir le caractère psychologique de l'acte de déviation de la raison, et à comprendre ce qu'ont pu être les effets du *péché* dans le monde tel que nous l'avons conçu en son état de perfection. Sur le premier point, les moralistes qui se sont servis, pour nommer la racine du mal, des termes d'amour-propre, ou égoïsme, quoique le premier ne reçoive qu'à tort un sens odieux, et que le second soit faible et n'embrasse pas les grands caractères du mal moral, ont eu en vue la disposition vicieuse constante à préférer le bien personnel à l'universel. Mais c'est là seulement un vice acquis et passé en habitude sous l'empire social du péché, tandis que la passion d'usurpation et de conquête est plutôt celle qui a dû tenir la plus grande place dans les phénomènes sociaux subversifs, à l'origine, de même qu'elle est restée le mobile éclatant des *grands hommes* de l'action violente, à toutes les époques. Peut-être le terme d'*orgueil*, et, mieux, d'*orgueil de la vie*, en usage dans la théologie morale, est-il le plus heureusement trouvé pour désigner l'état d'âme de l'homme qui, enivré du sentiment de son moi, refuse de porter le joug de l'altruisme, même sous la forme de raison, et ne peut s'y soustraire qu'en pliant toutes choses à son vouloir.

Le principe de l'envie et de la révolte contre l'autorité, le même, en lui paraissant opposé, que celui de la tyrannie, a peut-être été mieux compris des anciens mythologues que des psychologues modernes. Ils ont traduit dans leurs récits le sentiment de haine contre les puissances insurmontables, sentiment naturel dans le cœur de ceux qui pourraient tout aussi bien s'être trouvés, il le leur semble, les heureux possesseurs de cette situation souveraine. C'est ce qui ressort des légendes dans lesquelles s'énoncent plus ou moins clairement des accusations contre les dieux, ou certaines rivalités de la part des hommes. C'est que l'anthropomorphisme passionnel met entre les uns et les autres une similitude avec laquelle le pouvoir absolu des premiers est hors de proportion. D'un côté, la piété porterait le poète à condamner la révolte ; mais, de l'autre, le double aspect de la divinité, à la fois anthropomorphe et assimilée aux forces naturelles, souvent sans raison et malfaisantes, peut la lui présenter comme du genre des pouvoirs humains arbitraires et tyranniques.

L'imputation de crime, ou péché, n'atteint justement la révolte que si l'autorité attaquée est légitime, c'est-à-dire moralement fondée, et il y a autorité morale dans deux hypothèses, quand c'est à l'origine du monde, après la création, que nous nous plaçons : on peut supposer, avec la théologie, sauf à dépouiller la version théologique du mélange de mythes ou légendes dont elle a été chargée par la tradition religieuse, que le Créateur, maître des conditions auxquelles il a soumis sa créature lui a enjoint d'observer certains commandements. C'est le fond du mythe biblique de la défense faite à Adam, et de sa désobéissance, d'où la perte de l'Eden. La supposition d'une loi divine se retrouve dans l'entreprise de la tour de Babel et dans ses suites, dans la légende du déluge, dans les révélations faites aux patriarches, éminemment enfin dans la loi mosaïque, dans la doctrine de Jésus, dans la loi chrétienne, dans la loi musulmane. Et on peut supposer, avec la philosophie morale de l'obligation, dont Kant peut être cité comme le plus haut représentant, que la raison, avec l'*impératif catégorique*, était présente à l'*être noumènal*, dont la nature nous est inconnue, et qui par l'effet d'un incompréhensible écart, origine de la sensibilité et de la passion, est tombé dans le péché. La notion de l'obligation, la *loi morale*, nous resterait dans le monde des phénomènes, où nous sommes plongés, tout en étant des noumènes encore par notre liberté, qui est nulle en tant que nous sommes phénomènes. Cette doctrine est étrangère, en sa mystérieuse transcendance, aux idées de personnalité divine et de création. Schopenhauer a dû s'en inspirer pour sa conception de la Volonté antérieure au vouloir vivre. Il en a exclu la notion formelle (non pas peut-être implicite) de l'obligation et de la liberté dans l'ultime fond de cette volonté pure.

Dans notre hypothèse, doctrine théiste de la création et de la chute, mais suivant laquelle la chute est un événement réel du monde et de la société, primitivement parfaits, le Créateur ayant institué cette société de personnes autonomes et douées de raison dans les conditions voulues et avec les connaissances requises pour l'usage et la direction normale des forces naturelles, l'autorité morale résidait dans la raison elle-même et dans les idées droites des fonctions que chacun avait à remplir pour le maintien de l'ordre de la nature et le bien commun de la société et de ses membres. Cette initiation *a priori* était la loi et le commandement ; toute injonction divine, obligatoire ou inhibitoire qu'elle pût être, aurait ajouté la menace et fait injure aux hommes. Telle était l'autonomie dans son ampleur. La personne, en violant l'ordre du monde, n'a pas manqué à une promesse, à un engagement pris ; elle a péché contre elle-même et contre la société, deux choses connexes ; contre la nature aussi, par les suites fatales de ses actes, et des actes qu'ils ont provoqués. Elle s'est donc détruite elle-même. Les conflits inévitablement soulevés entre des hommes à l'état de solidarité parfaite, quand les passions de quelques-uns ont eu des effets subversifs, et les séditions qui ont dû s'ensuivre pour le renversement des défenseurs autorisés de l'institution normale, ont conduit nécessairement la société primitive à cet état qui est l'état de la nôtre sur notre globe : l'état de la connaissance du bien et du mal, le règne du droit positif et la violation du droit naturel, les propriétés et les contrats, des lois et des sanctions pénales, des gouvernements et des révolutions politiques. Mais la constitution de la nature primitive et la grande puissance de l'homme primitif sur les forces naturelles ne permettaient pas que les choses en demeurassent là.

CHAPITRE XIII

DE LA NÉBULEUSE ET DE SON RAPPORT A LA CRÉATION

Il faudrait savoir comment la société primitive était constituée, alors que nous ne pouvons pas même conjecturer la constitution physiologique de l'homme primitif, pour pouvoir nous faire une idée précise des causes et des événements à la suite desquels, sous l'influence de la passion antisociale que nous avons essayé d'expliquer psychologiquement, la société dut descendre de son organisation rationnelle à cet ordre de commandement chez les uns, de subordination et d'obéissance, même obtenue par la force, chez les autres, qui, dans le monde déchu, s'est appelée une hiérarchie, et qui se termina elle-même dans un désordre mortel pour le monde, à cause des puissants moyens de destruction dont disposaient les hommes. Et il faudrait savoir avec exactitude quels étaient ces moyens de mettre en jeu les deux forces radicales, la pesanteur et la chaleur, qui étaient capables de bouleverser la constitution du monde, à la fin de cette guerre antique de Titans que nous imaginons, où les forces de la nature, employées à rompre leur propre équilibre, causèrent la destruction physique des agents qui les maniaient.

Heureusement, il nous est facile, en ce qui concerne ce dernier point de notre hypothèse, de la limiter au strict indispensable pour l'objet que nous avons en vue. Cet objet est la destinée humaine, qui est comprise, quant aux éléments physiques de l'humanité, dans la destinée de la Terre, et celle-ci dans la destinée du système solaire. Il n'est nullement besoin, pour l'hypothèse, que nous étendions notre vue au delà de ce système, à l'univers, dont les bornes sont inconnues. La nature entière, en ce qui nous touche, est toute renfermée dans les dépendances du soleil, et l'univers, indéfini pour notre connaissance, ne nous offre, au delà de ces dépendances, que des phénomènes lumineux sans aucune autre action sensible pour nous, sans que nos observations et nos inductions sur la constitution et les propriétés de ces grands corps innombrables conduisent à une unité de conception avec notre propre cosmogonie, c'est-à-dire à rien de plus qu'à des analogies entre choses séparées. Quelques indices qu'il y ait là pour nous d'œuvres ou de desseins de la création, notre monde est le point de l'univers où tout ce qui nous intéresse est concentré, en remontant jusqu'à l'origine de la vie que le soleil y fait naître et y entretient. Soit que la terre ait été détachée de ce soleil à l'état incandescent, suivant la théorie le plus communément suivie, ou que, originaire d'une nébuleuse distincte, elle ait été ensuite entraînée dans le tourbillon du soleil, c'est toujours à une nébuleuse comme origine que la science nous fait remonter, c'est-à-dire à une masse diffuse d'une densité pour ainsi dire infiniment petite, animée d'un mouvement tourbillonnaire.

On peut concevoir une nébuleuse particulière comme ayant elle-même son origine dans un chaos primitif universel qui se concentre et se divise suivant des lois mécaniques plus ou moins clairement expliquées. Mais à *la Nébuleuse* (si nous appliquons ce nom, comme terme général à une agglomération de matière chaotique ainsi définie) l'astronomie, aidée des lois de l'attraction universelle et de la thermodynamique, ne possède ni moyens ni ressources pour assigner des antécédents. Nulle science ne peut faire plus qu'imaginer des phénomènes de même sorte, remontant des uns aux autres autant qu'on le voudra avec des concentrations, des divisions, des collisions, des effets d'incandescence, des phases de refroidissements, des produits des forces réglées des éléments sous les lois de la physique et de la chimie, une nature vivante, dont cette série de phénomènes est la condition (non l'explication), enfin des conjectures sur la fin d'un tel monde, telle que la pourraient permettre de prévoir et de discuter ces mêmes lois étudiées dans les évolutions de la matière qu'elles gouvernent.

Alors que la métaphysique aurait à prendre les questions à ce point où la physique les amène et les laisse, nous la voyons demeurer presque toujours sur son propre terrain (où elle a d'ailleurs un point de départ indépendant) comme si la physique n'existait pas. Si la métaphysique n'admet pas la création dans ses doctrines, il faut qu'elle en prenne le fondement en des idées abstraites, et c'est le réalisme (la substance, l'absolu, les hypostases, les essences spirituelles, etc.), ou qu'elle subisse pour le fondement du monde la matière physico-chimique imposée par la science; et c'est le matérialisme. Si elle admet la création, elle est impuissante à découvrir, dans ses théories, une voie pour la cosmogonie. Entre les données mécaniques et physiques, ramenées par la science à la plus grande abstraction, et le principe de la vie et de l'intelligence, — dont le développement est le fait capital de la période pendant laquelle s'établit sur le globe terrestre une température modérée, — il faut que cette métaphysique laisse une lacune, comme si ce monde de l'expérience ne la regardait pas.

Avant que l'origine de la terre et celle des espèces se fussent imposées à la spéculation, comme elles font aujourd'hui, on portait un regard direct sur l'acte de la création, sans tenir compte de ce grand ensemble de phénomènes qui sont les précédents et les conditions nécessaires de la production des espèces et de l'homme sur cette planète. Il était alors possible d'abréger, dans une énorme proportion, l'intervalle de la création et de l'histoire humaine; il n'y avait pas de paléontologie. Cet intervalle, on le déguisait par l'invention des mythes et des légendes, au travers desquelles on se flattait de rattacher, presque immédiatement encore, l'humanité à l'auteur des choses, et de comprendre leur rapport. Les philosophes qui repoussaient le concept de création se trouvaient, eux aussi, dispensés par le vide que la physique et l'histoire naturelle de leur temps laissait subsister entre l'état présent et l'état originaire de la planète, de donner leur attention aux origines physiques réelles. Rapportant directement ce qu'on savait alors des corps et de leur histoire à des notions qualitatives, dites matérielles, dureté, divisibilité, résistance, impénétrabilité, posaient ce genre d'abstractions, sans aucune évolution naturelle, pour principes du monde. En joignant à ces philosophes ceux qui recouraient à l'autre genre d'abstractions, âmes, esprits, idées, formes, essences, on fait un seul corps de toute la suite des doctrines acréationistes, depuis la haute antiquité grecque jusqu'au néoplatonisme (et aux doctrines modernes du type germanique) sauf une exception à peu près unique, constituée par l'évolutionisme stoïcien. Mais celle-là encore construisait l'évolution *a priori* d'une substance, et n'approchait pas du caractère d'une histoire positive de la nature. Il n'est plus possible aujourd'hui à la philosophie de fournir une théorie sérieuse du monde en laissant à l'état séparé, d'un côté, les notions, soit de l'ordre dit matériel, soit de l'ordre dit spirituel, qu'elle a coutume de mettre à contribution pour définir la nature et l'origine des phénomènes, et, d'un autre côté, cette vraie nature, cette vraie histoire des êtres à laquelle la science nous oblige de donner des millions d'années pour théâtre, et qui s'arrête, en remontant, à un certain état positif et bien connu de la matière sensible des corps. Si la métaphysique ne veut pas continuer à jongler avec les mots, il faut qu'elle fasse quelque part se rejoindre ses principes et le fait de la nébuleuse incandescente que le monde physique a pour origine.

Il est devenu tellement visible que ceux des penseurs théistes qui ne se paient pas d'abstractions pour rattacher l'homme à la fois à la nature et à Dieu sont tenus d'imaginer quelque manière d'expliquer l'éclosion de l'humanité au cours d'un développement des phénomènes, sans pour cela abandonner la doctrine de la création — sauvegarde unique contre le matérialisme ou le panthéisme, — que nous voyons les théologiens d'une Église plus libre que ne croit l'être le catholicisme de transformer ses dogmes traditionnels, en venir à l'acceptation du principe de l'évolution de la matière, sous le prétexte de mettre la doctrine au courant de la science. Quelques auteurs catholiques ont, il est vrai, passé condamnation sur la chronologie de la Bible, et ne sont pas condamnés par leur Église (que nous sachions); mais comment combler ainsi le vide creusé entre la création et le péché originel ? et où placer le paradis, et les lieux et les temps où vécurent les patriarches antédiluviens dans une période géologique antérieure à la nôtre ? Des penseurs protestants, évolutionistes, tranchant dans le vif, mettent à la place de la doctrine de la création, dite *ex nihilo*, le concept métaphysique d'un certain être de néant, ou puissance pure, que Dieu aurait établi hors de lui pour se développer spontanément en un monde de productions successives, minérales, végétales, animales, au cours desquelles, l'homme, apparaissant à son rang, se serait élevé à la conscience du mal régnant, et se serait reconnu pécheur en prenant pour la première fois connaissance du péché. C'est au moins d'après le plus éminent métaphysicien du protestantisme de langue française, Charles Secrétan, que nous risquons cet exposé sommaire, et fidèle, nous le croyons. Il est aisé de voir avec quelle facilité un savant, sans théologie, peut bannir d'un tel système l'idée du Créateur, en remarquant que c'est assez de la puissance du monde, ainsi reconnue à l'origine, sans y ajouter Dieu, qui n'en est, dira-t-il, que la vaine personnification. L'action, qu'on attribue à Dieu, de *création de la puissance* au lieu de *création de l'être*, est un détour inutile et une fiction incompréhensible, si ce n'est pas Dieu lui-même qui est cette puissance progressive, auquel cas son développement signifie le panthéisme. Et l'idée de création est éliminée.

Ce n'est pas là le seul vice de cette doctrine; car elle est incompatible avec le libre arbitre, ainsi que son caractère, au fond panthéiste, le rendait inévitable : cet évolutionisme chrétien, en même temps qu'il suppose verbalement l'entrée du mal moral dans le monde, et qu'il l'explique par la reconnaissance, comme tel, de ce mal, auparavant tout physique, suppose qu'il est l'œuvre matérielle, inconsciente, de la volonté humaine, ainsi déterminée par la nature, et n'a donc pas pour cause le péché. Le Créateur lui-même en est matériellement l'auteur, au même titre que du mal physique, inhérent à la puissance qu'il a créée, progressive sans doute, mais mauvaise à son origine.

Quand la science, l'astronomie, la première des sciences des choses, la mécanique rationnelle, qui lui donne ses lois, la physique ramenée en principe et dans ses fondements à cette mécanique conduisent forcément notre esprit à prendre l'origine de notre monde dans la nébuleuse, que nous demande-t-elle cette science, si nous ne voulons pas quitter sa méthode et sortir de son sujet? Elle demande que nous regardions tous les phénomènes : physiques, chimiques, biologiques, et ceux qui dépendent de ces derniers, la vie, l'intelligence et ses œuvres, comme des produits ou des effets nécessaires des propriétés données avec la matière et les mouvements internes des éléments constituants de la nébuleuse. En accordant à la science le droit d'opérer un tel dépouillement de la matière du monde de tout ce qui intéresse l'humanité, pour atteindre, en sa plus haute abstraction possible, la définition et la forme originaire des phénomènes du ressort de la physique, la métaphysique se condamnerait donc à faire descendre purement et simplement de ceux-là tous les autres ? C'est à quoi se résignent en effet, d'accord en cela avec le matérialisme, les penseurs qui transforment l'idée de création en une idée d'évolution. Si pour le métaphysicien, au contraire, la méthode applicable à une cosmogonie qu'il veut qui soit adéquate à son produit, c'est-à-dire à l'acte total du monde, ne peut pas être celle qui place l'inférieur et le privatif au commencement, pour y être la source du supérieur et du parfait, qui lui sont logiquement irréductibles, — car toutes choses supposent la pensée, et la pensée ne se déduit d'aucune ; — si le vice de ce renversement des termes ne saurait être corrigé, par l'introduction, dans la théorie, d'un supérieur qui ne serait que nominal, qui serait non le créateur du monde, mais le créateur de la puissance du monde enfermée dans un néant primitif appelé à en être la matière transformable et progressive ; si, en un mot, admettant la création sans détour et sans équivoque, il faut envisager, à l'origine des choses, une œuvre digne de leur auteur, au lieu d'une puissance de développement dont les premiers actes sont du genre négatif ou destructif quand on les rapporte à ceux qui doivent en procéder (au lieu de cette nébuleuse que toutes les sciences de la nature nous présentent comme le milieu dans lequel tous les phénomènes organiques et chimiques sont devenus impossibles par la réduction de toutes les forces à la gravitation et à la chaleur) ; et si néanmoins la science nous force d'accepter cette même nébuleuse comme l'état matériel du monde à son origine — et ceci est le fait, — nous devons regarder la nébuleuse comme la fin d'un monde pour pouvoir l'expliquer en qualité de commencement d'un autre. Et, entre ces deux mondes, il y a le rapport à trouver.

Quand Descartes exposait sa théorie physique, c'est-à-dire mécanique, selon sa méthode, de l'origine du monde, il n'entendait nullement y comprendre la partie de l'œuvre du Créateur concernant la sensibilité et l'intelligence, mais seulement détailler au point de vue scientifique l'opération cosmogonique des premiers jours de la *Genèse*. Pour lui, pour ses lecteurs, il allait de soi que la création de l'esprit, en la personne de l'homme, demeurait telle qu'on pouvait la prendre dans la théologie, dans les mythes ou légendes que la théologie consacrait. La situation est changée pour le philosophe qui accepte la nébuleuse, état physique originaire, des mains de la science, et doit la mettre en rapport, de quelque manière, avec la création considérée intégralement, et avec l'ordre des phénomènes que sa définition, toute physique, ne touche pas. L'hypothèse de la création nous interdit de prendre, comme dans le stoïcisme, et comme l'évolutionisme moderne s'y trouve conduit, la nébuleuse pour la phase initiale et finale d'une simple période de l'évolution périodique du monde éternel. Chaque période se formerait du développement et du réenveloppement de la substance, ou force-matière, dont les transformations déterminées par la loi d'une causalité invariable engendreraient les phénomènes de toutes les espèces. Ce système exclut, par la thèse du procès à l'infini, contradictoire, le commencement réel des phénomènes et la création. Il rapporte l'origine de la vie et de la pensée, dans le cours du refroidissement de la nébuleuse, aux propriétés d'une matière, inorganique en son origine. En d'autres termes, il explique les phénomènes par la supposition d'une vertu de les produire. Le transformisme n'est pas une méthode philosophique, ni scientifique, mais mythologique. On ne saurait découvrir aucune idée physique, non plus que rationnelle, qui permette de faire traverser la nébuleuse au monde de la vie et de l'esprit sans y joindre un principe de continuité. La continuité, pour une méthode telle que le monadisme, qui ne sépare pas la puissance intellective, siégeant dans la monade, d'un enveloppement organique, fondement de la vie de relation, doit être assurée par l'immortalité des germes ultimes des êtres vivants, dans l'attente des conditions qui permettent leur rentrée dans l'ordre sensible. Et c'est ainsi que la conservation de l'humanité, des individus humains eux-mêmes, peut être conçue dans la traversée de la révolution cosmique, après la perte du premier monde créé.

CHAPITRE XIV

LA RUINE DU MONDE PRIMITIF

L'unité métaphysique et morale du monde primitif, tel que nous le concevons, conduit naturellement à l'hypothèse de son unité physique; et nous n'apercevons aucune raison qui pût nous le faire supposer divisé entre plusieurs globes situés à de grandes distances les uns des autres comparativement à leurs propres dimensions. Nous ne voyons pas davantage pourquoi les effets de la force attractive universelle des corps, la gravitation, auraient dû être répartis entre eux avec les énormes inégalités de distribution qui proviennent des agglomérations de matière inorganique, maintenues dans l'isolement; ni dans quel but la production d'une effroyable quantité de chaleur aurait été ménagée en un seul lieu, dans un amoncellement unique de toutes les substances chimiques possibles, en puissance seulement, pour de là rayonner avec excès sur certains points, insuffisamment sur d'autres, et se perdre enfin par le rayonnement dans des espaces vides indéfinis.

Si les forces de la nature ont été mises à la disposition de l'homme afin qu'il les régit, conformément à notre hypothèse, et tous les êtres placés dans les conditions les plus favorables au mouvement et à la vie, la gravitation a dû se régler par une loi différente de sa loi actuelle. Mais ceci d'ailleurs était déjà une conséquence mathématique du plan général et de l'unité du système du monde : les états des corps et leurs densités ont dû être déterminés, les éléments distribués selon les lieux et les parties de ce système, et leurs destinations, de telle manière que l'action mécanique de l'homme fut aisée, son corps libre; tandis que sous le régime des lois actuelles, il n'y a pas jusqu'à la simple locomotion qui ne lui impose l'apprentissage de l'équilibre, apprentissage long et difficile d'abord, ensuite et toujours, malgré l'habitude acquise, accompagné de dangers. L'emploi industriel des forces naturelles, le travail, source lui-même de peines et de maladies, multiplient les causes de dépérissement des organes et d'accidents mortels, à mesure que, grâce à l'invention des machines, on pense obtenir de ces forces de plus considérables services. Les progrès immenses de l'application des sciences expérimentales à l'industrie, dans le siècle dernier, ne nous avancent pas jusqu'à concevoir une espérance raisonnable de dominer jamais et de manier les forces de façon à nous les rendre partout disponibles dans toute l'étendue de nos besoins, et dans la mesure, et avec une adaptation exacte et sans danger de leurs propriétés à l'exploitation du globe; ces progrès nous permettent seulement de comprendre cette hypothèse, et de l'admettre, après que nous en avons admis une autre : celle d'un monde unique où il n'existe rien que d'harmonique et où l'homme et la vie sont eux-mêmes en harmonie d'être et de connaissance avec les lois de la nature universelle.

Et il est aisé de comprendre que, le pouvoir donné à l'agent intelligent pour l'administration de l'ordre étant nécessairement proportionné à celui que, dans sa liberté, il peut exercer en sens inverse pour empêcher ou nuire, les passions mauvaises succédant aux bonnes, la guerre à la paix, dans les relations sociales des hommes chargés de gouverner en commun les forces naturelles et de pourvoir aux intérêts mondiaux, la perversion de l'homme ait dû conduire à la subversion de la nature, à la suite du détournement des propriétés des éléments à des œuvres de destruction. Il n'est même pas aussi difficile qu'on pourrait le croire d'expliquer, sans sortir des notions cosmologiques les plus positives, la manière dont a pu devenir inévitable la ruine du monde primitif, et s'opérer son passage, à travers une nébuleuse, de l'état cosmique, intégral ou unitaire, à l'état astronomique, ou divisé, des corps dont se composait le système. C'est, quant à la physique, une affaire de divisions et d'agglomérations des masses, par une dérogation criminelle à l'ordre dans lequel elles étaient données à l'origine ; et c'est, quant à la puissance nécessaire pour amener de tels changements jusqu'au point de causer une révolution dans la loi de la gravitation, la même cause, avec plus d'intensité et d'amplitude seulement, qui est à notre disposition et dont nous connaissons les effets, quoique infiniment amoindris, sur notre globe.

Il résulte des théorèmes de la mécanique rationnelle, que l'action de la force de gravitation universelle, proportionnelle aux masses, si on la considère comme s'exerçant sur des points situés soit à la surface, soit à l'intérieur d'une sphère de matière homogène, si d'ailleurs ils ne sont soumis à aucune action exercée sur eux par des corps extérieurs à cette sphère, est simplement proportionnelle pour chacun à sa distance au centre. Cela posé, nous partons, dans notre hypothèse, d'un premier monde créé, fini, sphérique, sur lequel aucune force extérieure n'agit, et dont les points matériels sont uniformément attractifs. Supposons que ni les différences de densités des corps formés intérieurement, ni les différences spécifiques des éléments ne troublent l'homogénéité mathématique de cette sphère du monde, abstraitement considérée, dans une mesure suffisante pour amener un changement sensible dans la loi de la gravitation. Nous pouvons alors regarder le système comme stable ; car ne renfermant pas de vastes parties agglomérées, capables d'actions de masse sur des assemblages de matière divers, situés à de plus ou moins grandes distances, il ne comportera pas ces mouvements de corps séparés immenses, ces *révolutions célestes* de mondes partiels, dont les collisions possibles, effet final des attractions des centres prépondérants, causent la dissolution par le développement inverse des forces calorifiques répulsives.

*

Imaginons maintenant que ce globe formé de couches concentriques intérieurement homogènes, constitué pour la durée indéfinie, soit modifié par l'intervention de volontés qui changent l'ordre interne de distribution des densités en amoncelant, en divers lieux très distants les uns des autres de la sphère cosmique, la matière inorganique industriellement transportée. Ce serait l'établissement, d'une part, de masses concentrées, de l'autre, de grands milieux intermédiaires, demeurés des sièges de matière diluée au degré nécessaire pour ne plus offrir de résistance sensible aux mouvements de translation des corps solides. Un tel changement serait le passage de l'antique loi de la gravitation au sein d'une sphère (force proportionnelle, pour chaque point, à sa distance au centre unique), à la loi actuelle de l'attraction (inversement proportionnelle aux carrés des distances, entre des masses éloignées les unes des autres). Et la puissance de la volonté dont nous avons à imaginer l'application au monde primitivement donné, pour y causer une semblable révolution, n'est pas autre en principe que la puissance de la volonté humaine. Ce n'est nullement à un miracle que notre hypothèse a besoin de recourir ici, ni à rien de pareil à l'acte de création comme acte de commencement.

La volonté de l'homme, en effet, meut la matière externe par l'entremise d'organes qui ne diffèrent pas eux-mêmes de cette matière, en tant que capables de donner le mouvement ou de le recevoir. En d'autres termes, il n'y a nul intermédiaire entre l'acte interne conscient du vouloir, et l'acte externe perçu de l'objet qui se meut. Il suit de là que toute la différence entre les travaux que les habitants d'un globe semblable au nôtre peuvent exécuter pour créer, dans une mesure très limitée, des remblais et des collines artificielles, ou de vider de matière sensible de petits espaces resserrés, et les entreprises que les directeurs des forces d'un cosmos unique peuvent mener à fin pour en transformer le système sphérique unitaire en un système de grandes masses séparées, dans le même espace, par des intervalles sensiblement vides et de dimensions relativement très grandes, consiste dans la supériorité théorique et pratique des moyens attribués par hypothèse à ces hommes du monde primitif. On les suppose capables de tourner les forces moléculaires en énergie cinétique dans des proportions suffisantes pour opérer toutes les accumulations et les transports de matière qui conviennent à leurs vues, et de modifier à leur gré les états des corps par la production des hautes ou basses températures.

Il ne reste à demander à l'hypothèse que l'explication des mobiles passionnels auxquels ces hommes ont dû obéir, dans la gigantomachie cosmique que nous imaginons avoir été la suite de la déchéance morale de l'humanité et de la corruption de la société primitive (xii). Mais ces mobiles se conçoivent aisément, en rapport direct avec les passions communes de la guerre et les moyens naturels d'attaque et de défense qu'elles suggèrent. Ce sont la prise de possession des territoires, la fortification des lieux les mieux choisis pour tenir dans la soumission les régions circonvoisines et défier toutes les attaques. Nous n'avons qu'à consulter notre propre expérience et toute la suite de l'histoire des hommes, depuis ce que nous savons de l'origine des nations, qui est aussi l'origine de la guerre. Fondation de cités rivales, bientôt ennemies, progrès des cités qui deviennent des empires, luttes des empires pour l'hégémonie, ruine et dissolution des empires que remplacent des États divisés prêts à recommencer entre eux les mêmes jeux de la force pour s'approprier les territoires, et de leurs princes, pour augmenter le nombre de leurs sujets et accroître leur *gloire* : c'est l'histoire de la planète Terre, et c'est celle de la passion humaine de dominer ; il suffit d'en transporter les effets dans un cosmos unitaire dont quelques chefs se disputent le gouvernement, qui est pour eux à la fois celui de l'ordre social et celui de l'ordre naturel, ou des forces cosmiques. Visant chacun à un pouvoir de monopole, et n'obtenant que la division et la décomposition des pouvoirs, ils doivent se séparer matériellement, se cantonner, traverser pendant un temps plus ou moins long le régime féodal, et arriver, en vertu de la loi de concentration politique, à former de puissants empires rivaux. Enfin, le point de départ commun quant à la loi physique fondamentale, ayant été la direction centrale de la gravitation de tous les points du système, proportionnelle à leurs distances du centre, on peut imaginer que les chefs des empires éloignés du centre ont réagi de divers côtés contre cette attraction qui rattachait les hommes à l'ordre général de la nature primitive, et, afin de s'y soustraire, entrepris de grands travaux, élevé des constructions immenses, essayé de lier leurs sujets à des mondes indépendants par une loi de la gravitation qui créât pour eux des centres séparés.

Une telle entreprise poussée à bout, si elle eût pu l'être, n'était rien de moins que la transformation du système unitaire en un système astronomique, mais désordonné, parce que les mondes auraient été ainsi constitués séparément par des volontés arbitraires, et non par l'application d'une loi propre à les lier entre eux en des mouvements relatifs réglés. En effet, si les auteurs de cette dislocation du globe unique pouvaient constituer des centres d'attraction séparés, et s'ils donnaient lieu par ce moyen à d'inévitables mouvements de translation des masses les unes vers les autres, il y a une chose qu'ils ne pouvaient, c'était de leur donner des impulsions capables de balancer les attractions, et calculées de manière à établir un système de révolutions et d'orbites invariables. Dès lors les rencontres et les collisions devaient se produire, et la concentration universelle des masses s'effectuer. Dans notre hypothèse, la séparation des mondes ne pouvait évidemment être atteinte par le travail humain, avec quelque puissance de moyens qu'il pût y être procédé, mais la dissolution du monde unitaire devait en résulter. A mesure que la distribution nouvelle des densités constituait, en divers lieux, et à des intervalles occupés par une matière très raréfiée, des centres d'attraction séparés, l'action de la gravitation entre les masses distantes donnait nécessairement lieu à des mouvements spontanés de translation ; et il ne fallait pas que ces mouvements prissent un grand développement pour que les forces devinssent ingouvernables, et que des bouleversements d'une issue incalculable en fussent la suite, entraînant la destruction des hommes. En effet, sans avoir besoin de chercher jusqu'à quel point pouvait se poursuivre un travail humain entrepris pour modifier gravement l'ordre établi des densités des couches sphériques ou de supposer, ce qui ne serait pas invraisemblable, que la haine, la passion de nuire a pu porter des hommes à s'exposer sciemment à leur propre ruine, pour en détruire d'autres en

RENOUVIER. — Le Personnalisme.

provoquant des catastrophes, il suffit de remarquer que, mathématiquement, l'introduction artificielle de quelques masses prépondérantes, au sein d'un système de forces attractives qui se font équilibre, est nécessairement l'origine d'un mouvement de concentration qui ne s'arrête plus avant la formation d'une masse unique.

*

Kant, en cette partie de son *Histoire naturelle du ciel* qui concerne en particulier la formation du système solaire, prend pour donnée première la quantité de matière qui est actuellement répartie entre les astres, dans ce système, et il la suppose à l'état d'une nébuleuse de densité extrêmement faible. Il part de là pour rendre compte de l'origine de notre monde. Les agents qu'il admet sont l'attraction universelle et les forces répulsives élémentaires, mais il ne donne pas la raison de l'établissement, qu'il suppose, des densités inégales, progressivement formées pour constituer des masses distinctes dans le milieu commun. Si ces densités étaient inhérentes aux éléments, comment n'ont-elles pas toujours produit leurs effets? On reproche encore à Kant de n'avoir pas expliqué par des lois mathématiques exactes (à l'aide des forces répulsives), les révolutions de certaines de ces masses les unes autour des autres, non plus que leurs rotations sur elles-mêmes. Mais l'objection capitale contre sa théorie porte sur ce point : que l'attraction universelle devrait conduire, d'après les prémisses de la théorie, à la formation finale d'une masse unique, un amas de matériaux sans vitesse initiale. Et, en effet, si l'attraction newtonienne toute seule pouvait faire d'un système homogène de molécules un système astronomique de masses tournant sur elles-mêmes et transportées sur des orbites, sans que des impulsions primitives fussent entrées en composition des mouvements dont elles sont animées, il est indubitable que le terme de ces mouvements serait leur retour à la nébuleuse (incandescente cette fois, en vertu de la loi thermodynamique, que Kant n'a pas connue). C'est d'ailleurs parce que la loi de l'attraction serait la fin de ce système, qu'elle n'a pas pu présider seule à sa formation.

La fin de tout système où n'agit que l'attraction universelle comme énergie cinétique, aussitôt qu'il s'introduit des différences de densité dans ses parties constitutives, est justement celle qui, dans notre hypothèse, attendrait le monde dans lequel la distribution première des forces entre les couches concentriques aurait été troublée. S'il était permis de supposer l'œuvre de décentralisation, entreprise par les hommes, assez avancée pour constituer des masses considérables très éloignées les unes des autres et situées dans des milieux peu résistants, l'hypothèse conduirait à des mouvements de translation de ces masses en divers sens, dans la vaste étendue du monde, selon l'importance des centres d'attraction. De là des collisions, et, conformément aux lois générales des forces de directions quelconques, des mouvements, les uns de translation, les autres de rotation pour les masses de formation distincte, et, comme résultat définitif, après des espaces de temps plus ou moins considérables, le retour à un seul corps de toute la matière gravitante, la nébuleuse, l'incandescence.

Le même résultat, beaucoup plus rapide, a dû être atteint à la suite d'une perturbation de l'équilibre intérieur suffisante pour amener graduellement les réactions des masses divisées, d'énormes productions de chaleur et les cataclysmes.

*

Ainsi notre hypothèse nous donne, pour la conséquence dernière de la ruine du monde primitif, cet état primitif du soleil qui, suivant l'hypothèse de Laplace, a été le point de départ des phénomènes de division, par l'effet du refroidissement et de la condensation dont est sorti notre système planétaire. Laplace ne pouvant, à son époque, expliquer le phénomène calorifique par des collisions d'astres, a cherché l'origine de la nébuleuse solaire dans quelque nébuleuse plus ancienne, à noyau lumineux, telle qu'on en voit dans les espaces stellaires ; et de celle-là il ne se demandait pas l'origine, non plus qu'il ne recherchait la cause de l'essence lumineuse du noyau :

« La considération des mouvements planétaires nous conduit, dit-il, à penser, qu'en vertu d'une chaleur excessive, l'atmosphère du soleil s'est primitivement étendue au delà des orbes de toutes les planètes, et qu'elle s'est resserrée successivement jusqu'à ses limites actuelles.

« Dans l'état primitif où nous supposons le soleil, il ressemblait aux nébuleuses que le télescope nous montre composées d'un noyau plus ou moins brillant, entouré d'une nébulosité qui en se condensant à la surface du noyau le transforme en étoile. Si l'on conçoit, par analogie, toutes les étoiles formées de cette manière, on peut imaginer leur état antérieur de nébulosité, précédé lui-même par d'autres états dans lesquels la matière nébuleuse était de plus en plus diffuse, le noyau étant de moins en moins lumineux. On arrive ainsi, en remontant aussi loin qu'il est possible, à une nébulosité tellement diffuse que l'on pourrait à peine en soupçonner l'existence ».

Laplace, par ces conjectures dont on ne semble pas avoir assez remarqué toute la portée, n'arrivait à rien de moins qu'à poser le fondement d'une cosmogonie de l'univers entier, en tous ses systèmes stellaires, et non plus seulement de la formation du soleil. L'importance physique de cette vue s'est accrue au delà de ce que son auteur lui-même pouvait prévoir, grâce à une théorie thermodynamique due à des physiciens de notre temps, d'après laquelle la condensation d'une nébuleuse extrêmement diffuse et froide, prolongée à travers les âges sous la seule action de la gravitation, doit suffire pour élever la masse à une température comme celle du soleil, même en tenant compte, dans le calcul, des pertes de chaleur par rayonnement. Si nous supposons la température initiale au zéro absolu, et la nébulosité, à ce moment, à un point de diffusion tel « que l'on pourrait à peine en soupçonner l'existence », — ce sont les termes de Laplace, — nous nous rapprochons singulièrement du concept métaphysique des philosophes qui prennent l'état premier du monde dans un certain néant en puissance de devenir. Seulement, la cause première reste inconnue, et la puissance est une *force de la nature* : la gravitation. La « condensation des nébuleuses à plusieurs noyaux » produit les groupes d'étoiles multiples, dit encore Laplace, et on doit penser, quoique il ne le dise pas, que les noyaux sont eux-mêmes des effets de condensation, en de certains points, d'une matière diffuse imperceptible. Cette conclusion serait donc le résultat des derniers travaux des purs physiciens, confirmant la vue du grand astronome. On n'y pourrait guère mettre en parallèle que l'hypothèse de la formation des grands corps incandescents par la rencontre et le choc, dans l'espace, de masses solides et froides de grandes dimensions, ou peut-être très multipliées, et à l'état météorique. Mais ce sont là des moyens de reculer la question cosmogonique et non de la résoudre.

On peut, ce nous semble, opposer sans crainte à ces théories physiques pures la doctrine de la création, et à l'idée d'un monde originairement constitué par une matière diffuse, insensible, et une force de condensation inexpliquée, l'hypothèse du monde créé à l'état parfait, dans une forme unitaire, dirigé par les créatures intelligentes premières qui formaient une société une et harmonique, décomposé par suite de la dissolution de cette société primitive, et ruiné par la main des hommes.

CHAPITRE XV

LA CONSERVATION ET LA REPRODUCTION DE L'ORGANISME HUMAIN SOUS DE NOUVELLES LOIS

Il n'est pas difficile de concevoir que la vie animale prenne, sous des conditions physiques différentes de celles du globe terrestre, des formes différentes de celles que nous connaissons, et les partisans des « mondes habités » n'ont pas manqué d'en faire la supposition. Mais, d'imaginer précisément des formes très nouvelles, et, encore plus, celles qu'ont pu revêtir les hommes du monde primitif, c'est ce qui est impossible, par la raison que l'imagination travaille toujours sur les données de l'expérience, et réussit tout au plus à en former des combinaisons vraisemblables. Mais, en ce qui concerne ces hommes auxquels nous attribuons par hypothèse les perfections organiques dont l'idée nous est accessible, nous pouvons, tout en nous contentant d'idées vagues sur des points positifs, obtenir des affirmations plus nettes sur les points négatifs. Les premiers regardent les sensations, que rien n'empêche de concevoir supérieures en leur portée, et multipliées, en rapport avec des propriétés des corps qui aujourd'hui nous sont imperceptibles ; puis, les moyens de communication et de transports matériels, sûrs et sans risques, du centre aux confins de l'immensité cosmique, et les organes locomoteurs adaptés, ainsi que les fonctions vitales, au milieu universel fluide que réclament la conception première de la loi de la gravitation et la distribution des densités. Cette dernière disposition, certainement la plus favorable à la liberté des mouvements, a pour correctif idéal, quand nous songeons à ceux des avantages que présente la solidité des fondements matériels de notre existence organique actuelle et de nos fonctions, l'hypothèse d'un pouvoir humain de modifier, par des moyens de production faciles et rapides des réactions chimiques, et le maniement de la chaleur, les états des corps ambiants, de manière à créer les objets nécessaires aux usages industriels et aux fins de commodité ou de plaisir.

La constitution physique de l'homme demeure, dans cette hypothèse, et conformément à l'état général du milieu, — qui est une sorte d'atmosphère universelle à couches concentriques dont chacune est en elle-même sensiblement homogène, — beaucoup moins assujettie à l'action de la pesanteur qu'elle ne l'est à la surface d'une planète. L'homme peut se transporter en telles ou telles des régions de cette sphère cosmique où l'action de la gravitation est régulièrement décroissante de la surface au centre. Là, elle devient nulle. Dans toutes les régions suffisamment excentriques où les organismes sont soumis à la pesanteur et prédisposés pour l'exercice de la fonction locomotrice, on pourrait dire que, toute nécessaire qu'elle soit pour les réactions, la pesanteur est nulle, comparativement au degré où elle s'exerce sur l'homme dans les conditions terrestres. Le sentiment du poète est donc juste, quand songeant seulement à la lourde chaîne que notre poids est pour le corps, et non pas à l'indispensable office que la loi de la gravitation remplit dans la nature vivante, il jette l'anathème sur *la matière*, siège de ce poids que nous traînons, fait d'elle une personnification de tout ce qui alourdit et abaisse, et finalement, à l'exemple des anciens ascètes, l'identifie avec *le mal*, la présente comme la conséquence de *la faute* :

.....Or, la première faute
Fut le premier poids. Dieu sentit une douleur.
Le poids prit une forme...
Le mal était fait. Puis tout alla s'aggravant ;
Et l'éther devint l'air ; et l'air devint le vent, ...

> L'âme tomba, des maux multipliant la somme,
> Dans la brute, dans l'arbre, et même au-dessous d'eux,
> Dans le caillou pensif, cet aveugle hideux...
> Et de tous ces amas des globes se formèrent,
> Et derrière ces blocs naquit la sombre nuit.
> Le mal, c'est la matière, arbre noir, fatal fruit.

L'erreur des ascètes, en leurs idées sur la nature de la matière comme en soi mauvaise, est, au fond, une erreur de physique non de sentiment. Leur science, leur philosophie, n'allaient pas jusqu'à leur faire comprendre le service des organes et des milieux matériels pour la vie et pour les relations mutuelles des êtres. Leurs malédictions s'adressaient *au corps*, au lieu de porter sur des défauts et sur des assujettissements du corps, qui ne sont point essentiels à l'organisation, sur des propriétés mal adaptées à ses fonctions telles qu'on les voudrait, et sur certaines de ses fonctions aussi, qui ne sont pénibles ou viles que parce qu'elles ne peuvent qu'être en rapport avec une nature anormale des choses, conséquence de la chute. Le culte de l'immatérialité est le résultat de la méconnaissance de l'organisme parfait, ou idéal.

Pour changer en biens les maux de la gravité, en particulier, il ne faut qu'imaginer son intensité et ses applications en harmonie avec les fonctions des êtres. Cependant, toutes les perfections imaginables d'un organisme humain exempt des pires assujettissements de la *matière, corps de mort* du théologien et du poète, n'ont pas encore l'importance de celles qui ne se peuvent guère définir que par la négation des conditions actuelles de la vie. C'est de l'immortalité, que nous voulons parler maintenant; non pas simplement de l'immortalité de la personne, dont on a coutume d'établir la thèse sur le fondement métaphysique des communes doctrines de l'âme, mais de la vie organique indestructible, en un corps qui est une synthèse variable de monades. L'âme humaine réelle est une monade douée d'aperception distincte et de mémoire, et la monade en général, ou entéléchie, est l'être élémentaire, la *substance simple*, en termes leibnitiens, qui se définit par les trois qualités de *perception*, d'*appétition* et d'*activité*. Cette substance est donc une synthèse de qualités, dont la conception n'a rien de matériel, ou même de quantitatif. Les corps sont des composés de monades. « Le corps appartenant à une monade, qui en est l'*Entéléchie* ou l'*Ame*, constitue avec l'entéléchie ce qu'on peut appeler un vivant, et avec l'âme ce qu'on appelle un *animal*... Chaque corps vivant a une entéléchie dominante, qui est l'âme dans l'animal... Il n'y a jamais ni génération entière, ni mort parfaite prise à la rigueur, consistant dans la séparation de l'âme. Et ce que nous appelons *génération* sont des développements et des accroissements; comme ce que nous appelons *morts* sont des enveloppements et des diminutions » (Leibniz, *La Monadologie*, 63, 70, 73).

*

Nous avons à éviter, dans l'application à faire à notre théorie de ces notions fondamentales de la métaphysique leibnitienne, ce que nous regardons comme deux écueils pour la saine intelligence du cosmos au point de vue monadologique : 1° nous ne devons pas nous représenter les corps en eux-mêmes sous l'espèce des images et des qualités sensibles d'étendue, solidité, dureté, etc., que nous leur rapportons, si ce n'est que nous pensions seulement aux sensations que nous-mêmes, en tant que monades, nous éprouvons par l'entremise des organes que d'autres monades constituent pour nous et qui sont nos corps ; 2° nous ne devons pas regarder les développements et enveloppements comme des phénomènes de croissance et de décroissance, comme des changements de proportions géométriques des organismes. Leibniz, imaginant, conformément à sa doctrine de l'infini, la diminution sans bornes de la grandeur des parties des organes, considérait les formes organiques comme conservées et matériellement transmissibles elles-mêmes, pour être les germes des réviviscences, dans les générations successives, sauf exception pour un certain nombre de cas de changements d'espèces, et d'élévation du degré de l'espèce, « par le moyen de la conception ». Mais la conservation et la transmission des formes n'ont certainement pas lieu de cette manière, dans une espèce donnée. La vie et la mort correspondent, pour la monade dominante d'un organisme, à des états aussi différents entre eux du corps, ou composé monadique, dont cette monade est enveloppée, que le sont entre eux ses propres états internes dans les deux mêmes conditions. Or, l'état interne de la monade dominante, ou âme, dans la mort, est très probablement, — et c'est dans l'hypothèse de l'immortalité physique que nous nous plaçons, — un état de conscience sourde, ou suspendue; il est donc probable que son corps n'est pas un organisme à vrai dire actuel, car des organes vivants correspondraient à des fonctions effectives, mais un composé monadique simplement conservateur, une puissance de développement en de telles ou telles formes spécifiques futures.

La doctrine de l'infini, appliquée au concept des proportions indéfiniment diminuées des organes, a suggéré à Leibniz sa doctrine physique, d'après laquelle chaque portion de la matière serait « sous-divisée actuellement sans fin, chaque partie en parties, dont chacune a son mouvement propre;... par où l'on voit, ajoute-t-il, qu'il y a un monde de créatures, de vivants, d'animaux, d'entéléchies, d'âmes dans la moindre partie de la matière » (*La monadologie*, 65, 66, 74, 75). Leibniz semble rejoindre ainsi, par l'infiniment petite particule matérielle, la conception de la monade, que cependant il ne peut logiquement atteindre puisque la monade est immatérielle et que la particule est pleine d'êtres vivants. Il arrive à ce résultat singulier, de nous faire envisager une matière divisée à l'infini, formant le *plein* d'une étendue réelle, alors que l'espace est *purement relatif*, un *ordre des choses en tant qu'elles existent ensemble*, et que l'espace *absolu*, ou *réel en soi*, n'est qu'une *imagination* ou une *fiction* (*Lettres de Leibniz à Clarke*, 3ᵉ lettre, nᵒˢ 4-5, et 4ᵉ, nᵒ 7sq). Et il faut que l'infinité des êtres vivants forme ce plein, ce continu matériel, quoique les substances simples ou monades, dont ils sont composés, soient sans extension et sans parties. Enfin, l'étendue, ordre des coexistants, exige une division, des parties, puisqu'il y a des intervalles; et toutefois la division réelle de cet infini est impossible, parce que l'*infini n'est pas un tout*, et que les notions de *tout* et de *partie* sont corrélatives et inséparables[1].

---

1. « L'infini, à proprement parler, composé de parties, n'est, selon moi, ni un, ni un tout, ni conçu comme quantité, si ce n'est par une notion de l'esprit » (*Sentio proprie loquendo infinitum ex partibus constans neque unum esse, neque totum; nec nisi per notionem mentis concipi ut quantitatem*) (Leibniz, *Lettres au P. Des Bosses*, éd. Dutens, II, p. 272). Cette déclaration est celle, qui aux yeux de Leibniz, met fin à la controverse sur la question de l'existence de l'infini actuel. C'est la même que nous retrouvons, pour le fond, chez les partisans actuels de cet infini. Elle lève, d'après eux, la contradiction impliquée par l'infini actuel, et qui consiste en ce que cet infini serait, s'il existait, la somme effectuée, terminée d'une sommation, ou compte de parties, qui, par définition ou hypothèse, est interminable. Mais si l'on peut dire que cet infini n'est pas une somme, à savoir le tout de ses parties, l'objection tombe.

Selon nous, les notions de tout et de partie étant incontestablement corrélatives, on ne peut poser logiquement ce concept de Leibniz ; un *infini composé de parties*, et qui cependant *n'est pas un tout*, qu'à la condition de regarder en ce cas les parties comme n'étant pas des parties distinctes, des parties réelles, mais seulement des parties imaginables, parce qu'alors on ne peut plus tirer argument de ce qu'elles ne peuvent être conçues comme il le faudrait, c'est-à-dire formant un tout numérique, une somme d'unités. Et nous croyons que c'était là, au fond, l'idée de Leibniz; ainsi que c'était la thèse déclarée de Spinoza. L'importance presque sans égale de la question et l'intérêt toujours grand de l'interprétation du leibnitianisme valent bien que nous nous arrêtions un moment à définir par des textes précis cette théorie du tout et de la partie, de la quantité et du nombre chez Leibniz.

Sur l'« existence de l'infini actuel », quoique « incompréhensible à l'esprit humain », l'affirmation est absolue, la formule posée en termes nets, sans hésitation. Elle s'applique à la nature ; « la nature peut réduire les corps à la petitesse que la géométrie peut considérer. —

Revenons à notre concept de l'homme du monde primitif, considéré comme un *corps vivant* avec une monade dominante, ou encore une monade, avec des organes qui sont des composés de monades ; l'état de *développement* de ce corps n'est autre chose que l'état normal de l'accord, en vertu de l'harmonie préétablie, entre toutes les monades constitutives de cet organisme, entre leurs fonctions et les propriétés des divers ordres de monades formant le milieu des êtres vivants et servant à leurs actions et à leurs communications. Rien ne pouvant, après la création accomplie, ni s'engendrer absolument sans précédents, ni périr entièrement, l'enveloppement de ces corps ne pourra être que leur rentrée de l'actuel dans le potentiel, une sortie du système des phénomènes actuels, et une absence de ces derniers, jusqu'à ce qu'en de nouvelles circonstances, et sous cer-

Un espace divisible sans fin se passe dans un temps divisible sans fin. »
« Je crois qu'il n'y a aucune partie de la matière qui ne soit, je ne ne dis pas divisible, mais actuellement divisée ».
« Cum ubique monades, seu principia unitatis substantialis sint in materia, consequitur hinc quoque infinitum actu dari ; nam nulla pars est, aut pars partis, quæ non monades contineat » (Leibniz, Op, Dutens, t. II, pp. 238-239, 241, 243, 266).
Le nombre infini actuel existe-t-il en conséquence ? Il le semblerait ; car aussi loin va la division de la matière (telle que la pose Leibniz), aussi loin va le nombre, la numération n'ayant pas de fin, de même que la division de la matière peut toujours être poussée aussi loin que le nombre des parties demandé quelque grand qu'il puisse être. Cependant Leibniz n'admet pas cette parité ; il fait voir en toute occasion, dans ses ouvrages et dans sa correspondance, tout spécialement dans une polémique suivie avec son disciple Jean Bernouilli, que le nombre infini, absolument, ou le dernier terme d'une série infinie, ou l'*infinitième* ou les *infinitièmes*, sont des concepts contradictoires en soi, et qu'il en est de même des infinitésimaux géométriques, ou des infinitésimaux du temps ; qu'ils n'existent et ne peuvent exister qu'à titre de fictions, par cette raison que le caractère de la série infinie consiste en ce qu'elle peut toujours être prolongée ; qu'ainsi, à un nombre donné, on peut toujours en faire suivre un plus grand, et que ces nombres et ces termes sont toujours des nombres, toujours des termes finis, et ne deviennent jamais infinis, à quelque point que la série soit prolongée en pensée. Cet argument revient, on le voit, à la distinction entre l'infini actuel et l'indéfini, qui est seul applicable à la définition positive des séries dites infinies, et à celle des *nombres naturels*, éminemment. Pourquoi Leibniz veut-il que la suite des divisions possibles de la matière et des monades non seulement ne se termine point, mais ne nous présente pas pour cela la loi des séries infinies dont la

taines conditions, il puisse s'en reformer d'autres où les monades dominantes reprendront la connaissance et reviendront à l'action. Quand nous posons l'homme primitif immortel, nous entendons créé pour l'immortalité, c'est-à-dire organisé pour une vie indéfinie, non pour une évolution vitale allant d'une naissance à une mort nécessaire. Nous ne voulons pas dire pour cela que cette vie primitivement donnée ait été celle d'un organisme de nature à résister à tous les accidents possibles du milieu ; car, étant harmonique avec lui, il doit se désorganiser s'il se désorganise. Toute autre supposition nous ferait sortir de la doctrine des monades, suivant laquelle la monade n'existe pas seule, sans l'organisme, sans le corps, ni le corps indépendamment de son milieu et de ses relations normales. Seulement, si un organisme est détruit, sa puis-

suite des termes finis possibles ne s'arrête jamais, et doit atteindre, plus loin que toutes les parties possibles de la division, un infini actuel qui n'en serait cependant pas la somme ? Son disciple ne comprenait pas comment il se pouvait faire que *les parties étant toutes données*, aussi bien que l'est leur nombre, qui est infini, il n'y eût pas le nombre *infinitième*, — et *les suivants*, ajoutait-il, entraîné par la bizarre logique de l'absurdité. Leibniz reprenait alors et répétait son argument, et se tirait de la contradiction en soutenant à la fois et qu'il y avait un infini actuel, et que cette espèce d'infini n'était pas *unum totum* (G. G. Leibnitii et J. Bernouilli *commercium epistolicum*, t. I, p. 404 sq. et 431).

Mais Leibniz pouvait-il bien réellement penser à l'existence de cet infini actuel qui est la matière du monde, et ne la considérer que comme un *amas*, ou une multitude, impossible à unifier et totaliser ? Nullement : mais c'est en Dieu que la sommation, selon lui, était réalisée : « Solum absolutum et indivisibile infinitum veram unitatem habet, nempe Deus. Atque hæc sufficere puto ad satisfaciendum omnibus argumentis contra infinitum actu... Neque enim negari potest omnium numerorum possibilium naturas revera dari, saltem in divina mente, adeoque numerorum multitudinem esse infinitam... Solum infinitum impartibile unum est, sed totum non est. Id infinitum est Deus (*Lettres à des Bosses*, t. II, p. 267, 272, Dutens). Il y a donc cette opposition entre l'esprit divin et l'entendement humain, que l'un embrasse indivisiblement en son unité les *natures de tous les nombres dont la multitude est indéfinie*, tandis que l'autre *n'en peut faire une unité et un tout*. Pourquoi cette différence n'est-elle pas, touchant l'objet lui-même, une contradiction ? C'est ce que Leibniz trouve bon de ne pas expliquer, mais c'est bien sa pensée ; c'est que l'*indivisibilité est le vrai* ; c'est que *la division n'étant pas réelle*, mais imaginaire, *la numération ne portant pas sur des unités réelles et distinctes*, les objections contre l'infini actuel, tirées de l'impossibilité de leur sommation, ne concluent pas légitimement.

sance de reproduction, avec des organes plus ou moins modifiés, doit subsister pour un nouveau développement de la monade dominante immortelle, au moment où s'en retrouvent les conditions suffisantes.

*

C'est ainsi que, sans pouvoir conjecturer quels étaient les organes de ces premiers hommes, et non pas même en quoi ils pouvaient être assimilables, hormis pour le visage, à ceux du monde présent, alors que l'absence de sexe et une loi d'alimentation et de nutrition nécessairement différente de celle qui conditionne notre vie exclut la ressemblance des viscères et des formes qui en dépendent, nous pouvons poser des faits négatifs et dire ce qu'ils n'étaient point : avant tout, que leur ordre social ne reposait pas sur l'ordre familial. La loi de famille, en effet, est une loi physiologique, avant de devenir, par la force des choses, une loi de la société, à laquelle elle fournit, pour ainsi dire, ses molécules intégrantes. Et cette loi physiologique est essentiellement l'évolution vitale, qui, ne donnant à l'individu humain qu'une carrière limitée à parcourir, un temps de progrès, une apogée (pour les plus heureux), et un temps de déclin, que suit son enlèvement du milieu vital actuel, institue un régime directement contraire à celui de l'immortalité individuelle. Il est donc raisonnable de penser que cette vie mortelle est un état transitoire pour la personne humaine considérée dans l'ensemble de sa destinée, si l'on croit à son immortalité fondamentale ; et dès lors c'est elle, cette personne, en rapport avec son existence antérieure et sa destinée intégrale, que la métaphysique doit considérer, beaucoup plus que ses relations avec la famille, la société et les états politiques du monde présent, auxquels elle est attachée par des devoirs temporaires, mais dans lesquels elle n'a ni son origine ni sa fin. Mais, existant en ce monde, et devant lui survivre, il faut que ses rapports de préexistence et ses conditions de restauration y soient à la fois donnés, indépendamment des formes de sa vie présente. Il faut que les germes de reproduction des organismes primitifs détruits, de ceux d'entre eux qui ont déjà reçu le développement relatif à notre monde et y sont morts, et de ceux qui leur succéderont, soient tous conservés et existent de quelque manière dans la nature, enveloppés suivant une loi impénétrable aux recherches physiologiques.

*

L'hypothèse du germe immortel se présente sous cet aspect métaphysique, et l'aspect physique du germe s'impose en même temps à notre imagination. Cependant l'expérience et la science ne peuvent soumettre à l'observation l'état le plus élémentaire d'un sujet matériel qui a les qualités nécessaires et suffisantes, et toutefois absolument imperceptibles, pour effectuer une évolution dont l'œuvre est la constitution progressive d'un organisme animal très complexe et par avance défini. L'organisme primitif était asexuel : ne subissant pas la loi de la naissance et de la mort, complet en lui-même, il n'avait pas plus à porter en lui les moyens de sa multiplication, que sa propre création n'avait supposé de données antérieures pour le rendre possible. C'est au travers des phénomènes de la déchéance, que la monade centrale de la personne dut recevoir l'enveloppe animale qui devait être le germe animal de sa réviviscence dans le monde succédant au monde primitif détruit. Grâce au nouveau corps à naître de ce germe, au moment propice, la monade de la personne devait passer de son état de dépendance des lois physiques d'ordre universel, auxquelles elle est nécessairement soumise par le corps organisé dont elle est inséparable, à la condition commune de la nature vivante telle que nous la connaissons, et telle qu'elle était déjà sans doute, en dehors de la personne. C'est la loi de la génération, la loi de la division organique des corps pour former des individus nouveaux allant du simple au complexe, et des simples cellules aux organes (scission, gemmation, accroissement, et enfin, loi de sexualité).

La métaphysique nous place, pour comprendre ces choses, au point de vue des forces potentielles et des lois des phénomènes, point de vue rationnel unique de la science de la nature. La monadologie met à notre disposition une formule précise : la puissance de la monade dominante, prédéterminée en chaque espèce, dans ses rapports avec la synthèse monadique composant le corps. L'harmonie préétablie donne la raison de la constitution, ou reconstitution du corps afférent à la monade, avec les conditions concomitantes. Quant à la physique, il faut d'abord écarter les hypothèses matérialistes, qui ne sont jamais que des hypothèses métaphysiques inconscientes, rebelles à toute définition vraiment rationnelle de leurs concepts fondamentaux. Cela fait, si nous supposons que le naturaliste admet la préexistence des germes individuels pour l'œuvre de la génération, et non la formation première des ovules par une fonction des organes des parents, — sans pour cela nier l'épigénèse dans la forme de l'évolution, puisqu'elle est d'observation, — la physique ne peut, en termes de science, que nous conduire à une manière d'envisager les phénomènes embryogéniques, fort semblable à celle que définit le monadisme : une disposition potentielle des molécules vivantes ou cellules, à effectuer des mouvements, exercer des actions par rapport à quelques autres qui sont assimilables à des monades dominantes, pour arriver progressivement à des assemblages d'organes, et, en dernier lieu, à la constitution d'un organisme qui est la fin prédéterminée par la nature, selon les puissances du germe donné.

On ne doit jamais, physiquement, considérer la molécule vivante séparée, non plus que la monade séparée, en monadologie. Une certaine synthèse, indivisible pour nos perceptions, mais qu'on peut imaginer composant un corps organique, sera donc la forme physique attribuable au germe de quelque être vivant dont elle possède la puissance de développement sous des conditions à réaliser, et c'est elle, si elle est un germe en effet, que l'on regardera comme devant conserver sa forme interne, et l'activité propre à son état d'involution même, et ses virtualités, invariables dans la nature, sans que nulle cause externe puisse amener sa décomposition.

Le concept de puissance est tout ce que l'esprit peut entendre de plus rationnel dans cet être radical, et dans les rapports de causalité et de finalité, qui se développent au cours de son évolution vitale seulement. Le concept physique de corps appliqué à ce même être vivant élémentaire, et de puissance définie, n'y introduit intelligiblement rien de plus ; il ne fait qu'y ajouter l'imagination, mais réduite à la plus simple expression possible, des qualités sensibles qui nous affectent à la rencontre de l'être développé quand, dans son évolution, il atteint des dimensions qui nous le rendent perceptible dans l'espace.

Aucune méthode ne peut parvenir à nous rendre sensible, et définissable en sa nature propre, l'ovule, forme physique *première* du milieu de laquelle doit ressortir un être vivant spécifique. Nous ne percevons l'ovule, aux plus petites dimensions perceptibles, que sous enveloppe, car on doit regarder comme une enveloppe toute portion de matière qui renferme les conditions de développement d'un organisme, sans que nous puissions y distinguer ni forme, ni propriété qui se rapporte à des organes et à des fonctions, ni aucun signe indiquant ce qui doit se produire, si ce n'est que nous savons par expérience quels phénomènes doivent paraître et se succéder, et dans quel ordre, pour quelle fin, et encore même ambiguë, ne se découvrant qu'à mesure. Tel est le cas d'un ovule, avant et encore après sa fécondation : nous n'en savons rien de plus, qu'autant que nous connaissons sa provenance. Et, pour de là descendre aux faits les plus élémentaires de l'organisation, nous n'avons aucun moyen de découvrir, dans une cellule, la raison de sa multiplication spontanée, pas plus que dans un bourgeon l'ultime fondement du pouvoir qui réside en lui de se développer en d'autres bourgeons dont une certaine synthèse doit former un grand arbre.

La physique ne pouvant donc pas, sans abandonner sa méthode, renoncer à envisager une matière donnée au-dessous des phénomènes perceptibles, et qui en porte en soi la cause, puisqu'on ne la voit pas ailleurs, tous les phénomènes perceptibles dans lesquels cette cause ne peut se découvrir sont, pour l'observation, comme nous le disons, *des enveloppes*. Or, s'il en est ainsi, comment le savant, voyant qu'aucun germe sensible ne peut conserver la vie sous certaines conditions de température, ou de milieu, peut-il conclure légitimement que le germe profond, le vrai germe, est nécessairement détruit dans ces mêmes circonstances, et qu'il n'a pu en exister aucun dans la masse terrestre à l'époque où elle était incandescente ? Cette erreur a été, pour la science, l'origine du problème qu'elle se pose, et qui est tout autrement embarrassant que celui de la conservation des germes : Si la vie des germes est incompatible avec une température comme celle qu'avait notre planète avant son refroidissement, ou même beaucoup moins élevée, comment a-t-il pu y naître par l'effet des réactions chimiques entre les éléments de la matière refroidie ? ces réactions ne produisent rien de semblable aux organes du mouvement spontané et de la sensibilité, fonctions caractéristiques de la vie.

Il est, au contraire, parfaitement intelligible que les germes de la vie, dans leurs variétés, dans ce qu'ils ont de spécifique et dans ce qu'ils renferment de virtualités, et les germes humains, qui sont des corps avec leurs monades dominantes à l'état enveloppé, aient existé dans le milieu incandescent de la nébuleuse du monde détruit. Les germes humains ont dû, selon notre hypothèse, être inclus et prédisposés pour de certaines éventualités dans les organismes primitifs, parce que ces organismes étaient créés immortels, mais non pas affranchis des risques de destruction actuelle en des cas possibles de violation des lois fondamentales de la nature première. Ils ont dû être conçus tels, en leurs enveloppements, qu'ils fussent aptes à se développer en de nouveaux corps, et sur de nouveaux plans, en de nouvelles conditions prévues; et enfin ils ont dû être individuels, par la raison que la personnalité et la conservation des personnes étaient la loi fondamentale de la création.

La coutume aujourd'hui la plus commune des philosophes, dans les questions d'origine première, et même dans celle de la composition ultime des corps, où ni l'atome, ni l'infiniment petit ne sont pour eux des notions faciles à définir, est de prendre le reculement indéfini du problème pour sa solution. Car c'est bien un reculement systématique de la cause demandée, que cette doctrine du procès à l'infini des phénomènes : vice logique érigé en méthode, aux yeux du logicien; méthode précieuse pour le métaphysicien absolutiste, à qui la définition de l'absolu est inaccessible à raison des conditions mêmes de l'intelligence, mais qui évite par ce moyen l'idée de création qui lui répugne, et se satisfait d'une idée négative. Les physiologistes ont cru s'attacher aux faits lorsqu'ils ont abandonné l'hypothèse de l' « emboîtement des germes » et ne se sont pas aperçus qu'ils s'obligeaient ainsi à admettre, pour chaque génération, la création d'un individu nouveau de l'espèce donnée, tout en ne pouvant désigner l'auteur ni le moyen de la coordination des éléments empruntés au corps de l'individu parent. Quand la loi (ou plutôt le fait, car c'est bien un fait) du développement épigénésique s'est imposée, et qu'on a renoncé à suivre la filière des générations en remontant du descendant au germe du parent, — quoique l'ovaire de l'enfant renferme déjà bien positivement les germes d'une nouvelle génération, et que cet ovaire ait été par conséquent en germe dans l'ovaire du parent féminin [1], — on a dû considérer la formation spontanée de l'embryon comme un résultat d'actions exercées par les cellules, tant sur elles-mêmes, pour se multiplier en leurs semblables, que mutuelles afin de constituer certains éléments organiques et déterminer les rapports de ces éléments entre eux, finalement, des organes établis en fonction les uns des autres; et c'est dans les propriétés chimiques ou biologiques de la matière du corps de l'individu parent qu'il a fallu considérer le siège de toutes ces actions spécifiques diverses dont on ne connaît rien de plus que des effets successivement observés dans le développement de l'embryon. Et ce que l'épigénèse soumet à l'observation, c'est l'apparition spontanée, en divers points, respectivement situés, des premiers éléments des organes multiples, chacun avec ses caractères biologiques propres, et moyennant la coordination de ces caractères en tous leurs rapports de lieu, de temps et de devenir respectifs. Or, le physiologiste n'a nulle explication à fournir sur les propriétés d'où naissent, dans le corps du parent, la puissance de produire les organes par l'adaptation mutuelle d'organes plus simples, et enfin des organismes individuels grâce à la coordination statique et dynamique de ces organes amenés à la plus merveilleuse unité dans une diversité qui défie l'analyse. Le savant, en cela logé à la même enseigne que

---

1. Notre argumentation est indépendante du fait de la division des sexes, qui donne pour condition au développement de l'œuf la fécondation. L'intervention nécessaire de l'individu mâle pour tout acte de propagation réelle ne nous empêche pas, en effet, de suivre la condition corrélative, la lignée nécessaire des germes, d'ovaire en ovaire, de matrice en matrice, en ordre ascendant.

le métaphysicien, n'a que la notion de puissance (forces ou qualités virtuelles) et l'idée d'harmonie à invoquer pour l'explication de phénomènes dont il ne connaît que des rapports de faits, immédiatement observables. En renonçant à suivre la donnée de la puissance organisatrice dans les générations antécédentes, où, visiblement, elle remonte, le physiologiste se trouve en face de la création d'un individu par l'interaction et l'ajustement de certaines molécules du corps d'un autre individu — sous la réserve d'on ne sait quel apport d'action des spermatozoaires, — et il a la prétention d'expliquer la formation progressive de l'embryon à l'aide de propriétés biologiques spéciales des éléments, dont rien n'est connu, ou par des propriétés physico-chimiques supposées, qui ne sont pas assez définies pour rendre compte de l'évolution vitale du moindre organe. C'est là du matérialisme auquel tous les matériaux manquent, et qui ne peut être qu'intentionnel.

*

La question une fois posée dans le sens de notre hypothèse, il nous reste à essayer de comprendre comment les personnes du monde primitif peuvent être amenées par leurs germes à l'existence dans le monde actuel, alors que la plus grande partie des germes humains sensibles, les ovules, périssent et n'arrivent pas à se développer. Ils ont traversé, de génération en génération, une suite de matrices animales remontant jusqu'à des ovaires d'espèces dont les individus ont pu naître et s'élever sans assistance de parents, puisque l'individu humain ne le saurait ; ils ont éprouvé, dans ce déroulement de vies, les révolutions physiques qui ont fait, à certains moments, apparaître les enveloppes avec lesquelles ont émergé diverses espèces, et, à la fin, les caractères spécifiques de la personne humaine. Ils se sont multipliés, dans la suite des générations propres des hommes de plusieurs races, en des nombres immenses, et la plupart ou n'ont pas été fécondés, ou sont morts avec les ovaires qui les contenaient. Car une fois rentrés, par la mort de ceux-ci, dans le torrent commun de circulation des éléments, et ne trouvant pas de voie de retour aux conditions de la génération, on peut considérer leurs puissances comme éteintes. Est-il possible que l'énorme déperdition des germes, ainsi liée à la loi de la génération, ne rende pas vaine, ou du moins incertaine, la reproduction des êtres dont ces germes sont cependant descendus ?

CHAPITRE XVI
D'UN MODE POSSIBLE DE RESTAURATION DES PERSONNES IMMORTELLES

Le problème paraît ardu, d'expliquer comment il se pourrait que, le nombre des personnes dont s'est composée l'humanité du monde primitif étant limité et fixe, le nombre des personnes appelées à une vie restaurée pour le monde subséquent dût être le même et composé des mêmes, — nous n'avons à envisager ici que la question physique, sans la compliquer de la question théologique de l'*élection* ou de la *réprobation* ; — comment disons-nous, cette espèce d'équation est-elle supposable alors que, dans cet intervalle des deux mondes qui est le monde actuel, la loi physiologique appelle à l'existence un nombre en quelque sorte indéfini de personnes, données virtuellement dans leurs germes, dont l'immense majorité périt sans atteindre son développement, dont quelques-uns seulement échappent à la destruction par l'effet de causes qui peuvent passer pour accidentelles.

Ardu certes serait le problème, et beaucoup trop pour

nous, s'il s'agissait de dogmatiser, mais il devient accessible, si nous cherchons seulement une hypothèse compatible avec l'ordre de la nature, tel qu'il se présente pour la nouvelle monadologie, et qui permette l'identification de deux nombres si difficiles à rapprocher. Il ne faudrait que concevoir la possibilité de la destination de monades humaines multiples, également aptes à constituer la personne finale unique, identique à la personne première, et, par contre, la possibilité qu'un nombre quelconque de monades humaines demeure à l'état d'enveloppement, ou perde sa virtualité, durant tout le cours de la période terrestre, sans qu'il s'ensuive aucun préjudice pour la reconstitution finale de la personne première. Or la définition de la monade pure, d'un côté, et, de l'autre, la thèse que la monade n'est jamais incorporelle, mais que son corps, sa forme développée, répond à la nature et à l'étendue de ses perceptions, c'est-à-dire de ses rapports avec le monde, ces deux vues réunies établissent la possibilité dont nous parlons. Il suit, en effet, de là, 1° que la monade pure peut être imaginée multipliée en tels nombres que l'on voudra sans qu'il en résulte une constitution de personne, pour aucune, tant qu'on n'y joindra pas la considération du corps qui est pour elle une condition de ses relations et, par conséquent, de ses perceptions et de son existence réelle ; et 2° qu'une même monade humaine, engagée comme germe, et transmise à l'état d'enveloppement dans une certaine suite de générations depuis l'origine, peut ou périr comme germe, si les accidents et les actions externes subies par son enveloppe en rendent le développement vital impossible, ou se développer en quelqu'une des formes physiques humaines compatibles avec la nature actuelle et sous les conditions et influences génératrices qui déterminent en grande partie les phénomènes physiques et moraux d'une vie individuelle sur la terre. Expliquons maintenant notre hypothèse.

Il s'agit de montrer que le nombre des germes n'est pas subordonné au nombre des personnes dont la conservation doit être garantie pour une résurrection dans un monde futur ; qu'il peut même le surpasser dans n'importe quelle proportion ; que le nombre des individus issus de ces germes sur la terre peut aussi être beaucoup plus grand, que celui des personnes à reproduire dans ce monde futur, loin d'être insuffisant pour assurer la reproduction de toutes ; qu'enfin le nombre des personnes présentes à la fin des choses peut se retrouver tel que l'acte créateur l'a constitué, sans que l'identité de conscience, en chacune d'elles, soit troublée dans le rapprochement qu'elle devra faire de son état initial et de son état final à travers les intermédiaires que devra restituer sa mémoire.

Appelons, pour abréger les explications, un nombre indéfiniment grand tout nombre donné et déterminé dans la nature, qui est, nous ne disons pas infini, ce qui serait contradictoire, mais tel qu'on puisse le supposer arbitrairement aussi grand qu'il le faut pour satisfaire à une certaine condition qui ne dépend que de sa grandeur. C'est une définition analogue à celle que Leibniz donnait des éléments infinitésimaux de la quantité en géométrie, pour la démonstration parfaitement logique et que ses disciples ont si mal comprise, de l'exactitude de son calcul infinitésimal. Rappelons, de plus, que les dimensions des germes, ou enveloppes de monades dominantes, au dessous de toute grandeur sensible, n'ont pas de limites de décroissance qui s'imposent à notre hypothèse. Leur limite unique est la monade elle-même, qui n'est pas une quantité ; on peut donc supposer leur division poussée jusqu'à un degré où elles échappent à l'action des forces développées entre les moindres molécules physiques, et demeurent indestructibles aux très hautes températures qui ne laissent subsister aucun organisme sensible.

Cela posé, nous pouvons imaginer que tout résidu conservé de l'organisme d'une personne primitive est composé d'un nombre indéfiniment grand de ces enveloppes de monades dominantes, — appelons-les *éléments germinatifs*, — dont chacun renferme la puissance de reproduction de l'organisme de cette personne sous des conditions à venir, plus ou moins lointaines et en partie fortuites, pouvant ne pas se rencontrer pour tels ou tels de ces éléments en très grands nombres.

Observons, avant d'aller plus loin, que la perte, c'est-à-dire le manque de développement de quelque nombre que ce soit de ces éléments germinatifs, si seulement un ou quelques-uns d'entre eux obtiennent leur plein développement au cours de la période terrestre, ne préjudicie en rien à la conservation de la personne et à sa réviviscence sous un organisme appartenant à cette période, puisque la monade dominante relative à cette personne est alors présente à cet organisme. Et, d'une autre part, le sort des éléments germinatifs, qui périssent par la destruction de leurs enveloppes n'intéresse nullement la monade dominante placée en puissance seulement dans l'élément germinatif, parce que cette monade, alors sans enveloppe, ou non développable, perd son existence virtuelle à l'égard de la nature. La monade réelle est toujours pourvue d'un corps. C'est un principe pour la monadologie.

*

Nous admettons, comme une probabilité aujourd'hui admise en histoire naturelle, la descendance physique de l'homme d'une espèce animale antérieure à la sienne, sur le globe terrestre, mais non la continuité des changements dans les espèces par une transformation graduelle des organes, à quelque cause qu'on la rapporte. L'existence des espèces naturelles est, à nos yeux, manifeste, et encore plus visiblement psychologique que physiologique. Nous admettons seulement, dans les limites de l'expérience et de certaines inductions modérées, la possibilité de variations de caractères morphologiques plus ou moins graves, qui avaient toujours passé pour spécifiques, au sens généalogique de l'espèce ; mais il ne nous est pas permis de nier, sur la foi d'un prétendu principe de continuité, la plus palpable et la plus considérable, à tous les égards, des différences à constater dans l'ensemble des êtres vivants. La transition continue, ou par degrés insensibles, du mammifère qui n'a pas la puissance des concepts (principe du raisonnement, de la signification et du langage) à un autre mammifère, l'homme, à qui appartient cet attribut, même quand on en prend le représentant dans les plus basses familles de l'humanité, cette sorte de transition est une hypothèse entièrement injustifiable : les degrés n'en peuvent pas être assignés logiquement et définis. Les tentatives faites pour les assigner partent de méthodes incorrectes, avec des notions mal éclaircies.

La conciliation de la descendance animale de l'homme et de la révolution survenue à un certain moment dans la puissance mentale de la monade dominante de l'animal, et la liaison évidente de ce progrès psychologique avec des perfectionnements physiologiques importants, nous obligent d'admettre que ce ne sont pas des germes simplement ou directement humains, ou du type achevé de l'humanité actuelle, qui ont survécu aux organismes des personnes primitives, mais bien des germes animaux, destinés à un développement animal, et dont les monades dominantes humaines n'étaient encore qu'enveloppées, pour ne venir au jour qu'après des suites de générations.

Le mot *germe* pourrait faire équivoque, lorsque nous l'appliquons, faute d'un terme plus général, moins spécialement physiologique, à l'énoncé de cette loi : que la destruction des organismes des personnes primitives n'atteint pas certaines synthèses monadiques, ou organismes latents, insensibles, germes immortels de reproduction de ces organismes primitifs, mais d'une reproduction dont ils sont séparés par la phase des développements animaux de la vie terrestre. Or, malgré l'unité fondamentale de l'être en ces états successifs, unité qui, en vertu de la théorie monadologique, doit être considérée comme physiquement réelle, en même temps que métaphysique (XV), l'état terrestre, le seul des trois auquel convienne l'idée de l'animalité sous la forme généalogique de l'espèce, est aussi le seul pour lequel le terme de *germe* soit applicable en son sens propre et usuel. Il est applicable aux autres, et à leur continuité pour exprimer leur puissance de reproduction sous des formes diverses coordonnées entre elles, et moyennant la conservation de la monade humaine dominante. Cette dernière demeure latente, en puissance seulement, durant la période où son existence terrestre est enveloppée des formes purement animales de l'animal humain encore à naître.

Ces formes intermédiaires sont en rapport avec la déchéance de l'homme, qu'il faut supposer descendu moralement par sa chute à l'état animal, et physiquement, en son genre terrestre futur, à la forme de la séparation sexuelle et de la génération. Ce résidu de la décomposition de l'organisme humain premier aura à se développer sous les conditions d'origine et de développement de l'une des espèces de vertébrés, puis de mammifères terrestres, jusqu'au moment de l'émergence de l'*animal rationnel* en puissance dans les générations successives de l'animal physiologique. La suite des générations est celle du développement des éléments germinatifs inclus les uns dans les autres. C'est une préordination qui appelle, à leurs rangs, à la suite d'une longue période, les éléments germinatifs, enveloppes de monades dominantes humaines. L'homme n'ayant pu naître qu'en des familles de mammifères, c'est dans une série de germes d'animaux de cette classe que son apparition a dû être préparée en rapport avec des modifications des propriétés embryogéniques des enveloppes. La *révolution* par l'effet de laquelle s'est développé le germe spécifiquement humain, ou renfermant immédiatement la monade dominante humaine, n'est d'ailleurs point la seule que la logique nous oblige à reconnaître, en histoire naturelle, dans la suite de la production des espèces animales à la surface terrestre. Des révolutions analogues sont à supposer à d'autres points d'origine (à celle des mammifères, notamment) de ces espèces dont la doctrine de l'évolution continue cherche à former un seul corps aux embranchements généalogiques nombreux, dont les divergences ne seraient qu'apparentes et devraient s'expliquer par la disparition des intermédiaires. Les analogies générales de l'organisation, et les degrés de similitude, sans l'existence desquels nulle classification ne serait possible, se prêtent à une certaine vue de continuité, quand on se permet de supposer au besoin des intermédiaires perdus. Mais, petits ou grands, les écarts de propriétés sont partout, et l'explication du changement par la continuité est un concept illusoire qui nous fait croire un acte de devenir expliqué quand nous parvenons à l'imaginer composé d'actes plus petits du même genre, ou approchants.

Dans notre hypothèse, la révolution embryogénique amenant la gestation de l'animal humain à un moment donné, est la venue à son rang de l'élément germinatif approprié, dans le déroulement des germes enveloppés les uns dans les autres depuis l'origine. L'espèce de l'animal géniteur a dû périr et faire place à l'espèce humaine, en vertu de la loi connue de concurrence meurtrière entre les tribus les plus rapprochées. L'initié tue l'initiateur, suivant la parole résignée d'un philosophe mystique. En fait, l'histoire de l'homme a commencé ainsi qu'elle se continue, par la chasse et la guerre, mais commencé avec la raison, quoi que prétende l'école de l'évolution.

Après cette révolution survenue au sein d'une espèce de

mammifères, maintenant éteinte, en laquelle apparut l'homme, les germes successifs portèrent la monade dominante humaine immédiate. Ceux qui périssent, et c'est de beaucoup le plus grand nombre, au cours de la vie terrestre de l'espèce, ne constituent point une perte de personnes, parce qu'ils ne sont tous que de ces puissances indéfiniment multipliées dont la fin, possible pour tous, est atteinte, si seulement un seul obtient son développement dans la suite entière des générations.

*

Mais ce n'est point une seule fois que chaque personne doit revivre sur la terre à la faveur du passage à l'acte d'une de ces puissances séminales, c'est un certain nombre de fois, nous ne savons lequel, la multitude des germes similaires assurant le développement de plusieurs d'entre eux, mais ne comportant pas de détermination fixe. C'est ici une seconde partie de notre hypothèse, qui semble pécher par excès dans la solution proposée du problème de la réviviscence terrestre, mais qui nous place, au contraire, à un point de vue nouveau où la nature et la destinée de la personne vont nous paraître à la fois mieux expliquées et agrandies.

Les germes sont parfaitement similaires en leur origine pour ce qui prépare le retour à la vie des personnes, c'est-à-dire le mode de composition des enveloppes, ou élémens germinatifs, emboîtés les uns dans les autres, et contenant leurs monades dominantes respectives, tout animales d'abord, ensuite humaines. Ils peuvent seulement différer d'une personne à l'autre, en tant qu'ils conservent des traits de caractère acquis des personnes primitives, au moment de la ruine du monde primitif, et renaître, à cet égard, distribuables en un certain nombre de classes morales distinctes. L'hypothèse nous soumet donc, en relation avec chaque personne primitive, en laquelle ils ont leur origine, non pas un seulement, mais un certain nombre d'individus terrestres de caractères et de tempéraments natifs divers, modifiés par la loi de l'hérédité psychophysiologique, nés et élevés dans des conditions très variables, enfin soumis, pendant le temps qu'ils ont à vivre, à des partages inégaux des biens et des maux, selon que se fait la combinaison de leurs caractères et de leurs aptitudes avec les rencontres de la vie.

Ces individus que la mémoire ne relie pas les uns aux autres, et qui n'ont entre eux aucun rapport généalogique terrestre, n'ont pas davantage le souvenir de la personne que chacun d'eux vient continuer sur la terre. Cet oubli est une condition de toute théorie de préexistence. Ils ne laissent pas d'être identiques en vertu de la loi de personnalité, aussi bien qu'on les tient pour tels, dans les doctrines substantialistes ; car la personne, réintégrée dans le monde des fins, y retrouve à la fois la mémoire de son état dans le monde des origines, et celle des vies diverses qu'elle a traversées, au cours desquelles elle a reçu les enseignements et subi les épreuves de la vie douloureuse. Il faut supposer que l'unité physiologique de l'être multiplié se constituera dans une transformation cosmique de notre monde phénoménal, corrélative de celle qui fut la chute du monde primitif, et nécessaire pour la réintégration de l'ordre du bien. Quant à l'unité de conscience en tant que fonction de la mémoire, c'est dans la préordination divine par laquelle les rapports et les ordres de composition des éléments germinatifs et des monades dominantes ont été arrêtés dans le plan de la création, qu'il faut en envisager les conditions physiques. La reconnaissance ou constatation de cette unité par les souvenirs réveillés de l'être réintégré est la réelle « immortalité de l'âme »; dont les philosophes « spiritualistes » se flattent de trouver la preuve dans l'existence d'une substance simple, impérissable, qui aurait pour attribut le sentiment et la pensée. Cette substance, déguisement, sous un terme abstrait, de l'idée de matière indécomposable, et pourvue de qualités fixes, n'est point ce dont la donnée hypothétique assurerait par elle-même la conservation de la mémoire. Le substantialisme est obligé de réclamer cet attribut en plus, sans démonstration. Le principe de personnalité, au contraire, conduit logiquement à la généralisation de la loi de mémoire.

Notre hypothèse, malgré l'aspect assez compliqué que lui donne son exposition, ne laisse pas d'aboutir à un aperçu de la vie future aussi clair qu'ont pu le fournir les religions les plus favorables aux vues anthropomorphiques; car les parents, les amis et les contemporains se retrouvent et se peuvent reconnaître en leur état final à travers les apparences qu'ils ont successivement revêtues, ainsi qu'on se reconnaît, au cours d'une même vie, au souvenir des lieux, des temps, des événements et des rapports anciens entre les personnes. La doctrine des réviviscences, ainsi comprise, serait comparable à l'hypothèse platonicienne des métensomatoses, mais avec un caractère bien différent, tant de la conception en elle-même que de la méthode qui y conduit. Le changement de point de vue est complet pour ce qui regarde la finalité des âmes immortelles, qui demeurent essentiellement des personnes en toutes les conditions qui peuvent leur échoir, et essentiellement individuelles dans leurs fins mêmes, ainsi que le veut toute doctrine vraiment humaine de *salut*. Le platonisme, au contraire, ainsi que le brahmanisme, n'envisage la fin réelle et dernière que dans la réunion de l'individu à l'universel et à l'absolu, établit un lien de *substance* seulement entre les vies qui échoient à une même âme à l'issue de chaque carrière ou méritoire ou criminelle, dont les mémoires sont à chaque fois abolies ; de sorte que si l'*âme* est immortelle, la *personne* est mortelle. A chaque vie, c'est donc une personne qui naît, une autre est morte, et les vicisssitudes de l'existence consciente n'ont de terme que là où l'illusion de l'individuel se dissipe, à la rentrée de l'âme dans l'universel. Le mode bouddhique de cette absorption diffère peu du mode brahmanique; car l'anéantissement n'est pas plus réel pour le premier que pour le second. Il s'agit toujours de la rentrée des âmes dans l'unité d'où elles sont sorties, et où rien n'existe réellement, parce que rien ne se distingue. Mais l'hypothèse que nous exposons, plaçant à l'origine une société d'êtres humains parfaite, reconstitue à la fin la même entre les mêmes, et stable à jamais entre les personnes qui se retrouvent après les longues épreuves dont s'est composée pour chacune sa longue pérégrination au travers des écueils de la vie.

DEUXIÈME PARTIE

LA SOCIOLOGIE DU PERSONNALISME

CHAPITRE XVII

DU COMMENCEMENT ET DES PREMIERS ÉLÉMENTS DE L'ÉTAT SOCIAL

L'histoire de l'humanité, depuis ses origines connues, semble bien vérifier expérimentalement cette double thèse : que la raison de la vie de l'homme sur la terre est l'apprentissage de la justice, et que la fin de cet apprentissage ne peut être atteinte individuellement, par la personne, au sein de la société humaine. Ce dernier point est déjà logiquement présumable, si nous réfléchissons que la justice ne saurait se trouver pour l'individu hors de la société, parce que la matière de la justice réside dans les rapports donnés ou supposés de l'homme avec ses semblables ; or, au sein d'une société, l'altération du devoir modifié par les réactions passionnelles fait que la justice n'est réalisable que par un concours de personnes, la conduite de l'une étant toujours une fonction de la conduite des autres. Cette solidarité est la cause des continuels mécomptes dont se compose l'histoire de l'homme à la poursuite de la justice sociale.

C'est un fait de simple observation psychologique, que l'homme possède la notion générale et indéterminée du juste dans ses relations, quelques écarts et quelques contradictions qu'on trouve dans les applications qu'il en fait. Il n'est pas moins certain, d'après l'expérience et l'histoire, en confirmation de cette notion, que la question de ce qui se doit ou ne se doit pas faire est le continuel sujet des débats entre les hommes, et, du petit au grand, l'occasion des disputes, des querelles, des guerres. La notion est indépendante de la question de savoir ce qui est juste en soi, indépendamment des opinions et des prétentions des disputants, en un cas donné, puisque c'est précisément sur le jugement qu'on en *doit* porter que s'établit toujours la divergence. Et il ne faut pas confondre l'idée qu'on se forme de la justice, quand on se croit capable de la connaître en sa pureté, dans sa perfection, avec le fait mental patent, chez tous les hommes, partout et toujours, qui consiste à croire, de manière ou d'autre, que certaine chose, certain acte conviennent, et doivent être ou se faire, en telle occasion, pour telle fin ; cette chose-là, cet acte-là, et non point d'autres. Cette confusion vicieuse explique l'erreur des psychologues qui n'admettent pas l'idée du *devoir* (conscient et réfléchi) comme un des caractères de l'esprit humain.

Toute coutume et toute loi, dans les sociétés humaines, sont inspirées originairement par une telle idée du devoir, et sont déterminées selon que cette idée se détermine chez les initiateurs, et que d'autres y donnent leur assentiment. L'impuissance à assurer le règne et la durée de l'idée ainsi établie, dans les esprits et les actions des hommes, dans les sujets d'importance à quoi tiennent leurs bonnes relations, est la source des dissensions et des révolutions sociales. Mais l'idée de société, quand nous considérons les hommes dans l'état social, implique déjà par elle-même une certaine détermination, quoique plus ou moins imparfaite et limitée, de l'idée de justice, dans le sens où nous l'avons définie quand nous en étudiions la notion philosophique pure (VIII-IX) ; car il n'y a pas de société possible, si ce n'est qu'elle soit purement instinctive et invariable, comme chez certains animaux, qui ne suppose un certain sentiment de la loi morale, une certaine notion des obligations des associés. Examinons donc, dans leur plus grande généralité, les conditions faites à l'homme par son caractère passionnel à l'égard de cette loi morale, alors que se pose pour lui la question de vivre en société avec des semblables.

Le sujet est dominé, puisque c'est de l'homme déchu qu'il s'agit, par la contradiction de l'homme individuel et de l'homme social. Nous reconnaissons en ce point l'antinomie si bien nommée par Kant l'*insociable sociabilité :* contradiction apparente, mais correctif nécessaire apporté à l'une des communes qualifications de l'homme, *animal sociable*. Le problème est à la rigueur insoluble, de faire passer l'être individuel, dont les mobiles sont principalement individuels aussi, à l'état de l'homme social, pourvu des qualités requises pour le service de la société ; et c'est à lui-même, à l'individu, qu'on demande de subordonner les satisfactions, qui pourraient être à sa portée, de ses besoins et de ses désirs propres, à l'utilité du corps social, laquelle peut lui paraître, pour lui individuellement, une utilité faible, et cela encore, sans égard à ses liens particuliers d'amitié et de sympathie (XII).

Le principe du *Léviathan*, hypothèse du primitif état de guerre entre les hommes, est faux, parce que Hobbes exclut de sa donnée psychologique, outre les passions esthétiques et sympathiques, tout concept d'égalité et de justice qui a pu appartenir originairement à la nature humaine et se manifester là où les conditions matérielles de la vie ont été favorables aux premières familles. Hobbes a vu, grâce à une sorte d'abstraction dans le sens du mal, la « guerre de tous contre tous », suite du « droit naturel de chacun sur toutes choses », la « haine de l'égalité », chacun « juge de soi-même » et « enclin à attaquer et à provoquer les autres ». Mais ni la guerre n'a été naturelle, ni la paix ne l'a été et n'a pu, dans le sens sérieux et profond du mot, être la conséquence du contrat social, de quelque manière qu'on l'entende. Ce qui est vrai, ce qu'on peut accorder, et ce qui conserve le fondement du grand fait humain de la guerre, c'est que la guerre a dû, dès l'origine, être ce qu'elle est encore, ce qu'on l'a toujours vue, nous voulons dire *en puissance durant la paix ;* que toujours elle s'est déclarée entre des groupes sociaux, grands ou petits, quels qu'ils fussent, qui faisaient suite aux familles, et dans les familles elles-mêmes, alors que des intérêts rivaux ou des passions rivales faisaient naître des haines et suggéraient l'emploi de tous les moyens par lesquels les hommes se peuvent assujétir les uns aux autres.

La fondation des sociétés régulières, c'est-à-dire dans lesquelles une part de raison et de convention entrait avec une grande part de coutume établie, n'a nullement mis fin à la guerre, ni entre des groupes, qui se séparaient presque toujours pour s'opposer, ni dans l'intérieur des groupes, où elle s'amendait et se transformait, diminuait en intensité, mais subsistait toujours, représentée par des luttes d'intérêts individuels, d'intérêts de classe et d'ambitions de gouverner. On peut, en partant d'un état de nature analogue à celui que Hobbes envisageait, mais psychologiquement rectifié, trouver la place d'un certain contrat social impliqué dans l'esprit humain primitif et qui ne diffère pas en dernière analyse de celui qui est encore aujourd'hui le soutien de toute société constituée. La divergence pratique des idées, des vues et des opinions sur tout objet que des hommes se peuvent proposer en commun est un fait universel qui nécessite, pour l'exécution ou pour la décision, le choix d'un directeur, d'un chef, d'un arbitre. La constitution d'un gouvernement est une œuvre complexe où de très nombreux facteurs interviennent, mais la nature et la nécessité d'un gouvernement reviennent toujours au fait d'une convention implicite dont on ne peut se passer, à raison de l'intérêt de chacun, engagé dans la chose de tous, et dont la violation est aux risques et périls de celui qui s'y aventure. Il est vrai que celui-là n'a pas contracté personnellement. Les liens de nation et de coutume représentent les obligations que l'individu est mis en demeure de se reconnaître et d'accepter *a posteriori*. L'essence du contrat subsiste, au point de vue personnaliste, pour toute philosophie qui ne regarde pas la personne comme la propriété de l'État. Elle se découvre avec éclat lors des entreprises des chefs qui tentent d'exercer une autorité usurpée pour renverser les institutions existantes, ou créer des assujettissements nouveaux pour les citoyens.

Le contrat social est donc non pas l'acte, — ce serait une erreur historique et psychologique d'imaginer l'acte réel et positif d'une nation primitive passant de l'état de nature à l'état de société, — mais un règne donné de conventions. Les unes sont implicites, les autres plus ou moins formulées entre des hommes qu'on peut se représenter comme s'étant autrefois accordés à reconnaître certains d'entre eux comme juges de leurs différends pour maintenir l'ordre et la paix dans leurs relations, et à se donner des chefs pour les guider dans leurs entreprises. Quand celui qui représente l'arbitrage nécessaire (la justice) et celui qui commande l'action sont le même homme, et quand cet homme est investi, de quelque manière que ce soit, du crédit ou du pouvoir nécessaires pour faire exécuter ses desseins et forcer l'obéissance à ses décisions, ou à la loi de la société politique instituée, on a le contrat social formel, de la seule manière dont il puisse exister entre des hommes qui n'en ont point délibéré, ni pris d'engagements personnels en déclarant le connaître et promettant de l'observer, mais qui, venus à la vie sous un régime donné de la coutume, à peu près comme s'ils ne devaient jamais s'appartenir à eux-mêmes (*sui juris esse*, selon l'excellente expression latine) reçoivent par les leçons de la famille et l'action du milieu une empreinte forcée qui se combine avec leur tempérament et leur caractère natifs. Devenant peu à peu des agents personnels, en possession de sentiments propres, et aptes au raisonnement, ils sont juges de la situation que leur fait la société. L'individu doit reconnaitre alors que son droit naturel ne va que jusqu'où va son pouvoir de fait, — lequel est une puissance de la nature, fort différente de la raison, comme dit Spinoza, — et que « tout homme est *du droit d'autrui* (*alterius esse juris*) aussi longtemps qu'il est sous le pouvoir d'un autre, et *de son propre droit* autant seulement qu'il peut repousser toute violence, faire justice du tort qu'il estime lui avoir été causé, et, absolument, vivre selon son penchant » (Spinoza, *Trait. pol.*, II, 4 et 9).

Cet état de choses ne se modifie *jusqu'à un certain point*, pour l'individu, qu'au moment, qui vient pour certains peuples, sur des théâtres très limités, de porter l'exercice de la raison au degré nécessaire pour fonder leurs institutions politiques sur un contrat social formel, soit en remettant à un législateur le soin de le formuler, et en engageant d'avance leur consentement, soit en se réunissant eux-mêmes pour délibérer et donner leurs suffrages. Mais alors commencent, dans les cités et les États, entre ces privilégiés de la raison, les luttes passionnées pour l'interprétation de la raison et de la justice. La règle des relations sociales et politiques se trouve impossible à établir ou à garder d'un commun accord. Le nombre fait la loi, quand ce n'est pas la force, il y a des majorités qui sont des fictions de la *volonté générale*, et des minorités opprimées, puis des factions et des séditions, les révolutions violentes et les coups d'État; l'harmonie ne s'établit jamais qu'imparfaitement et passagèrement entre le libre jugement de l'individu sur ce qu'il doit et les obligations qui lui sont imposées. Dans les meilleures hypothèses d'avenir social qui pu'ssent pratiquement être réalisées, l'autonomie de la personne demeure toujours une vue philosophique. Il ne paraît pas possible au psychologue, exact observateur des faits, que la condition terrestre de l'humanité puisse, en aucune des races existantes, s'élever moralement beaucoup au-dessus de ce niveau de civilisation, supposé même qu'il soit accessible à celles que nous en voyons encore si éloignées. Avant d'étudier cette question de plus près, remontons aux origines humaines et essayons de nous rendre compte de la marche suivie par le caractère humain dans la suite des épreuves et des vicissitudes qu'il a traversées.

*

Nous pouvons regarder comme inaccessible, mais inutile pour nous, la connaissance des dispositions morales des premiers hommes venus sur la terre *avec les caractères mentaux spécifiques de l'humanité*. Elle ne saurait, en effet, se déduire de leur origine animale, si ce n'est qu'elle les rattache à une espèce frugivore, on ne sait laquelle, dont rien ne prouve que la vie ait été nécessairement prédatrice, et dont les mœurs familiales ne sont pas douteuses; et, d'une autre part, dans l'hypothèse, assez plausible, où la raison, à son origine, aurait eu pour compagne l'innocence des mœurs, nous savons trop par notre expérience actuelle avec quelle facilité, et combien vite en certaines circonstances, l'homme est sujet à passer, de l'état moral pour ainsi dire de nature, à des mœurs basses et féroces. On n'a pas besoin de remonter à l'animalité ancestrale de l'homme pour expliquer la dégradation des habitudes humaines, non plus qu'il n'est logique de recourir à un progrès au sein de l'espèce humaine elle-même pour rendre compte de sa supériorité intellectuelle sur les espèces parentes. La chute, en partant de l'origine morale neutre, nous est connue dans ses effets prompts, et même extrêmes, et dans ses suites, à raison de la loi de solidarité dans la famille et dans les générations successives. Et la supériorité mentale, variable quant au degré, se maintient dans ce qu'elle a de spécifique, de même qu'elle est et a été le partage de toutes les tribus et de toutes les races humaines, en tout temps, dont il est possible de juger par expérience ou par induction, quelle que soit l'élévation ou la bassesse de leurs facultés *dans l'application*.

Ch. Darwin, observateur éminent en histoire naturelle, s'est cependant laissé conduire à une psychologie radicalement illogique, en essayant de faire rentrer la différence spécifique de l'esprit humain dans la simple intelligence animale. Celle-ci a ses traits généraux, qui sont l'imagination, la mémoire et l'association des idées ; celle-là est la compréhension par concepts, d'où la raison et le raisonnement proprement dit, et le langage. Il n'est pas possible de définir les concepts originaux et indivisibles de la pensée, les catégories, comme des sommes de différences graduellement acquises, diminuées jusqu'à s'évanouir dans l'animalité inférieure, sommées à la manière des quantités mathématiques pour composer les facultés intégrales de l'homme. Ce n'est là qu'une imagination sans aucun fondement logique encore plus qu'historique. C'est dans l'histoire humaine qu'il faut se placer, non dans l'histoire hypothétique des espèces naturelles, pour traiter du progrès, soit moral, dans la justice, soit intellectuel et, en ce cas, dans l'extension et dans les résultats acquis, non dans le propre caractère des facultés rationnelles appliquées au développement de la connaissance.

L'hypothèse de l' « état sauvage » des premiers hommes apparus sur le globe serait fondée sur les faits physiques les plus positifs si l'on ne songeait qu'au genre de vie auquel ils ont dû être matériellement astreints par l'insuffisance ou la précarité des ressources que le milieu leur offrait ; mais elle ne repose absolument sur aucune donnée, si l'on veut dire qu'étant « sauvages » ils ont dû par là même être placés à un degré d'intelligence infime et à peu près nul, comparativement aux hommes de nos jours ; car il est avéré, depuis que les races inférieures nous sont mieux connnues, que les « sauvages » actuels, en toute région du globe, déploient dans leurs rapports avec les « civilisés » le même genre d'intelligence et sur les mêmes sujets de vie courante que nos concitoyens de la classe la plus nombreuse et la plus pauvre, à savoir ceux qui demeurent au plus bas degré de culture, sans parler des malfaiteurs. Les hommes de cette classe reçoivent, il est vrai, des principes de conduite et des informations de choses, que leur transmettent d'autorité ceux des classes cultivées, mais si nous leur ôtons cet acquis et ces influences, nous ne voyons plus en quoi leur intelligence resterait d'une nature supérieure à celles des « sauvages ». On observe que les enfants des races inférieures sont incapables d'atteindre par l'éducation le développement des enfants des races civilisées, mais les expériences n'ont pas été fréquentes. Les mêmes différences d'aptitudes, et fort graves, sont observables aussi entre des sujets appartenant à des races parentes entre elles, et civilisées ; de considérables transmissions ancestrales de caractères doivent toujours être admises au sein d'une race quelconque ; elles peuvent aller fort loin sans qu'il soit touché aux traits mentaux caractéristiques de l'humanité.

Les différences essentielles des plus basses sociétés et des sociétés civilisées consistent dans les idées morales corrompues et les pratiques superstitieuses ou cruelles imposées par la coutume ; et l'origine de la perversion des idées et des mœurs se découvre sans supposer d'autres origines en histoire, et de plus anciennes, que celles où remontent nos connaissances certaines. Prenons la donnée de quelques familles relativement initiales, puis des tribus et des clans formés par la descendance de ces familles. Ce n'est pas une hypothèse : les États n'ont jamais pu naître que de groupes sociaux analogues à des clans ; et des nations, même importantes, sont restées longtemps ou restent encore à l'état de clans. Dans la supposition où certaines familles, relativement initiales, auraient été placées dans des conditions d'innocence ou de pureté dont il n'est nullement impossible de se rendre compte, avant l'épreuve des maux à provenir de la nature extérieure et de l'insatisfaction des besoins de la vie, avant celle qui naît du choc des passions, nous comprendrons, tout aussitôt, et ces épreuves et leurs suites fatales, les premières injustices, les premiers crimes, la corruption du cœur par le renouvellement et par l'habitude du mal, les maximes vicieuses, et finalement les mauvaises coutumes dont la guerre au sens philosophique et le plus compréhensif du mot (endémique et extérieure) est, au lieu de la paix entre les hommes, le trait dominant. Et deux cas se présentent alors comme possibles : ou que la vie de clan se prolonge en des périodes pour ainsi dire indéfinies, dans quelques régions, sous un régime de guerres continuelles, qui n'est point incompatible avec un ordre de sentiments nobles, et avec des croyances religieuses fixes qui ne manquent pas non plus de noblesse ; ou que des tribus se dispersent et cherchent par le monde des aventures qui finissent bien ou mal pour elles.

L'hypothèse contraire, celle où les familles relativement initiales, — nous voulons dire auxquelles des inductions sûres nous permettent de remonter sans atteindre les origines premières, — auraient été caractérisées par les sentiments les plus brutaux, l'égoïsme féroce et l'infirmité intellectuelle, n'est pas sérieusement soutenable en présence de ce qui est maintenant bien éclairci sur le plus antique esprit des races égyptienne, chinoise, indienne, hellénique, italique, israélite. C'est donc aux premières familles humaines apparues sur la terre qu'il faut attribuer le plus bas degré d'intelligence et de moralité, pour trouver le droit d'affirmer une certaine loi de perfectibilité naturelle comme attachée au développement de l'humanité, et cela, non certes pas à titre de fait universel dans la suite de ce développement, car l'expérience est loin de la vérifier régulièrement et partout, mais enfin à titre de fait à rechercher dans la marche de l'histoire tracée par une *certaine suite de points maxima seulement de sa trajectoire*, à travers toute sorte d'époques, de nations et de religions. L'étude de cette courbe ne peut être dirigée que par des postulats moraux, puisque il s'y agit de définir ce qui est progressif et ce qui est rétrograde dans les institutions et les mœurs : sujet plein de difficultés ; et l'hypothèse du commencement au point le plus bas, ce point se trouvant reculé hors des limites de l'histoire, est arbitraire.

Si cet état de la question est exact, pourquoi éloignerions-nous l'idée, que, dès l'origine, il ait pu naître des hommes de caractères moraux différents et opposables. C'est une supposition qui a contre elle les vues simples et absolues qu'on a coutume d'apporter sur ce sujet, en un sens ou en l'autre ; elle devient naturelle, si l'on croit que les personnes humaines ont leur véritable origine première en d'autres conditions que nos conditions présentes, et qu'elles peuvent en conséquence apporter en ce monde, individuellement, des dispositions innées et variables.

*

Voyons maintenant comment une théorie de l'état sauvage découle de nos principes. Si le sens du mot se prenait d'après l'étymologie, sans impliquer rien de relatif à l'infirmité de l'intelligence et à la bassesse morale, il serait applicable aux premières tribus composées d'un nombre restreint de familles et vivant sur une terre encore inappropriée à l'habitation de l'homme. Les tribus, en se divisant, s'éloignant les unes des autres pour des causes diverses, apportent dans leurs établissements, instables ou fixes, les imaginations et les idées qui les ont séduites, les mœurs qu'elles se sont faites, au cours des impressions et des épreuves de la vie, et grâce aux initiatives des génies inventifs qui ont pu naître dans leur sein. Après un certain temps écoulé, elles nous donnent à considérer de petites sociétés qui se sont formé des coutumes diverses et généralement intolérantes. Elles sont entre elles, là où elles viennent à se rencontrer, et souvent malgré leur parenté, à l'état de guerre toujours imminent, par suite de rivalités ou de dissidences, d'intérêt ou de religion, et par ambition de dominer. Ceci est indépendant des dispositions morales originaires de chacune, et conforme aux lois empiriques de l'histoire en tous lieux et en tout temps. Le résultat des guerres, dont le succès constate la force ou la faiblesse, l'énergie ou la mollesse, les vertus ou les vices qui en sont des coefficients chez les peuples, est tôt ou tard la conquête ou la perte d'un territoire. Le vaincu est réduit en esclavage, ou exterminé, ou obligé à quitter la place, à chasser à son tour d'autres occupants devant lui, et à chercher des établissements où il trouve plus de sécurité. C'est de l'histoire.

On peut aisément conclure du fait de la concurrence vitale des tribus, dans les régions du monde ancien, à mesure qu'elles se peuplèrent, et des guerres motivées par les besoins d'expansion de quelques-unes, ou par l'ardeur militaire des chefs, et leur désir d'exploiter de nouveaux sujets, ce qui dut advenir des plus faibles. Les unes, matériellement hors d'état de résister, mais animées d'un esprit vivant et opposé à celui de l'envahisseur, entreprirent sans doute ces migrations armées, les unes qui se fixaient en des colonies à leur portée, d'autres, qui, de proche en proche, de station en station, portèrent tant de peuplades, et de races si diverses, jusqu'aux régions lointaines où leurs descendants devaient former un jour de grands peuples. Mais il y en eut aussi, de moins énergiques ou de races moins douées, qui, échappant à l'esclavage où leurs pareilles étaient réduites, trouvèrent asile dans les montagnes et prolongèrent une existence indépendante et misérable dans la suite des âges et même jusqu'à nos jours, sans communications, régies par des coutumes très stables, généralement basses, quelquefois relativement morales. D'autres enfin, les plus infortunées, errantes, méprisées et partout repoussées, soit à cause de vices abjects, soit par suite d'habitudes d'insociabilité violente, devinrent par rapport à toutes les sociétés établies ce que sont, pour une société particulière, les réfractaires, les bannis, les *out-law*. Quelques-unes de celles-là purent n'être que matériellement trop faibles, d'humeur douce, quoique indépendante, et trouver des lieux de refuge difficilement accessibles aux conquérants. On en rencontra de telles dans les îles de la Polynésie, quand elles furent découvertes. Bref, les tribus inadaptables à l'ordre social de nations puissantes en possession des bons territoires durent être rejetées de lieu en lieu, à mesure du progrès des populations sédentaires, et jusqu'aux extrémités des continents, ou dans les îles écartées, ou sous les climats tropicaux les plus malsains, et peut-être aussi, grâce au hasard des navigations, dans le continent américain, s'il est vrai que l'Amérique n'ait pas eu d'habitants autochtones. N'est-ce pas dans ces lieux que les explorateurs modernes ont trouvé ces tribus qu'on a nommées *sauvages*? Quelques-unes seulement, en Amérique, purent grandir, s'étendre et prendre la forme d'empires, mais un grand nombre habitaient des lieux, et il s'y en trouve encore, où l'on ne peut supposer, ni que leurs premiers ancêtres ont vu le jour, ni que les descendants de ceux-ci ont choisi librement de porter leurs établissements.

L'état de dégradation intellectuelle et morale de ces tribus souffre deux explications entre lesquelles le choix est incertain. Pouvons-nous les tenir pour de simples prolongements de tribus mal nées, ce qui ne serait admissible que dans l'hypothèse des naissances primitives de certains hommes à dispositions mentales prédatrices dominantes, en dépit des qualités intellectuelles spécifiques de l'humanité? Nous devons penser, en ce cas, qu'il n'y a point eu de progrès moral sensible dans toute la suite des générations de ces races inférieures, et qu'elles ne diffèrent peut-être pas beaucoup, en leur état actuel, de leur état natif, qui dut être l'obstacle à leur agrégation sociale à des tribus mieux douées. Nous ne savons que trop combien peu de succès les races civilisées obtiennent aujourd'hui dans leur prétention d'améliorer l'assiette morale des races africaines, auxquelles elles communiquent sans peine leurs vices et l'usage des instruments de destruction les plus perfectionnés. Si, au contraire, nous regardons ces peuplades abaissées comme issues de races primitives plus nobles, entraînées au mal par la déchéance des ancêtres, et descendues jusqu'à l'impuissance de former des sociétés stables, et de raisonner leurs institutions, on conçoit comment elles ont subi le sort de celles auxquelles l'aptitude aurait manqué originairement pour s'élever à un état social d'ordre supérieur.

Le défaut de ces basses sociétés n'est pas, comme on pourrait le croire, si l'observation et la réflexion ne nous enseignaient le contraire, l'inaptitude à se créer des coutumes. La coutume est l'indispensable fondement de l'ordre, en dehors de la raison et de la convention : de la convention qui elle-même tient de la raison. Aussi la coutume règne et s'impose plus rigoureusement aux individus, dans les tribus sauvages, que dans les sociétés civilisées. Ce qui peut tromper, c'est la variation de la coutume, contradiction apparente, dont l'arbitraire est la source. Le roi ou le sorcier peuvent à tout moment introduire une mode nouvelle. De là une instabilité, que les imaginations fétichistes favorisent grâce à l'absence de règles dans l'application de l'idée de cause, mais qui n'ôte rien au caractère absolu des exigences que l'intérêt du groupe fait valoir contre la liberté de l'individu. La société sauvage est à la fois la moins fixe et la plus absolue, la plus livrée au caprice individuel et la plus oppressive pour l'individu.

*

Le siège de la coutume stable et conservatrice est établi de la manière la plus ferme chez les races nomades, profondément différentes des sauvages, quoique l'état de guerre, de tribu à tribu soit à peu près le même des deux côtés. L'oppression et la contrainte sont peu nécessaires, et l'adaptation des jeunes est facile et tenace, chez des peuplades dont le genre de vie est, comme on dit, le plus près de la nature, exempt des assujettissements créés par l'agriculture et l'industrie, fort différent de la vie misérable de privations et d'esclavage réel du sauvage sédentaire adulte. Contrairement aux sauvages, qui n'ont point d'histoire, l'importance historique a été grande de ces peuples pasteurs, scythiques, mongoliques, sémitiques, qui ont vécu, qui vivent encore, aux limites des établissements civilisés, animés contre eux de sentiments en partie barbares, en partie non dénués d'élévation, et les menaçant, les envahissant en vue du butin, quand ils trouvent des voies ouvertes. Leur rôle d'anticivilisation a tenu un caractère relativement moral de sa vivante opposition aux empires fondés sur l'esclavage des masses agricoles et industrielles. La rivalité de la vie libre et de la vie de servitude, les haines qui en ressortaient sont inscrites dans la Bible, depuis la légende du meurtre d'Abel, pasteur, par Caïn, agriculteur et fondateur de villes, et depuis la légende de la tour de Babel, jusqu'aux imprécations de l'Apocalypse joannique contre la Nouvelle Babylone. La haine des empires eut là sa dernière explosion éloquente, et les sentiments démocratiques des premiers chrétiens descendaient de cette source, — sémitique, non plus hellénique, — à une époque, où les disciples de l'Évangile étaient loin de penser que leurs successeurs se rendraient les sujets d'un nouvel empire, ajouté à celui de César pour le gouvernement des esprits.

Quel qu'ait été le caractère natif des hommes des tribus primitives, on ne saurait douter que la guerre ne soit née entre elles des mêmes passions, étendues seulement de l'individuel au collectif, d'où naissent les inimitiés des individus. L'action militaire a dû pendant longtemps être attendue de tous les hommes valides intéressés, de chaque côté, à la cause commune ; mais, à l'époque où se sont fondés les empires de la haute antiquité, l'ardeur belliqueuse et le prestige de certains conducteurs de petits peuples furent la force motrice des guerres de conquête, et l'origine de l'autorité héréditaire. Les premiers sujets des conquérants s'attachèrent passionnément à leur gloire ; plus tard, ce n'est que servilement et sous le fouet que leurs descendants servirent les maîtres fastueux, successeurs des génies fondateurs de dynasties. A des moments antérieurs à l'histoire positive, se formèrent en Egypte et en Asie des États dans lesquels des tribus en grand nombre, souvent de races et d'esprits divers et opposés, étaient forcées d'entrer et se voyaient réduites par la force en un seul corps, sous la domination d'un souverain qui ne les conservait unies que tout autant que des révoltes ou les armes d'un prince rival ne venaient pas les démembrer. Alors commença l'emploi des grandes armées, et l'art militaire devint l'agent principal des révolutions du monde, chaque fois que le talent de l'organisation et du commandement se rencontrèrent chez un chef, et créèrent, chez les sujets, le composé de passion et de discipline, ou obéissance passive, qui fait gagner les batailles. Ce double talent fut en tout temps favorisé dans son œuvre par l'entraînement populaire dont la psychologie nous révèle le principe. Les effets en sont partout manifestes, chez l'enfant d'abord, ensuite chez les âmes enthousiastes, sans instruction, sans critique, de moralité exclusivement passionnelle, et qui n'ont point un principe d'action en elles-mêmes. Au plus haut degré, c'est un ravissement qui, parti de l'admiration, s'élève à l'adoration ; au plus bas, une fougue aveugle ajoutée à l'instinct des animaux domesticables qui suivent naturellement des chefs. Nous pouvons nous faire une idée de l'adoration, au sens propre du mot, en remontant à une époque et chez un peuple où régnait une sorte d'instinct religieux de divinisation. Les prédécesseurs du roi Ména, en Égypte, et Ména lui-même, auteur de la première dynastie, quatre mille ans avant notre ère, en furent les objets. Tout près de nous, le dévouement napoléonien des soldats de la Grande Armée nous montre un exemple du même sentiment réduit à sa nudité psychologique. Mais il faut substituer aux idées communes de ces soudards, sur Dieu ou la nature, celles que se formaient les Égyptiens d'Ammon-Ra, Soleil naissant et mourant chaque jour, de l'Océan céleste où naviguent les dieux, des âmes divines incarnées, etc.

L'opinion qui eut longtemps cours, d'après laquelle les premières institutions humaines auraient porté le caractère théocratique, est née d'une confusion entre les réelles sociétés élémentaires, par lesquelles ont commencé les établissements humains, et les civilisations matérielles de l'Orient dont l'éclat éblouit l'historien pendant les trente ou quarante siècles des annales humaines qui lui sont accessibles. Les peuples initiateurs des civilisations libres n'étaient pas les descendants des habitants de ces empires, mais bien des hommes des tribus antiques, qui avaient conservé, dans certaines régions, vers l'Occident, leur liberté à l'abri des entreprises des potentats. Leurs religions n'étaient pas du genre théocratique. Leurs prêtres n'étaient pas hors des familles, ne gouvernaient pas et ne dogmatisaient pas. Ils n'étaient que les conservateurs des traditions religieuses et les agents des cultes nationaux. Les institutions théocratiques durent, au contraire, s'implanter dans les États nés des guerres de conquête, et formés de vastes agglomérations de tribus dont chacun apportait ses dieux, ses cultes, ses superstitions particulières. Il fallut, dans un intérêt d'organisation, de police, et aussi de spéculation sur les choses divines, en ce mélange de croyances populaires variées, former de leurs rapprochements une certaine fusion, sous l'hégémonie religieuse et la prépondérance du dieu de la nation dominante et de son roi. Ce syncrétisme constitua la puissance des prêtres, dont il fut l'œuvre, et qui lui durent une existence distincte, dans l'État, et une autorité pour composer des mythologies, enseigner des dogmes. Ailleurs, les sacerdoces eurent une autre origine, mais dont le point de départ se prit encore dans la liberté de culte des tribus. Le service divin devint professionnel par la remise des pouvoirs des pères de famille à certains d'entre eux, et une caste sacerdotale se forma grâce au monopole des rites du sacrifice. C'est la théocratie brahmanique qui fut dès lors en rivalité de pouvoir avec la caste militaire, constituée parallèlement.

Le concept politique, ou idée de gouvernement, qui, sous le régime des tribus, consistait dans une entente entre leurs membres pour régler leurs relations et se reconnaître des guides et des chefs, devint un accord spontané, exposé toutefois à des ruptures, entre princes et prêtres, pour assujétir une masse donnée de populations aux travaux nécessaires de la vie commune et au service de la classe supérieure. Ce qui resta de liberté aux hommes qui n'avaient pas accès à la propriété, source unique d'indépendance pour l'individu dans une société, ne fut plus maintenu que pour le balancement de deux autorités : celle de la force brutale et celle des révélations divines qui, par la nature des choses, n'aurait pu triompher entièrement de la première sans s'en emparer et en user à son profit. On est obligé d'avouer qu'en tout temps, en face des prétentions théocratiques, les hommes représentatifs de la force ont été les agents de préservation contre la domination des consciences et l'esclavage de l'esprit. En revanche les sacerdoces ont dû former les premières classes d'hommes, supérieurs par l'intelligence, qui, dispensés, sans être des nobles, de ces travaux qu'on appelle serviles parce qu'ils sont rendus sans réciprocité, peuvent mener une vie exempte de privations et de contrainte. Ils consacrent leurs loisirs aux études désintéressées ou aux exercices dont l'objet est la perfection intellectuelle et morale ; de quelque manière qu'elle soit comprise.

*

Ce qui met une distinction essentielle entre les hommes de guerre et chefs d'État des âges les plus lointains, c'est que les uns n'obéissaient qu'à des passions de domination brutale et de jouissance, et que les autres, plus rares, avaient le sentiment de l'intérêt des peuples et de leur propre grandeur comme choses liées. Ceux-ci pensaient à la postérité qui devait admirer leurs travaux, et à ces dieux terribles de la nature, adorés des nations pour leurs bienfaits, sources de toute vie. Ils voyaient en eux de grands modèles à imiter. De tels hommes ont dû être les fondateurs des empires renommés pour leur civilisation matérielle. Car ce ne sont pas des caractères de prêtres, mais des esprits absolus et violents, qui accomplissent de telles œuvres : non pas des ravageurs et des destructeurs, comme il n'en a pas manqué non plus, mais leurs contraires, les génies constructeurs, qui nivellent pour bâtir, les mêmes qui sont aptes aux conceptions d'ordre et de discipline, capables de combinaisons rapides et justes, et ne connaissant pas l'incertitude et les hésitations. Ces sortes d'hommes ont représenté le plus haut idéal, communément reconnu, de la vie humaine d'ambition et d'orgueil. Ils sont très dangereux quand ils se produisent en des sociétés constituées où leur action s'exerce contre la justice.

On peut observer l'ombre de ce haut caractère chez des gens qui n'ont ni l'étendue ni l'unité d'esprit nécessaires pour le commandement sur un grand théâtre d'action, et pour le jugement des choses. Quelques traits seulement en paraissent imitables, de loin, par les hommes qui apportent dans leurs relations les apparences des qualités militaires d'honneur et de courage, et qui peuvent être doués de cette ardeur impulsive qu'on appelle *du cœur*, sans que pour cela la justice ait beaucoup d'empire sur leur âme, mais souvent aussi ne brillent que par le faux courage et le faux honneur : amour-propre constamment en éveil qui ne souffre pas sans révolte les dénégations ou les contradictions et prétend sauver l'honneur par un combat singulier. Ces formes de réaction de la personnalité ont appartenu aux classes supérieures des anciens empires. Absentes ou transformées dans les républiques de l'antiquité, on les retrouve dans la chevalerie du moyen âge, elles se prolongent dans la noblesse des monarchies modernes, et leur imitation se montre vivace dans les armées et dans certains rangs des bourgeoisies actuelles et de la politique militante. Elles représentent en somme ce que la barbarie affecte de noblesse par opposition au règne de la force brutale et des appétits sans déguisement. Elles ne pourraient disparaître que dans une société où le sentiment et le respect de la personnalité vraie seraient plus communs.

Tout autre est le caractère des hommes des castes sacerdotales, héréditaire que soit la prêtrise (caste proprement dite), ou cléricale, c'est-à-dire élective de ses propres membres. Le prêtre de la haute antiquité, dans les empires, tenait encore beaucoup de ce qu'avait pu être le sorcier dans les tribus dont les empires étaient formés, et sa fonction primitive avait consisté certainement à fournir les recettes dont on lui attribuait la connaissance, et dont il pouvait lui-même se croire en possession, pour obtenir des succès ou conjurer des maux dans les éventualités de la vie, détourner les *sorts*, guérir les maladies. Quand la paix et la dignité des sanctuaires, au sein des civilisations impériales, eut élevé le prêtre à un rang plus noble que celui du sorcier dans les tribus, misérablement adonné aux imaginations et aux pratiques fétichistes, et dépendant de l'arbitraire brutal d'un petit roi, il dut s'entendre avec ceux de sa profession. Par l'œuvre des collèges de prêtres, les rites de la prière et des sacrifices durent se fixer, les formes spontanées de l'adoration se soumettre à la régularité d'un culte. Les sacerdoces inclinèrent les notions de la divinité, par une élaboration plus précise, dans le sens des croyances populaires spontanées, encore confuses, dont les formes mythiques, naturellement multipliées, pouvaient se ramener à quelques types fixes, et cette œuvre de réflexion ne put manquer d'épurer plus ou moins les idées religieuses et de favoriser ceux des sentiments pieux qui s'attachaient, dans le polythéisme antique, à certaines forces naturelles divinisées.

Il importe beaucoup de distinguer des sacerdoces, ou de leurs membres, ces hommes de religion isolés, ascètes ou prédicants, libres contemplateurs du divin, et ordinairement vitupérateurs de la coutume. Ceux-là sont des fondateurs de sectes religieuses, des révélateurs d'idées capitales, des initiateurs de sentiments moraux. Il arrive toujours, quand leur œuvre est continuée, que le fanatisme ou l'intérêt, les interprétations vicieuses corrompent l'enseignement qu'ils ont laissé. Mais, comme les philosophes, avec une autre méthode et pour d'autres esprits, ils sont, et leurs successeurs demeurent des ouvriers de l'élévation des pensées du commun des hommes au-dessus de l'intelligence purement animale et des aspirations bornées d'une grossière vie. Ces génies religieux sont les premiers de ces *mages* dont le caractère natif surpasse la mesure ordinaire des naissances :

> « Dieu de ses mains sacre des hommes
> Dans les ténèbres des berceaux. »

A côté d'eux, quelques grands poètes et quelques rares philosophes montent au rang des « esprits conducteurs des êtres »; mais ce ne sont pas là des prêtres, et on ne les voit guère avoir l'appui des pouvoirs établis. Le prêtre d'une religion positive, imbu de doctrines traditionnelles et porteur de commandements qui n'admettent pas l'examen, est fait pour s'entendre avec l'homme d'action et d'administration dont la préoccupation principale, en matière d'ordre social, est d'enchaîner solidement, aux ordres de la volonté qui commande, des groupes disciplinés d'obéissants agents d'exécution. Le prêtre, mettant les esprits sous sa discipline, dont il rapporte le principe à des volontés célestes, prépare pour le prince des sujets plus adaptables à une discipline matérielle, et le prince peut donner l'appui matériel à un sacerdoce menacé par l'hérésie des sectes. C'est du moins ainsi que des deux côtés semble se présenter l'avantage pour le pouvoir. Mais l'alliance nécessaire couvre une inévitable rivalité; car le prince, ou l'autorité civile, quelle qu'elle soit, ne peuvent pas consentir à se démettre, ou à s'avouer privés de l'autorité morale, qui seule justifie tout commandement, seule peut être le fondement d'un droit de rendre la justice; et, d'une autre part, le prêtre, à raison du principe supérieur, principe divin, auquel il fait remonter son enseignement et ses ordonnances, est conduit à regarder son jugement comme de dernier ressort en ce qui touche le vrai et les mœurs. Cette rivalité, qui est au fond, se fait sentir et éclate à certains moments, selon qu'un sacerdoce est animé de l'esprit théocratique; et les populations penchent d'un côté ou de l'autre, selon que le pouvoir spirituel conserve et mérite de conserver son prestige, au moins relativement aux errements des pouvoirs temporels, ou que ceux-ci maintiennent plus efficacement les droits de l'humanité.

Le pouvoir temporel, quoique essentiellement militaire en ce qui concerne l'origine et le fondement matériel des États, est nécessairement aussi, par un grand côté, un pouvoir moral. En effet, les civilisations matérielles, dont il est le premier agent d'établissement, sont des civilisations morales à l'égard des intérêts de la vie humaine autres que ceux qui portent sur la justice distributive des conditions, ou sur les droits attribués aux personnes. Ce nom d'États qu'elles portent à bon droit comporte dans sa signification un fait capital : c'est qu'en dépit des guerres et des révolutions qui le troublent et le menacent incessamment, un État est par sa stabilité relative le théâtre du développement d'un nombre immense de vies humaines et le moyen des grandes œuvres de communauté pour l'exploitation du globe, que les sociétés de bas ordre ne permettent point. De plus, des États barbares ne laissent pas d'assurer à leurs membres, grâce à l'établissement d'un certain régime civil et à des lois pénales, de passables relations sociales et un degré de sécurité, qui donnent satisfaction à la partie, rudimentaire, sans doute, mais fondamentale aussi de la morale. Il arrive souvent que le fanatisme des coutumes religieuses, plus que l'absolutisme des pouvoirs politiques, est l'obstacle aux progrès moraux, dans les civilisations matérielles vieillies, quand les races qui les ont créées se survivent, pour ainsi dire, à elles-mêmes, dans les contrées où elles fleurirent, et où plus tard elles traversent les âges, dans un état de dépendance et de corruption irrémédiable.

*

Les considérations précédentes regardent les origines sociales, les tribus qui partout précédèrent les anciens empires, et les caractères primordiaux des civilisations impériales. Éloignons-nous un moment de ces dernières, en continuant notre brève revue historique, et mettons-nous en face du plus grand événement de l'histoire. Nous voulons parler de la fondation des *cités* par diverses tribus qui, descendues des mêmes régions de l'Asie où d'autres, de races parentes et de langues similaires, avaient aussi leur origine, et d'où elles prenaient, en quittant le haut pays, d'autres directions, échappèrent à la double servitude des empires et des religions de forme théocratique. Celles qui restèrent dans le continent asiatique, créèrent les empires aryens, ou bien y furent absorbées et participèrent à leurs luttes, à leurs divisions, à leurs vicissitudes. Les plus hardies émigrantes tournèrent l'Hellespont et fondèrent de nombreux établissements ou des colonies, en Grèce, en Ionie, dans l'Italie. Ces petits États, qui, les premiers dans le monde, eurent le caractère de cités, obéirent d'abord à des *rois*, dont l'autorité émanait de la coutume, comme chefs militaires, descendants de familles dominantes, sacrificateurs pour le peuple. L'âge des *tyrans*, alternant avec des gouvernements électifs, à la suite de conspirations aristocratiques ou de révoltes populaires, fut partout amené par la lutte des plébéiens contre les patriciens, ou des pauvres contre les riches, et pour la possession du pouvoir législatif à exercer en faveur des uns ou des autres, à partir de l'époque où les cités se trouvèrent clairement divisées en deux ordres de familles libres dont l'un était tenu dans la dépendance de l'autre, ses membres étant exclus de certaines fonctions politiques et religieuses, et de la propriété, quoique citoyens, et dévorés par l'usure. Malgré cette fondamentale cause de discorde, de factions et de séditions, qui ne cessa d'agir, ou latente ou déclarée, à l'intérieur des cités antiques, et malgré le continuel état de guerre entre elles, où elles épuisèrent leurs forces et trouvèrent à la fin l'extinction de leurs races, la civilisation commence avec elles dans l'histoire, si l'on a égard à la signification profonde de ce mot, qui est aussi la seule conforme à son étymologie. Elle implique le droit de la personne dans la société, la participation de la personne à l'établissement et au maintien de l'ordre social, la liberté politique, la loi consentie, à la place de la coutume qui perpétue indifféremment le bien et le mal. Elle signifie donc l'application de la raison à la vie humaine, pour autant que la vie individuelle doit être régie pour une fin commune, et elle embrasse, grâce à l'extension du même esprit rationnel aux autres poursuites intellectuelles de l'homme, le culte de la science et de l'art, la philosophie, la critique du monde, en quelque sorte, et celle de la société : la morale et la politique. C'est dire que le développement de la personnalité et la poursuite d'un idéal de la société des hommes libres devaient ou auraient dû être la fin de l'œuvre de la civilisation, à mesure qu'elle se serait étendue. Étudions maintenant la nature, les conditions et les modes d'un tel progrès.

La liberté politique étant, par ses applications, une reconnaissance du contrat social, dans le sens où nous en avons expliqué la notion, et une sorte de travail continuel institué pour en formuler, ou en réformer et perfectionner les clauses, qui ne sont autre chose que les institutions et les lois d'une cité, d'une république, la capacité morale du citoyen et, plus généralement, l'aptitude de l'homme à juger selon la raison, sont les conditions du progrès dans les États libres. Or, nous savons que, si la notion du devoir, en son essence et en sa forme, est un caractère de l'être mental humain, elle varie beaucoup dans ses déterminations et dans sa matière, et donne lieu par ses liaisons avec les passions bonnes ou mauvaises, par le conflit des fins qu'elle pose avec celles de l'utilité et du plaisir, à des contradictions continuelles. Un devoir empirique se trouve prescrit selon les lieux, les temps, les sujets à régler, comme une sorte de résultante d'intérêts communs, de passions partagées, d'idées conventionnelles, d'après un sentiment qu'on a, et dans lequel on se confirme mutuellement, sur ce qui est bien ou mal dans la conduite de l'individu, eu égard surtout aux conséquences des actes. Tel est toujours, au fond, le motif bien ou mal entendu d'une coutume. L'idée du devoir ainsi compris est très impérieuse dans les sociétés exclusivement régies par la coutume ; elle se modifie dans les sociétés où règne un ordre légal, selon que les hommes reconnaissent plus ou moins volontairement l'empire des lois en vigueur, en souhaitent et en poursuivent par des moyens, légitimes ou non, le maintien ou la réforme. D'une part, il existe alors, dans les esprits, quoique très inégalement partagée, une idée du juste et de l'injuste, indépendante des intérêts particuliers ; mais, d'une autre part, les questions qui les passionnent le plus dans les débats ouverts sur les mesures législatives (les constitutions et les réformes) sont celles qui touchent ces intérêts, et qui les divisent le plus. Quand une société retombe de la liberté dans le despotisme, c'est ordinairement que les citoyens ont échoué dans la poursuite d'un régime de justice odieux aux plus puissants, mal compris du plus grand nombre, et dont la revendication par des hommes ardents fait craindre l'anarchie aux hommes paisibles. La paix troublée se rétablit par le retour à la coutume sous l'autorité d'un seul.

Il faut distinguer, dans la considération du mouvement

ascendant ou descendant d'une société vers un ordre de justice, entre la justice naturelle et la justice positive. Identiques en leur racine mentale, elles diffèrent tellement par la matière des difficultés et des débats qu'elles soulèvent, que la première ne fait plus *pratiquement* question pour la morale, dans une société policée, tandis que les questions disputées de la seconde continuent de former en quelque sorte le tissu de la politique et de l'histoire, pour autant que les principes y réclament un rôle.

Les sentiments naturels élémentaires du juste et de l'injuste sont simples, ils ne dépassent pas les premières données de la raison. Au degré près de leur intensité, très variable, il est vrai, selon les personnes, ils sont bien plus communs, dans le caractère humain, que le droit raisonnement, et presque autant que l'usage instinctif des catégories de l'entendement. Car leur matière se réduit essentiellement à celle des deux préceptes qui constituent la partie morale du Décalogue, et dont tout homme éprouve la force, non sans doute quand il les viole, mais quand il a à souffrir de leur violation. L'observation de ces préceptes, — une observation approximative, car, exacte et entière, elle ne l'est jamais — est la condition absolument nécessaire du maintien de toute société, parce qu'elle justifie la confiance que l'individu peut avoir : 1° de ne subir point la violence dans sa personne ; 2° de n'être pas troublé dans les possessions ou trompé dans les attentes dont la sécurité lui a été promise. C'est à ces deux termes, en effet, que revient en dernière analyse le contenu des commandements sous leur forme énergique et brève : *Tu ne tueras point; Tu ne voleras point.*

Cette société qui ne se conserve que grâce à l'obéissance d'un nombre suffisant d'hommes à ces points fondamentaux de la loi morale, ou à la crainte des pouvoirs établis pour en punir la violation, cette société n'est pas réellement organisée sur un plan qui dépasse de beaucoup l'idée la plus sommaire des devoirs : elle continue bien plutôt à se régir par la coutume, et grâce à des jugements habituels et pour ainsi dire convenus par lesquels les hommes font des compromis avec la morale. Ses lois varient, dans la suite des temps, selon le succès ou l'échec des initiatives individuelles d'où naissent les jugements qui ont cours et qui dominent dans le monde, ou selon les réactions qui se produisent à la suite de la corruption même des institutions et des mœurs et en exigent le redressement.

*

Les points capitaux des institutions sociales issues de la coutume, et confirmées puis réglées par les lois, portent sur les relations des personnes selon qu'elles commandent le travail ou qu'elles le fournissent, sous certaines conditions, et sur la propriété ou l'usage des instruments de production des richesses (de la terre, spécialement, qui est le premier de tous). C'est à peine si les coutumes religieuses ont moins d'importance, à cause des privilèges réclamés par les prêtres et des dissensions suscitées par l'injuste passion des hommes de s'obliger à l'unité de sentiments par voie de contrainte, quand ils ne le peuvent autrement. De là la haine et jusqu'à la guerre entre ceux, concitoyens ou étrangers, que divisent leurs notions de l'ordre surnaturel.

Quelles que soient ou la coutume, ou la législation établie qui la consacre, sur l'inégalité des droits civils ou politiques et sur l'inégale accessibilité de l'individu à la propriété ou à l'usage de l'instrument du travail, il se trouve toujours, dans une société donnée, des hommes capables de reconnaître l'injustice d'un tel état de choses, que l'idéal de l'humanité condamne. Si cette société est de celles où la coutume a des racines assez profondes pour que la possibilité d'un changement total des mœurs sociales ne se puisse présenter à l'esprit de ces hommes; le refuge de leur idéal est dans la solitude, dans l'ascétisme, dans les espérances ultraterrestres, si ce n'est enfin dans l'aspiration au nirvana, dernier asile de la pensée souffrante. Si nous considérons, au contraire, une société libre, dont les institutions sont ou semblent être à la disposition de leurs membres, certains de ceux-ci, plus ou moins ardents ou éclairés, conçoivent la possibilité de remédier aux vices sociaux. Ils croient à leurs semblables la vertu de réformer, s'ils le voulaient, leurs coutumes condamnables, quand ceux-ci seraient une fois instruits de la vérité et du bien. Ils usent eux-mêmes de ce qu'ils ont de liberté et d'influence pour les entraîner, renverser les obstacles. Mais quand, dans leur impatience, ils suscitent des révolutions violentes en lançant les intéressés à l'assaut des pouvoirs établis, ils ne peuvent, une fois commencées, les gouverner, en prévoir les incidents et les suites. Et cependant ces entreprises, ou l'esprit qui les inspire, sont la condition du progrès social, parce qu'il y a des résistances à vaincre, et d'où viendraient, si ce n'est de l'initiative des hommes qui voient le mal et cherchent le bien, la volonté et l'impulsion des graves changements sociaux? Mais les conséquences réelles des perturbations sociales échappent à leurs premiers auteurs, subissent des coefficients de toutes sortes, et deviennent à la fin des œuvres communes, des résultantes où des responsabilités sans nombre sont engagées.

Un progrès social n'admet de mesure, s'il y en a une de possible, que l'estimation de la distance diminuée entre les institutions et les mœurs empiriques, et celles dont les prescriptions seraient dictées par la raison et la morale pure : justice et amour. Or, il est visible que les progrès sociaux, ainsi estimés, quand ils se produisent, sont toujours, d'époque en époque, sujets à des réactions. Les passions qu'il a fallu vaincre ou détourner, les habitudes qu'on a réussi à changer, demeurent en puissance dans le caractère humain;

elles ont un solide fondement dans les conditions matérielles de la vie ; les circonstances, qui varient, en ramènent la pression plus ou moins forte. Les changements politiques d'importance moyenne éprouvent de continuelles fluctuations dans les États libres, et les grandes réformes subissent toujours, dans la suite des âges, une corruption, — c'est le mot très justement consacré, — dont la gravité se mesure à la profondeur de la réformation morale que le premier ou les premiers grands initiateurs avaient pensé atteindre. La loi de corruption est particulièrement facile à constater dans les grandes religions, qui toutes témoignent, à leurs origines, d'un grand effort vers un idéal qu'elles sont impuissantes à soutenir quand s'accroît le nombre de leurs adhérents. On les voit alors obéir à des tendances qu'elles avaient condamnées et qui passaient pour abandonnées, s'abaisser à des superstitions nouvelles, s'attacher au subtil et intolérant formalisme des points de foi irrationnels et des pratiques machinales.

Les origines humaines nous sont, il faut l'avouer, totalement inconnues en ce qui concerne la moralité, parce que, si nous pouvons aisément juger de la misère des conditions que l'état des milieux naturels créait pour celles des premières sociétés qui ont laissé sur la terre des traces de leurs pauvres établissements, et nous faire une idée de la difficulté que ces conditions opposaient aux hommes qui auraient voulu, supposons-le, vivre en paix les uns avec les autres, nous ignorons complètement si, et en quels lieux, les plus anciens de nos propres races trouvèrent de suffisantes facilités de vivre sans meurtre et sans rapine. Quelle que fût leur organisation animale, qui cependant n'était point de l'ordre des carnassiers, et quelque infimes que fussent l'industrie et les connaissances des humains contemporains de l'« ours des cavernes », nous ne saurions y trouver aucun indice de la partie des mœurs dont il n'est pas permis de juger d'après le peu de ressources dont ils disposaient. Notre ignorance ne nous laisse pour méthode sûre, dans l'étude des lois de variation progressive ou régressive des sociétés, que de prendre la question *in medias res*, et l'homme, avec ses communes données morales, en relation avec des semblables. Autrement, nous raisonnerions sur un sujet différent de l'homme qui nous est connu, nous chercherions l'explication du caractère spécifique de l'homme et son origine morale, que ni la psychologie ni les origines historiques ne nous donnent, dans des hypothèses empiriques qui n'atteignent pas l'origine première, nécessairement métaphysique.

Au sein d'une société humaine quelconque, il y a à distinguer trois classes de caractères moraux natifs, en rapport avec le milieu moral où ils viennent prendre place. Appelons-les, selon les dispositions que leurs caractères leur créent, les *adaptables*, *les rebelles*, *les génies*. Ces caractères se forment de trois éléments : 1° un certain faisceau d'aptitudes intellectuelles et morales et de qualités affectives, très variable quant au degré de raison et au genre des passions; 2° des traits de constitution psychique (de même qu'organique) importants, mais en grande partie indiscernables, qui sont de tradition ancestrale; 3° l'action, familiale d'abord, ensuite sociale de l'éducation, pour modifier en une plus ou moins grande mesure les qualités natives et principalement leurs applications selon les événements et les circonstances. L'éducation, dans le sens large où il convient de l'entendre, comprend le cercle des actions qui s'exercent de tous côtés sur l'individu, dès sa naissance, pour ainsi dire, et jusqu'à l'âge qu'on appelle mûr, pour l'*informer* des sentiments et des jugements des autres, principalement dans le milieu où il s'élève et vit, et pour lui créer des habitudes de penser et d'agir con-

formes à celles qui sont *reçues* dans ce milieu. Le caractère natif de l'individu a donc à se plier, et ses notions naturelles ont à s'altérer plus ou moins, pour s'accommoder aux exigences ambiantes.

Le principe de l'éducation, — quoique on prétende, en une société donnée, lui en reconnaître un plus absolu, — est le conformisme. Son but et son plus commun résultat est l'adaptation de la personne à l'esprit et aux pratiques du milieu. Il faut seulement distinguer, dans cette idée générale de l'éducation, la part d'action que l'État quel qu'il soit réclame, et qu'il exerce par l'école, la loi et les tribunaux, d'avec celle qui revient nécessairement à l'enseignement de l'expérience, aux exemples de conduite que donnent les hommes, aux maximes courantes dans le monde, enfin aux fréquentations, dont décide souvent le hasard. Les États modernes renferment, dans le milieu commun, des milieux particuliers inadaptés, que l'éducation publique n'atteint pas, où règnent des mœurs et des maximes contraires à l'ordre officiel, ou même entièrement subversives de tout ordre social. De là, pour le bien ou pour le mal, selon les rencontres, les écarts du conformisme et les obstacles à l'adaptation des individus.

Les *rebelles*, pour revenir maintenant à notre classification, sont ceux des hommes dont le caractère natif, modifié par les circonstances, s'est développé d'une manière décisive dans le sens de l'éloignement des devoirs sociaux, tels qu'on les entend selon les idées régnantes. Cet éloignement est de deux genres fort différents.

Le rebelle proprement dit est l'insoumis ou le révolté, non qu'il juge ou soit capable de juger de l'ordre établi, et des droits que cet ordre lui refuse peut-être, mais parce que son égoïsme et ses vices, dont les plus communs en pareil cas sont la paresse et l'ardeur de jouir sans acheter la jouissance, lui rendent odieux les services que la société attend de l'individu en échange des biens qu'elle lui assure. La violence ou la ruse sont les seuls moyens de vivre de celui qui refuse le travail. Il devient donc un *malfaiteur* pour la société. Ou, si l'homme de ce caractère se trouve riche de naissance et peut n'être qu'un oisif, il ne vit pas moins aux dépens d'autrui, dans le fond, et la société ne pourrait subsister si elle ne se composait que de ses pareils, puisqu'elle ne vit que du travail de ses membres.

L'autre sorte de rebelles se compose des hommes qui n'ont point, en général, d'autres idées sur la vie et le devoir, ou d'autres goûts que les plus ordinaires d'entre les adaptés, mais que des passions d'ordre commun et les circonstances ou la misère portent à des actions criminelles, et placent dans une situation analogue à celle des précédents envers une justice pénale positive. Ni l'étendue ni l'espèce de la responsabilité n'est la même des deux côtés. Ce n'est point une question à examiner ici. Ce qu'il y a à dire, c'est que, de ces deux classes d'individus qui sont ou deviennent des inadaptés pour elle, les sociétés dont on vante le plus les progrès ne réussissent ni à se délivrer de la première, ni à prendre, à l'égard de ceux qui tombent dans la seconde, des mesures qu'on puisse nommer efficaces et justes pour eux et pour elles-mêmes. Et ces derniers deviennent, comme les autres, des rebelles.

Parallèlement à ces rebelles, mais en sens inverse quant aux motifs de leur opposition à l'ordre social établi, viennent les *génies* que leurs caractères natifs y rendent relativement inadaptables, non pour cause d'infirmité morale, ou défaut de sociabilité, loin de là, mais parce que cette société empirique où la naissance les fait entrer les heurte en ce qu'elle a de contraire à la justice et au bien. Si les lois et les conditions de ce milieu social étaient compatibles avec une suffisante liberté, avec de particulières œuvres sociales pratiques des individus, qu'en réalité elles enchaînent, on pourrait voir divers systèmes sociaux s'élaborer, sans préjudice du régime commun, et chercher leurs libres applications et la vérification des plans que le génie socialiste constructeur aurait conçus, de même que les œuvres industrielles vérifient les théories scientifiques. En fait, ce que nous voyons, c'est la spéculation d'un petit nombre de génies, les Saint-Simon, les Owen, les Proudhon, les Tolstoï, voués à la recherche des lois d'une société *a priori*, ainsi que l'étaient, à l'époque la plus libre et la plus inventive du génie grec, les Platon et les Zénon, disciples de Socrate, premier initiateur de la recherche de l'ordre social parfait fondé sur la psychologie. Quelques rares esprits pratiques tentent aussi de réaliser, par des associations volontaires d'adhérents, les conceptions des théoriciens, mais ceux-là trouvent d'insurmontables obstacles au succès de leurs entreprises dans le manque de liberté et de ressources matérielles, dans la puissance des habitudes, qui font verser les hommes du côté des vices mêmes auxquels ils voudraient remédier, et surtout dans la nature de la matière sociale vivante, qui a besoin d'entraînements, et qui n'en subit guère que dans ses masses, par l'effet de certains prestiges, non des théories. Nous sommes ainsi obligés d'envisager le progrès social dans l'œuvre des *demi-génies* qui travaillent, dans la sphère politique active, avec ardeur et conviction à l'avancement moral des institutions ; mais comme cette œuvre, qui ne peut, d'après sa méthode, être considérée que dans les États libres, est sujette à de continuelles fluctuations, à des *itus* et *reditus* sur la ligne de la justice et de la bonté, nous sommes définitivement forcés de reporter nos vues sur les génies d'action qui, doués de grands talents et d'une volonté énergique, s'emparent du pouvoir aux moments de révolution des États, et fondent des régimes nouveaux.

De tels génies se distinguent les uns des autres, comme font, en de moindres sujets, les plus ordinaires des hommes politiques, par l'inégale rectitude de leurs vues, l'inégale moralité des fins qu'ils poursuivent. Nous ne parlons pas de l'égoïsme et de l'ambition, qui, sans être leur mobile unique, ne leur sont apparemment pas étrangers ; mais nous ne saurions omettre le reproche qu'ils ont mérité dans tous les temps : celui d'appliquer hardiment la maxime, que la fin justifie les moyens. L'injustice est ainsi le prix auquel le progrès se paie, si tant est qu'il y ait progrès. Ces génies sont les agents des changements les plus graves qui s'opèrent dans les sociétés pour l'élévation ou pour l'abaissement de la moralité commune et pour la marche progressive ou régressive de la raison, — en dehors de l'influence des religions, qui doit être estimée à part ; — mais, durant tout le cours de la vie d'un peuple, ce sont encore des génies, moindres seulement et de qualités plus spécifiques, qui sont les agents modificateurs des idées ou tendances populaires, et, par voie de sommation des petits effets, les auteurs des lentes mais quelquefois importantes modifications de la coutume en tout genre : modes reçus de sentir et communes façons de juger.

La loi psychologique de la *mode*, dont la notion doit être ainsi généralisée, est l'imitation ; son champ d'application s'étend, dans l'histoire de la vie humaine collective, par la répétition des pensées, des paroles et des actes, depuis les initiatives des chefs, dans les familles, dans les tribus, dans les cours, et depuis les impulsions données par les *meneurs*, ou gens qui obtiennent crédit ou autorité par une qualité quelconque dans un groupe d'hommes réunis pour un but commun, jusqu'à l'effet des œuvres de propagande entreprises par les habiles manieurs d'idées, d'intérêts et de passions. Ces derniers arrivent à se faire écouter d'un peuple en surmontant l'opposition des préjugés ou de la coutume.

Notre sujet ne concerne que les génies de l'action sociale et politique. Mais nous devons remarquer le caractère qui leur est commun avec les génies scientifiques. Le novateur dans l'ordre des idées morales doit échapper à l'influence de la coutume et des jugements régnants dans son milieu, de même que le savant se soustraire aux vues reçues sur les rapports des phénomènes, afin d'en découvrir peut-être de nouveaux. Ce dernier, s'il réussit, n'a pas les réactions à craindre; aussi ne résout-il pas des questions de droit et de devoir, et de gouvernement des hommes!

*

Ceux des penseurs qui imaginent une loi historique inverse de la loi d'invention et d'imitation, et qui regardent les *grands hommes* comme des *hommes représentatifs* des sentiments ou de la volonté des multitudes dont ils embrasseraient, suivant cette théorie, et dont ils amèneraient à l'état de résultantes les états d'esprit formés et accumulés pendant certaines périodes, confondent, et même assez visiblement, selon nous, la nature de la transmission des sentiments des masses aux individus avec le caractère de la transmission des sentiments des individus aux masses. Rien de plus différent : la première est le moyen de l'adaptation sociale de l'individu, le contraire d'une action novatrice; le conformisme en est le résultat. La seconde est provoquée par le *grand homme*, ou génie auteur d'une direction nouvelle de l'esprit en quelque chose : ou lui-même est l'inventeur de l'idée, ou elle lui a été suggérée par quelque autre influence particulière au temps de la formation de son intelligence; en tout cas, l'écart par rapport à ce qu'on pourrait appeler l'équilibre des notions ou directions antérieures et ambiantes est démontré par le fait de la nouveauté, et il serait contradictoire que cet esprit régnant se fit *représenter* par un individu qui serait justement la manifestation de l'opposition du milieu à lui-même. Le principe du changement ne peut être que l'individu, l'action des milieux est conservatrice. La théorie des hommes représentatifs prend la cause pour l'effet, elle ne peut cesser d'être contradictoire qu'en posant dogmatiquement la thèse que tout phénomène social est la résultante nécessaire, et l'unique possible, de phénomènes antérieurs, connus ou inconnus, et que, à parler net, il n'est rien et ne se fait rien de réellement individuel ; il faut la regarder comme l'expression de ce sentiment, et c'est le fatalisme.

L'individu étant, comme nous le disons, le principe du changement, un milieu social se conserve, tout en éprouvant des variations en un sens de progrès ou de reculement, par cette unique raison, que la loi des naissances fait entrer dans une nation déjà fixée en quelques points principaux de son esprit et de ses mœurs, une suffisante majorité de sujets adaptables. La loi de génération des génies, d'un côté, des rebelles, de l'autre, loi dominée par le caractère constant de l'état social, qui, plus ou moins éloigné de la pure justice, n'a d'ailleurs pas les moyens de satisfaire pleinement les aspirations et les besoins, est la cause d'une instabilité profonde, manifestée par des dissensions intérieures et par les révolutions du pouvoir. Des génies sont les auteurs des œuvres progressives qui deviennent coutume quand l'imitation en est durable, et il faut qu'il existe, en contrepartie des efforts des novateurs en divers sens, une masse de caractères malléables dont l'éducation, prise en son acception la plus générale, assimile les croyances et les tendances aux sentiments communs et aux idées régnantes. Mais ces caractères passifs dont la réceptivité n'est modifiée que par des aptitudes ou des vices héréditaires deviennent, quand ils sont une fois adaptés à un ordre donné, très actifs dans la résistance à tout changement, et c'est là que réside essentiellement la force de conservation sociale. L'homme n'étant pas, à un degré suffisant, agent original de justice et de bonté, doit être agent de coutume, sous peine de devenir entièrement insociable. C'est là une condition misérable de l'humanité, une sorte d'esclavage de l'individu et une suite de son infirmité morale.

*

Il importe d'observer que l'œuvre de conservation est à double sens. S'il s'exerce constamment pour faire obstacle aux innovations, soit justes en soi, mais que des passions intéressées repoussent comme contraires à l'ordre, soit avantageuses pour l'avenir, mais qui imposeraient des sacrifices actuels, l'esprit conservateur maintient, d'une autre part, la résistance aux entraînements passionnels auxquels les peuples sont sujets quand ils cèdent au prestige de certains génies orgueilleux et dominateurs. Tout ceci pourtant n'est applicable qu'aux sociétés qui disposent plus ou moins d'elles-mêmes, tandis que la plus grande partie de l'histoire est pour ainsi dire occupée par des États dans lesquels la conservation ne diffère pas de la pure passivité de la coutume, tandis que les révolutions politiques s'y produisent exclusivement dans une sphère d'ambitions et de compétitions de princes qui touchent peu, dans leurs croyances et dans leurs mœurs, les peuples dont ils ne sont connus que par la nécessité de payer l'impôt et de servir.

On peut juger de la puissance de conservation passive de ces États, quand ils entrent en décadence et ne peuvent plus d'eux-mêmes se régénérer, par la condition actuelle de deux nations très considérables, matériellement très vivantes, dont les origines, qui remontent plus haut que nos connaissances historiques positives, et n'ont entre elles nul rapport, ont été bien certainement constituées par des œuvres de haute initiative et de grande portée religieuse, militaire, sociale. Ces deux races, l'indienne et la chinoise, dont l'une est à la fin tombée sous la domination d'un peuple de civilisation entièrement étrangère à la sienne, et dont l'autre se débat dans les convulsions d'une difficile indépendance à garder contre cinq nations mieux armées, n'admettent nul changement dans leurs idées sur le bien et le mal, les puissances célestes, les obligations de l'homme. Elles se croient fidèles à leurs maximes antiques, devenues lettre morte, et se livrent avec ardeur à des pratiques dont l'esprit qui les créa s'est envolé; dont la partie de superstition seule est enracinée. Elles gardent leurs sentiments propres en matière d'autorité morale et subissent l'empire de la force sans se laisser aller à de nouvelles directions de croyance qu'on prétend leur imprimer.

Les missionnaires, voués à l'œuvre ingrate de *convertir* ces esprits très ancrés dans leurs habitudes mentales, ont eux-mêmes l'esprit possédé par des légendes de miracles et par les dogmes d'une métaphysique irrationnelle et bizarre, dont tout le fondement est aussi dans une autorité antique et, par conséquent, dans la coutume. Ils observent machinalement des rites pour la conservation desquels beaucoup d'entre eux donneraient leur vie, s'il était question de les leur interdire; et ils s'exposent, pour les propager, aux supplices et à la mort. A peine peut-on dire que là où ils réussissent, — et ce ne sont que de faibles succès, — à faire accepter des *infidèles* des cultes de tradition étrangère pour ceux-ci, et difficilement compris, ils leur communiquent, de cette religion nouvelle, une partie idéale, inspirée par des sentiments d'ordre commun de l'humanité, et accessibles à tous les hommes : ceux des sentiments chrétiens qui ont ce caractère sont inséparables du milieu moral où ils ont pris naissance et de celui à travers lequel ils se sont perpétués et transformés. Les Hindous et les Chinois convertis par les missionnaires ne deviennent pas plus des hommes de notre société, ou nos contemporains, qu'ils ne peuvent être les contemporains des hommes auxquels fut, pour la première fois, prêché l'Évangile.

A la cause générale de conservation des coutumes, à la puissance des moyens d'adaptation des esprits, dont dispose tout ordre social où la religion, la famille et le pouvoir politique sont fortement constitués, et à ce fait, que la loi des naissances introduit dans la race un nombre prédominant de sujets adaptables, il faut joindre maintenant deux actions exercées pour arrêter l'essor du génie, dès qu'il se manifeste avec des vues inquiétantes pour les pouvoirs établis. La première est l'intolérance des prêtres, qui elle-même a sa source dans le vice commun d'intolérance des hommes, et dans l'esprit de domination ; la seconde est celle des princes qui embrassent et défendent contre toute innovation les formules de foi et de morale qu'ils jugent les plus autorisées dans leurs États, afin d'éviter les troubles qu'engendre la rivalité des sectes et de s'éviter à eux-mêmes des difficultés et des dangers, — quand ce n'est pas plus simplement pour imposer à leurs sujets leurs propres croyances. — L'intolérance, a, plusieurs fois, dans les temps modernes, comme dans la haute antiquité, apporté aux destinées des nations et à la marche générale des idées dans le monde, les déviations les plus importantes et dont les conséquences, portant les unes sur les autres, sont incalculables. Des révolutions rétrogrades, dans les États, sont souvent des sacrifices, mais criminels, faits à la coutume par les puissants, avec la connivence de la partie dominante ou adaptée des populations dont les passions sont animées contre les hommes hardis qui secouent le joug de l'esprit commun. D'elles-mêmes, les nations, à mesure que les siècles s'ajoutent à la durée de la coutume, semblent s'immobiliser dans la totale impuissance de produire des initiatives semblables à celles dont sont sorties les civilisations libres. Les Indiens et les Chinois, deux races si diversement douées, que nous prenons pour exemples de la force de conservation des coutumes, ont traversé quelques crises internes, ou de religion, ou par suite de compétitions de princes, mais les fondements de leur vie morale et de leurs institutions civiles, comme de leurs croyances, sont restées inébranlables, tandis que, durant trente siècles, comptés des origines helléniques jusqu'à nous, les régions situées à leur occident voyaient les empires se former et se détruire en une grande confusion de religions et de mœurs; plus loin, des États libres et de nombreuses colonies, des républiques, se constituer, entrer en lutte les unes contre les autres et, intérieurement, contre elles-mêmes, et subir leurs destins; des royaumes, puis un grand empire occidental les englober et tout soumettre à sa discipline militaire et administrative; cet empire tomber en décadence et devenir à la fin une proie à se partager pour des tribus barbares demeurées indépendantes, à ses confins; de nouveaux royaumes se faire et se défaire en ce mélange de vieilles et de nouvelles populations, sous des rois ou des empereurs, imitateurs plus ou moins habiles ou heureux des méthodes de gouvernement de l'Empire ruiné et décomposé; pendant ce même temps, une religion d'origine étrangère et d'esprit nouveau s'engendrer au sein des traditions d'un peuple original que l'Empire avait ruiné et dispersé, naître et grandir par l'œuvre de génies que l'Empire affaibli n'avait pu empêcher de faire la conquête des âmes; cette religion, quelque temps persécutée, mais intolérante elle-même et cruelle pour ses dissidents, se rendre par une discipline mi-partie de grâce et de terreur, maîtresse des croyances et des mœurs, viser à changer le caractère humain et ses passions incoercibles, non pas toujours dans

le sens de la justice et de la paix, mais, au contraire,
verser elle-même du côté de la ruse et de la violence pour
étendre sa domination sur les sujets des princes, et par là
sur les princes eux-mêmes; les pouvoirs politiques entrer
dans une longue phase d'anarchie, d'extrême division et de
guerres perpétuelles, entremêlées de solennelles alliances
et de perfides violations de traités; des États plus réguliers
se constituer peu à peu, selon que se formaient des groupements et des tassements de populations homogènes, là
où des similitudes d'esprit et de langue favorisaient les
efforts des princes pour centraliser leurs possessions; ces
États, parvenus à une suffisante cohésion, lutter entre eux
pour s'arracher mutuellement des provinces ou pour prétendre à la prééminence, à l'hégémonie, quand ils ont eu
des chefs entreprenants et des sujets dociles; enfin les
guerres de religion s'ajouter aux guerres d'intérêt territo-
rial ou commercial, ou d'ambition, et les nations passer
par des convulsions réitérées, tantôt pour se soustraire au
régime théocratique, tantôt pour se l'imposer, ou aider à
l'imposer à d'autres, comme le plus favorable à l'unité fac-
tice des esprits et au despotisme.

*

A travers ces longues phases historiques, les nations
chrétiennes sont parvenues à constituer des États, de forces
et de civilisations très inégales, mais dans lesquels les
classes cultivées, qu'on distingue avec raison sous le nom
de *classes dirigeantes*, présenteraient une sensible unité
de principes et de mœurs, si ce n'était la division profonde
qu'entretiennent entre leurs membres des opinions et des
intérêts politiques, ou soi-disant religieux. Les classes inférieures, mal *dirigées*, vivent en grande partie sous la coutume, avec ce qu'il leur faut de raison seulement pour justifier à leurs propres yeux le bon droit des réclamations

de leurs besoins mal satisfaits contre l'égoïsme des classes supérieures. De là partout une guerre sociale sourde. Entre les États, la communauté des bonnes intentions, des sentiments de justice, et même de *dévouement*, dit-on, aux principes de la civilisation et au bonheur de l'humanité, — car c'est là ce que les chefs politiques mettent aujourd'hui en avant pour justifier leurs prétentions, — n'empêchent pas que leurs actes ne soient des actes de guerre, ou de préparation à la guerre. L'attitude défensive est essentiellement celle de chaque nation qui a pu conserver son indépendance. Les plus petits États ne la sauvegardent que grâce à la rivalité des grands, et parmi les grands, au nombre de six ou sept maintenant, qui sont ou qui voudraient être des empires, terme politique rentré en faveur de tous côtés, l'objet des alliances n'est guère que la défense des uns contre d'autres qui pourraient viser à les dominer. Les efforts de tous en vue de soutenir ou d'accroître leurs armements dépasse la proportion que les peuples aient jamais donnée à la partie de leurs ressources qu'ils sacrifient à leur puissance militaire.

Tel est le niveau de civilisation où les nations chrétiennes se trouvent parvenues, après tant d'errements et de traverses, en face de ces nations de l'Asie dont les coutumes ont si peu changé pendant l'intervalle, en face aussi des vieilles races du continent africain qui sont ou sauvages ou barbares et profondément dégradées, et des peuples musulmans dont l'hostilité à la civilisation dite chrétienne semble irrémédiable. L'ensemble de ces populations est presque le double du total de celles de l'Europe et de l'Amérique réunies. La question, pour ces dernières, est d'apporter *la civilisation* aux premières; mais, en présence des faits, et de ce que réellement on leur apporte, elle n'est pas sérieuse. Leur imposer par les armes la domination étrangère, les conduire, dans les cas les plus favorables, à l'imitation des travaux d'art ou d'industrie relevant des

connaissances scientifiques qu'ils ne possèdent pas, voilà
ce que l'on peut pour des peuples dont les idées morales
et les habitudes ne sont pas les nôtres, et au plus, après la
conquête de leurs territoires, les doter d'une administration plus savante que celles dont ils avaient l'habitude sous
leurs princes. Pour ce progrès, la guerre étant le moyen,
les effets, pendant longtemps, ne peuvent que ressembler
beaucoup, en ce qui concerne les tribus faibles, à ceux
qui suivirent, il y a quatre siècles, la découverte et l'occupation européenne de l'Amérique : rivalités et guerres
entre les envahisseurs, destruction des indigènes ; et, pour
ce qui touche les peuples nombreux et robustes, on peut
s'attendre, au contraire, à de naturelles fusions d'idées et
de pratiques, si ce n'est même à la formation d'une nouvelle
moyenne de mœurs, faite d'orientalisme et d'habitudes
européennes; et le résultat, vu l'absence de moralité
rationnelle et ferme, d'un côté comme de l'autre, pourrait
n'être pas heureux. Il est difficile d'imaginer comment une
haute civilisation morale et le commencement de l'ère définitive de justice et de paix viendraient clore une période
en tout conforme à celles dont les plus communes passions
empiriques de l'espèce humaine déterminent les événements.

CHAPITRE XVIII

DE LA LOI DE L'HUMANITÉ TERRESTRE

Nous avons pu nous rendre compte de l'origine et des
conditions générales de formation des sociétés, des causes
passionnelles de leurs changements, de leurs destinées
dans le cours de l'histoire, et en particulier de cette cause
essentielle de leur conservation et de leur durée, qui est la

coutume. Nous avons vu que la coutume pouvait, en certains cas, donner à un ordre social fondé sur une communauté de sentiments et de notions d'ordre et de devoir une stabilité indéfiniment prolongée, mais sans le préserver de la décadence morale, ou de cette corruption qui gagne les institutions que cesse d'animer le même esprit vivant d'où elles sont nées. Nous avons insisté sur le contraste que forment avec ces sociétés stationnaires, en dépit des plus graves événements de leur propre vie dans ce qui ne concerne que la succession des bons ou des mauvais gouvernements de leurs princes, les sociétés occidentales, si agitées, qui naissent et qui meurent, sans cesse remuées dans leur profondeur par la lutte de l'esprit novateur et de l'esprit conservateur, en religion, en politique, en institutions sociales, et qui, en regard des premières, traversent une si longue suite de siècles coupée par quinze cents ans de réaction contre l'esprit rationnel et libéral qui les a précédées et qui les suit. Nous avons maintenant à regarder de plus près la succession et les rapports de ces grands événements historiques, pour nous rendre compte de la nature et des formes diverses des progrès qui se peuvent démêler à travers les *évolutions*, ou grâce aux *révolutions*, des sociétés et des États, et pour juger de la possibilité d'une fin de ces progrès ramenés à l'unité, s'ils peuvent l'être, qui donnerait satisfaction à l'idéal d'une société humaine et d'une destinée de l'humanité.

Les siècles, si obscurs pour les historiens, dans lesquels se placent les seules origines accessibles de l'hellénisme, en Grèce, puis en Asie Mineure, nous offrent deux nations en rapport avec les tribus grecques à la recherche de leurs établissements : la Phénicie et l'Égypte. Plus loin, en Asie, dans les vastes contrées situées entre les régions occidentales et cet extrême Orient, comme nous le désignons aujourd'hui, qui fut et resta de tout temps étranger aux nations de l'Occident et sans influence sur leur culture, c'était le siège des empires de haute antiquité et de civilisations matérielles illustres, à populations très mêlées, chaldéennes, sémitiques, aryennes, qui furent constamment en lutte entre eux, conquérants et conquis, et ne résistèrent pas aux armes des Grecs. Ils disparurent de l'histoire, après l'ère des successeurs d'Alexandre et des conquêtes romaines en Orient, ne laissant sur leurs ruines que des tribus barbares et ce royaume persan, cent fois fait et défait depuis les Achéménides, qui est un remarquable spécimen des États incessamment composés et décomposés dans le cours de l'histoire, au hasard des races victorieuses et de l'habileté des princes. Les anciens empires asiatiques sont les premiers au sujet desquels se pose la question de l'héritage des nations, dans l'humanité, ou des apports qu'elles ont pu faire à la civilisation hellénique, et par là à la civilisation romaine et à la nôtre.

On a cru longtemps, comme à un fait historique, à la tradition des sciences et des arts de l'Orient à l'Occident ; il a fallu abandonner cette thèse, et reconnaître que les connaissances d'origine assyrienne, phénicienne ou égyptienne, chez les Grecs, furent de l'ordre matériel, ou pratique. Des transmissions telles que celles de l'alphabet phénicien, des observations astronomiques de Babylone et d'Egypte, et probablement des éléments empiriques de la géométrie, sont fort importantes mais ne touchent pas encore aux théories. La science quant aux méthodes rationnelles, l'art quant à la beauté formelle, qu'il ne faut pas confondre avec l'habileté technique, la littérature esthétique, enfin la spéculation philosophique libre, indépendante de toute tradition sont des créations intellectuelles dues au génie et à l'initiative des Grecs.

Nous sommes obligés d'admettre pour les seules données morales d'origine orientale introduites en Occident par l'intermédiaire de la Grèce, ou plus tard, à Rome, et dont quelques-unes passèrent de Rome à tous les peuples civilisés : 1° une partie grossière de la théogonie et du mythe des Kronides, le culte de la Grande Déesse, et ses analogues, tous inhérents au sémitisme polythéiste [1], et les cosmogonies matérialistes, dont l'une des formes, la moins symbolique, l'évolution progressive de l'animalité au sein de la mer, est encore maintenant à l'usage de quelques savants naturalistes ; 2° les doctrines anti-scientifiques de la magie, de la sorcellerie et de l'astrologie, qui sont des dégradations de la religion et de la philosophie, fléaux populaires qu'on dirait indestructibles ; 3° la doctrine des incarnations, passée des mythes égyptiens dans la partie mythologique du christianisme, et qui sert aujourd'hui à défrayer les superstitions spiritistes ; 4° la déification des princes, dégénération grecque du culte des Héros (ou Ancêtres), qui remonta, sous les Césars romains, à peu près à ce qu'elle avait été au temps des rois d'Assyrie. Le génie hellénique était antérieur à ces aberrations de la raison. Ce génie ne fut point un progrès de l'humanité par rapport à des idées antérieures, parce qu'il n'était pas plus l'effet d'une réaction contre ces sortes d'imaginations, qu'il ne pouvait être la suite d'une élaboration de la pensée sous leur règne. Ce génie était original. Ses erreurs et l'esprit irrationnel lui vinrent du dehors, et des mêmes influences qu'il avait ignorées ou méprisées à l'origine. Ce fut alors le contraire d'un progrès.

En définissant sommairement cet héritage des empires d'Orient, nous ne devons pas omettre un grave chef d'accusation de la postérité contre ces civilisations matérielles. Il s'agit de cette tendance obscène des cultes qui les porta à l'annihilation de tout ce que l'esprit sémitique monothéiste, d'un côté, l'esprit iranien, de l'autre, essayaient de produire ou de conserver de croyances plus

---

1. On sait que les principaux mythes grecs sont d'antique origine aryenne. Ils ont reçu du génie hellénique les formes si connues, anthropomorphiques, éloignées de l'esprit panthéiste assyrien, ainsi que de l'esprit brahmanique d'ailleurs.

nobles que celles dont l'ancien sacerdoce chaldéen, allié du
sémitisme polythéiste, exerçait l'empire sur les masses
populaires. Contre les cultes de Ninive et de Babylone, et
leurs similaires de Syrie et de Phénicie, il existait en Asie
deux centres religieux d'une élévation et d'une moralité
hors de toute comparaison. Le premier était, vers l'Occident, la petite enclave dans laquelle le monothéisme sémitique, réduit et resserré, en danger continuel d'anéantissement, ne se conserva que par des miracles répétés de foi, de
patriotisme et de dévouement, jusqu'au moment fatal où il
devait périr, mais comme nation seulement, par les armes
du grand empire aryen, *Nouvelle Babylone*, et en lui
imposant sa fondamentale croyance, et, pour dieu, son dernier prophète. Le second centre religieux était le mazdéisme,
cette antique doctrine iranienne qui vivait encore à Babylone au temps de la captivité des juifs, mais qui, pénétrée
peu à peu par les idées chaldéennes ou sémitiques, se
corrompit de siècle en siècle, alla en s'affaiblissant, et ne
transmit au christianisme, à l'époque de l'élaboration de
ses dogmes, que des traditions altérées. Elle vit, plus tard
encore, ses adhérents réduits à un petit nombre de fugitifs,
désignés comme *adorateurs du feu*, persécutés et chassés
de leur contrée native par l'intolérance musulmane. Le
mazdéisme n'entra et ne se perpétua chez les nations
européennes que sous le nom devenu assez vague de *mani-
chéisme*, dans un mélange d'opinions sectaires et de piété
indépendante, en de petites églises partout vouées à la persécution la plus atroce, parce que leurs règles de vie s'écar-
taient de la discipline ecclésiastique, et leurs croyances
des dogmes conciliaires sur l'origine et la fin du mal.

Cette vue rapide du destin d'une religion dont l'origine
remonte jusqu'à l'époque de la scission survenue entre les
plus antiques tribus aryennes nous fait embrasser d'un
coup d'œil une suite de siècles et de révolutions d'états,
de coutumes et de croyances, qui ne contiennent rien de

moins que la naissance, la grandeur et la décadence des cités grecques, la naissance, la grandeur, la décadence de Rome et de l'Empire romain, la formation des États européens, la grandeur et la décadence de la seconde Rome, Rome théocratique, enfin toute la suite des luttes des nouveaux États pour obtenir la suprématie et réaliser l'unité politique du monde, si elle est possible. Ce sont trois grandes phases, dont la troisième est en cours d'évolution, incertaine quant à sa fin. Les deux premières sont des phénomènes sociaux historiques très caractéristiques, témoins accomplis d'une certaine loi du cours des choses humaines. Considérés en eux-mêmes, ils sont d'un enseignement certain. La troisième phase, encore peu avancée, si l'on en juge par comparaison, semble se trouver en progrès matériel sur les précédentes, en ce sens que les vues d'unité et d'impérialisme portent cette fois sur l'ensemble du globe. Mais ceci ne préjuge rien sur la question du progrès moral, ni même sur celle de la stabilité possible d'un Empire sous la domination duquel tous les États et toutes les races seraient réunis, non plus enfin que sur la possibilité, autre hypothèse, de l'établissement d'une fédération universelle et immuable des nations.

*

La Grèce, mère de la philosophie et des sciences, commence le cours de son destin par la piraterie, la colonisation à main armée, les rivalités et les guerres de tribu à tribu. Elle se fait de la guerre un idéal esthétique dont l'admirable tableau peint dans l'Iliade doit rester pour elle une Bible nationale. Elle crée un autre idéal, celui de la cité libre; mais la cité libre veut être aussi la cité indépendante, et l'indépendance implique la guerre quand l'esprit de domination et de conquête règne partout. Le panhellénisme fut, un moment, l'espérance des politiques sages, mais resta toujours à l'état de sentiment inefficace, même au temps des plus grands dangers. A l'intérieur de chaque cité, à Athènes principalement, où se posa de la manière la plus complète et la plus instructive la question du gouvernement démocratique et des droits populaires, la paix civile et un régime stable demeurèrent le but inaccessible. A Sparte, où tout était sacrifié à l'établissement militaire, la vie morale fut nulle ou pire que nulle, et Sparte écrasa Athènes qui, de son côté, pesait durement sur ses colonies ou villes sujettes. La désunion et l'affaiblissement des cités préparèrent leur soumission à Alexandre de Macédoine. Ce conquérant put se poser en représentant de l'hellénisme, en son expédition d'Orient, réaction victorieuse contre les entreprises des monarques asiatiques à l'époque des guerres médiques.

Si Alexandre, mort à 33 ans, avait assez vécu pour revenir en Europe et tourner les armes réunies du monde grec contre Rome et contre les nations italiques, encore loin d'être soumises à Rome, — et à la fois contre les Carthaginois, — il eût été dans l'ordre des possibles que la centralisation de la puissance militaire de l'Occident s'opérât sur un autre point que Rome. C'est ce double résultat d'hégémonie grecque et de césarisme anticipé que poursuivit le roi d'Épire, Pyrrhus, mais trop tard, à une époque où les anciens lieutenants d'Alexandre, ses successeurs, avaient partout créé des centres de domination rivaux et se disputaient l'influence dans le monde grec. La plus grande vitalité était à Rome, l'empire de la force devait s'y constituer.

*

La décadence de la Grèce est un précédent et un diminutif de la décadence romaine qui ne devait commencer que plus tard et préparer l'usurpation de Jules Cœsar. La vraie décadence de Rome, qu'on a coutume d'envisager après l'ère des Antonins, si ce n'est plus tard encore, remonte à plus de deux siècles avant le dernier empereur de cette famille, et jusqu'à l'époque où cette usurpation avait ses causes fatales réunies : la perte de la réelle autonomie démocratique et de la moralité politique du peuple, les victoires de l'aristocratie, les compétitions de ses chefs, les guerres civiles, sanglantes et démoralisatrices, le besoin d'une autorité centrale unique pour la préservation de l'État contre l'anarchie, et pour le gouvernement des provinces où les proconsuls tendaient à se faire des satrapies. Au-dessus de ces phénomènes politiques régnaient les faits sociaux profonds : la ruine de la petite propriété, l'envahissement de la grande (*latifundia*), l'enrichissement démesuré de la classe supérieure, l'avilissement de la multitude privée de ressources propres, l'immense développement de l'esclavage, qui, modéré à l'origine et presque tout domestique, finit par comprendre tout le réel monde du travail. Le bas peuple des citoyens était tombé dans l'abjection, et, au lieu des hommes de sang noble, se constituait peu à peu, grâce aux affranchissements, une classe d'enrichis, issus de races étrangères, dont les pères avaient été autrefois vendus sur le marché, et qui venaient remplacer les familles grecques ou romaines successivement éteintes par la guerre.

La décadence morale fut le principe de cette décadence matérielle dont les fins ne devaient être atteintes que sous l'empire romain. La Grèce conquise demeura, pour ainsi dire, le quartier des lettres et des sciences de cet empire, tant qu'il put y avoir des sciences et des lettres cultivées par des esprits libres. Le déclin des anciennes races et des aptitudes géniales allait croissant, le goût général repoussait les méthodes rationnelles, parce que la mode, en philosophie, s'était éloignée des sujets spéculatifs des débats des sectes : stoïciens, épicuriens, académiciens, sceptiques qui alimentaient la vie de l'esprit. Le néoplatonisme, après Plotin, s'était abaissé à une sorte de polythéisme allié de la religion populaire des sacrifices d'animaux et des superstitions théurgiques. Le sentiment esthétique des anciens était remplacé par la passion des jeux sanglants, des spectacles infâmes ou cruels, excitants de la débauche et des basses pensées. Enfin la totale indifférence politique était inévitable, dans les provinces, où la voie était fermée à toute initiative possible, la bourgeoisie municipale ruinée par le fisc, les campagnes peuplées par les esclaves, ou serfs attachés à la glèbe des grands propriétaires absents ; et, dans Rome même, où les choses en vinrent à ce point que les insurrections militaires et les chances des compétitions de prétendants à l'empire décidaient du choix du maître auquel il faudrait obéir. C'était la naturelle justification du titre d'*imperator*, ou chef d'armée, qui, entre tous ceux qu'on avait réunis sur la tête du dictateur Cæsar : tribun, consul, pontife, avait été choisi pour désigner spécialement son autorité. Et il ne faut pas être étonné de ce que le principe de guerre régissant une civilisation tout entière et en gouvernant les principaux phénomènes, conduise à ce résultat. Il est fatal.

*

Jamais, certainement, l'histoire n'a pu présenter dans tout son cours une révolution des souverains principes sociaux aussi radicale, et une contradiction aussi violente, — s'il eût été possible que s'accomplît dans les faits ce qui était dans les désirs et dans la volonté de ses grands promoteurs, — que l'aurait été une conversion *réelle* du monde romain au christianisme. Mais quoi qu'il en soit des concessions et des pactisations auxquelles la nouvelle religion fut obligée pendant plus de trois siècles qu'elle mit à s'imposer officiellement, et quelques influences qu'elle-même ait naturellement subies, il est manifeste qu'elle porte tous les caractères d'une réaction et non d'un progrès. Elle a beaucoup détruit, et des choses qu'il a fallu recommencer contre elle, mille ou douze cents ans après ; et ce qu'elle a apporté d'excellent n'a pas été sans un abominable mélange, œuvre de ses sectateurs, si bien que la question de progrès, posée, cette fois, absolument, dans le rapport du mal au bien, ou *vice versa*, est loin d'être simple et facile. Assurément, les critiques qui ont personnellement foi au messianisme, et à la qualité messianique de Jésus-Christ, ne peuvent que penser que la religion chrétienne, considérée sous ce chef religieusement sérieux, et, dans le fait de la prédication d'une telle croyance, demande grâce pour les crimes dont l'Église qui avait la tâche de la prêcher s'est rendue coupable contre l'humanité et le bon sens. Mais c'est sous un autre point de vue que le philosophe peut en soumettre l'examen à ses méthodes.

Le premier des reproches mérités par l'Église, au point de vue de l'histoire, en écartant pour un moment l'examen du principe de sa morale théocratique, doit porter sur l'anarchie temporelle à laquelle son enseignement voua le monde par la substitution de la doctrine du salut à la doctrine de l'État, dans les esprits. Car il n'arriva pas seulement, comme on se borne d'ordinaire à le constater, que l'enseignement chrétien, en condamnant et en avilissant les antiques croyances, en les détruisant, dans leur ultime fondement, inséparable de celui de la société et de la vie civile, fut pour l'empire une grande cause d'affaiblissement ; cela ne touche, sous l'apparence d'un changement de foi, que le fait matériel de la ruine des institutions impériales, et des forces défensives de la *civilisation* contre les *Barbares* ; mais il y eut plus que cela, car c'est le principe de la civilisation, et non la civilisation romaine simplement qui périt. Le Barbare devenait l'égal du citoyen pour la seule chose qui importe, disait-on, en ce monde : *travailler à son salut* en observant la loi de l'Église. L'Église usurpait la loi morale et s'emparait de la règle des mœurs au profit de ce qui n'est pas de ce monde, puisqu'elle déclarait que son royaume n'était pas de ce monde. Ce monde était donc laissé à la loi de la force, si l'Église n'en prenait pas la direction, contrairement à son principe. Aussi aspira-t-elle toujours à la prendre, mais elle ne pouvait y réussir, ni même l'essayer, sans mettre en œuvre ce qui ne lui appartenait point, le *bras séculier*, la force brutale, dont disposait le prince, et que le prince ne mettait généralement à son service qu'autant qu'il y trouvait son intérêt *temporel*. C'est ainsi que l'Église, apportant, selon son dire, la justice et la paix dans le monde, prenait parti dans les luttes de races, dans celles des rois, pour la conquête des territoires, ou pour le gouvernement des peuples, et vouait autant que jamais le monde à l'injustice et à la guerre.

L'erreur politique se rattache à l'erreur dogmatique et morale. La justice étant pour l'Église, non point une loi pure de la raison, donnée dans la conscience, mais bien l'obéissance à la volonté de Dieu, à ses commandements, tels que l'Église les a libellés, le principe propre, essentiel et direct du règlement des relations humaines et de l'ordre social se trouve infirmé ou subordonné. L'autonomie, fondement moral de tout droit et de toute liberté, est anéantie. L'Église, au nom de la révélation, dont elle disposait en la continuant par ses conciles, a dû étendre l'intolérance et la domination des esprits jusqu'au for de la conscience, inclusivement, ce que les religions civiles de l'antiquité n'avaient jamais prétendu, et elle a donné, quand elle l'a pu, pour sanction à la foi commandée les supplices, préliminaires temporels de l'enfer éternel qu'elle annonçait aux infidèles.

L'anarchie est le seul nom qui convienne moralement à la société du moyen-âge, non seulement à cause de la guerre de tous contre tous, entre les pouvoirs de grande ou petite dimension, sans que le peuple fût jamais consulté ou écouté, mais encore dans l'ordre spirituel, parce que les hérésies incessamment prêtes à jaillir de l'étude des textes sacrés n'étaient conjurées que par la terreur. Rien ne prouve que l'athéisme, bien que latent, n'ait pas été plus commun qu'on ne le suppose, en des esprits perdus au milieu de l'inextricable réseau des difficultés que se créait la scolastique pour trouver un sens rationnel à des dogmes inintelligibles. La formule en était si loin, — beaucoup le sentaient certainement — de remonter jusqu'à des textes évangéliques et qu'on pût croire divinement révélés !

C'avait été une grande, très grande et très heureuse révolution pour le monde occidental, que celle qui lui apporta, d'une part, le pur monothéisme personnaliste, héritage de la tradition phrophétique d'Israël, à la place d'un polythéisme entièrement ruiné dans les esprits, ou réduit à de vains et incohérents symboles, et, de l'autre, la morale toute de bonté et de dévouement de Jésus, avec la foi en un monde de paix et de bonheur sous le règne du Messie. La philosophie de l'apôtre Paul, esprit très positif, autant qu'homme d'un ardent amour, fut fidèle à ce double enseignement ; mais, dès le second siècle, les levains de corruption étaient à l'œuvre dans le sein du christianisme, et l'œuvre devait s'accomplir conformément à la loi fatale d'altération du primitif esprit des religions à mesure qu'elles gagnent dans le monde. Le premier de ces levains est l'irrationnalité dans la doctrine, le second est l'usurpation d'autorité spirituelle, — et temporelle, autant qu'il se peut, — sous prétexte de ministère religieux. Le troisième est la haine des dissidents.

Nous ne voudrions appeler irrationnelles ni des idées simplement mystiques, ni les croyances messianiques et la foi en des prophètes, ou même en de certains miracles, ceux qui ne représentent que des erreurs sur l'expérience, ou en matière de faits et de témoignage. Ce qui est proprement irrationnel, c'est l'illogicité, la contradiction voulue, l'absurdité systématique introduite dans les concepts ; ce sont les théories imaginaires, opposées à toute méthode du savoir ; les fictions magiques, l'action matérielle des rites et des paroles (*opus operatum*), les incarnations et les métamorphoses, pures imaginations qui dénotent le dégoût de la raison. La doctrine chrétienne s'est surchargée d'une théologie et d'une métaphysique entachée de ces vices logiques. Ils la rendent aujourd'hui ou intolérable ou du moins très gênante pour les esprits droits.

La prêtrise et l'épiscopat avaient la mission de présider à des rites spirituels, d'administrer des communautés religieuses, d'en déclarer la foi ; mais les évêques fondèrent un empire des consciences, ils se posèrent révélateurs en second, sous la dictée de l'Esprit-Saint. Ils prétendirent au gouvernement de l'ordre civil en tant qu'ordre moral, ce qui revenait à dénier aux citoyens, à l'État qui les représente, la connaissance du droit ; et il est résulté de cette prétention du sacerdoce, que les guerres de religion se sont ajoutées, dans le monde, à celles qui naissent des autres modes d'ambition et d'usurpation, entre les princes, entre les nations. Le pouvoir spirituel, longtemps aristocratique, nous voulons dire partagé entre les évêques réunis en concile, a été rendu, de notre temps, de leur plein consentement, monarchique, et on ne peut savoir ce qu'il adviendra de cette réforme, dans les faits, ou pour la conciliation des *décrets* de ce pouvoir autocratique, réclamé par un seul sur les âmes de tous, avec les libertés civiles, politiques et de conscience, que le Pape et le Concile ont précédemment condamnés en bonne forme. Quoi qu'il en soit, le nom de *pouvoir*, tant qu'il n'est pas abandonné par l'Église, dénote la contradiction de principe entre elle et l'État ; car l'autonomie personnelle, l'institution civile, délégation de la personne, ne sauraient, sans se démettre, reconnaître un commandement externe, de quelque titre qu'il se prévale, usurpatoire à leur égard.

Malheureusement, la question n'est pas si simple que nous la présentons ici par abstraction. Le pouvoir exercé sur les consciences, sur *la foi et les mœurs*, emprunte sa vertu du consentement de ses *sujets* de cœur, partout répandus dans les États chrétiens, et abdiquant leur propre liberté, hostiles à la liberté de leurs concitoyens. La source de ce mal endémique des États, dont nul remède efficace ne se fait prévoir encore, n'est autre que la renonciation que firent, il y a dix-huit ou dix-neuf cents ans, les déserteurs de la civilisation antique décadente, à leur libre arbitre spirituel en faveur des successeurs des apôtres qui leur avaient apporté l'Évangile.

Le troisième des levains de corruption de la religion romaine, la haine, est fort lié au second ; il fut le produit des naturelles dissidences dans les opinions, les jugements, les interprétations de la tradition, entre les conducteurs de conscience, entre leurs adhérents, et au sujet des titres à reconnaître aux premiers pour faire foi qu'ils disent vrai. La haine mutuelle des sectaires est un fait commun de passion humaine, dans l'Église comme ailleurs (*odium theologicum*), mais que l'Église a cruellement érigé en système par les excommunications, par les persécutions, et plus encore, par une exorbitante théorie, en vouant ses dissidents, auxquels elle a appliqué en un sens odieux, en opposition avec elle, le nom grec des sectaires (hérétiques), aux flammes éternelles ! On ne saurait imaginer une plus horrible contradiction à la loi d'amour enseignée par l'Évangile.

Et cependant il est vrai de dire que le christianisme a introduit dans les sentiments humains un idéal de bonté et de charité dont, à peu d'exceptions près qu'on peut citer, chez des poètes et des philosophes, la dure antiquité était fort éloignée. La religion nouvelle condamna des mœurs et des spectacles dont les religions anciennes avaient souffert l'invasion. Mais l'influence des sentiments chrétiens sur la société et sur la vie, d'une manière générale, ne s'est exercée que dans un domaine idéal, parce que la charité sans la justice n'entre pas facilement dans les institutions, et que la loi évangélique de la bonté pour le prochain n'a pas plus signifié dans le monde chrétien que dans le monde bouddhique l'entreprise de corriger l'injustice de la coutume et des lois. Le *monde* n'étant pas beaucoup mieux traité par le moraliste et le prédicateur chrétien que par le bouddhiste, les hommes à qui ce monde a paru trop mauvais ont eu recours, d'un côté comme de l'autre, à la vie monacale. Dans le fait, les institutions de charité elles-mêmes, l'assistance publique et l'hospitalisation, encore aujourd'hui si insuffisantes, ne sont sorties du régime honteux et cruel du moyen âge que sous l'influence de la morale rationnelle et d'une philanthropie philosophique. Le christianisme a beaucoup plus qu'il n'était nécessaire regardé la souffrance comme le lot naturel des humains en ce bas monde, et les prêtres voyaient moins d'intérêt à relever la condition des pauvres qu'à leur prêcher la résignation.

*

La décadence de la science, de l'art, de la philosophie pure et du droit est le dernier trait à rappeler, et le plus frappant, de la discontinuité qui caractérise le millénaire du moyen âge par rapport à la culture hellénique et au génie politique de Rome. C'est un fait patent, impossible à déguiser pour les théoriciens de la continuité historique, que la perte de l'esprit scientifique et de la liberté de l'esprit, et que la reconnaissance, rendue obligatoire, de principes irrationnels pour servir d'explication et de lien à l'ensemble des lois de l'entendement et de la nature. Remarquons de plus que la conservation des éléments du savoir, ou de la partie de ces éléments qui a été indispensable pour la succession matérielle de la conscience de l'histoire, si nous pouvons parler ainsi, et de la possibilité de cette grande réaction de l'esprit qu'on n'a pu nommer autrement que *renaissance*, a été subordonnée, à l'époque des grandes invasions, à des événements qui ne nous paraissent nullement avoir été nécessaires. Si la ruine de l'Empire d'Orient avait été aussi complète et profonde que celle de l'Empire d'Occident, si la langue grecque, d'un côté, la langue latine, de l'autre, n'avaient pas gardé leur emploi nécessaire en qualité de langues sacrées pour la lecture des livres saints et pour la liturgie, et ne s'étaient pas ainsi trouvées à la portée des clercs pour l'étude de l'antiquité, et si la destruction des bibliothèques, la poursuite des anciens manuscrits dans les lieux où ils se cachaient, — il y en a eu peu d'épargnés, mais très importants, — avait été poussée encore un peu plus loin, il ne serait pas resté assez d'ouvrages de poètes, d'historiens et de philosophes pour servir à l'instruction du petit nombre des clercs, évêques ou moines qui ont mis en question les principes de croyance, ou cherché la *conciliation de la raison et de la foi*. Il se joignit un jour à ces *égarés* de l'Église, dont quelques-uns, des génies, comme Roger Bacon, tentaient courageusement d'ouvrir des voies nouvelles, une élite d'hommes épris de la culture littéraire des anciens pour son mérite esthétique. D'autres, des philosophes, s'écartèrent de la scolastique et de l'autorité, son principe, comme ne pouvant rien sur la raison, et d'autres, les derniers venus, écartant même cette partie de l'autorité que les docteurs scolastiques avait embrassée comme rationnelle en son fondement, les erreurs d'Aristote, créèrent les sciences expérimentales, avec la mathématique pour méthode : grande nouveauté. Somme toute, ce fut pour la culture occidentale, plus qu'une renaissance, un recommencement.

L'analogie principale de ce recommencement avec les

origines helléniques, — réunissons à l'hellénisme toutes les fondations de cités, de colonies, de petits États politiques, qui sortirent du sein de la royauté patriarcale en luttant contre les monopoles ou privilèges familiaux, — consiste en ce que la coutume, dans les clans ou tribus antiques, était loin d'avoir, en tant qu'obstacle aux innovations du génie de la liberté, la puissance que devaient posséder trois mille ans plus tard les deux institutions de caractère universel : d'une part, les droits positifs des princes, issus de la coutume féodale et du régime du servage ; de l'autre l'autorité sacrée de l'Église, consacrant l'autorité du prince comme de droit divin, tout autant qu'il ne gouverne pas lui-même contre les lois de l'Église. Il nous paraît plus que douteux que les peuples modernes eussent pu échapper à la double étreinte d'une coutume ainsi consolidée, si l'antiquité classique n'eût pas conservé des fondements traditionnels : le droit romain et l'organisation municipale, dans le midi, mais surtout l'histoire et la littérature de l'antiquité, comme tableau d'une société qui exista jadis pris pour modèle de la société qui devrait être. En fait, une partie considérable de l'Europe est encore soumise, en tout ou en partie, à la coutume issue de la féodalité et de l'orthodoxie religieuse (occidentale ou orientale). Des autres parties, il n'en est aucune qui n'ait encore à lutter pour étendre ce qu'elle a pu conquérir de libertés, ou simplement pour le garder.

L'analogie des commencements des libertés antiques et des recommencements de la civilisation libérale dans l'Europe moderne se continue dans le destin des sociétés libres. C'est que les difficultés créées par les passions et par la notion du juste, dont il s'agit de définir d'un commun accord les applications empiriques, sont aussi les mêmes. Les luttes des classes, les privilèges des riches, les ambitions politiques s'opposent à l'établissement d'un ordre civil stable en chaque cité ; et, dès qu'il y a des cités, elles sont rivales. Les républiques italiennes reproduisent sur une plus basse échelle quelques-uns des mérites avec les vices des anciennes républiques grecques ou italiques, et se terminent en des tyrannies, puis sont absorbées par des États puissants qui s'en disputent entre eux la conquête. Les principautés du midi de la France, qui, sous leurs princes féodaux, ne laissaient pas de posséder certaines institutions démocratiques, et qui tendaient à se constituer en Églises libres pour déclarer des croyances, pour formuler des règles de mœurs conformes à leur génie, sont écrasées sous les masses de la chevalerie féodale du Nord. L'inquisition s'établit, les bûchers flambent, l'extermination d'un peuple s'appelle une croisade, pour être comprise sous le titre général des guerres que depuis un siècle il est de mode d'entreprendre au dedans et au dehors contre les *infidèles*. Tandis qu'au Midi l'initiative morale était étouffée pour trois siècles, au sein de la féodalité du Nord, les Villes libres et les Communes qui, grâce au commerce et à l'industrie de leurs habitants enrichis, obtenaient pour un temps, contre leurs seigneurs, des libertés qu'on appelait des privilèges furent tôt ou tard réduites par les armes, et absorbées en conséquence des progrès de centralisation des pouvoirs politiques. Il devait arriver que toute question de droit ou de liberté se posât un jour entre un prince et des sujets, par l'intermédiaire d'une représentation régulière et plus ou moins réelle et constitutionnelle de ceux-ci; mais ce résultat fut obtenu très inégalement, à différents moments, anciens ou tardifs selon les lieux. Une charte, et, plus généralement, les promesses des rois, ne purent jamais être pour les sujets qu'une garantie précaire, instable, disputée, violée, restituée; et partout les guerres des États entre eux, à mesure qu'ils se constituaient, et des princes contre leurs vassaux gouverneurs de provinces, dominèrent les intérêts des peuples, qui n'y entraient guère que par leurs souffrances.

La guerre de Cent ans, suivie en France des règnes de Charles VII et de Louis XI qui fondent le régime royal centralisé, despotique, et, en Angleterre, par la guerre des Roses, elle-même terminée par l'avènement des Tudors, sont les grands traits caractéristiques de cette phase d'anarchie.

*

La réforme, reprise tardive, incomplète, mais cette fois moins malheureuse des vieilles libertés albigeoises, donne une physionomie nouvelle aux guerres des princes, enfin plus liées aux passions réelles des peuples. Les guerres deviennent *guerres de religion*, en même temps que poursuivies pour ou contre l'hégémonie ambitionnée par celui des princes qui représente les intérêts de la discipline papiste. Depuis 500 ans, depuis l'époque où le Saint Empire Romain, ressuscité avec une sorte de reconnaissance morale de la part des rois, avait poursuivi contre la papauté une lutte prolongée à travers des succès variés, et depuis l'apogée de la puissance de l'Église, au XIIIe siècle, jusqu'à son ébranlement par la Réforme, au XVIe, le plus grand événement d'un intérêt général européen fut l'échec définitif de la politique de Charles-Quint et de Philippe II, et des efforts de ce dernier pour réaliser une monarchie alliée de la théocratie catholique. Cependant on n'a pas le droit d'affirmer, comme le voudrait le postulat du progrès, qui a trop de crédit parmi nous, que la question de la civilisation morale soit nettement et profondément changée par les événements des XVIIe, XVIIIe et XIXe siècles, ni en ce qui touche le droit religieux, ni pour les questions de politique extérieure ou intérieure. Essayons de dégager les leçons de l'histoire sous ces différents rapports, afin de définir la question du progrès universel infaillible, si ce n'est de la résoudre.

La politique extérieure nous offre, comme premier fait comparable en importance au précédent, l'effort militaire de la France et la prétention de Louis XIV à l'hégémonie européenne. C'est, après les guerres civiles de religion, après les crimes de la *religion d'État*, après que Henri IV, forcé par la *raison d'État* d'abjurer la foi de ses coreligionnaires, leur a garanti par édit perpétuel les droits civils et la liberté de leur culte, après que le protestantisme, hors de France, il est vrai, a encore reçu des secours de la politique française, c'est alors que Louis XIV, en même temps qu'il se croit appelé à dicter la loi à l'Europe, persécute odieusement les protestants, et les bannit de France, avec applaudissement de la majorité de la nation, qu'il ramène pour plus d'un siècle à la fidélité du vieux titre que les papes lui donnaient au xie siècle, celui de *fille aînée de l'Église*. L'Angleterre et Guillaume III, chef de la coalition contre la France, sauvèrent alors l'Occident de la souveraineté catholique. Cet exemple et ceux qui vont suivre montrent la force de connexion de la question politique universelle et de la question religieuse, en conséquence de la nature d'une religion qui prétend, comme son nom le dit, à l'universalité : le catholicisme.

Un grand cas historique, analogue, malgré beaucoup de différences trompeuses, au cas des prétentions dominatrices du Grand Roi, est celui du Grand Empereur aventurier, qui commença le xixe siècle, et changea totalement ce qu'on aurait cru devoir en être le cours. Le catholicisme venait de traverser quelques années de persécution, qui lui avaient rendu une infiniment petite partie des maux dont il avait accablé pendant quinze cents ans les hérétiques. Napoléon, traitant avec le Pape, reconstruisit l'alliance des *deux pouvoirs*. Ce crime contre la vérité et la conscience fut l'origine d'un progrès constant de l'Eglise et de sa politique en France, progrès dont les interruptions temporaires (en 1830, par exemple) firent illusion, mais dont on a mesuré plus que jamais l'étendue après la chute du second empire français, qui ne fut un échec réel que pour le *Pape-roi*. Que l'intérêt catholique, que les influences catholiques aient été des coefficients importants de la déclaration de guerre de la France à la Prusse, en 1870, on peut le croire. Ce qui est certain, c'est que l'issue de cette guerre doit être regardée comme un coup sensible pour les prétentions papales, en même temps qu'elle a été la ruine de l'empire français, dont il était douteux que les jours fussent comptés sans cet événement. La fondation de l'empire allemand est le complément de l'épopée napoléonienne et de la journée de Waterloo, au bout de cinquante-cinq ans et de quatre régimes politiques divers traversés par la nation qui a fait la Révolution. Les prétentions ou du moins les tendances hégémoniques changent de côté, comme la puissance militaire, que l'Église voit passer décidément du monde latin aux nations non catholiques. L'Italie, qui doit sa Rome au vainqueur, s'éloigne de la France, naguère protectrice de la Rome des prêtres. Il est vrai que l'Église ne renonce pas à rétablir un jour son empire spirituel sur ces nations. Et ce *spirituel* est un vrai *temporel* indirect, qu'elle garde plus puissant que celui qu'elle perd, et plus libre, affranchi de tous liens matériels. Les peuples catholiques ne doivent pas se dissimuler que l'ennemi de leurs libertés a son siège dans leur âme, dans une partie de leur âme, et non pas à Rome. Et il est constant que la puissance cléricale, comparée à ce qu'elle était à la fin du xviiie siècle, s'est accrue formidablement partout, hormis en Espagne, où la sélection à rebours exercée par l'Inquisition l'avait élevée à un point d'où elle ne pouvait plus que descendre. Le caractère le plus fâcheux de la situation actuelle consiste en ce que cette puissance est devenue surtout politique, a perdu presque tout caractère religieux, si nous la considérons dans cette partie des classes cultivées et dirigeantes qui, dans chaque État, oppose une résistance presque toujours victorieuse, au fond, ou en dernier résultat, aux réformes réclamées pour le bien-être du peuple. A cet égard, il n'est que juste d'étendre aux États protestants, aux aristocraties de ces États, ce qui est dit ici du vrai motif de l'appui qu'elles donnent à l'enseignement confessionnel et au cléricalisme. La vieille théologie dogmatique, en ses points irrationnels, demeurés des plus consacrés, ne peut être admise sérieusement par un esprit éclairé. Il faut d'autres motifs à ceux qui veulent imposer à leur nation une foi qu'ils ne partagent pas, et le plus souvent même ne connaissent pas bien[1]. Ces motifs se résument dans l'intérêt des classes riches.

*

Si la chute de l'empire spirituel de Rome avait pu, si ce n'était pas seulement la prise de possession de Rome par les Italiens, qui devait accompagner l'écroulement de l'empire napoléonien, ce double événement aurait été de ceux que l'histoire n'enregistre ni dans un jour ni dans un siècle. Réduit à la fondation d'un nouvel empire militaire, qui remplace le fantôme du second empire français, le fait est de grande importance encore, mais il marque le contraire d'un progrès de la civilisation. L'abaissement de la plus militaire des nations latines, déclin que la loi de la population, favorable aux nations ses rivales, rend d'ailleurs inévitable, ne lui donne pas la paix, mais l'oblige à

---

1. Une stricte psychologie morale nous oblige à admettre ici une exception importante en faveur d'une classe d'esprits honnêtes qui acceptent la religion et ses formes traditionnelles à titre de principe d'ordre social et de soutien de la moralité commune, sans vouloir ou sans pouvoir la soumettre eux-mêmes à un examen rationnel. Mais ce ne sont pas eux qui gouvernent la politique cléricale.

s'épuiser en armements, sans autre objet que de pouvoir se défendre. L'ambition hégémonique, synonyme de la passion des conquêtes, autant qu'elles paraissent possibles, est naturellement transférée à l'empire allemand. Une autre nation, qui déjà occupait par ses colonies ou tenait sous sa domination de grandes régions des cinq parties du monde sans paraître s'apercevoir que c'était là posséder un empire, a fait récemment cette découverte, et un homme d'un génie plus large que le simple génie britannique, mais également inspiré par l'ethnologie, a suggéré à l'empereur allemand la grande pensée d'unir l'Anglo-Saxon et le Germain dans une alliance capable de gouverner le monde. Troisième allié, ou rival, le Nord-Américain se découvre, lui aussi, une vocation impérialiste. D'une autre part, l'empire russe à la fois s'étend et se resserre, et le voisinage de l'empire chinois lui offre les chances les plus favorables, au moins à longue échéance, pour le partage de cette vaste curée que se promettent les autres empires. Enfin, la France, sous la protection de l'empire russe, le seul des empires, en Europe, qui soit intéressé à la conservation des États latins, la France ne renonce pas à toute ambition impérialiste ; elle porte, ne pouvant mieux faire, ses vues sur le continent africain. Le champ est inculte, mais vaste.

*

On voit quelle large carrière s'ouvre aux rivalités, aux guerres, en conséquence, ainsi que cela s'est toujours vu ; quels dangers menacent les petits États, quelles misères sont suspendues sur tous. Contre la suite des maux à prévoir en raison des communes probabilités fondées sur l'histoire, et de l'ordre commun des passions humaines, avant que se constitue l'unité impériale du globe, — si ce n'est qu'on n'ait pas plutôt à craindre le prolongement indéfini des œuvres de composition et de décomposition des empires, semblable à celui que nous révèle l'exploration des antiquités impériales de l'Asie moyenne, durant les deux ou trois mille ans qui précèdent l'histoire régulière, — l'unique hypothèse à faire valoir est celle que représente, en philosophie, l'*Essai philosophique sur la paix perpétuelle* de Kant. Dans l'ordre politique, nous avons l'action morale des hommes d'espérance et de progrès, membres des sociétés de la paix, et, grâce à eux, l'établissement, mais dépourvu de sanction, contredit par les faits à l'heure même, d'un Congrès international destiné à prévenir les guerres (*Conférence de la Paix, de la Haye*). Ces phénomènes de désir et de bonne volonté sont loin d'être indifférents ou sans utilité. Ils ont le degré de force et d'efficacité limitée qui peut appartenir à une conception idéale ; mais, dans leur opposition générale à l'empirisme des passions, ils ne sauraient motiver un jugement sur l'avenir de la société en tant qu'adéquat aux bonnes intentions des hommes. L'histoire nous montre par de frappants exemples, tels que celui de l'Église chrétienne primitive, ou encore dans la phase ascendante de certaines révolutions qui changent la forme constitutionnelle d'un État, la distance qu'il y a des sentiments de l'élite d'un peuple à ceux d'une multitude bien ou mal entraînée. Et les premiers initiateurs ou acteurs de ces grands changements ne prévoient pas les actions rétrogrades, ni quelle pourra être un jour, après l'établissement de la coutume, la bassesse du nouvel état, religieux ou social, comparativement aux espérances actuelles.

On compare quelquefois l'*état de nature* des nations, en leurs relations insociales présentes, à l'*état de nature* des individus, tel que l'envisagent les doctrines du contrat social, comme antérieur à ce contrat supposé qui, par l'institution des tribunaux et d'une force publique, donne une sanction pénale à la défense d'usurper sur la chose d'autrui, et fait régner la justice par la crainte. Il semblerait qu'en vertu d'une conception semblable, étendue des particuliers aux États, un tribunal international (qu'on n'aurait plus qu'à instituer, puisque peu de personnes regardent la guerre comme un bien) devrait pouvoir assurer le règne de la paix en rendant des jugements sur les litiges à survenir entre les nations, si du moins il disposait d'une force suffisante pour faire respecter ses arrêts. Mais la comparaison pèche en tous points. La *force suffisante*, aux mains d'un tel tribunal, prononçant en dernier ressort, est quelque chose comme la puissance impériale donnée à une commission. Si la commission a un président qui après délibération juge et prononce, ce président sera un empereur ou un pape. Si la commission n'a pas un chef absolu, elle se divisera, et ce sont les nations qui se diviseront, parce que ce sont elles qui seront représentées par les membres de la commission. La première difficulté viendra avec la première délibération, parce que c'est celle où il s'agira soit d'accepter le *statu quo*, pour point de départ du droit international, soit d'établir une définition, un ordre et un règlement nouveau des relations présentes des nations. Or, du *statu quo*, plusieurs croient avoir à se plaindre, et, en dehors des intéressés, il est admis que les injustices ne manquent pas : le *droit du plus fort* s'exerce assez visiblement en plus d'un lieu. Et quant au règlement, il est enfantin d'avoir à remarquer que les passions et les intérêts, non la justice, sont le fondement ordinaire des prétentions de chacun. Il sera donc impossible d'obtenir l'unanimité d'une décision du tribunal international, tant qu'il y aura des nations qui se diront lésées. Celles-là devront être réduites par la force, dans les cas où elles se jugeront capables de résistance, et dans le cas surtout où elles trouveront des alliés ; et c'est ici, enfin, que paraît la différence capitale du contrat social et du contrat international : le révolté contre le premier de ces contrats, l'individu, est un réfractaire, ou un criminel, qui n'a rien à attendre de sa rébellion ouverte, que des maux ; le second, une nation, peut se croire capable de maintenir son droit contre la force, par la force. La conclusion à tirer de ces arguments, c'est qu'un tribunal international jugeant à la majorité des voix ne pourrait être logiquement autre chose qu'un gouvernement fédéral universel des nations consentantes[1].

Une conclusion plus générale, qui d'ailleurs ressort immédiatement de la nature de la question, c'est qu'une assemblée fédérale universelle a des fonctions à remplir, semblables à celles d'une assemblée nationale investie de tous les pouvoirs pour discuter des intérêts et prononcer sur des droits, avec les complications et les difficultés en plus qui tiennent à ce qui doit être laissé d'autonomie aux nations ou provinces fédérées ; et l'une comme l'autre de ces assemblées est composée de représentants d'opinions et de passions diverses, lesquels, indépendamment de leurs mandats, n'apportent pas dans les délibérations plus d'esprit de concorde et des jugements plus droits qu'on n'en voit partout dans les relations intéressées des hommes, à partir des débats qui surviennent dans les familles, et des moindres procès que les tribunaux ont à juger. Mais on oublie toujours cette vérité, de la plus simple pyschologie pourtant, que le principe de la guerre réside dans le *différend de deux individus*, et dans les passions qu'il suscite. Le passage de l'individuel au collectif ne change pas la nature de ce fait social fondamental.

1. Le but de notre analyse exige que la question soit élevée à cette généralité. La question de l'arbitrage est différente et infiniment plus facile. L'arbitrage international suppose que deux nations en procès choisissent d'un commun accord des arbitres, dont elles promettent d'accepter la sentence quelle qu'elle soit. C'est dire que nul emploi de la force n'est préparé ni prévu ; autrement la question reviendrait à celle que nous venons d'examiner. Tout ce qui se fait aujourd'hui pour encourager l'arbitrage est excellent, et ne peut produire que de bons effets. Il n'y a pas là plus de question philosophique que dans l'entreprise de décider un différend quelconque entre des particuliers qui s'en remettent d'avance à la décision d'un arbitre.

Les nations modernes n'ont pas dépassé, elles n'ont pas même atteint, la plupart, le degré d'autonomie auquel s'étaient élevées les nations libres de l'antiquité avant les phénomènes de décadence qui les vouèrent, à travers leurs guerres, à l'absorption impériale, forme basse de l'unité que l'infirmité de la moralité commune ne permet pas d'atteindre par la fédération. Tous les grands États sont gouvernés par les héritiers des princes qui les ont autrefois constitués par l'usurpation et par l'unification des pouvoirs féodaux, pouvoirs qui avaient eux-mêmes leur origine dans la conquête ; et ces rois ou empereurs sont fidèles à l'esprit de leurs ancêtres, et entretiennent de leur mieux le culte de la puissance militaire. Les États qui se sont affranchis passagèrement de leur autorité ont recouru à des dictatures, qui ont dû ensuite céder la place aux prétendants à titre héréditaire (Angleterre et France, 1648-1660, 1793-1814, 1848-1851). Les assemblées se sont montrées partout, aux moments critiques, incapables de gouvernement, et les électeurs de discernement et d'esprit politique. Nous ne poursuivrons pas nos observations jusqu'à l'époque présente, autrement que pour constater d'une part, le caractère anarchique des assemblées politiques, tiraillées plus ou moins, selon les États, entre ces quatre mobiles : intérêts régionaux ou de nationalités, — passions religieuses, réelles ou affectées, — intérêts oligarchiques ou ploutocratiques, — droits populaires et réformes sociales ; et, d'une autre part, la faible moralité politique et l'absence de sentiments démocratiques réels et de vertus, chez les électeurs plus encore que chez les élus. Ajoutons ce trait général chez l'homme du peuple : l'interprétation de la liberté en son acception de pouvoir, mais non de restriction, quoique les deux points de vue soient moralement inséparables. Il n'y a que difficilement un sérieux progrès moral à attendre de l'esprit populaire. Les lois, comme les mœurs demeurent injustes ou basses en matière de droit civil et de droit pénal, notamment en ce qui concerne le régime de la famille. Les rapports entre les partis politiques, dans les assemblées, ont pris le caractère de la provocation et de l'insulte.

Le socialisme qui, avant et même pendant la Révolution française, ne touchait guère à la politique en est venu, pour ainsi dire, à l'absorber tout entière, en principe, quand le démenti donné par l'issue de la Révolution aux espérances du XVIII° siècle a suscité de nouveaux penseurs : ce sont ceux qui, ne reconnaissant plus à la liberté la puissance édificatrice des institutions, ont demandé à la science la solution du problème de la société. Mais la science ne peut offrir de ce problème une solution qu'en réclamant le double postulat de la vérité du système qu'elle propose, et de l'autorité qui serait capable d'en imposer l'application. Et comment éluder la nécessité d'une lente évolution sociale, et les difficultés de l'éducation morale d'un peuple ou sans religion, ou mal dirigé par une religion irrationnelle, qui passe pour intangible.

Le progrès du socialisme dans l'esprit populaire, son entrée dans la politique militante ont été malgré tout inévitables, parce que la fonction du travail ouvrier a subi une crise douloureuse après l'abolition, en faveur de la pure liberté, des garanties que comportait l'ancien régime. Les promesses des économistes optimistes, les bienfaits du *laisser faire* ne se sont pas réalisés. La concurrence conduit, phénomène imprévu, par l'association au monopole des grandes industries, et les producteurs isolés ou les commerçants voient se fermer leurs débouchés. L'ouvrier séduit par le principe de l'organisation du travail, donne la préférence au monopole universel de l'État qui lui garantit l'égalité, il y compte du moins, tandis que l'aristocratie du capital l'opprime et l'avilit. Le système socialiste le plus simpliste, celui qui abolit la propriété, est ainsi entré le plus aisément dans le cœur du peuple ; l'esprit d'organisation a fait alliance, chez un grand nombre, avec l'esprit révolutionnaire qui, de son côté, était le résultat fatal de l'injustice des classes dirigeantes et des espérances populaires invariablement trompées après chaque révolution. La réaction des intérêts ploutocratiques contre toute réforme politique favorable à la classe la plus nombreuse et la plus pauvre est aussi fatale que l'ont été, en tout temps, les causes de ces révolutions elles-mêmes, toujours imputables à l'égoïsme des riches et au refus des réformes.

La question sociale est ainsi ramenée à ses termes généraux de tous les temps où la démocratie a régné avec la lutte des classes. Les dangers en sont par conséquent les mêmes ; il est difficile qu'ils soient évités sans un progrès dans l'esprit de justice des populations et dans les mœurs, surtout dans le progrès moral qui mettrait les classes ouvrières à même de se rendre maîtresses de leurs instruments de travail et, par conséquent, des prix de leurs produits. Elles auraient à établir les prix par des conventions délibérées entre elles, et pour leur intérêt commun, qui est aussi l'intérêt des consommateurs. L'évolution coopérative, si jamais elle s'accomplit, sera comparable à ce que furent l'abolition de l'esclavage, et plus tard l'abolition du servage, et moralement supérieure, parce que les premières furent en grande partie spontanées, ou nécessitées en divers lieux par les circonstances, et que celle-là serait le triomphe de l'autonomie, la constitution de l'internationalisme, et la paix des nations, exigée par la solidarité mondiale des intérêts économiques organisés.

Ceux des socialistes qui, définissant ainsi leur idéal, en comprennent l'application comme compatible avec la garantie de la propriété individuelle, limitée par les lois, sont d'accord, en leur point de vue social *économique*, avec le principe social *juridique*, fondement de l'*Essai sur la paix perpétuelle* de Kant. Mais les socialistes révolutionnaires compromettent la cause de l'humanité en essayant de la servir par les passions subversives, qui la défigurent, et dont leurs adversaires tirent argument en faveur de l'ordre brutal qu'ils leur opposent. Nous ne voulons pas ici chercher les obstacles, calculer les chances de la réalisation de l'idéal de paix tel que nous le comprenons ; c'est assez de constater que, de cela même que cet idéal est une fin morale, de même il suppose un progrès moral chez les hommes qui deviendraient capables d'atteindre cette fin.

*

Si l'on regarde aux sources de la doctrine du progrès nécessaire de l'humanité et à l'œuvre de ses plus illustres vulgarisateurs : Turgot, Condorcet, Saint-Simon et Comte, on s'apercevra que l'idée de cette doctrine est née du fait du progrès des sciences, et que la méthode en a été cherchée dans l'étude des principaux faits sociaux, dont on a tenté de composer une série continue de termes caractérisés par le progrès en matière de connaissances positives. Cette construction théorique de la loi de l'histoire a fait illusion à ceux qui frappés de sa vérification à certaines époques, chez certaines nations, sur de certains sujets, n'ont pas réfléchi à ce qu'il y avait d'incorrect à vouloir déduire le progrès de l'humanité du progrès d'une partie des nations occidentales. Par le même vice de raisonnement, on a conclu du rapprochement de certains faits temporaires de l'âge moderne, à la démonstration de la fin d'ordre et de paix de la société humaine. On s'est aveuglé sur le caractère réel de discontinuité des phénomènes moraux, dans l'histoire de cette partie même de l'élite du monde, et jusque dans l'histoire de l'esprit scientifique ou positif; car cet esprit a subi l'éclipse du grand millénaire rétrograde appelé le moyen âge. Il faut ajouter ici à l'éclipse de l'esprit scientifique celle de l'esprit politique, socialement plus important, dont le déclin et la ruine embrassèrent un temps plus considérable encore. Les théoriciens du progrès les plus dogmatiques et les plus profonds, — l'école saint-simonienne et Comte, — n'ont pu se mettre au-dessus de cet argument, pour asseoir la théorie du progrès nécessaire et ininterrompu, qu'en embrassant le principe de l'autorité religieuse et politique. Ce principe posé leur a permis d'attribuer au moyen âge une supériorité *organique*, comparativement au désordre des *époques critiques*, où toute vérité est mise en question, et de considérer les pertes éprouvées comme des phénomènes subalternes. Mais c'était là répudier les doctrines de liberté et d'autonomie, et perdre le droit de présenter la théorie du progrès comme démontrée par l'histoire, c'est-à-dire fondée sur l'expérience, indépendante de tout postulat moral. Le postulat moral de Comte, et les reproches si justifiables en apparence dont, à la suite des saint-simoniens, il accable le vice des civilisations libres qui ne savent pas mettre des vérités consacrées et des devoirs au-dessus de l'examen et de la critique nous suggèrent seulement cette réflexion : c'est qu'en effet, pour le penseur qui observe le phénomène social des controverses sans fin, sur toutes choses, entre tant de personnes ignorantes, et toutefois toutes légalement admises à faire valoir leurs opinions, — phénomène scandaleux qui caractérise les époques appelées *critiques* dans les écoles saint-simoniennes, — il est fort difficile de comprendre comment l'accord des intelligences pourrait jamais s'opérer spontanément. Faut-il donc chercher le moyen de faire taire les uns et de donner l'autorité aux paroles des autres ? Il n'y en a qu'un, c'est la crainte, c'est la force. Ce fut la méthode du moyen âge, et comme cette méthode n'a par elle-même ni la vertu d'être aux mains des plus dignes, ni celle d'assurer à jamais l'autorité dont elle est le soutien; la liberté demeure au fond incompressible, et les théories du progrès doivent compter avec elle.

Après tout, le nombre des personnes qui ont examiné ces théories et qui y ont puisé leurs opinions est extrêmement limité. La croyance au progrès naturel et nécessaire des sociétés modernes est entretenue par le prestige des progrès des sciences expérimentales et de leurs applications, surtout venant à la suite des vives espérances de marche ascendante de nos institutions libres et d'accroissement du bien-être populaire, éveillées par nos révolutions successives, en dépit des réactions. Mais le bien-être est chose relative, et le luxe augmente plus que ne diminue la misère, toujours grande et toujours plus sensible par l'effet du contraste. La science ne commande pas. Il n'existe aucun rapport entre l'ordre social, impliquant la justice et les mœurs, et l'ordre scientifique, dont les découvertes sont exclusivement instrumentales, prêtes à tout emploi, et fournissent indifféremment l'instrument du bien et du mal. Telles découvertes sont utiles ou agréables, sans qu'on puisse dire, autrement que par un très bas jugement des conditions du bonheur, qu'elles sont capables d'en donner. Telles autres vont à la destruction et à la mort; et la création ou le maniement des engins sont aussi une source d'assujettissements, de misères et d'accidents mortels. Au demeurant le progrès dans la connaissance et dans le maniement des forces naturelles est indubitable; il ne peut rien pour la justice, il s'emploie à merveille à la violer. Dans le champ des théories, l'esprit scientifique a si peu de puissance sur les esprits ordinaires et médiocrement savants, qu'il ne les préserve pas de tomber dans les plus sottes superstitions dites spiritistes, sous le prétexte de forces inconnues qui pourraient exister dans la nature, et produire les miracles dont ils se disent témoins. C'est le progrès de la déraison. Si c'est de mœurs qu'il s'agit, on parle volontiers de l'adoucissement des mœurs ; le terme est consacré, mais le fait est démenti par la marche actuelle de la criminalité et de certaines de ses causes (alcoolisme, abandon des enfants) ; par les fureurs et les crimes qui accompagnent nos guerres civiles et que les crimes célèbres des nations antiques ne surpassaient pas ; par l'ardeur du public à se porter aux spectacles cruels ou honteux ; par le goût qui encourage la littérature pornographique, ou même *sadique et satanique*; par les actes des Européens dans les contrées incivilisées où ils ne se sentent pas exposés à l'application des lois positives. Il est clair, à considérer ces diverses classes de faits, que les honnêtes gens qui n'en sont pas responsables, — beaucoup le sont un peu cependant, qui n'y pensent point, — confondent avec la réalité des choses un certain idéal du progrès qui s'est formé sous l'influence de la croyance même du progrès, et à la suite des tentatives qui, depuis la Révolution, ont été faites, ou le sont de temps à autre, pour la justifier. Mais quand viendra le jour où les plus optimistes auront à se rendre compte des conditions fatales de l'esprit impérialiste, et de cette lutte des empires qui s'annonce visiblement aujourd'hui, comme pour constituer l'unité mondiale d'un gouvernement césarien, au lieu de la fédération universelle des nations libres que réclame la philosophie, les yeux se dessilleront et le vingtième siècle verra peut-être s'éteindre les derniers croyants du progrès naturel et spontané des sociétés humaines dans la direction de la justice et de la paix.

*

Semper eadem sed aliter, cette formule, résumé de l'histoire selon Schopenhauer, est fausse, s'il faut l'entendre en ce sens qu'il ne se créerait jamais rien de nouveau dans la conscience et la pensée humaines, ou dans les faits qu'elles engendrent ; que les phénomènes de surface seraient seuls changeants. Ce qui est vrai, c'est la loi de l'action et de la réaction dans l'application de la liberté humaine à toute conception, à toute institution. C'est donc le progrès par la liberté, ou c'est la décadence ; et cette loi, qui s'applique continuellement aux mille produits partiels de l'initiative et de l'imitation, dans tous les ordres d'activité où les hommes s'influencent mutuellement et produisent des œuvres communes, cette loi porte également sur les grandes phases de civilisation, de directions diverses, au cours desquelles les peuples naissent et périssent, comme périssent et naissent les individus dont la vie s'emploie à propager ou combattre les idées partielles, les œuvres partielles de chaque moment ; la plupart pour en recevoir seulement la marque et en suivre la coutume avec plus ou moins de probité, s'y conformant, ou l'altérant en bien ou en mal quelque peu. Corrigée de son vice capital, le déterminisme, interprétée par le libre arbitre, la formule de Schopenhauer est vraie : l'œuvre de la liberté, cette toile de Pénélope, les fondations et les ruines, c'est cela qui est toujours la même chose. L'humanité ne finit jamais rien, mais monte, descend et se relève en des gestes variés, ou s'endort, selon les stations où la paix et la guerre conduisent ses membres dispersés. Elle n'a point, sur la terre, une fin pour elle-même, mais seulement pour les individus dont l'éducation est à sa charge.

La discontinuité est le point essentiel à reconnaître dans la succession des phases historiques de la partie de l'humanité la plus muable. Il y a *des lois*, il n'y a pas *une loi* de l'histoire. La liberté le veut ainsi, dont la doctrine de la continuité des phénomènes est une négation, et ce n'est pas le progrès, qui est vrai, mais la possibilité du progrès, comme de la rétrogradation, ici ou là, selon les sujets du changement, et les lieux, les nations et les hommes. On peut en juger, à chaque époque, en observant l'état des sentiments, des idées et des tendances, en un milieu social donné, et les rapportant à des normes morales. Le jugement de l'avenir est incertain, s'il s'applique aux moments critiques de la vie d'une nation. S'il s'agit de savoir ce qu'on peut attendre d'un peuple, indépendamment des circonstances dans lesquelles on le supposerait placé, deux caractères moraux dominent toute autre considération et nous placent aux pôles opposés du génie et de l'habitude, en ce qui touche l'état présent des races humaines. Il n'y a rien à dire des races inférieures, que l'infirmité intellectuelle et l'inconsistance de l'imagination, chez l'individu, ont rendues incapables d'élever leurs infimes sociétés jusqu'à l'État et même jusqu'à la Religion, si ce n'est qu'elles paraissent vouées fatalement à l'exploitation, — c'est le seul mot que l'expérience autorise, — de la part des races supérieures. Mais les grands peuples dont l'histoire remonte à l'origine des civilisations, et qui ont traversé les âges en qualité d'États, avec des religions, se divisent en deux branches d'esprit et de mœurs profondément opposés. Les uns, qui forment la majorité des habitants du globe, croupissent, depuis bien des siècles, dans l'état déchu que caractérise la descente des sentiments originaux d'où procédèrent autrefois leurs créations sociales et leurs croyances dogmatiques, aux basses superstitions et à l'immobile coutume, dans l'impuissance de régénérer leurs anciennes conceptions de la vie ou de s'en former d'autres. Leur faible rationalité ne permet pas à leur conscience de se fixer par elle-même sur les principes du droit, et le pouvoir absolu des chefs leur est imposé. Les progrès d'ordre matériel qui dépendent des connaissances scientifiques et de l'activité de l'esprit leur ayant été refusés, les peuples du caractère opposé, qui ont accompli ces progrès, se sentent appelés à leur faire la loi autant qu'ils en ont la puissance, et que leurs rivalités mutuelles et l'importance des masses populaires à remuer n'y mettront pas empêchement.

Ces derniers sont les descendants des races libres passées du continent asiatique en Europe, et dont les classes dirigeantes ont toutes possédé, ou reçu et transmis la culture hellénique et latine, c'est-à-dire le don des applications de la raison à la science, à l'art, à la loi et au gouvernement. Leur sentiment dominant est celui de la personnalité et de la justice, ils s'y confient dans les ordres abstraits de la pensée, et ils possèdent aussi l'activité d'esprit qui les porte à la réalisation politique de leur idéal. Mais la contradiction interne de leur nature déchue est l'infirmité qui les arrête toujours à un certain point dans la voie du progrès et leur défend l'approche des fins de la loi morale.

*

L'humanité semble parvenue à une époque décisive de sa carrière ; elle contemple pour la première fois les limites de son domaine collectif, prend la conscience de la possession et de l'administration de la terre. L'empire romain devait nécessairement songer à la défense des frontières de l'Empire, et c'était la guerre. Au dedans, c'était la *paix romaine*. Cette paix n'était elle-même qu'une illusion, l'Empire n'existant pas à proprement parler comme maître et sûr de lui-même, avec ses Césars, dont chaque succession amenait le risque et souvent les horreurs d'une guerre civile et ouvrait les chances entre des gouvernements de hasard. La perspective n'est pas, au fond, bien différente quand on se représente un petit nombre d'empires en état de défense vis-à-vis les uns des autres, toujours à la veille d'une guerre entre eux, menacés, à l'intérieur, de divisions et de scissions possibles, soit d'intérêt, soit d'ordre politique, et chargés en outre du gouvernement des races assujetties, qu'ils doivent nécessairement se disputer. Les passions humaines demeurent les mêmes, le mirage de l'unité, de la fédération universelle et de la paix perpétuelle les fait oublier. On est charmé par la vision du globe intégral, administré, exploité dans l'intérêt humain unifié. On s'en remet d'ailleurs au progrès qui ne peut faillir, et on compte sur les découvertes de la science. C'est une séduction de la raison théorique, dont un vain optimisme est le fruit, l'énergie pratique ne l'accompagnant pas. En regard de l'optimisme régnant, la nécessité de la conservation de soi se fait sentir invinciblement à chaque nation, et elles rivalisent d'ardeur à se mettre sur le pied militaire antique des cités où le citoyen était essentiellement le guerrier. Les mœurs publiques et privées en souffrent, parce que l'éducation militaire n'est pas ce qu'elle était dans l'antiquité pour l'homme libre, mais un odieux et brutal esclavage, et une école de brutalité ; et le revenu net du travail du peuple, le bien-être des hommes sont partout sacrifiés à des œuvres de destruction ou servent à les préparer.

Quelles que puissent être l'explosion prochaine, que l'on craint, ou les atermoiements d'une situation si critique des nations armées, il est manifeste que l'équilibre instable actuel ne peut que faire place, en se rompant par la guerre, à un nouveau système d'équilibre analogue aux anciens ; car de supposer qu'un congrès général des nations trouverait cette fois la solution ferme et durable de tous les problèmes sociaux et politiques du monde actuel, c'est ce qui ne comporte aucun calcul de probabilité sérieux. Le règne empirique éternel des guerres succédant aux traités de paix, comme les traités aux guerres, doit se prolonger aussi longtemps que toutes les questions ne seront pas résolues à la satisfaction de tous les peuples et de tous les partis, ou encore les hommes assez changés pour aimer mieux souffrir que recourir à la force pour se faire rendre justice. Ou bien croirait-on plus volontiers qu'un jour viendra où leurs jugements sur les droits d'autrui et les leurs seront invariables et sûrs ?

En présence du problème des fins de l'histoire, tel qu'il se présente aujourd'hui, le philosophe doit se transporter par la pensée à l'époque où le choc et le mélange des anciennes nations et des empires européens, les actions et les réactions des races, des langues et des religions auront conduit le monde social et politique à un certain état sur lequel on puisse asseoir un jugement plus fixe qu'on ne le peut au milieu de l'anarchie actuelle. La question est alors de savoir laquelle est la plus probable des hypothèses à faire sur les relations mutuelles des nations à cette époque future et très éloignée : La résultante des intérêts, des passions et des idées sera-t-elle l'unité, avec des diversités nécessaires mais réglées par la raison, ce qui exige aussi que la constitution de chaque État soit conforme à la même loi morale qui formera et maintiendra l'unité de tous ; ou bien cette résultante ne pourra-t-elle être qu'empirique, et le monde ne formera-t-il jamais que le tout des divisions et des unités factices et variables, déterminées par d'autres mobiles que la raison et les affections sympathiques ? Nous excluons une troisième hypothèse, celle de l'unité obtenue et assurée par la force, sous une autorité despotique ou aristocratique, parce qu'elle est contradictoire en elle-même. Des deux autres il n'y en a qu'une qui soit compatible avec le caractère humain de l'individu. Ce caractère est celui de l'homme en tout temps, dans la famille, dans le clan, dans la tribu, dans la nation et dans toute alliance de nations.

*

Il ne nous reste plus qu'à nous demander ce que peut être l'individu, dans cette conception indéterminée d'une humanité dont l'unité matérielle, qui est indéfinie, et l'unité morale échappent également à nos prises. La personne y est tout, ou n'y est rien, selon qu'elle a elle-même une fin, ou qu'elle n'en a aucune. Mais si elle n'en a aucune, comment celle de l'humanité terrestre conserverait-elle un intérêt ? pour qui ?

L'homme, l'individu, qui de tous les temps et de tous les lieux de la terre n'a qu'un point et un moment à lui, instable et fugitif, s'il ne croit pas à sa vie immortelle, dont sa vie présente ne serait qu'une brève apparition ; l'homme jugeant rationnellement de l'être de l'humanité en corps, c'est-à-dire la tenant pour une pure collection, et n'attachant pas plus d'importance à l'être individuel, son semblable, qu'à lui-même qui n'est qu'une ride vite effacée sur l'océan de l'existence, l'homme devrait traiter d'illusion et de faiblesse d'esprit l'idéal du soi-disant amour qu'on réclame de lui pour l'être collectif. Qu'est-elle, en somme, cette humanité qui, individu par individu, va se perdant dans le rien ? et qu'est-ce qu'une espérance en un avenir de bonheur pour cet être sans unité réelle, ni permanence comme sujet pour soi, auquel l'individu aurait à se sacrifier. Cet idéal de félicité est une illusion bâtie sur une autre illusion.

C'est dans l'individu, par la conscience, par la connaissance et par l'amour, que se réalisent tout être et tout bien, et que peut se réaliser le bonheur, avec les conditions morales nécessaires pour y parvenir. Le collectif n'est que par l'individu et l'association. Si nous croyons que l'individu, membre d'un corps d'humanité réel qui est, en principe et dans sa fin, une société réelle, que cet individu n'est sur la terre qu'un passant, venant d'autre part, et d'un lieu où il retournera après avoir tiré de ce monde malheureux ce qu'il contient pour son instruction et son perfectionnement, si nous croyons cela, nous devons penser ce que, d'un point de vue analogue, écrivait il y a dix-huit cents ans un apôtre d'une religion nouvelle, alors occupée à l'élaboration de son dogme :

Οὐ γὰρ ἔχομεν ὧδε μένουσαν πόλιν, ἀλλὰ
τὴν μέλλουσαν ἐπιζητοῦμεν.

TROISIÈME PARTIE

L'ESCHATOLOGIE DU PERSONNALISME

CHAPITRE XIX

DE LA RESTAURATION FINALE DE LA PERSONNE ET DE LA SOCIÉTÉ

Ce n'est pas seulement l'inégalité des chances dans le cours de la vie, indépendamment des mérites que l'individu peut s'acquérir, c'est aussi l'inégalité première, provenant de la loi naturelle des naissances, qui était devenue matière à scandale pour l'Israélite pieux, de tout temps pénétré de la croyance en Jéhovah comme auteur du bien et du mal de chacun, depuis que les docteurs avaient commencé à discuter la question de la justice de Dieu. La légende de l'aveugle-né, dans l'évangile joannique, soulève la difficulté, et Jésus, qui ne dogmatise point, l'élude. L'Église en a enseigné, au fond, et non pas seulement dans une de ses sectes, la solution odieuse du prédéterminisme *supralapsaire*. Nulle doctrine ne saurait *justifier* le Créateur, si elle ne nous fait comprendre que tous les hommes puissent être punis *justement* dans cette vie mortelle, et punis *également*, en dépit des apparences. C'est le résultat atteint par notre théorie, d'après laquelle la vie actuelle de chaque personne n'est que l'une des vies que réclame le travail de sa reconstitution morale après la chute. Elles équivalent, par l'effet de leur réunion, à une vie unique, semée des accidents, des épreuves et des enseignements de toutes les sortes, dont la nature bouleversée et la société déchue peuvent composer les lots les plus divers des individus, à raison de leurs qualités et circonstances natales. La vie terrestre et intégrale, envisagée sous ce jour, est une éducation poursuivie sous toutes les conditions possibles, en un monde où le bien est enseigné par l'expérience du mal.

L'idée morale de la punition n'est autre chose que l'affirmation de cette vérité : que le mal moral engendre le mal, et se guérit en prenant conscience de sa nature, en son origine et dans ses effets. C'est pourquoi la punition, dans l'ordre universel, est infligée par une loi naturelle, encore qu'émanée d'un créateur, et non par la sentence d'un juge. C'est seulement dans une société déchue, fondamentalement vicieuse, par conséquent, que le bien peut être cherché et obtenu hypothétiquement par le mal, par des peines infligées, qui sont des maux expressément voulus. Le principe de la *loi de crainte*, la crainte employée comme instrument de prévention du délit, n'est autre chose que le mal préparé et organisé pour la punition de l'autre mal qui est le délit. En vertu de cette loi, l'homme élevé dans une famille, gouverné par une coutume, enchaîné dans une société de contrainte, dans un État, est destiné à s'instruire des nécessités, des périls et des peines de ce monde de privations et de devoirs, où il renaît après la chute du monde de liberté, et à poursuivre, à travers mille embûches, ce qui se peut trouver dans l'amour de joies et de douleurs.

La théologie du christianisme a rendu la doctrine de la solidarité du mal moral odieuse en donnant une confirmation de théorie à l'injustice apparente du fait irrécusable. Le dogme du jugement dernier est lui-même inadmissible en sa simplicité, en cette vue eschatologique (trop naïvement amendée par la fiction d'un *purgatoire*) où l'épreuve d'une vie terrestre unique est mise en correspondance avec la perfection de la personne primitive et finale. Au point de vue physiologique de l'immortalité, toute théorie est sujette à la difficulté créée par la superfluité des germes, en grande partie voués à la destruction, là où la conservation et la destinée garantie d'une seule monade suffirait, comme suffit la *substance spirituelle* dans la commune imagination de l'*immortalité de l'âme*. Et comment expliquer l'existence, outre celle des germes non fécondés, de cette multitude d'avortons physiques ou moraux, et d'individus tellement misérables, ou sacrifiés dès l'enfance, que leur vie ne saurait être raisonnablement chargée d'aucune responsabilité personnelle, ni compter pour une épreuve au regard d'une vie future à gagner ou à perdre sous le poids commun du vice de l'espèce ?

Dans notre hypothèse de la pluralité des individus afférents à une personnalité identique en son premier et dernier fondement, appelés à reconstituer l'unité de cette personne après avoir été solidarisés avec leurs semblables, à travers toutes les conditions et sous toutes les influences, chaque vie particlle de la même personne entre comme coefficient dans cette reconstitution finale, selon la nature et l'importance des épreuves subies et de l'enseignement apporté. S'il en est, de ces vies, qui peuvent être comptées pour nulles dans le résultat, ce ne sont, d'après l'hypothèse, que des puissances mortes, des éléments germinatifs en nombre indéterminé, demeurés à l'état potentiel sans détriment pour la personne à laquelle ils se rapportent.

De même que, pour rendre accessible à l'imagination la réviviscence de la personne primitive en des individus temporairement séparés de son essence unique, il a fallu, dans l'hypothèse, supposer des éléments germinatifs multiples qui restent, par leur origine et pour leur fin dernière, organiquement attachés à cette personne ; de même, il faudrait maintenant, semble-t-il, pour la période du retour, imaginer que les individus terrestres laissent après leur mort des résidus indécomposables de leurs organismes, corps infinitésimaux, aptes à reconstituer par leurs assemblages l'organisme de la personne finale. Mais l'imagination, d'ordinaire employée à faciliter l'effort de la conception, trouve trop difficile, en ce cas, la tâche qu'on lui demanderait, parce que la fonction imaginative a coutume de s'appuyer sur l'expérience, et non de la précéder ; nous devons donc regarder à la nature de notre conception, et réfléchir à l'état de choses où nous puisons le droit de créer des relations pour satisfaire les besoins supérieurs de notre esprit.

Nous n'avons ni l'explication, ni la moindre intelligence des moyens par lesquels il se fait que d'un nombre immense d'organes élémentaires, harmoniquement unis pour en constituer de plus complexes et de fortement centralisés, qui, à leur tour, synthétisent leurs fonctions pour correspondre à la fonction d'une conscience, — alors que, si nulle conscience n'existait, nuls corps non plus ne pourraient être représentés dans l'existence ; — que d'un tel agencement, disons-nous, dont toute raison nous échappe, et dont nous ne comprenons que les fins, il résulte un corps humain et un esprit humain, les choses du monde les plus faciles à imaginer parce que nous en tenons les idées de l'expérience. Rien donc n'est si simple pour la pure intelligence qu'une hypothèse dont l'objet est de lui soumettre la possibilité d'une combinaison du même genre, qui serait obtenue par des moyens de la même nature, pour atteindre un résultat semblable, quoique supérieur. Ces combinaisons ne sont jamais, pour une monadologie, que des composés de monades, et la loi des composés de monades, du petit au grand, est l'harmonie préétablie, unique expression intelligible des causes physiques.)

Une durée comparable à celle du système actuel de la nature n'est sans doute pas exigée pour la période pendant laquelle doivent se constituer les organismes synthétiques destinés à unir les mémoires des individus dont les vies auront composé les carrières terrestres des personnes déchues. On conçoit cependant qu'une révolution cosmique doit être nécessaire pour apporter les moyens de la nouvelle distribution des organismes. Notre hypothèse générale sur l'état des forces naturelles dans le monde primitif, état qui doit être restauré pour le règne des fins, et rendre à l'homme sa puissance sur la nature, exige de son côté l'entière transformation du système solaire et une distribution harmonique de la pesanteur et des actions vibratoires, qui doivent être placées sous le gouvernement de la volonté (XIV).

Les vues qui ont été proposées de notre temps sur un progrès de l'humanité qui, indépendant de tout changement dans les conditions physiques du globe et dans le caractère humain, gratifierait l'homme de l'empire sur les éléments et lui assurerait la paix dans la justice et le bonheur, sont contredites par le spectacle de l'univers. La constitution des choses et celle des passions et des caractères sont visiblement vicieuses. Elle doivent changer, ou la douleur n'aura pas de fin. Les espérances des utopistes *terriens* sont celles d'hommes non pas qui, dans l'ardeur du sentiment portent trop haut leurs espérances, mais bien qui n'atteignent pas à la profondeur de sentiment voulue pour y trouver la source du concept de la vraie vie, dans sa perfection et dans sa plénitude.

*

Il y a donc quelque chose de plus à supposer que d'incertaines phases d'existence sur d'autres globes après celui-ci, comme quelques-uns en imaginent, ou sans fin, ou bien en vue de prolonger des épreuves qui, subies sous des conditions analogues aux conditions actuelles, ne présenteraient pas de meilleures garanties pour aboutir à l'amendement du caractère humain. L'hypothèse ne remédierait pas au principal vice inhérent à la commune doctrine théologique du *jugement dernier*. La difficulté provient de l'épreuve incomplète, ou de l'insuffisante préparation de l'âme sortant de ce monde, pour motiver un jugement de vie ou de mort à porter sur elle. Soit, en effet, qu'on admît cette doctrine, ou quelque théorie équivalente à cet égard, soit que l'on adoptât l'opinion de l'*immortalité conditionnelle,* assez répugnante en elle-même, mais qui débarrasse, si le mot est permis, le problème de la destinée d'un poids incommode, le sort des *méchants impénitents* à définir, on est toujours en peine de comprendre quel signe assez décisif pourrait permettre de juger si un homme né et élevé dans un monde pareil au nôtre est, quand il le quitte en mourant, capable ou incapable de donner en sa personne un digne membre à la société des justes, dans le *règne des fins*, ou s'il n'est pas plutôt resté simplement ce qu'il était : l'homme qui peut user de sa liberté pour le mal comme pour le bien. Est-il permis à quelque hypothèse de diminuer la formidable difficulté d'un tel problème, qui n'atteint le dernier fond de l'être moral que pour le voir en suspens ? Celle-là du moins peut, plus que d'autres, approcher d'y réussir, qui ne permet à l'homme de quitter le séjour terrestre qu'après y avoir traversé, connu toutes les conditions, et désiré le bien, ressenti le mal en toutes ses espèces, et dans toute sa profondeur en chacune, jusqu'à devenir, par la réunion des diverses déterminations de son individualité, l'homme plein de l'expérience de l'humanité entière, et virtuellement pénétré de cette vérité : que l'injustice est le chemin de la mort, que la justice est la vie.

Elle doit être, cette vérité, une illumination soudaine dans l'acte du souvenir collectif donné à la réelle unité de la personne restaurée, de ses vies successives, de ses sentiments et de ses volontés passées, de ses joies et de ses peines, de ses erreurs, des fins diverses qu'elle s'est proposées et qu'elle a rarement ou vainement atteintes, et de celles des autres hommes, également manquées, dont il voit maintenant l'unique et définitive. Le théâtre d'une telle révélation ne peut être qu'un monde différent du nôtre, et dont la possibilité ne se conçoit bien qu'après la ruine de celui-ci, c'est-à-dire après le retour de notre système à l'état nébuleux, que toutes les conjectures astronomiques rendent d'ailleurs probable. Les phases nécessaires d'une nouvelle création, fin et accomplissement de la création proprement dite, échappent à toute spéculation actuellement possible, mais dont les moyens, impénétrables pour nous, ne le sauraient être plus que le sont demeurés ceux auxquels nous devons les formes de la vie et de la pensée, développées depuis des milliers d'années sur la terre. C'est donc à notre hypothèse que nous demandons de nous représenter le monde des fins comme une restitution des lois physiques primitives, des relations normales des forces naturelles, de leur adaptation aux fins humaines et de leur caractère maniable pour le gouvernement de la nature, que l'homme a perdu par sa déchéance.

La nature morale primitive de l'homme est restaurée par l'éducation intégrale qui est la résultante des vies multiples, sauf en ce point que l'expérience du bien et du mal et l'intelligence du devoir ont transformé la primitive spontanéité d'innocence en science inaltérable du bien et vertu indéfectible. La doctrine du jugement des morts est inutile, tant sous sa forme chrétienne, inapplicable, incompréhensible, que sous la forme brahmanique qui établit, entre deux vies successives, un rapport de peine ou de récompense. L'ordre établi par la création s'applique; Dieu n'a pas à intervenir dans les lois qu'il a instituées. C'est l'action de la loi elle-même qui détermine à la fois, par la suite des vies, le jugement total et la correction finale.

*

L'hypothèse métaphysique, en ce qui concerne la nouvelle monadologie et son application au concept de la conservation et de la réviviscence des germes, est la loi par laquelle doit s'opérer l'intégration, en un seul organisme enfermant sa monade dominante unique, de toutes les puissances qui, dans le cours du développement de l'espèce humaine, ont été réparties entre des enveloppes séminales, ou éléments germinatifs, et ont obtenu leurs développements. C'est l'arcane de toute vie mentale à mettre en rapport avec des lois physiques, pour tout philosophe exempt des illusions matérialistes, s'il n'a recours à la loi de l'harmonie préétablie, unique explication rationnelle de la causalité et de son rapport avec des fins.

La causalité et la finalité sont des lois indissolublement liées en principe, comme dans le monde empirique, d'ailleurs. Il n'y a des causes que pour des fins, et la relation des unes aux autres, considérée en général, est l'harmonie préétablie elle-même. La doctrine opposée est celle qui voit dans le monde un développement spontané, éternel, infini, d'une matière incessamment transformable de phénomènes continus et continuellement déterminés les uns par les autres. Mais le terme de *cause* est un pur mot, pour cette doctrine, non seulement s'il s'agit de la cause première; mais encore des causes considérées dans le cours des phénomènes qui se suivent inséparablement ; car la relation de causalité, non plus que de finalité ne s'y peut distinguer de la relation mathématique de l'antécédent au conséquent, fonction nécessaire enveloppant l'ordre entier des phénomènes successifs.

Notre hypothèse ne peut donc que nous transporter, sans autre justification, à la fin que la doctrine de la création, la cosmogonie et la théorie morale de la terre présupposent : à l'époque de l'achèvement de la création seconde, et au moment où l'homme, reconstitué par l'intégration des vies divisées de son existence individuelle terrestre, doit s'initier à la connaissance du monde nouveau et des lois de la vie sociale nouvelle. C'est peut-être en imaginant, *mutatis mutandis*, quelque chose de semblable au développement, physique et intellectuel à la fois, dont nous voyons se succéder les phases en rapport avec les âges de la vie, chez l'homme actuel, que nous pouvons nous représenter le moins imparfaitement l'accès progressif de l'homme aux fins de l'intelligence, à la possession, à la direction de la nature, son domaine ; car il faut sans doute que les naissances se produisent physiologiquement, et suivant un certain ordre du temps, pour effectuer le transport des monades dominantes des anciens organismes de vie évolutive, aux formes organiques qui conviennent à la vie immortelle; et des fonctions vitales, esclaves des forces naturelles, à celles que la volonté administre en pleine connaissance de leurs relations normales.

En supposant que les personnes qui appartinrent au monde primitif n'entrent que progressivement, suivant un ordre préordonné, dans le monde où de nouvelles lois physiologiques les introduisent, les liens sociaux de hiérarchie et de fraternité à la fois, différents de ceux de l'ordre familial et de l'ordre civil, ou de contrainte, de la vie humaine antérieure, devront s'étendre progressivement aussi jusqu'à la prise de possession entière de l'administration du Cosmos par l'humanité restaurée. La double organisation, définitivement obtenue, sera le terme de l'éducation de l'homme.

Ainsi, au cours du rétablissement de la société universelle de ces hommes immortels, quels que soient les modes, actuellement imprévoyables, de leur naissance et de leur intégration organique, en harmonie avec les lois du monde parfait, ils viendront au jour pour se reconnaître en retrouvant la mémoire de leurs vies passées, de leurs relations, des événements, et de l'histoire de la Terre et des Terriens, tous ceux qui ont été liés par le sang, l'amitié, les idées et croyances communes, ou contraires, la paix ou la guerre. Cette révélation par le souvenir et cette reconnaissance sont l'entrée du *ciel*, avec la contemplation des beautés des *nouveaux cieux* et de la *nouvelle terre*, avec la libre expansion de la vie, le sûr maniement des forces dont les hommes n'avaient possédé depuis la chute qu'une connaissance superficielle, en partie douloureusement acquise, et l'usage toujours restreint et pénible. Voilà le ciel physique, mais le ciel du cœur est au-dessus : nous sommes moins capables d'en prendre directement l'idée que d'en approcher le sentiment par voie de contraste, en songeant aux amours aveugles, inconstantes ou troublées dont l'antagonisme des sexes et l'anarchie des relations sexuelles sont la cause en notre monde, et à nos vagues désirs, à nos volontés ignorantes, à nos fins manquées, où que toujours tranche la mort, à l'impuissance de la personne mortelle de régir pour le bien son entourage et ses relations, et enfin, ce qui est le fond de tout, de se régir elle-même et de se satisfaire.

*

Le résultat de ses vies terrestres, pour cette personne humaine, la préparation qu'elle en aura reçue pour la vie dans le monde des fins, n'est autre chose que cette connaissance du bien et du mal dont l'écrivain biblique a eu sans doute le sentiment, par opposition à l'idéal de l'innocence qu'il croyait être le bonheur. Cette connaissance, selon notre hypothèse, ce sera l'expérience multiple acquise par chacun de ceux qui, tous, ont, sur la terre, souffert et fait souffrir. Ils reconnaîtront, grâce à elle, que *la victime et le bourreau sont le même homme*, ainsi que nous l'a dit Schopenhauer : non pas, comme le pensait ce philosophe, que toutes les personnes ne soient qu'une seule volonté, une conscience unique, dont l'illusion serait le monde ; mais parce que chaque personne a été fatalement tour à tour le bourreau et la victime. Ils comprendront qu'il n'a pu en être autrement, dans ce monde qu'ils ont fait, et dont ils sont responsables, où la loi de solidarité fait de la recherche du bien de l'un, à travers le mal de l'autre, une œuvre nécessairement néfaste pour le bien commun, et vaine pour chacun. Car il se condamne, par son injustice, au partage de la douleur, nécessairement multipliée par les réactions passionnelles dont chaque injustice individuelle est la source, et dont la forme de la société déchue dépend. L'établissement de l'ordre civil, avec la loi de contrainte, en est la suite inévitable. La conviction de la loi morale sous cet aspect pratique doit s'inscrire ineffaçablement dans la conscience de l'homme que nous supposons avoir traversé les vies d'épreuve et connu toutes les péripéties de la vie individuelle et de l'histoire des nations. Il pourra désormais accomplir le devoir sans l'opposer à la passion, et goûter le bonheur, sans que l'attrait puisse devenir pour lui un principe de déchéance. Il sera l'agent de la loi de Dieu, comme ce Messie, « assis à sa droite », que les Prophètes ont imaginé, par qui et pour qui le monde a été créé, et qui devait le gouverner à la fin des jours. Seulement ce Messie est l'humanité elle-même en sa multiplicité des personnes, à la fois, et son unité de volonté.

Le nom de la loi de Dieu est la justice. Elle fut donnée à la société initiale, cette loi, comme la forme du gouvernement de l'homme et du monde par l'homme (autonomie, cosmonomie) ; elle a été perdue par l'injustice des hommes ; elle est prédestinée pour le retour des hommes sous l'autonomie de leur constitution primitive, à l'issue du monde de la chute. Ce dernier, le nôtre, est le monde de la guerre universelle, du sentiment du bien et de l'impuissance du bien, de l'ordre incohérent des forces génératrices, et de leurs développements imparfaits sous l'empire de la mort. Notre *Monadologie*[1] avait pour sujet, après la définition de l'être et du monde, après la création du monde comme parfait, l'explication du rapport de la perfection à la chute, de la chute à la perfection retrouvée et confirmée. C'était l'histoire de la monade supérieure, de la monade humaine, à conduire jusqu'à sa fin providentielle ; le drame de l'humanité à rattacher à l'histoire de la nature ; et c'était la démonstration de la justice de Dieu par l'exposition d'un plan qui pût concilier la bonté et la beauté de l'univers avec l'intelligence et la liberté de la personne, sujet de toute connaissance, fin de toute spéculation.

*

[1]. Ce passage est extrait de la *Nouvelle monadologie* par Ch. Renouvier et L. Prat (libr. Armand Colin 1899), ouvrage auquel nous prions le lecteur de se reporter pour le développement de celles de nos vues qui concernent spécialement les parties morales du problème de la théodicée, et, en général, la métaphysique et la psychologie du monadisme. Il y trouvera une théorie différente de celle que nous exposons ici sur la relation générale des vies humaines terrestres avec le corps souffrant de l'humanité, d'un côté, avec l'humanité future, ou restaurée, de l'autre, et sur la conservation et la destinée des germes dont la puissance de développement assure la permanence des personnes à travers les âges de la création. On voudra bien considérer que cette importante variante de notre hypothèse n'est pas pour nous une contradiction. Nous ne dogmatisons pas ; nous cherchons à comprendre. Notre objet réel, dans l'audace de nos conjectures, est de mettre en lumière de hautes possibilités ; la portée de nos arguments, serait de familiariser le lecteur avec cette conclusion : que la véritable explication du monde, si elle n'est celle que nous proposons, pourrait bien en être une autre, moralement peu différente, ou qu'il faut chercher dans le même esprit. Nous mettons notre hypothèse sous la protection d'une pensée, éminemment philosophique et *libérale*, exprimée par Platon en son *Timée*, qui nous ouvre l'intelligence du dessein qu'il avait en l'écrivant, et qui est la clé de sa méthode en quelques autres parties de ses ouvrages. C'est celle qui sert d'épigraphe au nôtre ; nous y revenons pour le conclure.

La philosophie, c'est-à-dire la raison analysée et synthétisée dans une conscience, avait seule à nous fournir les éléments de notre composition. Une religion demande autre chose. Une religion a besoin, pour la vérité qu'elle annonce, d'une tradition et d'une révélation. Le christianisme, qui parallèlement aux principes de la civilisation rationnelle et de la philosophie, héritage de l'hellénisme, gouverne en grande partie l'âme des nations occidentales, beaucoup moins éloignées que les autres de la connaissance de la loi morale, le christianisme recourt à la grâce de Dieu pour suppléer à la justice, dont il déclare l'homme incapable par soi. Il y a un domaine de mystère et de foi, auquel la philosophie doit rester étrangère. Nous sommes loin de réclamer, pour la doctrine que nous exposons, les qualités d'une religion, mais nous pensons qu'elle peut se donner pour une philosophie de la religion en général, philosophie moralement ainsi que logiquement supérieure, dans les matières qu'elle traite, à la religion quelle qu'elle puisse être. Car la loi morale et les croyances d'ordre rationnel et universel, que cette loi elle-même confirme, revendiquent la prééminence et le droit de contrôle sur tout ce qu'une théologie spéculative emprunte nécessairement à la raison pour l'explication logique de ses points de foi proprement religieuse. Les continuels essais de « conciliation » d'une certaine foi et de la raison ont été l'aveu implicite de leur discordance. La théologie scolastique, qui s'impose encore, abusivement, à la foi chrétienne, s'est tristement éloignée de la justice en sa doctrine de la Providence, et n'a su se donner ni unité ni méthode, en cette philosophie prétendue aristotélique qu'elle a compilée et mutilée, pour la réduire à n'être que sa *servante*. Le christianisme pourrait, sans abandonner pour cela l'idée messianique, où réside sa réelle et primitive essence, trouver dans une théodicée rationnelle, à la fois éloignée des errements du froid optimisme philosophique, et affranchie des contradictions mythologiques de la théologie orthodoxe, une ressource dont l'Église devrait mieux sentir le besoin pour remédier à la caducité de ses dogmes et rendre la vie à son enseignement.

Mais la hardiesse des vues, pourtant nécessaire en métaphysique, est sujette à un grave inconvénient. Quel ne serait pas, en effet, la stupéfaction du public si, dans la supposition où l'œuvre des Pères de l'Église, des conciles œcuméniques et des docteurs scolastiques serait effacée de l'histoire, un penseur qu'on aurait cru jusque-là sérieux venait inviter ses contemporains à croire qu'un dieu a été crucifié sur la terre, dont le père, auquel il est *consubstantiel*, est demeuré au ciel et n'a point souffert; que ces deux dieux, avec un troisième, sont le créateur du ciel et de la terre; que le dieu fils a été *fait homme*, et que son corps est contenu tout entier, vivant et matériel, dans chaque fragment d'un pain multipliable à volonté, qui garde les apparences du pain, mais qui a été *transubstantié* par des paroles sacramentelles; que tous les hommes naissent coupables de la faute de leur premier père, et sont condamnés à des peines éternelles, à moins qu'ils ne reçoivent un baptême qui efface le péché dans l'âme de l'enfant; et que le prêtre a le pouvoir d'opérer ces merveilles! Il est à craindre que nos thèses sur Dieu, l'homme et sa destinée ne paraissent pas moins extraordinaires, à une époque telle que la nôtre, où l'idée de l'immortalité semble avoir son dernier asile dans l'Église, que le paraîtraient les articles du catéchisme que nous venons de rappeler, si quelqu'un en produisait aujourd'hui pour la première fois les formules. Mais ces dernières sont une vieille monnaie de croyance dont l'usure a rendu les aspérités insensibles. Nous demandons pour nos extravagances, s'il plaît à la routine religieuse de les nommer ainsi, — quoiqu'elles puissent défier l'accusation d'irrationalité, ce que ne peuvent pas les siennes, — un peu de l'indulgence que l'habitude et la tradition portent les incrédules à montrer pour les absurdités des dogmes consacrés.

Nous disons *extravagances* ; mais si ce mot pouvait être pris dans son sens propre et matériel, ne s'appliquerait-il pas légitimement et sans reproche à la méthode d'investigation des vérités qui échappent logiquement aux prises de l'expérience, bien plus, qui doivent embrasser l'*explication de l'expérience*, à moins qu'il n'y en ait aucune de possible ? L'hypothèse, sans autres contrôles que la logique et la morale, est alors la ressource unique du philosophe. Il a le droit, s'il est en règle avec les formes de la raison pure, de proposer comme vraisemblables des thèses sur l'origine et la nature de notre monde, conformes aux lois de son entendement et à son sentiment de la vie. Il peut dire, avec le *Timée* de Platon, dans le style d'un vieux traducteur, qui nous plaît fort :

« Si, ô Socratès, après tant d'autres qui ont parlé des dieux et de la création du monde, nous ne pouvons rendre raisons de ceste matière du tout certaines et assez perfettes, je vous prie ne vous en émerveiller, ains plus tost vous contenter si les trouvez autant probables que celles d'un autre, réputant que moy qui parle, et vous qui en jugerez, estes hommes, à fin qu'en trouvant mon propos vraysemblable, ne demandiez rien plus. »

ÉTUDE
SUR LA PERCEPTION EXTERNE
ET SUR LA FORCE

CHAPITRE PREMIER
LA PERCEPTION EXTERNE DANS LES DOCTRINES DU XVIIe SIÈCLE

La critique de la notion de *force* et l'analyse de la fonction mentale désignée sous le nom de *perception externe* sont des questions étroitement liées, parce qu'elles dépendent l'une et l'autre de l'interprétation donnée au principe de causalité, et que l'exemple capital de l'action des causes se trouve dans la communication du mouvement, avant tout dans l'action motrice de la volonté sur les organes, et dans l'action que, réciproquement, les organes, mus extérieurement, exercent sur les modes divers de la pensée.

Cette double action a été nommée par les philosophes du xviie siècle la *communication des substances*, parce que la méthode de Descartes établissait entre l'esprit, d'une part, — entendre, vouloir, imaginer, sentir, — et le corps, d'une autre part, — chose étendue, divisible, figurée et mobile, — une division, une séparation de nature, en termes tels, qu'il ne se pouvait trouver nulle manière de concevoir comment les modifications de l'une de ces substances seraient les causes des modifications de l'autre, et réciproquement. De là vint l'hypothèse des *causes occasion-nelles*. Dieu étant regardé comme la cause éminente de toutes choses, on pensa que, par son action de créateur, par l'acte d'une création incessamment continuée, Dieu opérait dans l'ordre des corps, dans l'étendue, les changements correspondant aux pensées et aux vouloirs que nous avons à leur sujet, et, dans nos âmes, les modes de sentir et de connaître qui s'y doivent produire à l'occasion des mouvements des corps.

Partis de cette conception générale, Malebranche et Leibniz, en deux doctrines différentes d'ailleurs, reportèrent en Dieu toute la causalité de la nature. Malebranche, pour sa doctrine, affecta la forme, quelque peu bizarre, de l'occasionalisme. Leibniz découvrit, pour la sienne, le système rationnel du parallélisme des deux ordres de modifications, et le substitua à l'inintelligible imagination vulgaire des actions réciproques de deux substances qui par définition n'ont rien de commun. Spinoza définit Dieu par l'idée d'une nature naturante, éternelle et nécessaire en ses modifications infinies, qui ne l'altèrent point en elle-même, et qui se distribuent en elle suivant deux lignes parallèles, dont l'une est un développement des modes de la pensée, et l'autre un développement des modes de l'étendue, sans que les causes des rapports et des successions des choses prennent jamais un autre sens que celui de l'indéfectible loi des liaisons nécessaires, c'est-à-dire prédéterminées de de chaque côté.

Nous pouvons dire, sans nous éloigner de la plus parfaite exactitude, que cette philosophie dogmatique du xviie siècle s'est arrêtée, chez ses grands représentants, dans les termes d'une formelle négation de ce qu'on a nommé la *perception externe*, toutes les fois que, depuis ce temps, on s'est posé la question de savoir comment l'homme prend connaissance des choses extérieures, et comment il peut obtenir la certitude de leur existence.

Et nous ajouterons que non seulement la perception était, selon ces philosophes, suggérée à l'esprit, sans que l'esprit subît une action réelle de la part des phénomènes extérieurs, mais encore que ceux des penseurs qui s'attachaient au souverain principe de la méthode de Descartes, dans l'explication du *Cogito ergo sum*, professaient que l'existence de l'esprit, immédiatement témoignée à soi, n'impliquait point l'existence réelle de la substance de l'étendue.

Malebranche n'était empêché que par un scrupule d'interprétation de la Bible de réduire, en sa doctrine, nos perceptions de l'ordre de l'étendue à la connaissance des rapports de cet ordre, laquelle nous est donnée par la vision de l'*étendue intelligible* en Dieu. Et il ne serait peut-être pas facile de découvrir ce qui se trouverait changé réellement dans l'*Éthique*, si Spinoza avait déclaré que les modes de l'atttribut divin de l'*Étendue* composent un simple système de formes représentatives, adaptées terme à terme, en la double série de la substance développée, aux modes de l'attribut divin de la *Pensée*, pour leur servir d'objets et de signes; et que c'est en cela seulement que leur réalité consiste, ajustée aux sensations de l'âme.

Enfin le génie de Leibniz envisagea les modes de la *Pensée*, non dans la nature du Dieu sans conscience de Spinoza, mais dans la création, œuvre d'un Dieu conscient. Élargissant en une mesure immense l'étroit parallélisme de deux substances, ou de deux attributs, jusqu'à l'harmonie d'une infinité de substances, les monades, il définit les perceptions de ces êtres de la nature comme leurs modifications propres, spontanées, toutes déterminées, par institution divine, en raison les unes des autres, en toutes choses et dans tous les temps, sans aucune action transitive du dehors au dedans de chacune. Leibniz dut en conséquence regarder les perceptions de rapports dans l'étendue comme des modes de penser réellement internes, externes comme fonctions représentatives seulement.

CHAPITRE II

LA PERCEPTION EXTERNE CHEZ LOCKE ET CHEZ CONDILLAC

Si Locke eût possédé de la philosophie du Continent une connaissance autre que sommaire et inexacte, son *Essai sur l'entendement*, qui marqua le début de la psychologie empirique, nous ferait l'effet d'un singulier recul sur les principes de philosophie première de l'école cartésienne : singulier, et inexplicable, parce que l'auteur n'apporta aucune vraie raison pour les réfuter, non plus qu'aucune thèse positive pour les remplacer. Il parla de l'âme sans la mieux définir en elle-même que par un caractère négatif, après quoi il ne laissa pas de lui rapporter des fonctions déterminées.

« Supposons qu'au commencement l'âme est ce qu'on appelle une *table rase*, vide de tous caractères, sans aucune idée quelle qu'elle soit. Comment vient-elle à recevoir les idées?... D'où puise-t-elle tous ces matériaux qui sont comme le fond de tous *ses* raisonnements et de toutes *ses* connaissances. A cela je réponds en un mot : De l'expérience... Les observations que *nous* faisons sur les objets extérieurs et sensibles, ou sur les opérations intérieures de *notre âme*, que nous apercevons et sur lesquelles *nous* réfléchissons nous-mêmes, fournissent à *notre esprit* les matériaux de toutes *ses pensées*. Ce sont là les deux sources d'où découlent toutes les idées que nous avons ou que nous pouvons avoir naturellement (*Essai*, l. II, ch. 1).

Nos observations sur les objets sensibles, les opérations de notre âme; notre aperception de ces opérations, enfin nos réflexions, ne peuvent être que des fonctions de cette même âme, table rase pourtant avant qu'elle fonctionne, et ce sont ces fonctions qui fournissent des matériaux à l'esprit, — à l'âme encore, apparemment, — pour ses pensées, pour ses idées. Ce petit galimatias logique est offert, pour la position de la question de l'*origine des idées*, au lecteur qui voudrait savoir ce que l'auteur entend par l'*âme*, l'*esprit*, ou le *moi*, sujet de ces idées. Ni dans l'hypothèse où ce sujet serait d'une nature spéciale, ni dans celle, — qu'on sait que Locke ne rejetait pas *a priori* — où ce sujet serait une matière douée par Dieu de la *propriété de penser*, on ne saurait comprendre qu'étant *table rase*, elle puisse « aussitôt qu'elle reçoit des idées par les sens, à son gré les répéter, les composer, les unir ensemble avec une variété infinie, et en faire toutes sortes de notions complexes ». Ce seraient des tablettes qui travailleraient d'elles-mêmes sur les notes éparses que certains agents y viendraient graver du dehors, et qui en feraient de savants ouvrages.

Mais de qui est le fond de cette critique? De Condillac[1]. A l'en croire, « si Locke eût pu prendre sur lui de recommencer son ouvrage, on a lieu de conjecturer qu'il eût beaucoup mieux développé les ressorts de l'entendement humain. Pour ne l'avoir pas fait, il a passé trop légèrement sur l'origine de nos connaissances ».

Afin donc de ne point s'exposer au même reproche, celui d'avoir supposé l'*âme* et le *moi* sans les définir, et de leur avoir prêté d'inexplicables opérations sans le pouvoir de les faire, Condillac imagina de remplacer cet incapable agent de transformation des phénomènes, par les phénomènes eux-mêmes, par les sensations, chargées de se transformer elles-mêmes et de s'élever, passant spontanément de forme en forme, à l'état accompli de cet agent qu'on cherche, qui sait à la fin ce qu'il fait. Prenant donc le sentiment le plus élémentaire, qui a pour objet la plus pure des impressions des sens, soit une simple odeur, pour servir de matière première à la constitution d'une *statue* sensible,

1. *Essai sur l'origine des connaissances. Introduction.*

destinée à devenir un homme pensant, — notons bien qu'il n'est point ici question d'un corps avec des organes, — ce psychologue transporte sa donnée : une faculté de sentir à l'état naissant, d'une sensation à une autre, rapproche les sensations, raisonne sur les rapprochements, use, pour cela faire, des ressources acquises d'un *être déjà pensant*, et même fort subtil, et conclut que « le jugement, la réflexion, les passions, toutes les opérations de l'âme ne sont que la sensation même qui se transforme différemment ». Il lui faut donc, à lui aussi, *une âme*, et qui *opère;* seulement la nature de l'âme est absorbée dans la génération de l'âme, et cette génération est une sorte d'évolution de la sensation.

Locke, suivant sa méthode, qui ne fait point descendre la critique de la connaissance jusqu'au fondement, n'avait pas à mettre en problème la perception externe. Il n'entendait pas dépasser le point de vue de l'expérience, pour laquelle l'objet s'offre comme extérieur : ce serait douter, dit-il, de la vérité des perceptions que Dieu nous fait donner par les corps ! et il déclarait ignorer néanmoins ce que c'est que le corps, son étendue, sa cohésion et comment la pensée peut le mouvoir (*Essai*, II, 9, 23, 32). Mais Condillac, partant de la sensation pure, unique organe de la genèse mentale, doit mettre en question la réalité propre de l'objet :

« D'un côté, nos connaissances viennent des sens; de l'autre, nos sensations ne sont que nos manières d'être; comment donc pouvons-nous voir des objets hors de nous? En effet, il semble que nous ne devrions voir que notre âme modifiée différemment ». — Mais *il semble*, au contraire, que c'est *hors de nous* seulement que nous pouvons *voir !* Comment verrions-nous notre âme, et qu'elle est modifiée? Malebranche, ce grand spiritualiste, avouait lui-même que nous ne *la* connaissons pas.

« Je ne connais point de philosophe qui ait résolu ce problème », ajoute Condillac, — le problème de la perception externe. — « Aucun n'en a fait la tentative. M. d'Alembert est le premier qui l'ait proposé. » Condillac écrit ces mots plus de quarante ans après la publication des *Dialogues d'Hylas et de Philonoüs*, cinq ans après qu'en a été donnée une traduction française, dix-huit ans après la publication du *Traité de la nature humaine* de Hume! Et il croit pouvoir sans peine résoudre le problème qui embarrasse d'Alembert[1]. Toutes les sensations réunies, sans le toucher, ne lui paraissent pas, il est vrai, forcer l'homme à *sortir de lui-même*, mais la *sensation de solidité*, suite du mouvement et du toucher, produit ce phénomène : « Forcés par le sentiment de solidité à rapporter nos sensations au dehors, nous produisons le phénomène de l'espace et des corps. »

Les termes singulièrement idéalistes de cette affirmation n'empêchent pas que l'intention évidente de Condillac ne soit de fournir la preuve de l'étendue *réelle* et de la solidité de l'objet du toucher. Mais en développant sa thèse, dans le *Traité des sensations*, en prétendant tirer de l'analyse des jugements liés à l'expérience des contacts du corps de la *statue* par ce corps lui-même, et de ce corps par d'autres corps, les perceptions de résistance, de dureté et de grandeur, et obtenir ainsi la distinction qui, pour la première fois, fait dire à la *statue* : *C'est moi*, Condillac ne prévoit pas une difficulté : c'est que les sensations formellement attachées à ces contacts n'ont aucune ressemblance avec les propriétés qu'on a coutume de définir comme extérieurement perçues. Un philosophe, partisan lui-même de l'existence du sujet en soi de ces propriétés, mais qui avait été disciple de Berkeley, Thomas Reid devait bientôt faire cette importante remarque, et réduire le rôle des sensations proprement dites à servir de signes pour la connaissance réelle qui est en question.

1. *Extrait raisonné du traité des sensations* (Appendice du *Traité des animaux*, 1755).

Outre la démonstration de l'existence du sujet matériel, Condillac croyait trouver, dans le développement de celles des idées qui sont originaires du toucher, le commencement de la *réflexion* chez la *statue*, tandis que l'exercice des autres sens n'aurait pu, selon lui, la conduire plus loin que la simple *attention*. Mais la *réflexion* ne peut pas naître de la seule présence de l'objet sur lequel il y a possibilité de réfléchir, non plus, d'ailleurs que ne le peut l'*attention*, du fait qu'il y a quelque chose à quoi la pensée pourrait se tenir appliquée, s'il n'existe pas, corrélativement, une puissance donnée de réaliser les phénomènes que ces mots désignent. Nous pouvons, dès le début, couper court à l'analyse des sensations de la *statue* : c'est au moment où, après la première sensation, soit une odeur, naît la mémoire. « L'odeur qu'elle sent (la *statue*) ne lui échappe pas entièrement aussitôt que le corps odoriférant cesse d'agir sur son organe. L'attention qu'elle lui a donnée la retient encore, et il en reste une impression plus ou moins forte, suivant que l'attention a été plus ou moins vive. *Voilà la mémoire*. Lorsque *notre statue est une nouvelle odeur*, elle a donc encore présente *celle qu'elle a été* le moment précédent. Sa capacité de sentir se partage entre la mémoire et l'odorat, et la première de ces facultés est attentive à la sensation passée, tandis que la seconde est attentive à la sensation présente. » Condillac ne *fait pas attention* que l'attention suppose la mémoire et ne saurait servir à l'expliquer.

La conscience elle-même, à vrai dire, est déjà *une mémoire* enfermant la suite des pensées et de leurs rapports représentés sous la loi du temps ; car que serait-elle, réduite à l'instant présent d'une représentation invariable ? C'est à quoi ne songent pas assez les auteurs de théories de la mémoire. Aristote, le premier de tous, paraît ne s'en être pas rendu compte. Aussi, l'intérêt du système de Condillac ressort-il surtout de son parti pris de tenir *la conscience* hors d'emploi dans la suite des transformations de la sensation, auxquelles il donne pour fin de constituer *la conscience*. Un cercle vicieux continuel lui est imposé par cette méthode, la même au fond que toutes les écoles empiristes ont été obligées de suivre, en différentes manières, pour composer des synthèses d'idées, — l'école associationiste, par exemple, — parce qu'il n'y a que l'intelligence qui puisse expliquer l'intelligence, ce qui fait qu'elle ne s'explique pas réellement. Condillac achève la description de sa statue pourvue de tous ses dons, en ces termes :

« Ce moi qui prend de la couleur à mes yeux, de la solidité sous mes mains, se connaît-il mieux pour regarder aujourd'hui comme à lui toutes les parties de ce corps auxquelles il s'intéresse et dans lesquelles il croit exister. Je sais qu'elles sont à moi, sans pouvoir le comprendre : je me vois, je me touche, en un mot, je me sens, mais je ne sens pas ce que je suis, et si j'ai cru être son, saveur, couleur, odeur, actuellement je ne sais plus ce que je dois me croire. »

La statue n'est pas plus assurée de ce que sont les objets qui se sont découverts, croit-elle, à sa perception externe, mais elle s'en contente et se dit satisfaite : « Un corps qu'elle touche n'est à son égard *que les perceptions de grandeur, de dureté, de solidité, qu'elle juge réunies ;* c'est là tout ce que le tact lui découvre, et elle n'a pas besoin pour former un pareil jugement de donner à ces qualités un sujet, un soutien, ou, comme parlent les philosophes, un substratum. *Il lui suffit de les sentir ensemble.* » Et ailleurs : « Lorsqu'elle a le sentiment du toucher, qu'aperçoit-elle, si ce n'est encore ses propres modifications ? Le toucher n'est donc pas plus croyable que les autres sens; et puisque on reconnait que les sons, les saveurs, les odeurs et les couleurs n'existent pas dans les objets, il se pourrait que l'étendue n'y existât pas davantage... La dépendance où elle est des objets auxquels elle est obligée de rapporter les qualités sensibles ne lui permet pas de douter qu'il existe des êtres hors d'elle. Mais quelle est la nature de ces êtres ? Elle l'ignore, et nous l'ignorons nous-mêmes. Tout ce que nous savons, c'est que nous les appelons *corps*. »

Le dernier mot de Condillac est que « nous n'apercevons l'étendue que dans nos propres modifications », mais que « n'y eût-il point d'étendue » tout ce qu'on pourrait et devrait en conclure, c'est que « les corps sont des êtres qui occasionnent en nous des sensations et qui ont des propriétés sur lesquelles nous ne saurions rien assurer »[1].

Cette conclusion est, après tout, fondamentalement réaliste et bien faite pour ôter toute valeur à des traits de ce philosophe, souvent cités comme idéalistes, et d'apparence paradoxale. Beaucoup de matérialistes l'accepteraient, n'était le doute, mais ce n'est qu'un doute, exprimé sur la réalité d'un sujet de l'étendue en soi, et du mouvement, par conséquent. L'impuissance de Condillac, d'un côté, à définir ce qu'il faut entendre par cette âme dont il ne cesse de parler; son échec, de l'autre, en l'entreprise de faire passer une évolution de la sensation pour l'équivalent de ce qui s'appelle une substance dans les écoles, n'ont pas permis à sa psychologie d'atteindre le caractère sérieux d'un empirisme idéaliste, que devait revêtir l'associationisme des disciples de Hume. Les condillaciens *idéologues* durent verser dans la physiologie, et demander à cette science un sujet d'inhérence des phénomènes que leur refusait un sensationisme dépourvu d'esprit scientifique.

---

1. *Traité des sensations*. 2ᵉ partie, chap. vii ; 4ᵉ partie, chap. v et chap. viii ; note du chap. v.

CHAPITRE III

LA PERCEPTION EXTERNE CHEZ DESTUTT DE TRACY

Destutt de Tracy ne sortit pas cependant du terrain de la psychologie pour essayer de démontrer l'existence de ce monde externe, étranger à l'intelligence, que la physiologie donne pour sujet à la pensée; et sa tentative est très digne de considération, parce que la méthode en est demeurée le fond de toutes les démonstrations prétendues du sujet en soi de l'étendue et du mouvement, et aussi parce que cette méthode présuppose l'existence du pouvoir de la volonté, appelée à s'exercer pour la prise de connaissance de cet autre sujet, la matière, qui lui est opposé. Mais le rôle de la volonté a son importance diminuée, dans ces démonstrations, leurs auteurs, Maine de Biran excepté (en sa seconde manière), étant déterministes.

Après avoir déduit les raisons que des penseurs, de grands hommes, dit-il, ont pu avoir de mettre en doute l'existence des corps, Destutt de Tracy déclare que, suivant lui, c'est seulement *à l'aide de la faculté de vouloir* que nous pouvons nous rendre compte de cette existence.

Nous devons ici relever, pour n'avoir pas à y revenir, une équivoque qui règne presque toujours dans les débats sur ce qu'on appelle l'existence *des corps*. Il s'agit du *corps brut*, réalisation, comme sujet en soi, du sujet abstrait de la géométrie et de la mécanique; et il ne faut pas en confondre la question avec celle *des corps*, nos réels objets dans un monde extérieur, en un sens où Berkeley les a également niés, il est vrai; mais qu'accepte toute doctrine monadiste dans laquelle on n'admet pas l'existence sans la conscience.

« Lorsque je me meus, dit Destutt de Tracy, et que je

perçois une sensation en me mouvant, et que j'éprouve en même temps le désir de percevoir encore cette sensation, si mon mouvement s'arrête, mon désir subsistant toujours, je ne puis méconnaître que ce n'est pas là un effet de ma seule vertu sentante; cela impliquerait... Quand j'aurai fréquemment éprouvé que très souvent cette sensation se prolonge autant que je veux, et que, dans d'autres cas, elle cesse subitement, en tout ou en partie, malgré moi, il est impossible que je ne vienne pas à soupçonner *que ce dernier effet a une cause, et à faire de cette cause un être qui n'est pas moi.* » Je peux bien ne pas distinguer, dans l'ignorance où je me suppose, si mon mouvement est arrêté par la faute de mes organes, ou par l'opposition d'un corps étranger; « mais, dans les deux cas, je porte un jugement également juste en sentant que la cessation de ma sensation est l'effet d'un être différent de ma volonté ».

Le moi possède donc la notion de cause, rien ne saurait s'accorder mieux avec la supposition de la volonté, et nous sommes avec Tracy, on le voit, dans les termes du *Cogito* cartésien, à cela près que le désir locomoteur remplace le désir qu'a la Pensée chez Descartes, de s'assurer de sa propre existence, dont elle a l'idée; mais quelle idée positive l'agent volontaire, selon Tracy, peut-il prendre du phénomène externe qui s'oppose à son phénomène interne ? Ce philosophe avait soutenu, dans un premier écrit, « que notre volonté ne peut naître tant que nous ne connaissons pas l'existence des corps ». Revenant de cette première opinion, il admit qu' « il n'y a pas sentiment de résistance proprement dite, quand il n'y a pas auparavant sentiment de volonté », mais que « le sentiment de quelque chose qui résiste à une action que nous voulons nous prouve invinciblement la réalité d'une autre existence que celle de notre vertu sentante; que nous savons donc avec certitude qu'il y a des corps, et que la première propriété que nous leur connaissons est la force d'*inertie* ». Et plus loin : « Quand un être organisé de manière à vouloir et à agir sent en lui une volonté et une action, et en même temps *une résistance* à cette action voulue et sentie, il est assuré de son existence et de celle de quelque chose qui n'est pas lui. »

Ne nous arrêtons pas à l'allusion faite ici à l'*organisation* du sujet de la volonté; elle est illogique, puisque l'existence du corps organisé est nécessairement en question, avec celle du corps en général ; mais reprenons plus sévèrement l'analyse des faits donnés pour preuve de cette dernière. Il y a trois points de vue à examiner :

1° Le point vue de l'agent volontaire, en lui-même, dans sa condition la plus stricte, sans aucun rapport à autrui : il sait positivement, cet agent, que *quelque chose* fait empêchement à la réalisation de son désir. C'est un fait limitatif en ce qui concerne sa volonté ;

2° Le point de vue de la chose, telle que l'état le plus avancé de ses connaissances en instruira l'agent volontaire : c'est que, en corrélation avec son désir de produire un certain mouvement, ses sensations l'informent d'une rencontre entre ce qu'on appelle des corps, les uns qui sont plus ou moins les instruments de son intention, les autres non, mais étrangers à son moi et à l'essence de sa volonté, et entre lesquels s'établit un échange de modifications soumis à de constantes lois naturelles. Ce conflit ne se prête à des représentations que nous nous donnons sous les noms de *force, inertie, résistance* que pour les besoins de la science, à laquelle il faut des notions abstraites ; ce sont de pures idées de mécanique rationnelle, en dépit de la grande habitude qu'on a prise d'en user pour représenter les phénomènes, mais qui n'expriment pas (Destutt de Tracy lui-même le sait et le dit) la vraie nature des rapports physiques des corps;

3° Enfin le point de vue de la relation entre l'acte

mental de l'agent volontaire et l'exercice entier, partiel ou nul de sa volonté, pour la production du mouvement qu'il se représente et qu'il désire. Qualifier de *résistance* du mobile le fait de l'obstacle, quel qu'il soit, et de *force d'inertie* la raison de cette résistance, par la simple raison que son état ne se modifie pas sans cause suffisante, c'est ce qui ne se justifierait que si le rapport de la volonté à l'opération voulue était celui de la volonté à une volonté opposée qui, dans ce cas seulement, serait correctement nommée une résistance.

La reconnaissance de l'étendue ne vient, chez Destutt de Tracy, qu'après celle des propriétés réunies de motilité, d'inertie et d'impulsion. « La propriété des êtres appelée *étendue* consiste, dit-il, à ce qu'ils peuvent être parcourus par le mouvement, à ce qu'il faut faire du mouvement pour aller d'une partie à l'autre. » La pétition de principe est manifeste; car on ne saurait songer à parcourir les *parties* d'un corps, à moins de se les représenter pour cela comme des étendues placées à la suite les unes des autres, et coexistantes par l'effet de cette relation : représentation qui est l'idée même de l'étendue, une idée au défaut de laquelle on parcourrait ces parties d'un corps sans que le mouvement tout seul pût rien pour la suggérer.

Destutt de Tracy décrit nos impressions, qui ne démontrent qu'elles-mêmes, lorsqu'il nous dit : « Quand je passe ma main sur la superficie d'un corps, en ayant toujours le sentiment du mouvement de mon bras et de la résistance de ce corps, je découvre en même temps que ce corps est étendu, et que mon mouvement consiste à le parcourir. Ces deux idées sont essentiellement et absolument corrélatives... *Nous faisons ces deux idées en même temps...* Pour un être sentant qui n'aurait pas la faculté d'exécuter ces mouvements, il n'y aurait pas d'étendue. » La *résistance*, que l'auteur lui-même ne craint pas d'appeler « la propriété de résister à notre volonté », est, comme nous l'avons dit, relative à nos idées, non point à la nature des corps. Il n'est pas vrai que les corps *résistent;* ils agissent et réagissent par des mouvements, par des modifications du mouvement, et c'est tout. L'*impénétrabilité* est à tort regardée comme une propriété physique, car elle n'existe pas pour l'expérience : Destutt de Tracy en fait dépendre la réalité de la réalité de l'étendue, par cette raison, que, de cela qu'un corps est étendu, « il faut absolument qu'il soit impénétrable, c'est-à-dire qu'un autre corps ne puisse pas occuper la portion d'espace qu'il remplit, à moins qu'il ne la lui cède; car s'ils occupaient tous les deux le même lieu, ils ne seraient plus que comme un ; l'un des deux serait anéanti ; il n'y aurait pas coexistence ». Il est visible que cet argument s'applique au corps en tant qu'étendu, puisqu'on ne le définit là que sous ce rapport, et que c'est bien à l'étendue qu'appartient essentiellement le caractère de se composer de parties qui ne peuvent se superposer, si elles sont égales, sans s'identifier, de sorte qu'elles se réduisent alors à l'unité. Mais l'étendue, séparée du corps, est, selon Destutt, on va le voir, un pur néant ; sa démonstration de l'impénétrabilité, portant sur l'étendue, se trouve contradictoire, parce que l'étendue est essentiellement pénétrable. Au fond, il doit avoir en vue quelque hypothèse atomistique. La vraie question porte sur la nature de l'espace.

« L'espace est la propriété d'être étendu, considérée séparément de tout corps à qui elle puisse appartenir : c'est une idée abstraite ; c'est le néant personnifié par la faculté que nous avons de nous mouvoir quand aucune chose ne nous en empêche, *quand le rien nous le permet...* » S'il en est ainsi, on ne voit pas en quoi l'opinion de l'idéologue qui, apparemment, ne nie pas la géométrie, s'éloigne de la définition leibnitienne de l'espace : *ordo coexistentium;* mais on se demande comment il fait pour concilier le réel de l'étendue du corps avec le néant de la portion

Renouvier. — Le Personnalisme.

d'étendue qu'il occupe ? « Le néant est étendu », dit-il quelque part : formule hardie[1].

En résumé la théorie idéologique de la perception externe consiste à expliquer la connaissance de l'étendue par l'expérience du mouvement volontaire, à ramener la relation de juxtaposition et l'ordre spatial à la relation de succession, enfin l'intuition de l'espace au sentiment et à l'idée de la durée, « qui n'est elle-même autre chose qu'une succession d'impressions », et pour laquelle « notre seule existence suffit ». Cette théorie, née en France d'une tentative pour donner à la méthode de l' « origine des idées » un fondement mieux déterminé que chez Locke, et moins imaginaire que chez Condillac, devait bientôt se rencontrer avec une théorie semblable, en se rattachant à d'autres suites d'analyses, dans le lieu d'origine de cette méthode. C'est ce que nous verrons plus tard; suivons maintenant en France la marche de l'idéologie.

CHAPITRE IV

LA PERCEPTION EXTERNE CHEZ MAINE DE BIRAN

Maine de Biran, en son premier ouvrage : *Influence de l'habitude sur la faculté de penser*, se rattache à la thèse de Destutt de Tracy : il admet que la faculté locomotrice est le point de départ d'où, par l'exercice et par l'expérience, le moi prend connaissance de lui-même. Et d'abord, toutes les facultés intellectuelles dérivent, dit-il, de celle de sentir, ou recevoir *des impressions*, et il ne se propose que de les analyser, c'est-à-dire d'analyser *des effets*, la nature *des forces* nous étant inconnue. La faculté

---

[1]. Destutt de Tracy, *Éléments d'idéologie* chap. VII-IX, et *Principes logiques ou recueil de faits sur l'intelligence humaine*, chap. VI.

de recevoir des impressions est donc la première de toutes celles qui se manifestent dans l'être organisé vivant, et elles ont pour causes les objets quelconques *exerçant une action sur une partie animée*. Les impressions sont *actives* ou *passives*, selon qu'on a le sentiment de pouvoir soi-même les produire ou les modifier, ou qu'elles sont des modifications produites *en moi sans moi*. Toute l'activité dépend immédiatement du mouvement. L'*effort* naît du mouvement, quand quelque chose le contraint. S'il n'y avait pas vouloir, et résistance à ce vouloir, l'individu ne connaîtrait rien, n'aurait aucune idée de l'existence ; pas même de la sienne. Ces propositions sont formelles.

Maine de Biran note lui-même un cercle vicieux, dans la théorie d'après laquelle il ne pourrait y avoir ni effort ni volonté, s'il n'y avait pas résistance, alors que cependant « la résistance suppose le mouvement volontaire ». Il pense pouvoir lever cette difficulté en considérant que les premiers mouvements du sujet sont instinctifs et, par conséquent, indépendants de toute connaissance acquise et de la volonté proprement dite. Quand ils deviennent vraiment volontaires, c'est que l'individu, averti par « l'impression particulière que nous nommons effort », sent, en l'éprouvant, qu'il peut la reproduire, et « c'est de la *conscience* ou du *souvenir* de ce pouvoir que naît la volonté ».

Les mots soulignés par l'auteur dans cette dernière phrase préludent au sens idéaliste qu'il doit donner plus tard à la volonté, en même temps qu'il suppose, dans le corps, et comme sa propriété, ainsi qu'il le fera plus tard également, la *résistance*, qui n'est pourtant qu'une idée : l'idée contraire de celle que, en pareil cas, a le moi lui-même, avec le désir de la production du mouvement. Il confond d'ailleurs, sous le nom d'*effort*, suivant une erreur très commune, le sens mental de l'effort de volonté, et le sens physique des sensations provoquées dans l'organe moteur, ou mû en correspondance avec le maintien mental du vouloir. Somme toute l'écart est peut-être moindre qu'on ne l'a estimé généralement, entre le premier et le dernier point de vue de Maine de Biran sur ce sujet [1].

La méthode des idéologues est, au contraire, celle qui lui dicte des passages comme celui-ci, dans lequel la volonté n'est pas séparée de sa cause, dans l'organisme, siège de toutes les impressions qui nous viennent des objets :

« La volonté (ou, pour substituer le fait à la cause) la réaction du centre s'applique d'abord et immédiatement aux organes mobiles, comme ceux-ci s'appliquent secondairement aux objets. L'organe résiste d'abord à la volonté; l'objet résiste à l'organe... Les mouvements de l'organe tactile devenant extrêmement faciles en se répétant, l'effort musculaire disparaît, ou n'est plus senti que dans son produit, la *résistance extérieure*. C'est donc elle qui attirera désormais toute l'attention... Bientôt l'individu, méconnaissant sa force propre, la transportera tout entière à l'objet, ou *terme résistant*, lui attribuera les qualités absolues d'inertie, de solidité, de pesanteur. Il sera d'autant plus porté à considérer la résistance comme subsistante hors de lui, par elle-même, qu'il la retrouve toujours invariable au sein de toutes les autres modifications fugitives qu'il lui attribue ou dont il se sent le sujet [2] ». Ce langage est en apparence celui d'un psychologue qui soutiendrait que la résistance est une simple idée du sujet de la sensation, et nullement une propriété de l'objet senti; tandis que la thèse de Biran est précisément le contraire : effet singulier de la fausse position créée au philosophe par une méthode qui, attachée au réalisme matérialiste en principe, l'oblige cependant à n'accepter pour faits de perception, dite *externe*, que des sensations qui sont chose *interne*. La volonté suscitée par une sensation est au fond

---

[1]. Maine de Biran *Influence de l'habitude sur la faculté de penser* p. 0-28 (édit. orig.).

[2]. Id., ibid, p. 128-130.

pour lui, *le fait*, qu'il substitue à la cause, ainsi qu'il le dit naïvement, le fait de la *réaction du centre*, quoiqu'il ne puisse éviter de parler de *cette faculté* comme étant proprement la cause, en même temps que le siège de la force est dans l'organe.

La perception de l'étendue est nettement rattachée par Maine de Biran à celle de la résistance, ou du tact, par l'entremise du sentiment de la succession. Il s'opère une extension de la faculté perceptive, qui devient imaginative, une transformation du successif en simultané. Comment l'aveugle-né pourrait-il comprendre un théorème de géométrie « si, pendant qu'il touche successivement les faces d'un solide il n'en embrassait pas simultanément l'ordre, ou si les parties ne se développaient pas, ne s'arrangeaient pas, dans son cerveau, sous une sorte de perspective tangible. C'est l'organe intérieur et central qui, recueillant à mesure les produits successifs de l'action externe, peut seul les fixer, les conserver, et réunir, pour ainsi dire, dans un seul et même cadre les impressions qui frappent actuellement le sens et celles qui viennent de lui échapper dans sa course[1] ».

Le procédé décrit pour rendre compte de l'intelligence géométrique de l'aveugle-né conviendrait bien comme explication de la nature des images, *dans un esprit qui posséderait, sans organe visuel, l'imagination des rapports de coexistence et de position*, indépendamment de la couleur. Pour le réalisme matérialiste, c'est une pétition de principe. Quant au fond, cette théorie de la réduction de l'intuition spatiale à la notion de succession est celle que nous avons notée chez Destutt de Tracy et que nous retrouverons chez les principaux représentants de l'école anglaise empiriste.

L'idée capitale des *Nouvelles considérations sur les*

[1]. Maine de Biran. *Influence de l'habitude sur la faculté de penser*, p. 136-139.

rapports du physique et du moral, — ouvrage de Maine de Biran qui était prêt à paraître, avec une préface orgueilleuse au fond, l'année où son auteur mourut, — cette idée qui, si elle était juste, eût ajouté à la réforme de la méthode philosophique opérée par Descartes une réforme de la pensée de Descartes lui-même, et par là mis le sceau à la métaphysique, consiste à poser en fondement de la connaissance, au lieu de *la pensée*, *la volonté*. Ce ne serait plus la volonté dans la pensée, qu'il faudrait considérer, mais la volonté cause immédiate du mouvement, et démontrant, en contrepartie, l'existence de la matière, objet extérieur et opposé. Cette malencontreuse imagination était le renversement de la méthode que Biran croyait améliorer et confirmer, puisqu'elle renversait la thèse essentielle du cartésianisme et le principe de tout idéalisme, la légitimité logique d'une doctrine immatérialiste, et par suite, la recherche spéculative de la véritable nature, de la *réelle matière* du monde externe. Au lieu du système des monades et de l'harmonie préétablie, c'est le banal spiritualisme qui était restauré, et, comme il fallait à la volonté une âme pour la porter, l'ancien élève des idéologues se voyait rejeté dans la vieille question de la substance. Il ne parvint jamais à s'y retrouver. La définition de l'âme lui échappait.

Biran commettait un véritable contresens en voulant rattacher son idée à la doctrine de Leibniz, dont il retranchait seulement un point, qu'il s'avouait incapable de comprendre, et qui n'était rien de moins que le leibnitianisme lui-même. Il aimait à invoquer certain passage remarquable de l'un des écrits du grand métaphysicien, où s'annonça pour la première fois la doctrine des monades, et où l'on peut admirer justement, et formulée en termes d'une suffisante clarté, une thèse sur l'essence de la force et de la matière, qui est le propre renversement de la sienne. Il n'était pas possible de plus mal rencontrer :

« La force active contient en elle un certain acte ou entéléchie (*actum quemdam sive ἐντελέχειαν continet*) et tient le milieu entre la faculté d'agir et l'action elle-même. Elle implique l'effort (*conatum involvit*) et se porte d'elle-même à opérer sans avoir besoin d'aide, si seulement l'empêchement est ôté[1]. Et je dis que cette action virtuelle (*agendi virtutem*) *est inhérente à toute substance*, et qu'il en naît toujours quelque action, en sorte que la substance des corps elle-même, pas plus que la spirituelle, *ne cesse jamais d'agir*. C'est ce que ne paraissent pas avoir assez compris ceux qui ont mis l'essence corporelle dans l'étendue seule, ou encore dans l'impénétrabilité, et ont cru pouvoir considérer le corps comme tout à fait en repos. Ce sera un résultat de nos méditations, de montrer que la substance créée *ne reçoit pas d'une autre substance créée la puissance d'agir même*, mais bien les limitations et les déterminations de son propre *effort préexistant*, ou de sa propre action virtuelle ; — pour ne rien dire des autres facilités qui en ressortiront, pour la solution du problème difficile de l'opération mutuelle des substances[2] ».

La correction que Leibniz apportait à la philosophie première, et qui a été si peu comprise, consistait donc à envisager *toutes les substances* sous un même jour et comme essentiellement actives, la force comme inhérente au corps (parce qu'il est esprit dans son ultime essence, ou monade), le corps comme toujours mouvant, en acte ou en puissance, et toutes les forces comme spontanées, mutuellement limitées. Cette doctrine est la mieux adaptable qui ait jamais été proposée à l'état actuel de nos connaissances physiques. Elle exclut formellement la thèse du

---

1. Leibniz rapporte, à cet endroit, des exemples de forces potentielles, ou énergies latentes, qui se déploient par le seul fait d'un obstacle levé et d'une rupture d'équilibre : arc bandé, poids suspendu, etc. Ce sont les formes *emmagasinées* de la physique et de la chimie mécanique moderne.

2. *De primæ philosophiæ emendatione et de notione substantiæ* (*act. erud. Lips.* 1694).

corps essentiellement résistant, et de la volonté force transitive, physiquement réalisée pour imprimer le mouvement aux organes. Et c'est sur une telle théorie que Biran jetait son dévolu pour renouer la sienne à la tradition philosophique du XVIIᵉ siècle, dont le premier principe lui restait incompréhensible par l'effet de ses anciennes habitudes d'esprit *idéologiques*! A ce contresens il en joignait un autre aussi grave : il voulait trouver sa doctrine du libre arbitre, rattachée à celle de la volonté locomotrice, telle qu'il l'entendait, dans la théorie de la *force active* de Leibniz, laquelle n'est certainement que la doctrine de l'universelle spontanéité[1].

La doctrine des monades exige, et il est d'ailleurs conforme à toute vue physiologique sérieuse, que l'organisme soit considéré comme *externe* pour la conscience, encore bien que ses modifications soient intermédiaires entre celles des corps inorganiques du commun milieu, et celles du moi. Notre volonté n'est ni en tout, ni en partie, l'agent de ce que nous sentons quand, par une conséquence de notre état mental volontaire, et en vertu d'une loi naturelle, au-dessous de laquelle nous ne saurions pénétrer, des mouvements se produisent dans nos organes et se communiquent au milieu inorganique. C'est, au contraire, dans ces mouvements qu'est la source de ce que nous sentons et qui est sensiblement simultané avec notre effort considéré psychologiquement. Quand nous *voulons* un certain mouvement, c'est-à-dire quand nous nous le représentons comme en acte, sans qu'aucun motif d'inhibition de notre part, se montre à l'horizon de notre pensée, tandis qu'un désir de

---

[1]. Cousin, qui avait trouvé bon de classer Biran parmi *ses maîtres*, afin de renforcer son éclectisme, un peu faible en métaphysique, par l'infusion de ce leibnitianisme falsifié, qu'il disait avoir été aussi, en son temps, le produit d'une *direction éclectique* de Leibniz, répandue dans tous ses ouvrages, Cousin, citant le passage, en omettait l'explication essentielle, relative à la force active propre et indépendante, inhérente en son fond à toute substance créée. Pouvait-il n'en pas comprendre le sens ? (Cousin, Préface de son édition (1834) des *Nouvelles considérations* de Maine de Biran, p. XIX-XXV).

degré quelconque de le voir se réaliser se lie à l'imagination que nous en avons, nous pouvons bien dire que nous posons une condition de sa futurition, condition nécessaire et suffisante pour de nombreuses classes de cas ; mais quand ce mouvement se produit, nous n'avons pas le droit de le regarder comme notre œuvre simple et exclusive, attendu que son accomplissement n'a eu lieu que parce que nos organes ont les dispositions voulues à cet effet, avec les limitations et les déterminations dont parle Leibniz : choses qui ne sont connues de notre conscience que par expérience, et qui peuvent manquer, même entièrement, car elle ne se connaît aucun rapport *nécessaire* avec elles.

CHAPITRE V

LA VOLONTÉ LOCOMOTRICE DE MAINE DE BIRAN

« Nous trouvons, dit Maine de Biran, profondément empreinte en nous la notion de cause, ou de force, et ce sentiment n'est autre que celui de notre existence même, dont celui de l'activité est inséparable ; car nous ne pouvons nous connaître comme personnes individuelles sans nous sentir causes relatives à certains effets ou mouvements produits dans le corps organique. » On ne saurait mieux dire ; nous pouvons même aller plus loin, et remarquer, en observant les premiers mouvements de l'enfant, qu'il a parfaitement l'impulsion à l'acte et le sentiment d'agir sur des corps qui ne sont pas *lui*, avant de savoir que son action ne les atteint qu'à travers ses organes comme intermédiaires. Et quand la réflexion est venue, on ne se *sent* pas être cause en sentant les effets ; on se *sait* cause, parce qu'on a, outre la conscience de la *force active*, ou puissance, la connaissance acquise de l'efficacité et des limites de ce pouvoir sur les organes, par eux, sur les corps extérieurs, et enfin l'information actuelle de la production des effets qui se trouvent actuellement possibles.

« La cause, ou force actuellement appliquée à mouvoir le corps, est une force agissante, que nous appelons volonté ». — Non, la force *appliquée* et *agissante* est une image de ce que nous voyons sommairement quand un corps extérieur donne l'impulsion à un autre corps extérieur : phénomène dont les modes d'opérer intimes et la cause complexe nous sont d'ailleurs cachés; et cette *application* prétendue est l'imagination réaliste de la *volonté* sortant de l'ordre de la pensée pour s'adapter à quelque mécanisme.

« Le moi s'identifie complètement avec cette force agissante » : — expression mythologique, à laquelle on ne saurait donner aucun sens positif, parce que les idées ainsi rapprochées sont hétérogènes.

« Mais l'existence de la force n'est un fait pour le moi qu'autant qu'elle s'exerce, et elle ne s'exerce qu'autant qu'elle peut s'appliquer à un terme résistant ou inerte » : — continuation de l'image grossière, et abstraite cependant, du mobile mû qui entraîne le mobile pris à l'état de repos et supposé résistant [1].

Mais, sur ce point, le disciple de Biran, éditeur de ses œuvres, avoue qu' « on ne rencontre pas dans ses écrits, toute la précision désirable. Le second terme de l'effort est désigné tantôt comme *mouvement* ou *motion active*, tantôt comme *sensation* musculaire, tantôt enfin comme *résistance*. Il faut, dit-il, pour entrer dans les vues de l'auteur, élaguer toute notion objective ou représentative du mouvement considéré dans l'espace externe; le fait du sens intime ne pouvant contenir un élément de cet ordre ». Il

---

[1]. *Essai sur les fondements de la psychologie*, Introduction générale, p. 47, t. I de l'édition des *Œuvres inédites de Maine de Biran* publiée par Ernest Naville.

[2]. *Œuvres inédites*, t. II, p. 412.

faudrait cela ! mais alors c'est l'*auteur* lui-même qui n'entrerait plus dans ses propres vues, car il aurait à séparer de la volonté la sensation musculaire et l'action dans l'*espace externe*, comme l'appelle M. Ernest Naville. La résistance lui est, d'autre part, indispensable pour poser le terme antagoniste du moi, unique et véritable moteur.

« La force, dit en effet Biran, continuant, n'est déterminée ou actualisée que dans le rapport à son terme d'application, de même que celui-ci n'est déterminé comme résistant que dans le rapport à la force actuelle qui le meut ou tend à lui imprimer le mouvement. Le fait de cette tendance est ce que nous appelons *effort*, ou action voulue, ou volition, *et je dis que cet effort est le véritable fait primitif du sens intime*.

« En plaçant ainsi le principe de causalité, ou le fait primitif dont il dérive immédiatement, à la source même de toute science, et le substituant à la notion de substance absolue, qui a ou qui avait servi jusqu'à présent aux philosophes, nous devons donc avoir une autre philosophie, une autre analyse des sensations et des idées, un autre système de génération des facultés. »

Ainsi la philosophie aurait à se constituer sur ce fait primitif : le rapport de deux entités corrélatives : une tendance à mouvoir et une résistance au mouvement. Le *fait primitif* de la doctrine cartésienne, dont la portée embrasse tout le domaine intérieur de la pensée, devrait se réduire à l'élément volitif, qui, non seulement ne renferme pas la pensée, mais la suppose ; et le principe universel de causalité, origine des idées de Dieu et de création, dans la doctrine de Descartes, ne serait plus envisagé primitivement que dans le phénomène du mouvement, et impliquerait la donnée de la matière inerte ou résistante. Ce spiritualisme abaissé, dont l'apparente absoluité faisait illusion à Victor Cousin, ne pouvait, au contraire, s'expliquer qu'en remontant à son origine, à l'empirisme idéologique. Il n'avait pas de réponse possible à la critique négative du principe de causalité, fondée sur la totale absence d'indice réel pour l'action prétendue d'un pur acte mental sur des modifications organiques, œuvre visible de la nature. Biran pouvait répondre avec succès aux objections de Hume, quand il s'attachait à montrer dans le *moi* la « conscience de force ou de causalité », la source des applications que nous faisons du principe de causalité au dehors [1]; mais il perdait cet avantage contre l'adversaire, en plaçant l'effort voulu dans l'acte locomoteur sensible, qui est un phénomène physiologique dont nous avons seulement la sensation externe, comme nous l'avons de tout événement survenu dans le corps.

Porter l'esprit, *représentatif du mouvement*, hors de lui-même, lui faire constater son action dans le phénomène, qui est cependant, pour lui, *le représenté*, à l'égard duquel il est passif; extérioriser et réaliser à cet effet l'idée de force, dont on a posé l'essence toute mentale, s'imposer par suite l'obligation de constituer au dehors une autre abstraction, l'objet inerte, pour l'opposer à la première, c'est l'entreprise désespérée du disciple de Tracy, résolu d'abandonner la thèse de « l'objet externe suscitant la volonté *dans la réaction de l'organisme* », et n'y parvenant qu'à l'aide de la fiction de la volonté cause transitive et matériellement opérante pour mouvoir l'organe. Et ce n'est autre chose, au fond, que le parti pris de séparer la volonté sans abandonner pour cela le préjugé de l'union organique. La *force* du vouloir et la *force* du mouvoir sont réalisées et identifiées. La différence entre ce système et celui de Tracy, que Biran avait d'abord embrassé, comme nous l'avons vu, c'est que, par le nouveau système, on échappait au déterminisme. La volonté, affranchie de l'organisme, quant à l'origine, puis adaptée à l'organisme, peut se présenter comme un libre arbitre. Et cette différence est grande; mais elle se donne pour démonstrative et ne saurait l'être.

1. Notamment dans son *Examen des leçons de Laromiguière*.

« Je me sens où m'aperçois cause libre, donc je suis réellement cause. L'activité proprement dite, ou la liberté, est un sentiment, une aperception immédiate interne... Quand on s'informe si l'agent est libre et comment il l'est, on demande ce qu'on sait » : cette fière formule de Biran est déplorablement arbitraire. On y confond le sentiment avec la vérité de l'objet du sentiment. Si la vérité de l'objet du sentiment était d'aperception immédiate, on n'en disputerait pas.

« Veut-on savoir de plus quels peuvent être les instruments, ou les ressorts organiques, *auxquels tiennent les volitions*, on ne sait pas ce qu'on demande. » — Mais qui donc cherche cet introuvable : l'instrument auquel tient sa volition? On pourrait bien plutôt se poser la question : pourquoi la volition n'est-elle pas toujours suivie du fonctionnement des organes, mais cela, l'expérience ne nous l'apprend que trop pour la théorie de la volonté de Biran, qui aurait à découvrir *les ressorts* immédiats de son application là où il n'en existe point.

Il semble qu'à une théorie nouvelle qui supposait une sorte de rapport d'identité entre la cause volitive et l'effet organique, une théorie particulière de la perception externe aurait dû se rattacher. Mais apparemment la difficulté s'est trouvée trop grande. Il a fallu se renfermer dans les idées communes sur la prise de connaissance du non-moi par le moi. Biran admet que les premières sensations de l'être humain sont accompagnées d'une certaine partie *perceptive*, d'une intuition, comme il la nomme, mais « à un état de simplicité native, avant même son union avec le moi ». Le visuel et le tactile en forment deux éléments unis dans une même impression générale, et comme en une sorte d' « intuition tactile » qui étant sentie indépendamment de l'effort actuel « peut se rapporter d'abord et par une induction très précoce à une cause indéterminée *non-moi* ». Après cette exposition préliminaire, qui serait conciliable avec une théorie aprioriste des premiers éléments de l'expérience sensible, et dont certains termes peuvent même se dire très heureusement trouvés, Biran passe à une explication de la perception externe, où ses vues propres se combinent avec la théorie de ses anciens maîtres, les idéologues; il demande aux expériences associées de la pression et de la résistance des corps de « compléter le *rapport d'extériorité*, en fondant la connaissance objective ou représentative des corps étrangers :

« La pression du toucher, associée d'une manière immédiate à un sentiment de résistance absolue, est bien particulièrement le signe de l'existence d'une cause ou force positive déterminée qui presse l'organe en même temps qu'elle résiste à l'effort... Les autres signes sont secondaires et dérivés ou traduits de cette langue primitive... Comme le premier jugement personnel, énoncé dans la formule affirmative : *J'existe*, se fonde sur l'aperception immédiate d'un effort libre qui a pour terme une simple résistance organique, le rapport, ou jugement d'extériorité énoncé par la formule négative : *Ce n'est pas moi*, se fonde sur la perception d'un effort contraint qui a pour terme médiat une résistance absolue, invincible, étrangère[1]. » La *résistance organique* est une fiction pure. Nous avons apprécié plus haut l'idée d'une *résistance absolue*, *terme médiat* de l'action locomotrice volontaire; elle n'a aucune réelle signification physique, elle n'est qu'une corrélation mentale avec le désir et le vouloir pour la satisfaction desquels il y a empêchement dans l'état actuel du corps. Supposé que le sentiment de cet obstacle fût l'origine réelle de la croyance au *non-moi*, le jugement qu'en porterait en ce cas le *moi* serait erroné; puisqu'il lui représenterait l'essence du corps sous l'aspect de ces propriétés d'étendue et d'impénétrabilité dont la réalité externe est à tout le moins contestable. Biran regarde cette réalité comme

[1]. *Fondements de la psychologie*, t. II, p. 45 et 106 sq. (édit. Naville).

démontrée par la sensation. Il nomme, à la vérité, les qualités sensibles, des *signes* de l'extériorité, mais il combat l'opinion de Reid, suivant qui ce ne sont point les signes comme tels qui fondent la croyance, attendu qu'à les prendre strictement dans ce qui affecte les sens, ils ne représentent point, même celle du toucher, ces qualités auxquelles nous croyons naturellement. Nous expliquerons tout à l'heure cette curieuse opinion de l'adversaire des *idées représentatives*. Mais Biran croit, en vertu de ce qu'il appelle le *rapport simple* ou *substantiel* du toucher, que les *qualités premières*, distinguées par Locke sous ce nom, constituent l'essence du corps, l'entité résistante; qu'elles se résument dans la résistance *à notre effort;* que même l'étendue n'est là qu'une qualité accessoire; « car nous pouvons très bien concevoir l'unité de résistance concentrée dans un point mathématique, et l'être que l'on supposerait *touchant avec un ongle aigu* aurait l'idée très nette de cette unité séparée de l'étendue, *qu'il connaîtrait plus tard par succession de mouvements*. Il en est de même de la *motilité*, qui ne serait point attribuée aux corps, s'il n'y avait que des résistances invincibles [1]. »

L'appropriation que le métaphysicien fait à son système de la fiction du point matériel, c'est-à-dire d'une abstraction convenue qui n'est à l'usage que de la mécanique mathématique, met fortement en relief le caractère exorbitant de cette théorie de la perception externe, dans laquelle l'idée pure du corps brut, portée à l'absolu, d'une part, et, de l'autre, l'idée originaire de la conscience, définie par le sentiment d'une force active à l'encontre de cet objet que sa résistance lui fait reconnaître comme non-moi, et extérieur, indépendamment même de la notion de l'étendue, sont prises pour les deux pôles de la philosophie première.

1. *Fondements de la psychologie*, t. II, p. 110 sq. et 126-128.

CHAPITRE VI

LA THÉORIE DE LA PERCEPTION DE BERKELEY

Les théories dont nous avons maintenant à nous occuper supposent comme antécédent la doctrine de Berkeley, qu'elles combattent, ou qu'en partie elles acceptent. Nous avons donc à prendre d'abord une idée de cette doctrine en ce qui concerne la thèse de l'*immatérialisme*.

On tirerait, pour la clarté des explications, un grand avantage d'une terminologie qui permettrait, en affectant un nom nouveau et spécial à l'opinion désignée vulgairement par le terme de *matérialisme*, d'employer ce terme (et rien ne serait en soi mieux indiqué) dans le sens général de la thèse d'*existence de la matière*. On entendrait, en ce cas, poser cette existence comme entièrement indépendante de celle de l'*esprit* et de toute conscience donnée, quelque opinion qu'on entretint d'ailleurs sur l'existence, qu'on pourrait admettre ou non, de l'esprit lui-même, ou sur le rapport de l'esprit avec la matière en le supposant existant.

Il va de soi que l'idée à se faire du corps, dans le *matérialisme*, demeurerait celle d'une substance ayant pour attributs les *qualités premières* de Locke, les mêmes dont on a coutume de placer la mention à l'entrée des traités de physique, sans avoir là à les approfondir, parce qu'elles expriment, en toute hypothèse, des abstractions utiles pour la science.

Usant pour un moment de cette terminologie, d'un tout autre sens que celui dont on a l'habitude, nous dirions en deux mots : la doctrine de Berkeley est vraie, elle est même la seule défendable en métaphysique, aujourd'hui, en tant que réfutation du *matérialisme ;* elle devient paradoxale et fausse, par suite de la confusion que Berkeley, induit lui-même en erreur par une vicieuse application de la croyance qu'il combat, fait partout entre la matière et le monde extérieur réel. Pas un seul de ses arguments ne porte, en effet, contre l'existence réelle d'êtres *immatériels*, qui nous sont présents sous des représentations *matérielles*, c'est-à-dire à la fois donnés pour soi et donnés pour nos perceptions, indépendamment des signes sensibles attachés à cette existence et aux rapports de ces êtres entre eux, — ces signes étant toujours des sensations du percevant et non des qualités du perçu, ainsi que cela est entendu dans un système de *monades*. — Berkeley n'a point fait la distinction, non plus que ne la faisaient avant lui des philosophes, ses précurseurs, qui ont contesté aussi la connaissance de l'extériorité par la sensation ; et ses critiques, après lui, ne l'ont pas faite, retenus qu'ils ont été par la force du préjugé de *l'existence matérielle*. Ils n'ont pas remarqué qu'on pouvait accorder à Berkeley ses premiers principes : à savoir, que *les choses sensibles sont celles-là seules que les sens aperçoivent immédiatement ;* — *que de telles choses ne peuvent exister dans une chose qui serait elle-même privée de la faculté d'apercevoir ;* — et que *la conception d'un substratum, ou soutien matériel des qualités sensibles, duquel on ne saurait assigner aucune idée positive, serait la conception de quelque chose dont on n'a point la conception ;* — qu'on peut, disons-nous, accorder ces propositions, et nier celle-ci, que Berkeley entend conclure : à savoir, *qu'il n'y a rien de sensible qui puisse exister hors de tout esprit.* En effet, Berkeley prend le terme d'*esprit* dans le sens le plus entier, qui est d'ailleurs le sens ordinaire, ou même le seul qui ait cours, et alors toute sa doctrine est en germe dans cette formule, puisque il en résulte que des perceptions n'existeraient que pour des personnes humaines, ou pour Dieu, personne suprême, qui serait en ce cas l'auteur des qualités sensibles, et qui nous les donnerait à percevoir. Mais on échappe à la conclusion en remarquant qu'il peut exister des êtres *capables de perception*, et qui ne soient pas *des esprits*.

Les raisons vraies de l'invincible croyance à l'existence réelle des êtres extérieurs ne sont seulement pas mentionnées dans les Dialogues d'Hylas et de Philonoüs, toute la place y étant réclamée par la discussion des raisons factices qui se résument dans la puissance de l'image indûment réalisée de la substance étendue, figurée et mobile hors de l'esprit. Les raisons vraies et légitimes sont les lois constantes observées dans la composition naturelle des phénomènes, dans les groupes spécifiques qu'ils forment, dans les modifications de ces groupes, de leurs propriétés et de leurs rapports, toutes variations qui ont une relation parfaitement évidente à leur constitution propre et aux évolutions que leur constitution peut subir, indépendamment des sensations que des circonstances quelconques, de celles qu'on nomme accidentelles, nous amènent à percevoir à la rencontre des objets. Ces propriétés qui caractérisent des *êtres* sont, les unes, inorganiques, les autres, gouvernées par des évolutions vitales, et ce sont celles qui portent le caractère le plus indéniable d'une existence pour soi, d'une destinée indépendante de ce fait : que la perception de leurs phénomènes nous est ou ne nous est pas donnée.

Berkeley ne paraît pas avoir nié, comme Descartes, que les animaux aient des perceptions de la figure et de l'étendue ; car ces perceptions lui fournissent un argument pour démontrer la relativité de la grandeur. Une simple *mite* et des animaux plus petits encore, ne sont pourtant pas, sans doute, des *esprits (spirits)*, à ses yeux ; et il parle sans hésiter des dimensions sous lesquelles les corps à leur portée doivent leur apparaître[1] ; or il suffit de supposer l'échelle de grandeur diminuée autant qu'on le voudra pour mettre les êtres vivants élémentaires hors d'atteinte

1. *Three dialogues*, etc., éd. Fraser, t. I, p. 270-280.

de nos perceptions, et il ne reste plus aucune difficulté à concevoir des corps, sans organes sans doute, mais composés d'éléments actifs, capables de perception en leurs actions mutuelles. Ceux des êtres que la croyance commune envisage comme inorganiques, au fond, autant qu'ils le sont dans leurs propriétés perceptibles pour nous, offrent, en ces propriétés elles-mêmes, de sérieux motifs analogues de leur attribuer l'être propre. Le nombre considérable des groupes donnés et distincts de phénomènes de cet ordre, et le nombre immense des composés stables que peuvent former les éléments, ou par l'effet des actions naturelles, ou par notre opération et à notre gré, dans nos laboratoires, éloigne absolument de nous la pensée qu'ils pourraient n'être que formés de qualités dont toute l'essence serait un *percipi*, en telle sorte qu'elle ne donnerait lieu à perception possible qu'aux moments et selon les occasions où les esprits, seuls doués du *percipere*, se trouveraient dans le cas de recevoir communication de certaines sensations de la part de l'esprit divin qui a la puissance de les produire.

Si la conviction de l'existence propre des êtres naturels inorganisés et de toutes les combinaisons, transformations et produits plus ou moins stables qui en dérivent spontanément, ou à la faveur de l'industrie humaine, pouvait avoir besoin d'être corroborée, elle le serait aujourd'hui par l'ouverture du monde infini des connaissances chimiques, dont Berkeley put à peine observer les premiers indices; car l'analyse a découvert des éléments réels et des actions spécifiques des corps, à la place des vagues assemblages de qualités que les anciens désignaient sous le nom d'éléments, et appris en conséquence à composer des corps nouveaux, à propriétés définies calculables en rapport avec les conditions où ils seraient placés. De tels corps, multipliables à volonté dans les laboratoires, puis dans les usines, ne sont eux-mêmes rien de moins que des êtres naturels dans leur fond, et, à notre égard, des puissances de *percipi*, qui leur demeurent attachées pour agir sur les êtres qui possèdent la réceptivité corrélative, sans même qu'aucun de ceux-ci perçoive actuellement leur existence et soit affecté par leurs qualités.

La gloire de Berkeley est dans la réfutation des motifs fallacieux de la croyance au monde extérieur, quoiqu'une certaine combinaison intellectuelle de la méthode empiriste et de la doctrine théologique lui ait fermé les yeux sur les vrais motifs rationnels de cette croyance. Il a réfuté les faux motifs, par la critique de la substance matérielle étendue, mobile et résistante. Les arguments qu'il a développés contre l'existence externe des qualités sensibles, surtout des qualités secondaires, ne peuvent sans doute que ressembler souvent à ceux que les sceptiques ont de tout temps fait valoir, mais ils n'en partagent pas la tendance agnostique, parce qu'on ne perd jamais de vue avec lui cette proposition fondamentale : que les qualités sensibles sont des perceptions immédiates qui, n'étant pas séparables de leur *être perçu*, ont toute leur existence en des esprits. Il n'aurait fallu qu'étendre l'idée de l'*esprit* à des sujets de perception, d'ordres inférieurs à la personnalité, *à des monades*.

Mais l'argument décisif est celui qui se tire du principe de relativité, et dont l'emploi est capital dans la question des qualités primaires. Elles dépendent toutes de l'étendue, en nos actes de la reconnaître : la *divisibilité*, son premier et essentiel caractère ; la *figure*, dont elle est le propre sujet ; la *motilité*, parce que l'idée du mouvement est un rapport de l'idée de l'étendue à l'idée de la succession ; enfin, l'*impénétrabilité*, la *cohésion*, la *solidité*, la *résistance*, parce que ce sont des noms d'impressions reçues à l'occasion de certaines expériences, actes du sujet percevant, dont l'objet concerne toujours la propriété de quelque chose d'étendu. Cela posé, il suffit d'observer que la perception de l'étendue est inséparable de celle d'une certaine grandeur, — une étendue perçue étant toujours limitée et déterminée par une autre étendue suivant une certaine figure. — Or la grandeur est essentiellement une relation ; on ne dit, on ne pense que quelque chose est grand ou petit, que par comparaison à quelque autre chose qu'on envisage sous le même rapport ; et quand c'est de l'étendue, spécialement, qu'il s'agit, dont l'homogénéité et l'exacte mensurabilité permettent le choix arbitraire de l'unité de mesure, le changement de l'échelle des grandeurs, suite de la détermination de cette unité, ne peut apporter aucun changement à l'objet des perceptions qui ne sont jamais que des perceptions de relations. Il résulte de ces considérations que l'étendue empirique, ou perçue, étant inséparable de la grandeur, et ne pouvant être déterminée en soi comme grandeur, ne saurait être donnée absolument et exister hors de la perception ; elle existe seulement comme rapport perceptible pour un être capable de percevoir.

Telle est, en la forme précise et résumée qu'elle peut recevoir aujourd'hui, la thèse que Berkeley a exposée avec des arguments de forme plus familière, qui ne laissent pas d'être rigoureux. Si les savants eussent assez réfléchi à la portée du principe de relativité, dont la philosophie leur apprenait ainsi à voir l'application logique à un sujet dont les traditions réalistes de l'École leur imposent encore des définitions logiquement indéfendables, il y a longtemps que la *matière* des physiciens aurait rejoint la *force* des auteurs modernes des traités de mécanique rationnelle, dans le domaine des abstractions, nécessaires, ou utiles, au moins jusqu'ici, pour la constitution des théories scientifiques, mais qui n'expriment pas les vivantes réalités.

Il est à peine besoin de dire que la thèse de l'*immatérialisme* portait *a fortiori* contre l'opinion *matérialiste*, au sens courant du mot. Berkeley lui donnait l'expression la plus radicale, en ce sens, par une simple observation :

« Tout ce que vous connaissez ou concevez d'autre que des esprits, dit Philonoüs à Hylas, n'est que vos idées ; lors donc que vous dites que toutes les idées sont occasionnées par les impressions faites dans le cerveau, ou vous concevez ce cerveau, ou vous ne le concevez pas. Si vous le concevez, vous parlez donc d'idées imprimées dans une idée qui cause cette même idée, ce qui est absurde. Si vous ne le concevez pas, vous parlez inintelligiblement ; ce n'est pas une hypothèse raisonnable que vous formez [1]. » Comment serait-il raisonnable, demande-t-il encore, de penser que le cerveau, chose sensible, idée, par conséquent, qui n'existe que dans l'esprit fût la cause de toutes nos autres idées ? — On sait que Schopenhauer, matérialiste d'une certaine manière en son idéalisme, fut obligé, en effet, d'identifier le principe de Causalité avec celui de l'universelle illusion de la Matière, pour avoir le droit d'attribuer au cerveau, qui est une partie de la matière, la production de l'intelligence !

Après la critique de Hume, qui opposa à l'existence de l'esprit, considéré comme substance, une argumentation analogue à celle de Berkeley contre la substance matérielle, et en général contre le concept d'un substratum de phénomènes, Berkeley, parut avoir manqué de logique en ne suivant pas dans ses conséquences la méthode qui lui avait fait en quelque sorte dissoudre le sujet matériel porteur de qualités sensibles. Pourquoi avait-il laissé à l'esprit, ou substance spirituelle, une réalité qu'il refusait à la substance matière ? L'observation n'est pas entièrement juste. Berkeley, dans ses *Principes*, ne refusait pas moins au sujet humain, comme substratum, la propriété des idées intellectuelles que celle des idées sensibles, car il n'en admettait point d'innées, ou données *a priori* avec l'entendement, et il réduisait l'entendement humain à la perception, autant du moins qu'il pouvait se flatter d'y

---

1. *Three dialogues.* etc., éd. Fraser, I, p. 302.

parvenir, et d'éviter l'emploi des *notions* dans le fait de percevoir. Quant au principe d'action, « je n'ai, disait-il, aucune notion de quelque action que ce puisse être qui soit distincte d'une volition, et je ne puis concevoir qu'une action soit ailleurs que dans un esprit... La volonté et l'entendement constituent, au sens le plus strict, une intelligence ou un esprit (*a mind or spirit*.) La cause efficace de mes idées est, dans la plus exacte propriété du terme, un esprit (*a spirit*) [1]. » Ce dernier, cause des idées, est Dieu. Mais, qu'il s'agisse de Dieu ou de l'homme, le sens d'un concept de substance spirituelle se trouve notablement changé, quand même on garderait le mot de *substance*, alors que l'esprit est ainsi défini, et que la définition est si proche de ne désigner qu'un sujet purement logique de ses attributs.

Une critique sérieuse du Berkeleyisme doit se réduire à signaler les vices de la méthode empiriste, qui refuse au philosophe les moyens de trancher la question de la substance, et de définir les êtres, leurs propriétés et leurs rapports, par la méthode scientifique des lois : lois de l'esprit, lois de la nature. Et cette méthode, Hume, la portant à ses extrêmes conséquences logiques, n'aperçut plus aucun moyen de constituer les synthèses de la connaissance et de l'existence. Berkeley avait cru pouvoir remplacer ces synthèses par un incompréhensible ordre universel, institué divinement pour offrir aux esprits créés des signes de leur existence, et de tout ce qui leur est nécessaire, sous la forme d'une nature qui ne serait tout entière que les idées sensibles dont Dieu est l'auteur, et qu'il leur fait percevoir. Hume, lui, ne vit les idées qu'à l'état délié.

1. *Three dialogues*, etc., éd. Fraser, I, p. 335.

CHAPITRE VII.

THÉORIE DE LA PERCEPTION DE REID

Thomas Reid qui, c'est lui-même qui nous l'apprend, avait d'abord embrassé tout le système de Berkeley, jusqu'à la *non-existence de la matière*, et qui ne s'en éloigna qu'en voyant les conséquences tirées par Hume de la *doctrine des idées*, conserva cependant toujours, et regarda comme une grande découverte du maître, la thèse, « que les qualités d'une chose inanimée, telle que la matière ne peuvent ressembler à aucune sensation, — c'est ainsi qu'il la formulait, — et qu'il est impossible de concevoir rien de semblable aux sensations ou aux idées d'un esprit, si ce n'est les sensations ou les idées d'un autre esprit. » Or ces thèses, rapprochées de cette autre : « que nous ne pouvons concevoir que ce qui a de la ressemblance avec une sensation ou avec une idée présente à notre esprit », conduit à la conclusion forcée : « que nous ne pouvons concevoir que des sensations, des idées et des esprits ». Il faut donc nier la mineure du syllogisme, si l'on admet comme concevable l'existence d'un monde matériel indépendant des sensations, des idées et des esprits ; il faut nier, et Reid nie résolument la doctrine des idées, qui a, dit-il, été universellement reçue en philosophie depuis Descartes, Locke et Malebranche. Ces *idées*, dont il veut défendre l'emploi aux philosophes, il les qualifie quelquefois de *représentatives*, et, dans ce sens, il les fait remonter jusqu'à l'origine de la philosophie. Son disciple Dugald Stewart, les a entendues de cette manière, c'est-à-dire définies comme des *espèces*, ou images, dont notre esprit aurait la perception, et qui seraient ainsi des intermédiaires entre l'objet réel à percevoir et la perception elle-même [1].

---

1. *Philosophie de l'esprit humain*, chap. 1, sect. 3º.

Cette interprétation a motivé la réclamation des critiques qui ont nié à Reid le règne universel, selon lui, de la *doctrine des idées* dans la philosophie moderne ; et, en effet, elle marque, à l'interpréter ainsi chez Descartes, une complète inintelligence du principe même de sa méthode, d'où sortit la théorie des *causes occasionnelles*. Mais Reid a donné une bien autre extension à cette *doctrine des idées*, qu'il combat, et qui est la *doctrine de l'esprit* tout court, formulée dans les termes suivants :

« Il est évident, pour qui considère les *objets* de la connaissance humaine, qu'ils sont ou des idées imprimées actuellement sur les sens, ou d'autres qui sont perçues en appliquant l'attention aux modifications et aux opérations de l'esprit, ou enfin qui sont formées à l'aide de l'imagination et de la mémoire, en composant, divisant ou ne faisant que représenter celles qui ont été ainsi originairement perçues. »

Cette excellente formule, citée par Reid, et qui est de Berkeley, n'exprime pas seulement une vue de Berkeley, qui la prend pour la première proposition de ses *Principes de la connaissance* ; elle est la vérité sous-entendue par toute recherche rationnelle ; car il n'en est aucune dont l'auteur puisse supposer l'*objet* déterminable autrement que sous la condition des données de ses sens, et des modifications et opérations de son esprit. Reid, niant l'évidence de cette affirmation : « que tous les objets de la connaissance humaine sont des idées de notre esprit », et regardant, au lieu de cela, « comme « les propositions évidentes par elles-mêmes celles dont la vérité frappe toute personne de bon sens qui entend la signification des termes, et qui est libre de préjugés », ferait aussi bien de renoncer pour lui-même au titre de philosophe. Car c'est là admettre *a priori* comme vraies des idées ou croyances vulgaires dont la philosophie n'a jamais fait autre chose que mettre en doute le fondement, ou discuter les termes ; et c'est montrer qu'on ne sait pas ce que c'est, et ce que cela implique, d'*entendre la signification des termes*, — comme aussi d'*être sans préjugés*. Et Reid, habitué qu'il est à donner aux idées ce sens de représentations par ressemblance, ou images des objets, dont il reproche la supposition aux philosophes, ne s'aperçoit pas que ce sont aussi des idées, en un sens général du mot, que ces modes de connaissance, qu'il prétend avoir, de certaines qualités *réelles* des corps. En effet, la nature, si elle nous force à croire à l'existence hors de nous des corps, ne nous force pourtant pas de croire que ces qualités appartiennent à l'essence du corps, qu'elles sont de la matière en soi, et non pas des formes d'intuition et des concepts que la nature aurait mis en nos esprits pour nous représenter les êtres extérieurs, le non-moi, tandis que l'essence de ces êtres appartiendrait à un certain ordre inférieur de la conscience. La nature ne nous interdit pas cette interprétation du monde extérieur. Si elle nous l'interdisait, Reid n'aurait pas besoin d'usurper l'autorité de la nature pour nous en détourner[1].

La prétention de Reid de faire passer l'existence de la matière comme certaine pour nous indépendamment de nos idées, a dû lui faire attribuer l'opinion de la perception de la chose externe comme ne supposant l'existence d'aucune sorte de moyen pour l'atteindre, ce qui est bien près de paraître absurde, et ce qui est pourtant l'opinion de Hamilton, et que Hamilton a prêté à Reid, et non sans raison; car Reid lui-même a parlé de *perception immédiate*, en quelques passages, et affirmé que *les choses qui existent réellement sont les choses mêmes que nous percevons*[2].

Mais on a coutume aussi de présenter l'opinion de Reid comme étant un jugement fondé, selon lui, sur le *sens*

1. Reid, *Recherches sur l'entendement*, chap. v, sect. vii et viii, et *Essai sur les facultés intellectuelles*, Essai ii, chap. x.
2. Passage allégué par Hamilton (voir la *Philosophie de Hamilton* par St. Mill, trad. de M. E. Cazelles, p. 207).

commun, ou encore *une croyance ;* et cette manière de l'envisager, qui peut aussi se justifier par de faciles citations de ses ouvrages, serait et ne pourrait être que la véritable, s'il n'avait pas ajouté qu'il s'agissait d'une croyance invincible : affirmation peu sérieuse en l'état de la question après Berkeley.

Enfin, une dernière formule de la nature de la perception externe, selon Reid, consiste à la caractériser comme une *intuition directe des qualités primaires de la matière*, et c'est celle-là, non moins exacte que les précédentes, qui rend compte de l'invincibilité prétendue de la croyance. Elle serait assurément la meilleure, ou la seule bonne, si l'intuition portait avec elle la preuve de la qualité *intrinsèque* de l'objet, au lieu d'être simplement la forme sous laquelle son extériorité est représentée à l'esprit en vertu de ses lois et des lois de la nature.

L'expression la plus exacte de la théorie de Reid est celle à laquelle on a prêté la moindre attention, parce qu'elle se rattache étroitement à cette théorie même de Berkeley, dont il se propose de renverser la conclusion. Reid accède de la façon la plus formelle à la négation de tout rapport entre les sensations et les qualités des corps, qu'il croit être des qualités réelles de corps réels, et par là il se sépare absolument des psychologues de l'école empiriste qui, presque tous, ont cherché dans quel élément de la perception sensible, et à l'aide de quel raisonnement, il leur serait possible de prouver que l'objet externe nous est vraiment présent avec son étendue, son impénétrabilité, etc. Il admet que la démonstration donnée par Berkeley et par Hume de l'impossibilité de tirer une conclusion de nos sensations à la réalité des choses extérieures est exacte, et que ni le raisonnement, ni l'expérience, l'éducation et l'habitude ne sont la cause d'une conviction qui naît pourtant de ces sensations. « Ce phénomène est l'effet de notre constitution. » Nos sensations sont des signes qui nous la suggèrent.

C'est spécialement « une certaine sensation du toucher qui nous révèle la dureté des corps, quoiqu'elle n'ait *ni ressemblance ni connexion nécessaire avec cette qualité,* autant que nous sommes capables d'en juger... Cette sensation entraîne naturellement et nécessairement avec elle la notion et la croyance de la *dureté,* qualité confondue jusqu'ici avec la sensation par les plus habiles observateurs de la nature humaine, quoique ces deux choses ne soient pas seulement distinctes aux yeux d'une réflexion attentive, mais encore *aussi dissemblables que la douleur d'une blessure et la pointe de l'épée qui l'a causée...* La classe des signes naturels de cette espèce est *le fondement du sens commun,* partie de la nature humaine qui n'a jamais été bien étudiée[1] ».

On voit ici le lien de la thèse du sens commun et de celle de la prétendue *perception immédiate,* qui est très médiate. Ce qui est immédiat, c'est la *notion* que « par une sorte de suggestion soudaine, par une espèce de magie naturelle » nous obtenons de la qualité de dureté ; et c'est la *persuasion que cette qualité existe dans les corps :* « notion et persuasion qui nous viennent ensemble, liées à la sensation du contact, en vertu d'un *principe constitutif de la nature humaine.* Il est clair que Reid prend sur lui de confondre un premier jugement porté spontanément, sans philosophie, sur la vraie nature des objets sensibles, avec un arrêt imposé par la constitution de l'entendement. Il veut mettre à la place de la philosophie ce sens commun, auteur très certain, et ni plus ni moins autorisé sur un point que sur un autre, de toutes les erreurs que les sciences ont dévoilées depuis l'époque où, soumis à la réflexion, les phénomènes ont cessé d'être interprétés d'après les suggestions soudaines et cette magie naturelle des sens, auxquelles Reid invite les philosophes à se confier.

La théorie des qualités dites *secondaires* n'est peut-être

---

[1] *Recherches sur l'entendement,* chap. v, sect. iv.

pas bien conséquente, chez Reid, au principe de la spontanéité de l'aperception du vrai ; car il ne conteste point la thèse généralement admise depuis Descartes et Locke, d'après laquelle ces qualités sensibles : odeurs, goûts, sons, couleurs, le froid et le chaud supposent un sujet sentant, et, quoiqu'il admette aussi la croyance commune à quelque puissance ou vertu, dans l'objet, qui cause ces sensations, il nie qu'elles donnent lieu à des idées qui soient des représentations de quelque chose d'extérieur[1]. Cependant le sens commun ne paraît pas bien éloigné de la pensée confuse, que, dans un objet chaud, il y a quelque chose qui *ressemble* à la chaleur, comme, au surplus, dans le corps dur, quelque chose qui *ressemble* à la dureté, mais contrairement, cette fois, à l'opinion de Reid.

Le choix de la *dureté*, comme qualité éminemment propre à suggérer l'idée du corps extérieur, n'est pas un choix heureux, parce que les corps, depuis les plus cohérents jusqu'aux plus fluides, varient dans ce rapport à nos sensations, jusqu'à devenir tout à fait insensibles. C'est une connaissance née de l'expérience, et non point une sensation, cette idée que les parties divisibles des corps tiennent plus ou moins, selon les cas, les unes aux autres ; elle suscite les idées d'impénétrabilité et de résistance : l'une, quand le fait de la divisibilité sans terme aperçu, joint à la distinction du corps occupant et du lieu occupé, donne à penser à une propriété qui rendrait le corps lui-même absolument impénétrable, s'il était pris dans son état d'*incomposition* (particules dernières, atomes) ; — l'autre, dans la supposition que le corps n'est pas naturellement mobile mais inerte, en telle manière que les impulsions qu'il reçoit doivent trouver quelque chose à vaincre pour qu'il se meuve. Ces vues hypothétiques qui impliquent toutes deux la notion de l'étendue sont des applications de l'idée générale de *force*, que nous tirons de son siège intelligible unique, la volonté,

---

1. *Recherches sur l'entendement*, chap. II.

pour l'envisager dans l'acte du corps, selon qu'il résisterait ou qu'il se prêterait plus ou moins au mouvement que nous voulons obtenir de lui. On est encore dans l'enfance de la philosophie et de la physique, quand on aborde les questions de ce ressort par les images qu'on a des choses comme directement perçues en leurs qualités.

Reid jeta donc son dévolu, pour se figurer l'entité matérielle appelée matière, sur celle des qualités, dites sensibles, dont la nature et la cause physiques sont des objets d'hypothèses scientifiques, d'une part (cohésion, attractions et répulsions), et de spéculation métaphysique, d'une autre part, pour la définition de la force envisagée dans les phénomènes inorganiques. Et il mit au second rang cette autre *qualité* que Descartes avait identifiée toute seule avec la matière : l'étendue. Ce n'est pas que Reid ait failli à reconnaître que les autres qualités *primaires*, sans excepter la *dureté*, impliquent l'étendue, mais il y aurait réciprocité, pense-t-il ; nous n'aurions jamais acquis la connaissance de l'étendue, si elle ne nous eût été suggérée avec celle de la dureté, en un même sentiment, dans l'acte du toucher. Et cependant « l'origine de la notion de l'étendue est tout à fait inexplicable », selon lui ; il a fait tous ses efforts et pris toutes les peines imaginables, dit-il, pour trouver comment le toucher peut nous la suggérer ; il n'y est point parvenu ! La suggestion opérée par les sensations, signes naturels, est si rapide, que le signe est de suite oublié. « Les sensations du toucher qui nous révèlent les qualités premières n'ont point de nom dans aucune langue, et n'attirent jamais notre attention... Elles ne ressemblent pas plus à l'étendue qu'elles ne ressemblent à la justice ou au courage. » D'autres, comme la chaleur, ne tiennent qu'à des qualités obscures et occultes, et, de ce qui les concerne, nous ne connaissons que nos impressions ; au lieu que, de celles qui se rapportent aux qualités primaires, nous inférons l'existence d'une qualité parfaitement claire et distincte, savoir la dureté du corps touché[1] ».

Les progrès de la physique durant le siècle dernier, en soumettant universellement les conditions externes des sensations aux lois de l'étendue et du mouvement — révolution que le génie de Descartes avait anticipée, — ont réduit la distinction des qualités premières et des qualités secondes à celle des phénomènes d'ordre mécanique, empiriquement observables, et définis comme tels, et des phénomènes mentaux qui leur correspondent. Les propriétés des corps, sujets purement empiriques du mouvement, la nature et les relations de leurs parties constituantes, sont définies en dernier fondement, ou pour ce qui échappe à l'observation, par des hypothèses dont se trouvent presque toujours bannies les anciennes qualités primaires, de caractère absolu : impénétrabilité, dureté, résistance. La notion de l'étendue s'élève avec celle du temps au-dessus de toutes ; elle n'a donné lieu qu'à de vaines tentatives de réduction, après comme avant l'explication de Reid, qui est, de sa part, un aveu d'impuissance, et dont les considérants, ainsi que certaines analyses intéressantes auxquelles il s'est livré sur la *géométrie des visibles*, l'auraient aisément conduit à une théorie aprioriste de l'intuition spatiale, s'il n'avait pas conservé au fond la méthode empiriste d'origine des idées, dont il a passé pour l'adversaire.

L'espèce particulière du perceptionisme réaliste de Reid fut pour lui la cause de deux erreurs singulières, et qu'on peut bien dire énormes ; elles portent sur les définitions de la conscience et de la mémoire, et achèvent de nous mettre au point de vue de ce philosophe pour le bien comprendre. Tout ce qui serait représentation ou image devant être exclu du fait de perception, l'objet étant saisi, non pas sans doute immédiatement en soi, — comme le langage de Reid le donnerait quelquefois à penser, — mais

[1] *Recherches sur l'entendement*, chap. v, sect. v.

parce que notre constitution mentale nous force à le voir tel qu'il est; quand les signes en sont offerts dans nos sensations, il faut que nous ayons une faculté spéciale qui nous permet d'en prendre connaissance. Cette faculté est la même en vertu de laquelle nous prenons généralement *connaissance de nos connaissances* et de nos opérations intellectuelles, non de leurs objets; et c'est la conscience, selon Reid. La conscience n'est donc pas le moi lui-même avec la perception interne et la mémoire de ses perceptions; elle n'est pas la condition de toute intelligence, ainsi que l'entendent ordinairement les philosophes, mais bien une faculté comme les autres facultés. C'est par celle-là que nous savons que nous percevons les objets externes. Jusqu'à quel point Reid aurait pu se défendre de rétablir, par cette voie détournée, ces idées représentatives qu'il avait à cœur de remplacer par leurs originaux, nous ne nous chargeons pas de le dire. Au fond, l'objet de la pensée ne peut se distinguer du sujet mental sans prendre la forme d'une représentation de quelque espèce.

L'horreur des idées représentatives a conduit Reid à adopter une opinion rare et qui doit paraître plus incompréhensible que la précédente, car, si elle n'est pas une contradiction *in terminis*, elle implique la négation de la succession comme réelle. La mémoire est, selon lui, la « connaissance immédiate du passé », comme la conscience est la « connaissance immédiate du présent ». S'il en est ainsi, comme la différence du présent au passé est une différence de ce qui est actuel à ce qui a cessé de l'être, il faut que la perception du passé, pour être immédiate, et par conséquent, actuelle, ait aussi un objet actuel en quelque manière. Mais il n'y a pour cela qu'un moyen: il consiste à concevoir le temps passé comme une sorte de durée régressive conservée, subsistante et réelle, qui renfermerait les événements, comme des faits donnés et présents, quoiqu'ils ne soient plus et que d'autres leur aient succédé. Reid, il est vrai, ne voit pas avec faveur la spéculation théologique sur l'éternité *nunc stans*, mais alors à quoi pense-t-il, quand il dit[1] que la mémoire est une faculté non moins inexplicable que la prescience des futurs contingents? N'est-ce pas regarder leurs objets respectifs comme tout pareils pour l'existence?

CHAPITRE VIII

THÉORIE DE LA PERCEPTION DE BROWN

Disciple et successeur de Dugald Stewart à Edimbourg, Thomas Brown rejeta et combattit vivement les thèses de sa philosophie, c'est-à-dire de la philosophie de Reid, et, avant tout, l'argument qui déniait toute méthode rationnelle, sous l'apparence de ne faire rien de plus que de dénoncer la doctrine des idées représentatives comme responsable de la conclusion sceptique des analyses psychologiques de Hume. Brown rétablit le véritable sens attaché aux *idées* dans la philosophie moderne, et formula nettement le principe de la primauté et de la *solitude logique* de l'esprit, tel que l'avait posé le *cogito*, point initial de la méthode de Descartes:

« L'idée, qu'elle soit perception, souvenir ou conception, n'est jamais autre chose que l'*esprit affecté d'une certaine manière*, ou, ce qui revient au même, l'*esprit existant dans un certain état*. L'idée n'est distincte ni séparable de l'esprit en aucun sens; elle est positivement l'esprit lui-même, lequel, *même dans sa croyance aux choses*

[1] *Essai sur les facultés intellectuelles*, Essai III, chap. I-II.

extérieures, ne fait que reconnaître une des nombreuses formes de sa propre existence[1]. »

Brown, se fondant sur ce que la perception ne peut jamais être qu'une idée en ce sens, un état de l'esprit, concluait que, parmi ces états dont nous avons conscience, et dont nous ne pouvons faire plus, pour ce qu'ils sont, que d'avoir conscience, « il y en a quelques-uns qu'il nous est absolument impossible de ne pas rapporter à des causes extérieures et indépendantes de nous : et *la croyance à un ensemble d'êtres extérieurs est elle-même un de ces états de l'esprit* ». Brown était, d'après cette déclaration, de l'opinion que Hamilton s'est plu à appeler un *idéalisme cosmothétique* (par opposition aux psychologues qui admettent la perception comme une prise de connaissance immédiate de l'objet en ses qualités propres). Il soutenait que Hume lui-même avait admis cette croyance comme invincible, — ce qui est exact, mais ne contredisait pas à son scepticisme de théorie, — et que Reid ne pouvait pas en avoir eu, au fond, une différente, puisqu'il avait parlé, lui aussi, de l'impuissance de la logique à la détruire, sans prétendre pour cela qu'elle pût être établie par le raisonnement, ou seulement justifiée par la ressemblance de son objet avec les sensations qui la suggèrent. Et ceci aussi était exact, mais Reid avait fait tous ses efforts pour mettre au compte de la nature la suggestion immédiate, dite invincible, des notions de certaines qualités qui, d'après lui, auraient appartenu à la matière en soi. C'est cette immédiateté qu'il a bien pu prendre pour un rapport de la connaissance à l'objet saisi, alors qu'elle ne peut être qu'un rapport de la conscience à la suggestion, la suggestion n'étant elle-même que l'effet d'un préjugé, d'une habitude d'esprit.

Brown, sur qui n'opérait pas cette suggestion de qua-

---

[1]. *Leçons sur la philosophie de l'esprit humain* (Leçon XXV) citation prise des extraits traduits et publiés par Louis Peisse dans ses *Fragments de W. Hamilton*.

lités abstraites : dureté, impénétrabilité, recourut à l'idée générale de *cause* pour expliquer l'origine empirique de la croyance au monde extérieur. Le sentiment de la résistance éprouvée dans les impressions du toucher susciterait l'idée de cette cause *inconnue* : non pas que l'existence réelle d'un sujet externe des qualités sensibles soit prouvée par les sensations, qui en seraient les *signes* certains, comme le pensait Reid, ou qui en seraient les *représentations* certaines, selon d'autres opinions plus communes, mais parce qu'elles constituent un état externe de l'esprit, une projection objective, accompagnée de l'irrésistible croyance à la réalité propre de l'objet qui les cause.

Le sentiment de la résistance n'était donc pas employé, dans cette théorie, à faire connaître la nature du corps extérieur, et c'était là une grande supériorité sur l'explication, toute pareille en apparence, que donnait vers le même temps le disciple de Condillac[1] en opposant à la volonté de mouvoir, chez le sujet de la perception, l'inertie du corps rencontré au contact. L'idée de cause efficiente, considérée comme intervenant au moment où le sujet sensible éprouve un sentiment confus qu'il ne peut reconnaître comme issu de son être propre, exclusivement autocinétique jusque-là, par hypothèse, est une vue philosophique plus profonde que celle de D. de Tracy, dont Maine de Biran fit sortir, par un tour imprévu de son imagination réaliste, l'idée de la volonté cause motrice transitive. Nous irons plus loin, et nous remarquerons que si Brown eût complété le contenu de l'idée de cause (qu'il voyait tout entière dans la résistance de l'objet) par l'action du sujet, sans les préciser ni l'une ni l'autre, il aurait pu représenter

---

1. La théorie de D. de Tracy sur la résistance des corps, comme preuve de l'existence de la matière et fondement de la connaissance de ses propriétés essentielles, fut exposée dans les Mémoires de l'ancienne Académie des sciences morales et politiques t. III, 1801 (*Dissertation sur quelques points d'idéologie*), puis dans les *Éléments d'idéologie*, dont la première édition est de 1804. Les œuvres de Brown sont de peu postérieures.

avec vraisemblance les premiers sentiments de causalité, unis aux premiers efforts de réaction sur le dehors, et aux premières perceptions vagues qu'on peut croire avoir été l'origine, ou avoir constitué les premiers progrès de la conscience distincte chez le petit enfant, ou chez le jeune animal. Une théorie psycho-physiologique de ce genre, dont il ne serait pas impossible de faire remonter le sujet jusqu'aux sensations les plus élémentaires de l'être organique et mental en voie de formation, serait plus conforme à la réalité des faits que ne peut l'être la recherche idéologique des motifs sur lesquels se fonderait l'affirmation du monde extérieur, chez le sujet adulte ramené par l'abstraction d'un psychologue à l'ignorance de toutes choses.

Aucune théorie de la perception, fondée sur les qualités sensibles de l'ordre du toucher, ne peut fournir la genèse de l'idée de l'étendue sans pétition de principe, c'est-à-dire sans un recours à l'idée du mouvement, qui suppose celle de l'étendue ; mais on a cru pouvoir éviter cet inconvénient en suivant une voie indirecte, en recourant au temps, dans le mouvement, et en imaginant un parcours de l'organe du toucher sur des parties successives du corps tangible. L'espace se présente ainsi comme une sorte de succession, et l'intuition spatiale est escamotée. De là la curieuse théorie de D. de Tracy que nous connaissons (ci-dessus chap. III). Le même procédé devait venir naturellement à l'esprit de Brown : « Je suis porté, dit-il quelque part, à prendre l'inverse du procédé communément suivi, et, au lieu de demander à l'étendue la mesure du temps, de dériver du temps la connaissance et la mesure originaire de l'étendue »[1]. — Le mot *originaire* est heureusement joint au mot *mesure*, quand il s'agit du temps, pour faire entendre qu'il ne s'agit que d'une mesure approximative et toute pratique. La mesure proprement dite, ou directe,

---

1. Citation de Brown empruntée aux *Principes de psychologie* de W. James, t. II, p. 271.

est impossible pour le temps. Elle n'est applicable à l'espace qu'à raison de la propriété de *superposition géométrique*, propriété absolument unique, qui permet la détermination directe de deux étendues égales et celle d'une étendue fixe.

Ce fait capital devrait suffire pour réfuter les ingénieux psychologues qui, de notre temps, ont donné suite aux idées de Tracy et de Brown à ce sujet; car l'aveugle-né peut s'assurer qu'il met arbitrairement des temps plus ou moins longs à parcourir un espace linéaire dont il a constaté la fixité par des opérations du toucher, et cela prouve indubitablement que le genre géométrique des grandeurs et de leurs rapports n'est point réductible au genre dynamique. Ce sont des catégories mutuellement irréductibles, dont le rapprochement fondamental établit en même temps la différence radicale, par la genèse d'un rapport original : la vitesse. Ce rapport lui-même n'est mesurable qu'indirectement, l'étendue parcourue pouvant seule fournir l'unité de mesure, et le temps écoulé ne tirant jamais la sienne que de celle-là, dans un mouvement que l'on croit pouvoir supposer uniforme[1].

[1]. On trouve dans les *Fragments des leçons de Royer Collard*, publiés par Th. Jouffroy à la suite de sa traduction des œuvres de Reid, la thèse du caractère absolu de la durée, et celle de sa mesure *directe*, soutenue contre l'autorité de Laplace. Le professeur croit que Laplace s'est exprimé un peu légèrement sur la question ! Sa démonstration à lui, fort longue, est un paralogisme d'un bout à l'autre, parce qu'il n'a pas l'idée exacte des conditions que doit remplir l'unité de mesure d'une quantité concrète. Il affirme que la *mesure d'une quantité ne peut se prendre que dans la quantité elle-même ; donc celle de la durée dans la durée*. Or il n'y a pas, en physique, une seule théorie de mesure de quantités, dont l'unité soit autre qu'indirecte, et prise de l'unité linéaire, en dernière analyse. Les philosophes français de la réaction spiritualiste, disciples des écossais, se distinguaient malheureusement de leurs rivaux, les idéologues, par l'absence d'esprit scientifique.

CHAPITRE IX

REID, BROWN ET HAMILTON

Dugald Stewart, vantant la réforme que, suivant lui, Reid avait accomplie en philosophie, voyait son mérite éminent en ceci : qu'il avait montré *que les sensations ne répondent pas plus aux qualités de la matière que les mots ne ressemblent aux choses qu'ils désignent,* et que, niant le rapport de la perception à la sensation, renversant l'hypothèse universellement reçue des idées représentatives, il avait fait voir *que c'est des objets extérieurs eux-mêmes et non de leurs espèces ou images que notre esprit a la perception*[1]. Or la première proposition appartient en principe à Berkeley, et sa véritable portée est d'établir qu'il n'existe point une matière en soi, définie par les qualités qu'on a coutume d'imaginer extérieurement réalisées d'après les sensations ; et la seconde ne pourrait recevoir un sens sérieux que si Reid avait en effet révélé la vraie nature de ces objets extérieurs dont il attribuait à notre esprit la perception. Mais si Reid eût fait cela, il eût mis le sceau à la physique, et même à la métaphysique ; car les physiciens savent bien aujourd'hui que la connaissance de la matière est l'objet dernier, la fin de l'étude des corps et de leurs propriétés, au début de laquelle on ne peut placer que l'énoncé de quelques faits ou notions ; et les métaphysiciens n'ont à leur disposition, dans la question, que des définitions *a priori* ou des inductions tirées des découvertes de la physique. Tout ce que Reid a fait, venant après Berkeley, n'est qu'un essai de restitution, à titre de réelles, de ces qualités *primaires* des corps dont Berkeley avait réfuté l'être en soi, et qui ne sont réellement que des concepts. Comme il pouvait bien les dire, mais non pas les

---

1. D. Stewart, *Philosophie de l'esprit humain*, chap. I, sect. III.

prouver directement perçues, c'étaient des *idées*, malgré qu'il en eût, qu'il rétablissait ainsi, et, de plus encore, des *idées représentatives*, puisqu'elles représentaient pour lui la *matière!*

Brown avait donc voulu mettre fin à une véritable aberration de la méthode philosophique en corrigeant la fausse interprétation des idées. Il revenait d'ailleurs à un lieu commun de la méthode sensationiste, qui reconnaît dans la matière une cause, mais inconnue en soi, de la sensation; et Hamilton, successeur de Brown, à Edimbourg, fit une œuvre rétrograde en reprenant le système de Reid, qu'il soutint avoir été mal entendu par Brown. Le véritable sens qu'il prétendit rendre à l'opinion de Reid était loin d'en présenter une rectification qui permît de discuter les arguments immatérialistes de Berkeley, et d'essayer d'y répondre, — ce dont Reid, au surplus, n'avait jamais paru sentir la nécessité. — Ce véritable sens était, au contraire, une confirmation et une exagération de la plus insoutenable prétention de Reid, de celle qu'il n'avait pas exprimée en termes rigoureux et constants, et qu'il avait d'ailleurs démentie lui-même par le fait d'une explication toute différente exposée en termes précis. Cette dernière consistait, on l'a vu, à regarder la perception externe comme le produit de *notre nature*, c'est-à-dire de l'organisation mentale, qui suscite en nous la connaissance de l'objet réel, quand la sensation nous en offre les signes. L'interprétation de Hamilton exige quelque chose de plus métaphysique, à savoir que l'objet, ou ses qualités, soient perçus immédiatement en eux-mêmes : opinion qui n'a pu, à aucune époque, passer pour intelligible autrement que dans la supposition de l'identité du percevant et du perçu, laquelle fait disparaître la perception *externe* et, par conséquent, supprime la question.

Stuart Mill a consacré un chapitre de sa *Philosophie de Hamilton* à l'éclaircissement du litige. Il a montré que l'opinion de Reid et celle de Brown avaient aux yeux de la critique la même signification : celle de la croyance au monde externe, sans aucune possibilité de la rendre rationnellement démonstrative ; et qu'il n'y avait là chez les deux philosophes que deux différentes expositions de l'*idéalisme cosmothétique ;* mais que néanmoins Brown n'avait point admis la perception des qualités primaires. Seule, cette dernière différence a de l'importance ; mais la différence de l'opinion de Hamilton en a davantage, quoiqu'il n'ait pas voulu le reconnaître, car elle se donne pour quelque chose de plus qu'une opinion, pour la conscience d'une connaissance immédiate. Son intérêt tient à sa discussion qui est singulièrement subtile.

« Dans l'acte de la perception sensible, j'ai conscience de deux choses : de moi, sujet percevant, et d'une réalité externe en rapport avec mes sens, objet perçu. Je suis convaincu de l'existence de ces deux choses, parce que j'ai conscience de connaître chacune d'elles, non pas médiatement, dans quelque chose qui la représente, mais immédiatement, en elle-même, comme existante... Je les appréhende, chacune hors de l'autre et en opposition avec l'autre. »

Une distinction, que Hamilton ne fait pas, est aisée à rétablir : des deux choses définies dans cette formule, il y en a une, le *sujet percevant*, qui embrasse l'autre, l'*objet perçu*, par le fait de le reconnaître, et qui est certain de lui-même comme pensée actuelle, phénoménale, mais qui est moins certain de se faire une juste idée de l'autre en lui prêtant une existence propre. Il est clair que Hamilton n'avait pas assez réfléchi à l'argumentation qui accompagne l'exposé du principe cartésien : *Cogito.* C'est, au reste, le cas des philosophes anglais en général, qui ne veulent guère connaître que les auteurs de leur nation.

Au sujet des qualités sensibles qui dépendent de la perception de l'étendue, « Toutes les sensations, dit Hamilton, dont nous avons conscience comme de l'une en dehors de l'autre nous apportent *eo ipso* la conviction d'appréhender immédiatement et nécessairement l'extension ; car la conscience de l'extériorité réciproque implique en fait la perception de la différence de lieu dans l'espace, et, par conséquent, de la chose comme étendue. » Cet argument se réfute par la théorie de l'espace comme forme de la sensibilité, la perception de l'objet externe comme étendu n'étant pas moins nécessaire, en cette théorie, que dans l'hypothèse réaliste de l'étendue en soi. Mais la réfutation n'en est pas plus malaisée au point de vue de la psychologie empiriste. Bain, citant Hamilton à cet endroit, lui objecte, en effet, qu'il suppose ce qui pour lui, Bain, est en question : à savoir que, indépendamment de l'expérience acquise par nos mouvements, nous pouvons percevoir entre deux sensations différentes (celles de deux chandelles allumées, par exemple) une différence de lieu[1]. La vraie question n'est pas où la place Hamilton, mais elle se pose entre la méthode empiriste, qui part de la table rase de l'esprit et prétend expliquer toutes les perceptions par l'expérience, et la méthode aprioriste, qui n'admet pas que l'interprétation des sensations soit possible autrement que par l'application de notions logiquement antécédentes. La position de Hamilmiton est indéfendable.

Il est aisé de voir que la tentative est illusoire, de faire passer la conviction qu'on a de l'immédiateté pour la certitude de l'immédiateté. C'est la rendre sophistique, que de réduire finalement la thèse à cette proposition : qu'en ce qui concerne le monde extérieur, il y a identité entre la *croyance à l'existence* et la *croyance à la connaissance*. « Les philosophes, dit Hamilton, ont subi presque tous la puissance du fait, en reconnaissant la première ; il est étrange qu'on les trouve d'accord pour abjurer la seconde. » Il nous semble, à nous, que les deux jugements s'unis-

---

[1]. *Les sens et l'intelligence*, p. 638 (trad. Cazelles).

sent à merveille, et qu'on peut répondre à l'identité qu'allègue Hamilton par une autre identité plus logique : croire que l'on connaît l'existence du monde externe, ce ne peut jamais être rien de plus que de croire à son existence, et à l'excellence des raisons que l'on se reconnaît pour y croire. Mais c'est toujours croire; et quant aux raisons de croire, il est de fait que d'autres philosophes ne les jugent pas rationnellement dirimantes. C'est encore une croyance qui est appelée à les apprécier[1].

La question, assez claire dans ces termes, prend encore un aspect plus probant, quand on substitue, pour la traiter, l'idée ou croyance du monde matériel à l'idée ou croyance universelle, et infiniment plus simple, du monde extérieur, considéré à part de toute acception philosophique de sa nature. La confusion de l'existence de la nature avec l'existence de la matière, définie par les qualités primaires, était favorisée par le système de Berkeley; on en a profité pour assimiler la perception de la réalité externe, qu'il fallait rétablir, avec la perception de la matière de Démocrite, et de ses qualités (moins les atomes seulement, qui sont imperceptibles). Les abstractions les plus vulgaires des propriétés des corps inorganiques devaient ainsi passer pour les objets d'une fidèle intuition, sur la foi du sens commun.

L'*intuition* est, en effet, le vrai mot de la *perception immédiate*, qui, prise à la lettre, unirait deux idées contradictoires. Hamilton s'en est servi comme caractéristique de sa doctrine propre et de celle de Reid, à qui il a reproché, non sans sévérité, de n'y avoir pas songé lui-même, outre la faute qu'il a aussi relevée chez lui, sur ce qu'on doit entendre en philosophie par *la conscience*. Ce sont

---

[1]. Nous croyons pouvoir réduire à ces termes la réfutation minutieuse de la thèse de Hamilton par St. Mill. (Voy. *Reid et Brown* dans les *Fragments de philosophie par* W. *Hamilton*, trad. par L. Peisse, p. 139), et Stuart Mill, *La philosophie de Hamilton*, trad. de E. Cazelles, p. 187 sq.). C'est l'idée de croyance, comme dominant tout le débat, qui nous semble devoir être dégagée mieux que ne l'a su faire Mill.

deux erreurs graves : « une erreur de fait, en distinguant la conscience comme une faculté spéciale, et une erreur d'omission, en ne distinguant pas la connaissance intuitive de la représentative (distinction sans laquelle sa philosophie particulière n'est rien). Elles ont contribué à rendre sa doctrine des facultés individuelles prolixe, vacillante, indécise, et quelquefois même contradictoire »,

Que, dans l'objet de l'intuition, Hamilton confondit *la matière* avec *le monde extérieur*, cela n'est d'ailleurs point douteux : « Si, dit-il, le scepticisme auquel aboutit la philosophie du Dr Brown », — par la proposition *que l'esprit ne connaît rien que ses propres états*, — « se réduisait à la négation de la matière, le résultat serait matériellement peu important. La réalité transcendante d'un monde extérieur, considérée absolument, est pour nous parfaitement indifférente. Ce n'est pas l'idéalisme lui-même qu'il nous faut déplorer, mais le mensonge de la conscience qu'il implique. La conscience une fois convaincue de fausseté, un absolu scepticisme à l'égard de la nature de notre être moral en est le triste, mais seul raisonnable résultat... [1]. »

Ces derniers mots de Hamilton rappellent une sentence de notre illustre Royer Collard : « On ne fait pas au scepticisme sa part; dès qu'il a pénétré dans l'entendement, il l'envahit tout entier. » C'est aussi la « réalité de la connaissance » que Royer Collard entendait démontrer dans son cours. Mais l'aphorisme, à l'examen, se trouve n'avoir pas de sens; car on n'oserait pas lui prêter celui-ci : qu'il ne faut rien examiner ni mettre en doute de ce qui passe communément pour une connaissance réelle. Il en est de même de cette « conscience convaincue de fausseté »

---

[1]. *Reid et Brown*, dans les *Fragments de philosophie par W. Hamilton*, trad. par L. Peisse. p. 64-77 et 151. — Hamilton rétablit par une ample discussion, contre Reid, le sens psychologique de la conscience et la définition de la mémoire en tant que connaissance immédiate du présent seulement.

dont Hamilton redoute les suites funestes. Si la conscience paraît éprouver ce malheur, c'est qu'elle n'est pas vraiment la conscience, ou qu'elle a pris quelque autre témoignage pour le sien ; et, s'il faut renoncer à la critique de ses apparents témoignages, alors c'est la négation de la philosophie.

CHAPITRE X

HAMILTON ET HERBERT SPENCER

Après Hamilton, si nous ne prenons la philosophie de la Grande-Bretagne que chez ses plus éminents représentants, au XIXe siècle, nous voyons l'école empiriste, qu'on peut dire régnante, et débarrassée des anciens principes d'ordre moral, dont les écossais avaient fait des applications trop peu scientifiques, trop peu métaphysiques aussi, nous la voyons partagée entre deux directions dont nous désignerons l'une comme réaliste, matérialiste, et l'autre comme plus essentiellement psychologique, associationiste et idéaliste. A la première se rattache la question de l'évolution de la *matière*, dont nous n'aurons à nous occuper que dans ses rapports avec la notion de *force*, et ce sera dans une autre partie de notre étude. Ici, nous avons affaire à la perception externe telle qu'elle est expliquée dans l'hypothèse réaliste de H. Spencer.

Spencer, disciple de Hamilton en métaphysique — à l'exclusion de la théologie cependant, dont il relègue l'objet dans la région du pur inconnaissable, — admet comme lui le principe de relativité, et, comme lui encore, il ne laisse pas d'admettre l'existence et la démonstration de l'Absolu. Stuart Mill a fait ressortir surabondamment les contradictions renfermées dans les formules très précises que Hamilton a données de la thèse du relatif comme seul connaissable, et de l'existence, qu'il soutient en même temps, d'une faculté intuitive en vertu de laquelle nous connaîtrions les qualités primaires comme elles sont dans la substance matérielle.

D'une part, « l'inconditionnel ne peut être ni connu ni conçu, la notion qu'on en a étant une pure négation du conditionnel, qui seul peut être positivement connu ou conçu »; — Nous ne pouvons concevoir ni un tout absolu, ni une partie absolue... Nous ne pouvons nous représenter ni un tout infini, ni une division infinie de parties... La même impossibilité se présente dans la limitation en temps, en espace et en degré; — La pensée suppose nécessairement des conditions, penser c'est conditionner, et la limitation conditionnelle est la loi fondamentale de la possibilité de la pensée; — L'infini est inconcevable aussi bien que l'absolu; nous ne pouvons en concevoir la possibilité, ni en l'homme, ni même en Dieu, sans contredire la nature de l'intelligence[1].

Mais, d'une autre part, l'espace et le temps ne sont pas seulement des formes *a priori* de l'esprit, suivant Hamilton, mais des réalités extérieures, perçues empiriquement; nous percevons la solidité et l'étendue réelles, dans l'espace réel, données en dehors de leurs relations; et nous pouvons et devons croire à l'infini et à l'absolu, attributs du Dieu que nous ne pouvons connaître ni concevoir. Nous sommes certains de ces inconnaissables, en vertu d'une croyance qui ne dépend pas de la connaissance, mais qui la domine[2].

Il sera bon pour la clarté de noter le trait principal de

---

[1]. Par *infini* nous entendons, ici et dans la suite, l'infini quantitatif actuel, en dehors de toute idée de perfection, et par *absolu* le *non relatif*, à l'exclusion du sens de *parfait*, ou accompli, qui, loin de s'allier à l'infini, en est la contradiction.

[2]. *Philosophie de l'absolu : Cousin-Schelling*, dans les *Fragments de la philosophie de Hamilton* (trad. L. Peisse), p. 17-19, et 41-45. — Stuart Mill, *Philosophie de Hamilton* (trad. E. Cazelles), p. 57-59 et 70-73.

la *philosophie du conditionné*, ainsi que Hamilton appelle cette méthode par laquelle il démontre qu'une chose peut être vraie sans que la possibilité en soit concevable. « Toute pensée positive se trouve placée entre deux extrêmes dont nous ne pouvons concevoir la possibilité ; et pourtant, comme ils se contredisent mutuellement, il faut que nous reconnaissions (selon le principe de l'alternative) ou l'un ou l'autre comme nécessaire. » C'est en partant de là que Hamilton entre dans un examen, analogue à la théorie kantienne des antinomies de la raison pure, portant sur les idées de l'espace et du temps au point de vue du tout et de la partie, et sur l'idée de la volonté comme libre ou déterminée, et pense pouvoir conclure de son analyse que l'esprit est tenu de choisir entre deux propositions dont les objets sont *également inconcevables*. Mais la conclusion de Hamilton est fausse, parce que les inconcevabilités ne se rapportent pas à de pareilles difficultés de comprendre. Hamilton a eu le tort de ne pas soumettre à la seule logique la décision de questions essentiellement logiques de leur nature.

L'inconcevabilité est, en effet, de plusieurs sortes : il y en a une qui tient à ce que notre expérience ne nous a jamais fait voir réalisée la relation que nous ne comprenons pas ; et celle-là peut souvent n'avoir pour cause que notre ignorance. Une autre n'est qu'un nom de nos habitudes d'esprit. Telle est, par exemple, celle qui provient du préjugé réaliste de l'être en soi de l'espace. Une autre, mieux nommée, est attribuable, d'une manière cette fois générale, à notre condition d'êtres intelligents situés dans un milieu d'expériences et de relations dont notre entendement n'embrasse pas les termes premiers, en sorte que nos jugements sur l'existence de ces termes s'imposent à nous sans que nous les *comprenions*. Il y en a une enfin, et c'est la seule qui nous oblige logiquement à déclarer fausse la proposition reconnue inconcevable en ce sens ;

c'est celle dont l'objet affirmé implique contradiction dans ses rapports. Il n'y a pas logiquement d'autre empêchement dirimant à une possibilité d'affirmer, que celui-là, parce qu'on s'y verrait en dernière analyse obligé d'affirmer et de nier la même chose, en même temps, sous le même rapport, comme le dit la formule consacrée du principe de contradiction.

Or quand on considère les antinomies, celles de Hamilton comme celles de Kant, on s'aperçoit toujours que, entre les propositions qui s'excluent l'une l'autre (la thèse et l'antithèse de ces antinomies) il y en a une qui, bien examinée, implique contradiction dans ses propres termes ; l'autre non ; celle-ci donc étant la négation de l'autre doit à la fois nous la faire rejeter (selon le principe de contradiction), et demeurer seule vraie (selon le principe de l'alternative).

H. Spencer admet, comme Hamilton, le principe de relativité, et, comme Hamilton, l'existence de l'Absolu, mais non pas du *même* absolu, ni pour les mêmes raisons. Celui de Hamilton, est l'absolu d'une doctrine que nous avons nommée ailleurs le panthéisme théologique [1]. Pour y accorder sa foi, Hamilton se donne à opter entre des propositions qu'il juge également inconcevables, et il choisit mal, suivant ce que nous venons d'expliquer ; car ce sont celles qui sont contradictoires dans leurs propres termes, qu'il regarde comme vraies. L'Absolu de H. Spencer est autre chose, nous pouvons l'appeler l'Absolu abstrait, une idée pure ; car ce philosophe en prétend démontrer l'existence par l'existence du Relatif, qui en serait, suivant lui, le corrélatif ; or ce raisonnement est une application de la méthode réaliste, à l'aide de laquelle on démontrerait tout aussi bien l'existence du non-être par l'existence de l'être, les idées étant inséparables de leurs contraires. Le Relatif est, comme

---

[1]. *Histoire et solution des problèmes métaphysiques* (F. Alcan édit), p. 166.

l'Être, un terme universel et abstrait, et leurs corrélatifs, ou contraires, n'ont qu'une signification logique. Dans le sens le plus strict des mots, un terme universellement *compréhensif* ne saurait avoir de *corrélatif* réel.

L'inconcevabilité de l'Absolu, pur *noumène*, est une conséquence du principe de relativité, mais n'empêche pas H. Spencer, qui admet ce principe, de déclarer « que notre connaissance de l'existence comme nouménale est d'une certitude dont pas une connaissance d'existence comme phénoménale ne peut approcher ; ou, en d'autres termes, que, jugé *logiquement*, aussi bien que jugé *instinctivement*, le réalisme est l'unique croyance rationnelle, et que les croyances adverses se détruisent elles-mêmes (*are self-destructive*)[1]. H. Spencer ne songeait pas, en écrivant ces lignes extraordinaires, que, jugé *matériellement*, le fait donné de la pensée phénoménale est une condition de la possibilité de penser l'existence nouménale. Et c'est le même philosophe qui regardait toute connaissance comme se ramenant originairement à l'expérience ! On sait d'ailleurs que, d'une manière générale, l'*interne*, suivant lui, procède de l'*externe*, par une sorte d'adaptation qui est le mode de formation de l'esprit. Il est permis de se demander si H. Spencer a jamais lu le *Discours de la méthode*.

Quel est ce réalisme dont il dit la certitude incomparable ? Ce n'est pas celui des grands réalistes, les Plotin, les Spinoza, les Hegel, qui élèvent, il est vrai, le principe de l'être et du connaître au-dessus de toute condition ou détermination, mais ne renoncent pas pourtant à le rendre concevable par certaines explications sur le nom et les qualités qu'ils lui prêtent et le sens où il peut être regardé comme la source des phénomènes. Ce réalisme n'est pas, quoiqu'il semble à certains égards vouloir passer pour l'être, le réalisme de l'école empiriste la plus commune,

[1] *The principles of psychology* (1re édit. p. 59).

le réalisme opposé à l'idéalisme, le réalisme de la matière, en un mot ; car il ne soustrait pas seulement à nos conceptions le souverain principe des choses, mais l'essence réelle des objets généraux des études et des connaissances scientifiques. C'est le réalisme que son auteur aurait nommé plus justement *figuré* que *transfiguré*, comme il a fait, parce qu'il réduit ces objets à n'être que des symboles de l'Inconnu. Sa théorie de la perception, dont nous verrons tout à l'heure le sens réaliste, suivant l'acception la plus vulgaire du réalisme, devient alors une chimère.

Les notions scientifiques ultimes : l'espace et le temps, la matière, le mouvement et la force, objets pour nous, suivant H. Spencer, d'une « croyance invincible en leur réalité objective », si nous tentons de nous rendre un compte rationnel de cette réalité, nous devons renoncer à nous la représenter ; car nous n'avons pour cela que le choix « entre des absurdités opposées... entre d'alternatives impossibilités de penser ». Mais à quoi tiennent ces impossibilités ? Le philosophe qui professe le principe de relativité doit le savoir : elles tiennent pour lui à ce que, ne se soumettant pas, comme le font cependant les savants, à considérer ces notions comme des relations fondamentales, il rencontre, pour les réaliser, les contradictions dans lesquelles se débattent les philosophes substantialistes et infinitistes. La conscience elle-même lui devient quelque chose d'inintelligible, et ce n'est pas merveille : étant toujours, de sa nature, une relation d'un sujet à un objet, la conscience devrait, pour être la réalité que H. Spencer demande à se représenter, être le sujet sans l'objet, ou l'objet sans le sujet, ou l'identité du sujet et de l'objet ; et, dans chacun de ces trois cas, la relation s'évanouit, et, avec la relation, la conscience.

Comment se fait-il que les hommes croient invinciblement à des réalités dont la condition est si négative à l'égard de la représentation possible ? Leurs croyances sont, d'après la doctrine de l'évolution, des produits graduels de la nature, dans l'organisme animal et dans l'ajustement de l'esprit à l'organisation, depuis l'origine et dans tout le cours des œuvres de la Force-Matière, ce symbole fondamental de la souveraine réalité. Et elles deviennent, par l'effet de cette formation nécessaire de l'entendement, tellement inébranlables, que le véritable critère de la vérité d'une proposition est l'*inconcevabilité de sa négative*. Et cependant leurs objets sont inconcevables! Quel est donc au juste cette réalité dont la conviction est authentiquée par la nature? Est-ce celle-là même qui est inconcevable? Il le faudrait, mais le philosophe n'est pas fixé, et le peuple est dans l'ignorance de la question. C'est donc la réalité des signes, mais le peuple est au plus loin de penser que les choses qu'il croit réelles ne sont que les signes de quelque autre chose! L'œuvre de l'évolution serait donc pour lui une tromperie?

Il ne nous reste plus qu'à montrer comment la théorie du monde extérieur et de sa nature, d'abord toute pareille, chez H. Spencer, à celle des psychologues qui posent la réalité de la matière, donnée en elle-même et prouvée par les sensations, est ensuite transformée par la doctrine de l'évolution. Voyons d'abord la question de l'espace, qui est préliminaire.

« Le dernier élément dans lequel peut se résoudre notre notion d'espace est celui d'un rapport entre deux positions coexistantes. Et pour que ces deux positions soient présentées à notre conscience, il est nécessaire qu'elles soient occupées par quelque chose de capable de faire impression sur notre organisme, c'est-à-dire par quelque chose de résistant ». Cette proposition est contraire au sentiment universel touchant l'espace, puisque nous en avons, et que nous ne pouvons pas ne pas en avoir, et ne pas en garder la représentation, indépendamment des corps occupants ou non occupants; ce qui fait que cette représentation est la condition de la leur, et non réciproquement. Un tel renversement de l'ordre des idées de quantité et de contenance, inhérentes à l'extension, est destiné par le philosophe empiriste à donner, dans la perception, la priorité à certaine sensation particulière sur la puissance intuitive (qu'elle est cependant incapable d'engendrer), et l'antériorité à une action de la matière sur l'ordre entier des perceptions :

« Notre perception du corps a, pour derniers éléments, des impressions de résistance... La résistance est l'attribut primaire du corps, l'étendue un attribut secondaire. Nous ne connaissons l'étendue que par une combinaison de résistances; nous connaissons la résistance en elle-même, immédiatement... On ne peut penser à une chose comme occupant un certain espace qu'autant qu'elle offre de la résistance ». A ce compte, on ne saurait penser à une image comme occupant un espace, et la géométrie pure n'aurait jamais pu naître!

Selon H. Spencer, on peut concevoir, et l'enfant conçoit le mouvement, grâce à l'expérience qu'il en a, sans qu'il doive avoir à cet effet l'intuition préalable de l'espace. L'apprentissage a lieu par une série de sensations tactiles et musculaires qui finit par se traduire mentalement en l'idée d'une série de positions occupées. Mais cette explication paraîtra manquer de tout fondement imaginable à quiconque cherchera à déduire, du fait d'une suite d'impressions, l'idée d'une distance franchie en les percevant successivement, à moins de supposer une vision spatiale interne, laquelle enferme alors deux choses : 1° l'étendue imaginée; 2° l'acte volontaire de la parcourir.

H. Spencer admet et veut démontrer par un même raisonnement que l'idée du mouvement se forme avant l'idée du temps, et sert à la révéler, ainsi qu'elle révèle, selon lui, l'idée de l'espace. Mais il est faux qu'elle révèle celle de l'espace, car elle l'implique. Il en est autrement du temps. Il est très vrai que l'idée du mouvement n'implique nullement l'idée du temps, *quoique le mouvement implique le temps.* C'est que l'origine et le siège essentiel de l'idée du temps est interne : nous la transportons du mouvement de l'esprit (changement interne, ou de pensée) au mouvement proprement dit (changement de lieu) ; elle est alors le fondement des notions d'accélération, de retardement ou d'uniformité (modes de la vitesse) ; mais il n'est pas moins vrai qu'il est facile de se représenter deux points ou lieux séparés, dans l'espace, et d'imaginer le transport d'un mobile de l'un de ces points à l'autre, sans pour cela penser, au même instant, que ce phénomène comporte un temps écoulé, correspondant à l'étendue parcourue. Cette loi est une relation fondamentale entre deux catégories mutuellement irréductibles. Elles permettent des représentations séparables, l'une interne, l'autre externe : la première, qui donne la numération, la seconde, l'imagination du continu, toutes deux se prêtant, par conséquent, à l'application d'une troisième catégorie, la quantité, et toutes deux psychologiquement et logiquement antérieures, comme conditions, à toute perception qui ajoute un jugement à des sensations.

Les sensations du toucher, celles de la *résistance* comme les autres, en tant qu'impressions des sens, sont en elles-mêmes exemptes de jugement. Le jugement de résistance implique la notion du mouvement, celle de l'espace, que suppose la représentation du mouvement comme possible, et enfin la volonté de mouvoir, sans laquelle on chercherait en vain un sens à donner à ce mot : *résistance.* Nous savons que cette dernière condition avait été aperçue par plusieurs psychologues. H. Spencer s'attache à l'opinion contraire :

« La résistance, telle que nous la révèlent nos sensations de tension musculaire, forme la substance de notre conception de la force... Matière, espace, mouvement, force, toutes nos idées fondamentales naissent par généralisation et abstraction de nos expériences de la résistance...

L'action par contact est celle dont toutes les autres actions ne sont que des représentations... Nos idées d'action, force et pouvoir en découlent, et par conséquent découlent de la tension musculaire... La résistance qui nous est ainsi révélée est la seule espèce d'activité externe que nous soyons obligés de considérer comme la même, objectivement et subjectivement... Il est impossible, pour nous représenter l'action mécanique, d'avoir recours à quelque autre état de conscience que celui qu'elle produit en nous, de penser la force objective comme différente de l'impression subjective que nous en avons. Quand on dit qu'elles diffèrent en réalité, cette proposition est intelligible verbalement, mais par ailleurs elle est absolument inconcevable, et il doit toujours en être ainsi. »

Si la différence est inconcevable, remarquons que l'identité ne l'est pas moins, d'après H. Spencer lui-même, à titre de *vérité ultime*, ainsi qu'il le reconnaît ailleurs ; et il semblerait, à s'en tenir là, que ce philosophe ne se chargerait pas, en définissant le rapport de la volonté au mouvement, de donner une solution à ce problème de la *communication des substances*, comme on l'appela dans l'école cartésienne, duquel procédèrent les doctrines des *causes occasionnelles* et de l'*harmonie préétablie*. Mais nous n'avons pas encore là sa pensée tout entière. Il ne confond pas précisément, comme il a semblé le dire, l'activité *subjective* avec l'*objective*, la volonté avec l'action musculaire ; il identifie la volonté avec la sensation de cette action, en se rapportant pour cet effet à l'œuvre de l'évolution physiologique :

« La connaissance de la résistance est résoluble en celle de la tension musculaire, et celle-ci constitue la matière brute de la pensée sous ses formes primitives, si l'on considère qu'elle constitue la seule mesure valable des phénomènes externes. Dès son commencement, l'acquisition des connaissances est expérimentale... Le sens de la tension musculaire forme, dans la nature des choses, l'élément primitif de notre intelligence... Il reste encore à montrer que la perception de résistance, c'est-à-dire de tension musculaire, consiste dans l'établissement d'un rapport de coexistence entre la sensation musculaire et cet état particulier de la conscience que nous appelons volonté. La sensation musculaire seule ne constitue pas une perception de résistance. »

Il n'est pas exact que la *perception de résistance* soit la *perception de tension musculaire*, puisqu'il y faut ajouter le fait de la *volonté* appliquée à la tension musculaire. Et la *coexistence* entre la *sensation musculaire* et la *volonté* n'est pas tout le phénomène, puisqu'il s'y ajoute le sentiment d'être la cause de cette tension par la volonté, le sentiment de l'effort, l'idée propre et première de la force. Il faudrait donc montrer comment, soit chez l'individu (sans supposer de données *a priori*, mais à l'origine et dans le cours de l'expérience), soit par l'évolution, dans l'évolution des espèces, l'établissement de la *distinction* s'est fait dans le rapport de *coexistence*. Mais H. Spencer tranche la question en niant la distinction, comme il l'avait fait tout d'abord en définissant la force une et identique, objective et subjective, inconcevable. Et alors c'est là très nettement nier l'existence de ce que tout le monde appelle la volonté :

« Lorsqu'après qu'une masse complexe d'émotions et d'idées s'est élevée en lui, un homme accomplit une action, il affirme communément qu'il s'est déterminé à accomplir cette action, et, en s'exprimant comme s'il y avait un moi mental *présent à sa conscience*, et pourtant distinct de cette masse d'émotions et d'idées, il est conduit à cette erreur de supposer que ce n'était pas cette masse complexe d'émotions et d'idées qui a déterminé l'action ; mais s'il est vrai... »

— Achevons à la place de l'auteur :

S'il est vrai que l'ensemble des phénomènes de l'univers

se compose de la suite des transformations de la *Force-Matière*; si l'histoire naturelle de la formation de l'intelligence est écrite dans le cours de l'évolution déterminée par cette suite de transformations; et si l'enchaînement est indissoluble, depuis l'origine, entre un état des phénomènes de toutes les sortes et l'état qui le suit, il certain que ce qu'on appelle la volonté n'est jamais que la constatation, en un lieu, en un point, et chez un individu donné, du fait particulier dont la production est exigée par les faits actuels ou antérieurs de tous les lieux et de tous les temps en rapport avec celui-là.

Quoique la *Force-Matière* de ce système soit, au dire de l'auteur, quelque chose d'inconcevable, dont ce qu'on appelle communément la matière est un pur symbole, il est manifeste que c'est la notion de cette dernière, de celle qui est la réalisation de l'objet abstrait de la mécanique et de la physique, de celle dont Berkeley a réduit démonstrativement les qualités, les *primaires* comme les *secondaires*, à des formes sensibles, exclusivement mentales; c'est, disons-nous, celle-là qui est, pour ainsi parler, responsable des conséquences que H. Spencer a tirées de l'évolution qu'il lui prête. C'est elle, en effet, ce n'est plus sa notion comme inconcevable, qui lui fournit le sujet et la cause des phénomènes. Si, au lieu de la réaliser, ce qu'il fait indubitablement, toute symbolique qu'il la dit être, il eût reconnu, dans l'unique idée rationnelle qu'on doit s'en faire, la principale application du principe de relativité (qu'il professait), il eût compris, ce qui est clairement exposé dans le premier des *Dialogues d'Hylas et de Philonoüs*: que la chose dont les dimensions peuvent subir des changements sans limites, tandis qu'elle reste semblable à elle-même, et qui, admettant ainsi l'application d'une unité arbitraire, n'a d'unité réelle ni en elle-même, ni en aucune de ses parties, n'est pas une grandeur en soi. La grandeur étant une relation, l'étendue, qui est toujours une grandeur, est donc une relation aussi, et le mouvement de même; et l'espace, qui est l'idée d'un agrandissement indéfini d'étendue où toutes les étendues possibles se placent et se limitent les unes les autres, ne peut pas être conçu indépendamment de ces rapports. Enfin, la solidité, la dureté, la résistance sont des qualités sensibles qui ne sauraient s'extérioriser sans supposer l'étendue et le mouvement, qui sont des relations. Si H. Spencer se fût rendu scientifiquement compte, comme son principe avoué l'y obligeait, de la nature relative de ces *notions ultimes* de la science, il n'aurait pu les juger inconcevables, il n'aurait pas demandé sa doctrine de la vie et de l'esprit à une propriété de transformation de la Force, unique et véritable inconcevabilité qu'il y ait dans cette étrange physique, et qui est l'œuvre de son imagination.

CHAPITRE XI

LA PERCEPTION EXTERNE CHEZ ALEXANDRE BAIN

La branche rigoureusement empiriste de la psychologie anglaise suivait, au siècle dernier, dans une sorte de parallélisme avec l'invention et le développement de la méthode évolutioniste, les traces déjà anciennes de l'idéalisme de Berkeley et de Hume, mais en écartant jusqu'au souvenir de l'hypothèse théologique de la perception, du premier de ces philosophes. On évitait le franc aveu de l'impuissance où l'on était de faire la synthèse des éléments de l'étude de l'esprit, que l'analyse dispersait. C'est dire que l'école de Hume, c'était bien la sienne pourtant, semblait ne le guère suivre, ne le citait pas volontiers, et donnait à la psychologie les apparences d'une recherche de la théorie achevée de l'intelligence. La méthode de l'association des idées, reprise par James Mill, et envisagée essentiellement dans la liaison qui s'établit spontanément entre les sensations que l'expérience a fait apparaître contiguës, soit dans le temps, soit dans l'espace, et puis entre leurs images, qui sont les idées, était appelée à rendre compte des perceptions et des facultés au moyen de l'abstraction et de l'emploi des signes. Un service encore était demandé à l'association : celui de poser le fondement des croyances et des convictions qui passent pour des jugements nécessaires, mais qui ne seraient au fait que des *associations inséparables*, formées par les habitudes.

Sur le premier point, James Mill tombait dans le piège facile d'inventer des explications qui ne sont comprises et ne semblent acceptables qu'à la faveur d'une convention non justifiée : nous voulons dire, en usant des notions que l'intelligence possède, préalablement à tout éclaircissement qu'on prétend lui donner sur leur origine, et en supposant fictivement un certain état où elle aurait dû se trouver avant de les posséder. En somme l'*esprit* étant partout impliqué, dans les théories proposées, pour rendre compte de la formation de ses notions fondamentales, c'est une grande illusion d'imaginer ces théories capables de reconstituer l'*esprit* dissous par les analyses de Hume.

Sur le second point, c'est-à-dire en ce qui touche les *associations inséparables*, il faut peut-être chercher l'idée première chez Hartley, qui avait beaucoup moins étudié l'association au point de vue de l'explication des facultés (où elle prenait pour lui l'aspect physiologique de la doctrine des *esprits animaux* de Descartes), que dans la pensée de l'utiliser pour un but moral d'éducation de l'homme. On sait la suite donnée par l'utilitaire James Mill, et par John-Stuart Mill, plus sentimental, ainsi que plus profond, aux vues associationistes appliquées à l'œuvre du progrès de l'humanité. Nous n'avons à nous occuper que des théories de la perception. Elles ont pour commun caractère, en cette école, d'être ou de paraître aussi affirmatives que celles dont l'intention est d'établir avec le plus de certitude et de fermeté les réalités externes, tant qu'il ne s'agit que d'y prendre l'origine des connaissances par les sensations, et la formation de l'intelligence par l'association et par l'expérience, et puis de se trouver à peu près négatives de ces mêmes réalités, quand elles nous les montrent toutes suspendues au fait empirique de la représentation mentale. On ne sait s'il faut les dire finalement négatives ou sceptiques à l'égard de l'esprit lui-même, partout supposé, dont la nature échappe aux analyses de ces psychologues, comme à celles de Hume un siècle auparavant.

Le plus précis, dans le double sens, nous paraît être Alex. Bain, et cependant il est peut-être moins difficile chez lui que chez Stuart Mill d'entrevoir, à la fin des analyses de psychologie pure, l'entrée d'une métaphysique dont, faute d'accord (on n'en imagine aucun de possible), le désaccord au moins serait le moindre avec leurs conclusions psychologiques.

Alex. Bain a, selon nous, cette supériorité de vues sur beaucoup de psychologues, en ce qui touche les premiers éléments de la perception, qu'il ne sépare pas les deux sens principaux qui y prennent part, et qu'il les envisage tous deux dans les premiers mouvements spontanés du sujet. L'étendue est, dit-il, un sentiment (*feeling*) dérivé en premier lieu du mouvement de nos organes moteurs. Ce mouvement s'associe avec le parcours, l'ajustement et les autres modifications de l'œil, et quand la notion se développe, elle est un composé de tact et de vision qui se rappellent mutuellement. « La grandeur n'est pas grandeur, si elle ne signifie l'extension et le mouvement des bras et des jambes qui serait nécessaire pour embrasser (*compass*) l'objet; et la tentative pour cela doit en être faite. L'étendue, la grosseur, ou la grandeur doivent non seulement leur origine, mais leur entière signification ou valeur à une combinaison de ces différents effets des mouvements associés. L'union des sensations de la vue et du toucher, avec les énergies motrices ressenties (*felt motive energies*), explique tout ce qui concerne notre notion de la grandeur étendue, ou espace. »

Alex. Bain n'admet donc nullement, comme H. Spencer, l'identité fondamentale des idées de l'espace et du temps, mais bien leur origine commune dans le mouvement, leur distinction, et, avec cette réserve seulement, l'ingénieux rapprochement des deux idées, moyennant le concept du renversement possible du sens du parcours successif d'une étendue donnée, pour obtenir le concept de la coexistence [1].

L'adhésion de Stuart Mill, en ce dernier point, a été plus réelle : on peut citer comme une singularité que, pour notre compte, nous appellerions volontiers idiosyncrasique chez lui, son affirmation que, « en dépit d'une ligne de partage entre deux couleurs sur la rétine, *il ne voyait* nul fondement à penser que nous pussions, à l'aide de l'œil seulement, arriver à comprendre ce que nous voulons dire à présent en disant que l'une des couleurs est au dehors de l'autre. »

Le principe de l'idéalisme absolu est déduit par Alex. Bain avec beaucoup de lucidité et de rigueur. Répondant à la question de ce qu'il faut penser du monde, et s'il faut croire qu'il s'évanouirait avec la matière, l'espace et le temps, au cas où tous les esprits seraient anéantis, — en admettant la doctrine psychologique suivant laquelle le monde n'a point une réalité externe indépendante de nos sentiments musculaires, des sensations et de leur interdépendance, tous faits témoignés au cours de notre expérience, et qui appartiennent à nos esprits : — ces faits, dit ce philosophe, sont bien réellement tout ce que la conscience peut révéler ; il ne conçoit pas ce qu'une réalité

[1]. Bain, *The senses*, etc., p. 198-9, 2ᵉ édit.

externe, indépendante, pourrait signifier de plus. Il peut, sans doute, imaginer ce monde sans habitants? Mais ce ne peut jamais être là que concevoir la conscience supposée d'un habitant que ce monde pourrait avoir. Il ne peut en somme concevoir que *des états de force musculaire unis à des sensations*.

« L'existence passée et la persistance à venir de l'univers-objet ne saurait signifier pour nous qu'une chose : c'est que, si des esprits existaient dans le passé, ils devaient, et, s'il doit en exister dans l'avenir, ils devront être affectés d'une certaine façon. Ma conscience-objet est aussi bien une partie de mon être que ma conscience-sujet. Seulement, quand je ne suis plus, d'autres êtres reprennent et entretiennent la partie-objet de ma conscience, tandis que la partie-sujet a disparu. L'objet est ce qui est permanent, commun à tous ; le sujet, ce qui est mobile, particulier à chacun ; mais rien ne nous autorise, dans le fait de la communauté d'expérience, à séparer l'expérience d'avec l'esprit, où l'objet du sujet...

« La conscience-sujet est l'esprit (objet de la science mentale), et la conscience-objet est l'autre partie de notre être, en laquelle tous les êtres sentants participent (*in which all other sentient beings participate*) et qui nous donne l'univers étendu et matériel[1]. »

Nous proposerons de ce système une interprétation hardie. Elle est toute de raisonnement, mais il n'est pas possible, comme Alex. Bain l'a peut-être imaginé, d'arriver aux grandes généralisations sans trouver, dans la psychologie, la métaphysique.

Entre la conscience-objet et la conscience-sujet de son système, il y a une différence capitale. La première est constante ; en tout monde dont on peut se figurer, — comme il est clairement expliqué ci-dessus, — l'existence, sous la condition qu'une conscience-sujet, une au moins, s'y trouve,

---

1. *The senses*, etc., *Appendix*, p. 626.

avec les sensations musculaires et les mouvements représentés, la conscience-objet est donnée constamment par là même, et il y a perception de l'espace, du temps et de la matière. Mais la première partie, la conscience-sujet est individuelle. Comme notre point de vue est tout empirique, nous ne sommes pas fondés à supposer, — ce serait une hypothèse transcendante, — que les consciences-sujets vivent au delà du temps où fonctionnent leurs organes ; par conséquent, elles sont des modes de sentir et de percevoir, individuels et transitoires, mais toujours en rapport avec ces modes constants de représentation de l'espace, du temps et de la matière, qui sont donnés en correspondance avec leurs mouvements spontanés, puis réfléchis, avec la conscience de ces mouvements, qu'ils impliquent. Il faut observer que les mouvements en eux-mêmes relèvent de l'ordre constant, mais que les sentiments et les représentations appartiennent aux consciences-sujets individuelles.

Tout se passe donc comme s'il existait une conscience, sujet et objet, universelle, dont l'être se diviserait en deux développements parallèles de propriétés indissolublement liées d'un ordre à l'autre : d'un côté, l'ordre des sensations, des mouvements représentatifs, de leurs conséquences pour la perception et pour la conception du monde : c'est la conscience-sujet ; de l'autre côté, l'ordre des phénomènes représentés de l'étendue et du mouvement : c'est la conscience-objet.

On arriverait à un résultat identique, si l'on définissait, dans le monde de Spinoza, ceux des attributs de Dieu, les les deux seuls selon lui, dont la connaissance soit à la portée de l'homme, par un attribut unique de l'Être à deux faces : l'une, pour la Pensée elle-même, pour ses modes représentatifs, qui sont les idées intellectuelles et les idées du corps ; l'autre, pour l'Étendue en tant que représentée, avec ses modes, et toutes les choses en tant que perçues, et toujours en corrélation avec leurs perceptions. Le système psychologique d'Alex. Bain, arrivant à poser la question métaphysique de l'existence du monde, qu'il ne saurait admettre hors de la pensée, est cela même, et répond ainsi au spinosisme réaliste par un spinosisme idéaliste, auquel rien ne manque, excepté l'idée de Dieu, ou son nom.

Mais si le psychologue empiriste s'est cru dispensé de considérer l'idée du monde extérieur, et d'en chercher l'origine hors de la sensation de l'individu humain actuellement donné, il s'est certainement exposé au reproche d'être resté au-dessous de ce que réclame la théorie. Ou bien il ne fallait pas la pousser si loin. Le dualisme des sensations musculaires et de leurs conséquences pour la représentation d'un monde externe est insuffisant. Les sensations, avec les organes qui sont à la fois leurs conditions et leurs objets, font partie de ce monde et réclament leur explication ; elles ne peuvent pas être traitées comme des données premières, à titre de sujet corrélatif de l'objet universel, parce qu'elles tombent elles-mêmes sous notre observation comme liées indissolublement à une masse immense de nature vivante, divisée entre d'innombrables êtres capables de sensibilité et de mouvements, et que cette nature implique à son tour l'existence des conditions matérielles de tous les modes de vie et de sentiment de ces êtres. Les questions d'origine et de cause ne sont pas plus évitables pour le philosophe empiriste que pour l'aprioriste. Émanation, panthéisme évolutif ou panthéisme statique, procès à l'infini, ou monothéisme et création : il faut choisir, où s'arrêter avant que nécessairement la question se pose.

CHAPITRE XII

LA PERCEPTION EXTERNE CHEZ STUART MILL

La théorie de la perception externe de Stuart Mill part, comme celle d'Alex. Bain, du principe de l'association, mais ne saurait y trouver la même fermeté, à cause de la loi des *associations inséparables*, qui possède la propriété paradoxale de perdre sa valeur comme critère dans la mesure même où elle se fait reconnaître comme l'agent formateur des croyances. Nulle sensation *immédiate, intuitive*, ne peut être logiquement prise pour la preuve certaine de l'existence réelle du monde extérieur, par cette raison que, quand même un tel monde n'existerait pas, les associations, nées des sensations et de la mémoire des sensations, auraient inévitablement engendré non seulement la croyance à un tel monde, mais encore la ferme conviction qu'il est l'objet d'une perception intuitive. Il faut, selon Mill, pour faire droit à cette difficulté, remplacer notre foi compliquée à l'existence réelle des objets visibles et tangibles par « la foi à la réalité et à la permanence des *possibilités de sensations visuelles et tactiles indépendantes de toute sensation actuelle* ».

La première ne peut pas même, au fond, être différente de la seconde, si la « *théorie psychologique* » est vraie. Il est démontré, ce monde des sensations possibles qui succèdent les unes aux autres d'après des lois, par le fait de ses données en des êtres autres que moi, qui ont leurs sensations propres, différentes des miennes. Il est indépendant de nos présences individuelles, ou de nos absences, et la connaissance que nous avons de sa composition, au moins en partie, devient ainsi pour nous la représentation d'une *nature* et de ses *productions*, qui sont les modifications en rapport des unes aux autres, de ses groupes de possibilités. Nous transportons l'application de la loi de causalité, loi universelle de notre expérience des choses particulières à l'ensemble des choses considéré comme leur antécédent commun et leur cause. Enfin l'extériorité est le caractère général de ces possibilités qui demeurent, hors de notre présence, réalisables pour d'autres, quand nous nous éloignons, et pour nous quand nous revenons. « C'est donc bien un Monde extérieur », dit Stuart Mill, et il ajoute : « La croyance en ces possibilités permanentes me paraît renfermer tout ce qui est essentiel et caractéristique dans la croyance à la substance[1]. »

A la substance, qui n'est qu'un terme abstrait, nous n'y contredirons pas, mais à la *réalité permanente de l'ordre des créatures*, cela n'est point admissible. Comment Stuart Mill, logicien, a-t-il pu penser un instant que la croyance au possible fût substituable à la croyance à l'être, alors que *de possibili ad actum consequentia non valet?* Les possibilités étant cohérentes, régies par des lois, et toujours prêtes, si l'on peut s'exprimer ainsi, à fournir les sensations convenables, quand l'être sensible fait, de son côté, ce qu'il faut pour les recevoir, sont des espèces de causes, et, sous ce rapport, le monde extérieur de Mill peut paraître exister pour lui-même et non pas seulement tout autant qu'il est perçu, comme le monde de Bain. Mais, d'une autre part, en admettant cette sorte de séparation, on peut se demander si le non-moi n'a pas pu s'introduire dans le moi par l'effet d'une longue répétition de sensations constamment associées qui auraient à la fin donné lieu à une inférence irrésistible, pareille à une intuition directe. Et en ce cas, l'existence propre du non-moi se trouverait de nouveau mise en question. Sans doute, mais le moi repose-t-il lui-même sur une base plus solide que le non-moi?

Le moi ne pouvant, à travers les phénomènes, atteindre son unité et sa permanence, ne saurait, s'il en juge bien,

1. Stuart Mill, *La philosophie de Hamilton*, chap. xi.

différer des objets qui forment le non-moi; il ne peut, en dernière analyse, les regarder comme autrement constitués que par des suites de possibilités. Mais le *Moi*, c'est l'*Esprit*. Mill se voit ainsi placé dans l'alternative de croire que l'Esprit ou moi est « quelque autre chose qu'une série de sentiments qui se connaît elle-même, et qui se connaît comme passée et à venir », ou d'admettre « ce paradoxe : que quelque chose qui, *ex hypothesi*, n'est qu'une série de sentiments peut se connaître soi-même en tant que série ».

Ce paradoxe serait mieux nommé contradiction; car *ce qui ne serait* qu'une série, s'il se connaissait comme série, serait *quelque chose de plus que* la série. Mais, contradiction ou paradoxe, la difficulté n'est pas de nature à embarrasser un logicien bien fixé sur le principe de relativité. Nous ne pouvons rien connaître, et non pas même la conscience, autrement que comme une relation. Cette relation fondamentale qui est la Conscience est la relation d'un sujet qui se représente à soi comme un et même en regard de la variété et de la diversité de ses objets, lesquels sont ou ses propres modifications, ou d'autres modes objectifs, qu'il perçoit en les jugeant autres que soi. La définition, une fois posée en ces termes, on comprend sans peine que la chose appelée par Mill : *quelque chose qui, ex hypothesi, n'est qu'une série de sentiments*, soit l'ensemble et la suite indéfinie des rapports qui peuvent s'agréger dans l'avenir à la relation fondamentale, et qui s'ajoutent incessamment à la mémoire de ceux du passé; et le sujet que Mill appelle *la série qui peut se connaître en tant que série*, c'est la fonction vivante de mémoire et de prévision que les langues néolatines appellent la personne.

Stuart Mill était tout près de reconnaître la vérité qui avait si complètement échappé à Hume, lorsque, voyant se dissoudre, à la suite de ses analyses, les liens de théorie que les philosophes avaient coutume de forger comme des entités, substances ou causes formelles, entre les phénomêmes dont l'assemblage forme des corps ou des esprits, il écrivait : « Supposons que les phénomènes restent, et sont unis dans les mêmes groupes et les mêmes séries par une autre force », — par une autre force que celle des substances communément imaginées pour être le lien des phénomènes, — « *ou sans le secours d'une force quelconque, mais par l'effet d'une loi* ». Si Stuart Mill écrivant ces lignes eût compris la portée de l'idée de loi, et que l'idée de *force* ne saurait la dépasser qu'en s'élevant au rapport constitutif de la conscience, sous l'aspect de l'action, dans le sentiment du vouloir, il aurait pu conclure encore comme il a fait, mais avec un sens très différent : que le plus sage, en arrivant à l'inexplicabilité, terme fatal de la recherche poussée jusqu'aux faits ultimes, est « d'accepter le fait inexplicable sans faire une théorie de sa production ». Ce sens différent, le voici : c'est que *le fait* n'est et ne peut jamais être, pour l'entendement, qu'un rapport, ni son explication autre chose que sa réduction, avec celle des faits semblables, à quelque relation plus compréhensive.

L'exclusion du principe de la connaissance rationnelle, non seulement des jugements synthétiques *a priori*, mais encore de toute proposition fondée sur des rapports généraux d'ordre logique ou mathématique, est la cause qui a fermé à Mill l'accès de la vraie méthode phénoméniste : de celle qui donne à la philosophie le caractère scientifique, en la définissant par la critique de la connaissance et par la recherche des lois des phénomènes de tous les ordres rapportés à l'entendement. Mill, empiriste à l'extrême, réduisait, comme Hegel, absolutiste, le principe de contradiction à la reconnaissance de ce fait psychologique : qu'un état de la conscience étant détruit par un autre état, on est forcé d'opter entre les deux : c'est le cas des contradictoires. Et la contradiction, selon lui, devait être directe : une proposition doit affirmer identiquement ce qu'une autre proposition nie. Une simple proposition telle que *deux et deux font cinq* ou *le carré est rond* n'implique point contradiction par elle-même. On démontre bien qu'elle implique, mais il faut, pour le démontrer, s'appuyer sur les définitions des nombres ou sur celles des figures, qui sont des abstractions, et qu'une expérience future pourrait démentir !

Il est advenu, de cette curieuse logique, que la doctrine de l'infini, généralement combattue par les empiristes modérés, a trouvé dans l'empirisme rigoureux de Mill des dispositions conciliantes.

L'Infini, l'Absolu sont en eux-mêmes, dit-il, des termes insignifiants, en leur abstraction ; mais il ne trouve point inconcevable qu'un être, premièrement défini par des attributs compréhensibles, possède d'autre part certains attributs infinis incompréhensibles ; car il n'est rien, en notre expérience, qui nous oblige à supposer des bornes, non plus qu'à croire toutes bornes impossibles, là où elle ne nous en montre pas. Le monde extérieur, celui que nous percevons, se réduit, en vertu de la « théorie psychologique », à des possibilités de sensation, et cette même théorie ne nous défend pas de concevoir un autre monde, dont la possibilité des attributs infinis de certains êtres enfermerait l'existence possible. Cet autre monde, remarquons-le, serait presque tout composé d'*impossibilités de sensations*, à moins de supposer que l'expérience peut atteindre l'infini, — l'expérience ne démontrant point *par elle-même* le contraire ! — La conclusion que nous voulons tirer de ces chicanes, c'est que l'empirisme extrême, avec le doute sortant de sa propre méthode, et portant jusque sur la réalité de l'objet des perceptions externes, n'est pas ce qui préserve le philosophe de se montrer complaisant pour l'absurdité. C'est la raison, c'est l'entendement soumis aux catégories qui ont cet avantage[1].

---

[1] Stuart Mill, *La philosophie de Hamilton*, trad. de M. E. Cazelles, p. 75.

CHAPITRE XIII

LA PERCEPTION EXTERNE CHEZ H. TAINE

Entre la fin de l'école idéologique, en France, et Henri Taine, qui reprit en quelque manière la tradition de cette école, et put, grâce à l'étude des psychologues anglais, pousser plus loin qu'elle n'avait fait l'analyse des premiers éléments de la connaissance, au point de vue de l'empirisme, nous ne trouvons que Maine de Biran qui ait approfondi, nous avons vu comment, la question de la perception externe. L'école éclectique essaya de tirer profit du curieux effort de théorie de ce philosophe pour démontrer la connaissance immédiate et simultanée du moi, et de son objet matériel dont sa libre volonté serait le moteur. Mais il faut plutôt dire que, en général, les éclectiques se contentèrent d'un spiritualisme plus banal.

Si l'on ne tient pas compte de cette phase du mouvement des idées, l'éclectisme, qui se rattache par sa raison d'être à la philosophie beaucoup moins qu'à la politique, la vérité est que l'école de Locke, amendée par Condillac, a plus de droit qu'une autre à passer pour la vraie tradition philosophique française, depuis l'abandon de la méthode cartésienne et pendant le cours du XIXe siècle. L'idéologie règne au commencement de ce siècle; le matérialisme physiologique et le positivisme (qui date de 1824) font une opposition constante au spiritualisme, que combattent, bientôt après, d'un autre côté, et très ardemment, les penseurs séduits par celles des idées de Hegel qui leur sont accessibles : déterminisme, progrès de l'humanité, panthéisme à l'état vague. Maine de Biran reste un idéologue par ses habitudes d'esprit, et, répugnant à l'idéalisme, cherche péniblement le moyen d'enter sur l'idéologie les croyances spiritualistes. Taine enfin, le seul penseur qui entre en lutte contre l'éclectisme sur le terrain propre de la philosophie, se propose de reprendre l'esprit français au point où Royer Collard et Victor Cousin ont essayé de le détourner de sa voie. Procédant en sens inverse de Maine de Biran, Taine apporte l'idéalisme empiriste de l'école anglaise, au lieu du réalisme de la volonté locomotrice de ce philosophe, pour définir le fondement psychologique qui manquait à Condillac, et que Cabanis et Destutt de Tracy avaient dû rattacher au système nerveux.

Mais ce fondement psychologique est justement ce que l'idéalisme empiriste n'est pas plus capable de fournir que ne l'étaient le sensationisme transformiste de Condillac ou l'idéologie à base cérébrale. Taine accepte la « nouvelle vue de la nature des corps », considérés comme des « faisceaux de pouvoirs ». Qu'est-ce pour nous qu'un tel faisceau ? la conception affirmative d'une collection de sensations musculaires et tactiles, conçues et affirmées comme *possibles pour moi*, ou pour un être semblable à moi, quand toutes leurs conditions de production, moins une, sont données, et *nécessaire* quand cette dernière est remplie. « Voilà ce qui pour nous constitue l'objet ».

Ces possibilités et ces nécessités sont, dit Taine, les pouvoirs, partant les propriétés, partant la substance même des corps : « Quand même il n'y aurait, en fait, dans le monde, aucun individu sensible, elles existeraient ». Pourquoi ? « parce que la proposition par laquelle j'affirme la possibilité et la nécessité de telles sensations, à telles conditions, est abstraite, et vaut non seulement pour moi et tous les individus réels, mais pour tous les individus possibles ». Cette proposition est exactement la contradictoire de celle d'Alex. Bain, que nous avons rapportée, et qui établit dans une dépendance mutuelle la conscience, — *une conscience* pour le moins, — à laquelle le monde des possibilités puisse se révéler, et ce monde pour lequel une conscience dont il soit l'objet est requise, afin qu'il puisse y être représenté ; en sorte que, suivant les termes de Bain, nous ne concevions jamais autre chose au fond que des *états musculaires unis à des sensations*. Au point de vue commun de ces deux psychologues, c'est certainement Taine qui est dans le faux, parce que sa proposition pèche contre la loi des relations, en un sens où cette loi est admise par tout logicien. Il importe peu qu'elle soit générale, abstraite et doive se vérifier, comme le dit Taine, pour tout individu possible ; encore faut-il qu'un tel individu soit donné, et devienne quelque chose de plus qu'un individu possible, pour qu'elle devienne elle-même quelque chose de plus qu'une possibilité. On peut supposer que ce philosophe, fort peu idéaliste *au fond*, était guidé, dans cette erreur logique, par une secrète pétition de principe réclamant contre la *mise ex æquo* du rôle de la conscience et du rôle de l'objet externe dans le fait de la perception.

Voyons comment Taine entend rattacher sa théorie à celle de Mill, et comment il s'en écarte pour revenir à la fin à des idées plus voisines de celles des idéologues. Il expose les points principaux de la définition des corps par des possibilités de sensations, les raisons que donne Mill pour regarder cette théorie comme un suffisant équivalent des communes croyances au monde extérieur, — en étendant pour cela l'application du principe de causalité des parties à l'ensemble des choses de l'expérience, — et comme capable de se substituer au concept, de soi négatif, de la substance ; enfin cette conclusion de Mill : que, si la conception vulgaire de ces possibilités sous la forme d'une « classe d'entités indépendantes et substantielles » n'est pas suffisamment expliquée par les considérations qu'il a fait valoir, *il ne sait plus quelle analyse psychologique peut être concluante.*

Taine admire cette analyse et l'approuve, il ne demande qu'à ajouter à la conclusion de Mill une *surconclusion* : il estime que les possibilités permanentes se changent légitimement en réalités pour notre croyance, si 1° nous nous fions à la loi de notre expérience généralisée, pour admettre un monde extérieur d'êtres dont les propriétés sont en rapport de causalité avec nos sensations, sous certaines conditions d'espace et de temps, et si 2° nous donnons à notre croyance la rationalité, en nous rendant un compte exact de ce que nous entendons par la loi de causalité, et de ce que nous appelons des êtres réels, alors que nous renonçons, pour les définir, aux anciennes déterminations qui ne sont que nos propres sensations extérieurement réalisées, et que nous abandonnons l'idée de substance, ou matière indéterminée. Nous ne devons pas nous contenter de l'explication à demi négative des faits par la pure possibilité qu'ils se produisent.

Cette réclamation de Taine nous paraît fort juste, mais directement opposée à la théorie de Mill, qu'il a louée, et surtout à l'esprit dont elle procède. Cette dernière a, psychologiquement, le même objet que celle de Berkeley : substituer aux groupes de sujets réels, offerts, dans les corps, à notre perception, les groupes de nos sensations elles-mêmes. Elle explique ensuite ces sensations comme motivées chez le sujet sensible par l'existence d'un système de possibilités, au lieu d'en attribuer à Dieu la production et la distribution suivant certaines lois, comme le faisait Berkeley.

L'autre point réservé par Taine, en son adhésion à la théorie de Mill, quand il demande que les possibilités « se transforment en nécessités dès que la dernière condition qui manque vient s'ajouter aux autres », serait mieux nommé un corollaire qu'un amendement ; car la conviction déterministe de Mill est bien connue, et c'est une exigence logique qui n'a pas même besoin d'être rappelée : que toute condition nécessaire d'un phénomène se trouve être suffisante, quand elle est unique, et qu'elle vient à se produire. Mais c'est que l'intention de Taine va bien au delà de cette

n'est qu'en étudiant ces marques de liaison, que nous pourrions dissiper les illusions de toutes les sortes auxquelles l'exercice empirique des sens nous expose à tout instant, si l'habitude ne nous avait appris à en corriger spontanément le plus grand nombre. Et ce n'est pas par une autre méthode que nous sommes assurés de la vanité des songes, ou que les hallucinés réussissent à vaincre l'obsession de leurs représentations sensibles anormales, quand ils usent suffisamment de la raison. Si la formule d'apparence paradoxale de Taine avait, dans son intention, une autre signification, nous ne la pénétrons pas, mais elle a donné à son phénoménisme un fâcheux caractère, en faisant apparaître l'erreur et le désordre en principe, dans le règne de la sensibilité, et un simple correctif, dans les lois réelles et générales des phénomènes, dont l'observation nous apprend en effet à corriger les fausses apparences attachées à des cas particuliers.

CHAPITRE XIV

L'IDÉALISME KANTIEN

On divise habituellement aujourd'hui, d'après une terminologie allemande, les théories de la perception externe en *génésiques* et *nativistes* selon que l'idée de l'espace y est considérée comme engendrée dans l'esprit par les sensations, ou comme un apport de l'esprit lui-même pour se représenter les objets extérieurs, et des rapports entre eux, de position, d'étendue et de distance. Les théories que nous avons passées en revue jusqu'ici, depuis le moment où la méthode cartésienne et la doctrine de Malebranche furent délaissées pour les analyses du point de vue empiriste, sont toutes des théories génésiques, même celle de Reid, qui charge les sensations de révéler l'existence d'une matière que, suivant lui, elles ne représentent nullement. Elles ont, outre les objections particulières que nous avons fait valoir contre les unes ou les autres, ce vice radical, que l'exposition fournie par les génésistes, des moyens par lesquels la conscience traduit de pures sensations en phénomènes représentés d'étendue et de mouvement implique toujours le sentiment de l'extériorité, avec l'intuition spatiale, pour être comprise. Ce sentiment n'est d'abord *qu'un sentiment,* cette intuition n'est d'abord que vague et confuse. La perception nette des rapports, la comparaison et l'accord à découvrir ou à rétablir entre les données sensibles du tact et de la vue, en ce qui touche ces rapports complexes, variables, dont l'appréciation est sujette à erreur, voilà ce qui exige une *éducation des sens par l'expérience,* terme excellent, rigoureusement vrai ; et voilà d'où la théorie génésique tire toute sa force. Là où nous pouvons sans peine observer l'attention dans son premier exercice, chez l'enfant, se portant sur les choses intéressantes pour lui de l'espace, sorte d'étude expérimentale spontanée de leurs rapports, qui commence dès le bas âge et s'étend à mesure que l'œil distingue, que les bras s'avancent, que les mains palpent, les génésistes ne veulent voir que le fait passif de l'esprit, *table rase,* informé par des sensations de l'existence et des mouvements de son corps, et des objets auxquels il se heurte. La donnée externe d'un espace en soi est supposée par ces sortes de théories. Cependant leurs auteurs ne paraissent pas s'en apercevoir, tout en étant quelquefois des idéalistes.

Si l'on étudie impartialement la théorie *nativiste* de l'espace de Kant, on devra se convaincre qu'elle n'exclut en aucune manière la nécessité d'une éducation des sens pour juger des conditions et des rapports externes, ni le besoin qu'il y a d'en tenir compte, dès les premiers éléments des connaissances que l'enfant doit acquérir pour fonder ses jugements empiriques, ou les rectifier, ni, par conséquent, les analyses psychologiques que ce sujet comporte. Loin d'apporter aucun empêchement à ce point de vue de la question, la doctrine de Kant lui garde sa place. Cette doctrine n'est pas celle des *idées innées* ; le terme de *nativisme* a été mal à propos appliqué à une thèse qui est proprement celle du *conditionalisme*, ou de l'existence antérieure, essentielle, dans l'esprit, des conditions sous lesquelles seules l'expérience est possible, avec les jugements inhérents aux affirmations, aux définitions de ses objets, à mesure qu'ils peuvent être saisis.

L'espace, *forme de la sensibilité*, dans la doctrine kantienne, diffère des *concepts de l'entendement*, de la même doctrine, en ce qu'il s'accompagne d'une *intuition* d'ordre universel, applicable à une sphère immense de rapports ; mais il a cela de commun avec ces concepts, qu'il n'implique pas plus qu'eux des connaissances, ni la donnée de leurs objets, mais seulement une condition générale de la possibilité d'obtenir ces connaissances. Or, ni l'intuition, qui est un mode universel de représentation, confus et vague avant la sensation et l'expérience, ni la condition que l'intuition met à la possibilité des sensations impliquant l'étendue et le mouvement, ne sont des *idées innées*. L'innéité est un terme qui semble toujours désigner des idées positives, bien définies. Mais Kant a toujours admis que l'expérience des sens était une condition de la connaissance du monde externe.

Tout ceci concerne exclusivement la théorie de l'espace, et cette théorie est liée, chez Kant, à celle de la perception externe d'une façon tout autre que chez les *génésistes*. L'espace (les rapports d'étendue et de mouvement) ne sont pas *la chose à percevoir*, la première, dont les autres impliquent les notions ; l'espace est *la représentation dans laquelle* toutes les choses qui sont ou peuvent être perçues extérieurement sont représentées. L'espace n'est pas dans le monde des phénomènes, c'est le monde des phénomènes qui est dans l'espace, lequel est *dans la représentation*, par conséquent donné à la conscience, à celle de l'individu doué de sensibilité. Ce monde extérieur n'est donc pas un monde réel? Il est un monde réel parce qu'il est un monde donné à l'expérience. C'est la raison, assurément fort bonne, que donne Kant de cette réalité, et la réfutation qu'il a tentée, *in forma*, de l'idéalisme, afin de rejeter l'application de ce terme, qu'il n'admettait pas pour désigner sa doctrine, n'a pas, autant que nous pouvons la comprendre, une autre portée que celle-là.

La question de l'« idéalisme de Kant » est obscurcie par une équivoque qui nous a longtemps arrêté nous-même, dans l'interprétation à donner de sa répugnance pour une qualification qui semble aussi bien motivée par sa théorie que par celle de Berkeley, toute différente qu'elle en est d'ailleurs, parce que, aussi bien que celle de Berkeley, l'existence s'y trouve niée d'une matière en soi, substance dont les qualités réelles seraient celles que nous disons percevoir, indépendantes de nos sensations et de nos idées, et d'un espace, lieu des phénomènes, qui existerait en dehors de toute représentation qui en fût ou non donnée. Jusque-là cet immatérialisme est bien ce qu'on a coutume de nommer idéalisme.

Mais Kant, outre les phénomènes, qui ne possèdent pas l'*existence en soi*, admettait des *choses en soi* : d'abord des substances du monde phénoménal, qu'il croyait impliquées par les phénomènes, mais qu'il regardait comme inconnues et inconnaissables, et dont il n'est pas défendu de soupçonner qu'il rattachait *in petto* les actions phénoménales à des *noumènes* choses en soi, causes réelles, en ce cas, de nos impressions sensibles ; ensuite, *la chose en soi* par excellence, l'*Inconditionné*, dont il tenait aussi l'existence pour nécessaire, afin de clore l'ordre intégral des phénomènes conditionnés les uns par les autres. Les objets étaient, d'après lui, perçus extérieurement, c'est-à-dire sous les formes variées de la sensibilité, et moyennant les concepts de l'entendement : unité et pluralité, relation, etc., mais dans l'espace et, par conséquent, dans la représentation. Cette théorie aurait donc été nettement phénoméniste, sans les substances et les noumènes dont elle réclamait l'existence. Or, c'est ce *phénoménisme* qui répugnait à Kant, dans cet *idéalisme* dont il se défendait énergiquement.

On conçoit qu'il eut de la peine à faire agréer sa défense. Son substantialisme se posait en renonçant à se définir. Ni la chose en soi, pur inconnu, ni les substances matérielles, indéterminées, ni les noumènes, agents de nos actes libres hors de l'espace, ni le dieu de la *Raison pratique*, ni le dieu de l'*idéal de la Raison pure*, dont il n'entendait pas non plus garantir l'existence *en théorie*, ne pouvaient suppléer à l'absence d'une source et d'une cause déterminées des phénomènes sensibles, telles que Berkeley au moins avait pu les prendre dans le dieu de la théologie chrétienne, auteur et distributeur, selon ce philosophe, des phénomènes sensibles. Le criticisme de Kant aurait exigé, comme les analyses sceptiques de Hume, pour atteindre la véritable rationalité, la reconnaissance du principe de relativité. Les lois des phénomènes sont pour la philosophie, ainsi que pour la science, l'objet intelligible de la recherche. C'est dans le sujet seulement, dans le but et dans la méthode, que résident les différences ; et Kant avait établi sa table des catégories, non sur la Relation, principe premier et souverain de toutes les notions possibles, et leur universelle condition, mais en posant l'Absolu comme le fondement incognoscible des concepts. Et il introduisait une faculté fictive, la *Raison* superposée à l'entendement, pour régir les *Idées* qui se refusent à l'application de la logique.

Une théorie de la perception externe, au sens propre

de ce mot, ne pouvait trouver place dans une philosophie telle que le criticisme kantien, où l'idée de l'extériorité était si peu déterminée, que l'extériorité elle-même y manquait d'affirmation, au jugement de plusieurs. La même lacune pouvait, il est vrai, sembler regrettable dans le leibnitianisme, doctrine dominante en Allemagne, avant Kant; mais la spontanéité des monades, en leurs changements d'état, et l'harmonie préétablie entre leurs modifications respectives donnaient au leibnitianisme un caractère original, sans aucune analogie avec le kantisme. Kant se montra, autant qu'il le put, éloigné des théories de Leibniz; même en ce qui concerne la théorie de l'espace, dont sa propre définition négligea une partie essentielle, la loi de position mathématique des coexistants, pour en développer exclusivement le point de vue de représentation sensible et d'intuition, comme lieu des phénomènes imaginables.

CHAPITRE XV

LES THÉORIES GÉNÉSIQUES EN ALLEMAGNE
HERBART, LOTZE, WUNDT, HELMHOLTZ

Ni l'*idéalisme subjectif absolu* de Fichte, interprétation égotiste du criticisme kantien, ni les doctrines universalistes de l'identité des différents et de l'évolution de l'Idée, interprétations de ce même criticisme, dans le panthéisme de Schelling, ne comportaient, touchant le rapport premier et essentiel du moi et du non-moi, rien de semblable à une théorie de la perception externe. Pour Fichte, le non-moi étant le produit de la limitation du moi par l'effet d'une sorte d'achoppement à son activité interne, l'individu issu du développement de ce non-moi qui est le monde ne peut, s'il se croit issu de lui-même, existant par soi, atteindre que par un acte de croyance morale les notions de réalité externe et de devoir envers autrui qui, sans cela, seraient exclues par la conviction de l'idéalité pure du temps, de l'espace et de tout ce que l'espace renferme. La causalité réversible du non-moi sur le moi, seul primitif agent, se formulait principalement, pour ce philosophe, en des vues panthéistes, par lesquelles se seraient moins distingués de lui qu'on ne pense, ses successeurs, Schelling et Hegel, qui prirent dans un indéterminé initial, plutôt non-moi que moi, le principe de l'univers, si ces derniers n'avaient fait prédominer, dans leurs systèmes, le déterminisme absolu d'une évolution cosmique, physique chez l'un, logique chez l'autre, sur la doctrine du progrès moral, et s'ils n'avaient pas mis une simple abstraction à la place où les philosophes émanatistes de l'antiquité formulaient des théories de *retour* de l'humanité à Dieu.

Ces disciples panthéistes de Kant trouvaient, dans leurs vues d'enchaînement absolu et d'interdépendance universelle des phénomènes, dans leur négation de toute individualité réelle, une vague dispense de s'appliquer à la question de la perception, là où les doctrines des causes occasionnelles et de l'harmonie préétablie en avaient apporté une sérieuse, qui n'était autre que la solution du problème de la *communication des substances* (en style du XVIIe). Schopenhauer en trouva une plus valable, à sa manière, dans la formelle réduction de tous les phénomènes d'individuation à de pures apparences données dans le sujet conscient ; et c'était là, suivant lui, une conséquence du pur idéalisme, que Kant n'avait osé avouer.

On peut dire, en résumé, que le kantisme fut loin de fournir, sur le problème de la perception, et tout d'abord sur celui de l'individuation, la moindre lumière, et, quand vint le déclin du kantisme, les doctrines du XVIIe siècle continuant à être délaissées, le spinosisme lui-même incompris, l'empirisme s'imposa plus ou moins aux philosophes.

Le principe de l'*esthétique transcendantale* fut méconnu, et les théories génésiques de la perception s'introduisirent dans la patrie de Kant. Herbart en fut le premier auteur et son influence fut considérable en psychologie, même en dehors de son système particulier.

Herbart admit que « l'œil au repos ne voit pas l'espace », proposition qui revient à nier la perception directe de la pluralité d'objets visuels coexistants et juxtaposés (par exemple de deux parties d'un plan différemment colorées occupant des étendues séparées par une ligne droite), et, par conséquent, la perception instantanée possible d'une étendue limitée par une autre étendue. Dans cette supposition, on ne saurait se faire aucune idée de ce que voit l'œil au repos, quand le rayon visuel est perpendiculaire à ce plan et à la ligne de séparation : il faut qu'il ne voie rien; et on ne saurait expliquer ensuite comment les sensations liées au mouvement de l'œil, quand le rayon visuel se déplace, sont capables d'engendrer l'image de cette étendue divisée.

Herbart attribue la représentation de l'étendue visuelle à l'effet d'une certaine combinaison qui s'opère des mouvements de l'œil avec les sensations rétiniennes, non spatiales : il se forme une série graduée de ces sensations, et à la représentation de cette série s'attache l'idée de ses termes associés dans un certain ordre ; cette idée est identiquement reproduite, en ordre renversé, par les mouvements et par les sensations oculaires spécifiques ; enfin, de la fusion de ces reproductions comparées se forme la notion de l'espace. Cette explication verbale néglige le point essentiel qu'il faudrait éclaircir.

Si les mouvements de l'œil étaient supposés conscients et volontaires, ils auraient un but déterminé, et il est manifeste qu'ils impliqueraient en ce cas une notion tout au moins confuse de ce que c'est qu'un mouvement, la notion du parcours d'une étendue. Mais ce n'est pas là une supposition applicable au début d'un apprentissage de la connaissance du monde externe. Il s'agit donc des mouvements involontaires de l'œil. Quel rapport les sensations, soit rétiniennes, soit musculaires, s'il y en a de distinctes qui les accompagnent, ont-elles *en elles-mêmes* avec l'idée d'un mouvement, qu'elles susciteraient selon l'hypothèse ? Il n'y en a aucun d'imaginable qui ne soit une pétition de principe : la connaissance antérieure de ce même rapport dont on demande la révélation à l'expérience.

D'un autre côté, le champ visuel parcouru est représenté pour le sens de la vue, grâce aux mouvements de l'œil, par une série de sensations rétiniennes dont les termes sont des parties d'étendue que distinguent les unes des autres des différences de coloration (condition absolument nécessaire). L'*idée de temps* étant présupposée chez le sujet, — car on ne dit pas que, comme pour l'espace, il ait besoin de rien de plus que de sa conscience pour en être informé, — il perçoit ces parties et les distingue comme lui étant offertes successivement. La série est donc une *suite de moments successifs*; le mouvement dont il est question est un *changement quant au temps*, et c'est là l'un des deux éléments dont se compose l'idée complète du mouvement ; mais l'autre élément, le *changement quant au lieu*, n'y est pas encore, la série n'est pas encore une *suite de lieux contigus*, elle ne peut en revêtir le caractère que sous la condition de l'idée donnée de l'étendue, laquelle alors se lie synthétiquement à l'idée de temps. Or, la synthèse ne peut être qu'apriorique pour l'esprit ; elle ne peut se former *à posteriori*, parce que ni le *fait* du mouvement de l'œil, avec les sensations concomitantes, n'apporte par lui-même, ou n'est apte à suggérer l'idée du mouvement en tant qu'elle implique l'étendue, ni l'œil au repos ne serait capable, — ceci est la thèse de Herbart, — de percevoir l'étendue avec des limites, plus généralement, de percevoir l'*espace*.

Cette théorie se résume donc à demander l'idée de l'espace

à l'idée du mouvement, et l'idée du mouvement au mouvement lui-même. Mais le mouvement n'est que le côté objectif du phénomène, et l'objet de la représentation en réclame le sujet. C'est de celui-ci qu'il y aurait à rendre compte, et de son origine, puisqu'on en suppose une. Mais ce qu'on cherche est ce qu'on a, et ce qu'impliquent comme déjà donné les moyens ou les arguments employés pour le découvrir. Nous reconnaissons là le vice commun de la méthode empiriste dans les questions d'origine des idées : la secrète pétition de principe qui seule en rend les explications intelligibles.

Lotze, auteur de la méthode des *signes locaux*, comme il la nomma, qui obtint un juste succès dans cette partie de la psychologie, par une étude spéciale des rapports des sensations, et de leurs rectifications, pour établir entre elles cet accord qui constate la réalité, évita de supposer, comme Herbart, l'idée de l'espace venue à l'âme du dehors. Il n'adopta pas cependant la définition kantienne apriorique (l'espace, forme de la sensibilité externe). Il imagina une sorte de construction de cette idée par l'esprit, une opération qui porte sur les données empiriques des sens, les compare, les abstrait et les élève à la qualité de notions sursensibles. Mais comment cette œuvre peut-elle se concevoir, si elle ne trouve une sorte de support et des images, pour l'application des concepts de l'entendement (des catégories de relation et de quantité), dans la représentation intuitive de ce milieu dont les sensations visuelles marquent et éclairent l'étendue et les limites en rapport avec le mouvement et le toucher ? C'est toujours, au fond, la même objection.

Wundt rejette formellement la théorie nativiste, et croit pouvoir obtenir, à l'aide d'une certaine théorie génésique, un résultat qui lui paraît assimilable à ce que serait une vraie notion apriorique. Les signes locaux complexes provenus des deux sources, c'est-à-dire des sensations rétiniennes et des mouvements sentis dans la perception, formeraient une synthèse psychique, en laquelle ils deviendraient indistincts : c'est une propriété nouvelle qui apparaîtrait, comme dans les synthèses chimiques, comme *un produit surgissant des conditions de notre organisation physique et mentale.* Les antécédents de la synthèse sont cependant présentés comme psychiques, dans cette ingénieuse théorie, nullement comme cérébraux. Ils ne laissent pas de nous y paraître soumis à l'application d'une méthode naturaliste à la fois et quelque peu occulte ; nous n'y voyons pas mieux que dans les théories génésiques les plus communes l'idée de l'espace naître de mouvements et de sensations dont nul rapport avec cette idée n'est assignable, si ce n'est qu'ils la supposent. Mais alors ils ne sauraient l'engendrer.

La théorie d'Helmholtz offre au psychologue aprioriste un terrain d'entente. Avec l'apparence d'une explication du genre apppelé *génésique*, on peut dire qu'elle accepte, et place au-dessus des données dont le physiologiste croit devoir partir pour la science, le principe Kantien des conditions mentales de la perception. Cette explication génésique elle-même emprunte ses éléments à une loi formellement psychologique. Les déterminations spatiales fondées sur les données empiriques des sens seraient, suivant Helmholtz, des produits d'inférences inconscientes semblables à celles de l'induction ou de l'analogie ; elles seraient, et l'intuition spatiale elle-même serait due à l'expérience, moyennant la seule activité psychique requise pour l'association des idées.

On oppose à cette théorie l'impossibilité que l'association construise une idée, comme celle de l'espace, dont la qualité spécifique est étrangère aux idées qui devraient être associées entre elles pour sa perception. Comment l'induction de l'expérience suggérerait-elle ce qui n'a point antérieurement place dans l'expérience ? L'objection, que nous trouvons formulée dans la *Psychologie* de W. James, est assurément topique. Pour le fond, elle diffère peu de celle qui ruine, selon nous, toutes les théories empiristes de la perception : à savoir qu'elles font insciemment servir à l'explication la chose à expliquer. Mais Helmholtz ne peut manquer de placer le rôle de l'association des idées principalement dans la liaison des sensations du toucher à celles de la vue, — et jusque-là ne sort pas de l'expérience, — tandis qu'il doit songer plutôt à l'induction quand il s'agit de l'idée générale qui les réunit. Et il nous paraît que, comme philosophe, il n'est pas loin de donner à cette fonction logique, l'induction, le sens fondamentalement aprioriste, des penseurs entendant par ce mot certaines souveraines croyances naturelles qui dominent l'expérience et en sont l'interprétation au point de vue du sentiment, sans opération logique. Il s'en remet définitivement, pour la question génésique de l'espace, *aux pouvoirs inscrustables de l'âme*; il parle de Kant comme ayant fait le pas capital, en théorie, grâce à la distinction du contenu de l'expérience et de sa forme universelle donnée par les facultés spéciales de l'esprit. Au demeurant, et pour les problèmes d'ordre scientifique dont il traite, Helmholtz regarde les sensations du toucher comme les matériaux originaux de la perception de l'espace. Ce sont ceux, dit-il, que du point de vue optique nous devons assumer comme nos données [1].

1. Helmholtz, *Optique physiologique*, p. 428-449, 798, 818.

CHAPITRE XVI

POINT DE VUE PHYSIQUE ET POINT DE VUE MÉTAPHYSIQUE DE LA PERCEPTION EXTERNE

Le point de vue métaphysique de la perception peut légitimement différer de celui de l'optique scientifique : en fait, c'est profondément qu'il en diffère. Les sciences physiques ont pour objet essentiel, dans les phénomènes, la quantité et sa mesure desquelles leur usage dépend. Entre les catégories, celle de l'étendue est la seule qui soumette directement à l'étude des quantités exactement mesurables, c'est-à-dire à l'aide d'unités arbitrairement déterminables, qui demeurent approximativement fixes. Pour aucun des autres phénomènes sensibles, sous aucune des autres catégories, la quantité n'est mesurable, si ce n'est par voie indirecte, au moyen d'unités que les rapports des divers phénomènes à l'espace permettent de choisir et de définir par relation à l'unique unité fondamentale, qui est spatiale : ainsi pour le temps, ainsi pour les forces, pour la pesanteur, pour la chaleur, etc. Or le toucher est le seul de nos sens pour lequel des corps suffisamment stables, à positions relatives, à distances mutuelles sensiblement fixes, se prêtent à une détermination exacte et au choix d'une unité approximativement invariable dans nos observations et pour nos expériences. Il est clair d'après cela que le point de vue physique de la perception exige impérieusement l'adoption des impressions du toucher comme les seules propres à atteindre le genre de réalités qui est à la portée des sciences. Les sensations visuelles, en particulier, n'ont qu'à se subordonner, sujettes qu'elles sont aux variations et aux illusions que corrigent ou que dissipent les mesures dont les sensations tactiles sont susceptibles.

La question change de face, quand il s'agit de la perception du monde extérieur en thèse générale, de l'idée de l'espace, en ce qu'elle a de plus vraiment spécifique, et des inductions sur le fondement de la réalité, par delà les impressions qui naissent du toucher. La connaissance de la nature elle-même, en ce qui est maintenant accessible aux sciences physiques, nous conduit et nous force à prendre une vue du fond des choses, pour laquelle celles des propriétés des corps qui valent aux sensations tactiles le don d'être ou de paraître approcher plus que toutes autres de la constatation du réel perdent leur privilège. Notre globe terrestre doit aux conditions où le maintiennent sa température et sa pression atmosphérique moyenne, tout ce qu'il offre de stable dans les états des corps et dans leurs situations respectives, par conséquent tout ce qui souffre la mesure exacte dans leurs propriétés appréciables par les organes tactiles. Si, sans rien changer aux essences et qualités des éléments et à leurs rapports chimiques, on suppose toute cohésion détruite, les combinaisons liquides ou gazeuses étant seules conservées sous la température donnée, l'état solide se trouvera retranché de notre expérience de la nature des corps. C'est une hypothèse physiquement bien simple, car il y a apparemment des globes nombreux dans cette condition, qui fait perdre au toucher le caractère de supériorité que nous lui avons reconnue sur les autres sens. Imaginons que nous soyons placés, par impossible, avec nos facultés perceptives actuelles, à la surface de notre globe, fait des mêmes éléments que nous connaissons, mais en un milieu matériel entièrement fluide et flottant, dans l'impossibilité de prendre aucune mesure géométrique des phénomènes terrestres, et d'apporter par suite aucune précision à la constatation de l'uniformité des phénomènes célestes; nous percevrions l'espace sous la forme intuitive, exclusivement, sans aucune division en étendues fixes, mais occupé par une matière sans dureté, sans impénétrabilité, mobile sous l'action mutuelle de ses molécules, éclairée par le soleil, et divisée suivant certaines lois en parties visibles, de couleurs variables, qui servent à distinguer les corps les uns des autres et par rapport au temps. La vision, dans cette hypothèse, serait l'organe par excellence. Les sensations du toucher, avec les modifications dues aux densités variables, aux pressions et aux chocs occasionnés par les masses et les vitesses des fluides en mouvement, existeraient toujours pour des êtres sensibles, mais les êtres usant de l'entendement n'auraient aucune raison de considérer de préférence le *grand milieu* des phénomènes, ainsi qu'il est nommé dans la religion positiviste, sous un autre aspect que celui du théâtre universel de la représentation des visibles. Le concept atomistique réaliste, l'idée géométrique réalisée du *solide* élémentaire, avec l'impénétrabilité ajoutée à l'étendue (fiction sur fiction), ce concept qui, depuis Démocrite jusqu'à Newton, et au delà, et pour ceux des psychologues de l'école empiriste qui ont cherché l'objet radical de la perception externe dans cet *abstrait matériel*, a été réputé la forme du réel par excellence, n'aurait plus aucun titre pour prévaloir sur d'autres notions de qualité et de relation, en tant que représentation objective ultime des êtres individuels.

La physique elle-même, en des hypothèses dont la valeur s'accroît tous les jours par de nouvelles découvertes sur la constitution moléculaire des corps, rend inabordables à l'imagination les phénomènes qu'on se représente sous la forme d'un matérialisme atomistique. L'idée de l'atome converge vers l'idée de force; l'idée de force vers celle d'une relation entre des affections d'ordre mental et des mouvements, des changements dans les rapports de position sous lesquels les êtres s'envisagent les uns les autres dans l'espace.

Laplace écrivait, il y a plus d'un siècle : « Dans la supposition que la densité des molécules des corps surpasserait incomparablement celle des corps eux-mêmes, — soit des milliards de fois, — on pourrait regarder comme possible que la loi de la gravitation modifiée rendît compte des actions exercées à des distances insensibles pour nos sens. Il faudrait connaître les figures et les distances mutuelles, pour en faire dépendre les affinités modificatrices de l'attraction universelle »[1].

La physique mathématique ne paraît pas plus près qu'elle n'était du temps de Laplace de résoudre le problème de ramener à la loi de l'attraction universelle les lois de la cohésion, compliquées de celles de l'élasticité, force répulsive, de la chaleur et des affinités électives des éléments spécifiques ; mais la vue du grand géomètre relative à l'énorme disproportion qu'on pourrait supposer entre les écartements ou distances mutuelles des molécules des corps (étendues vides de matière gravitante) et les *points matériels* auxquels ces molécules sont assimilables ; cette vue qui rend l'ordre d'un composé moléculaire comparable à un système stellaire, à une *voie lactée*, s'accorde sans peine avec celles où les physiciens sont aujourd'hui conduits, en des inductions dont la source est expérimentale. L'imagination est transportée par leurs hypothèses à un point de vue difficilement conciliable (quoique on paraisse encore trop peu disposé à le reconnaître) avec celui de l'entité substantielle appelée matière, dont l'attribut essentiel serait la dureté, l'impénétrabilité et l'inertie de ses parties élémentaires ultimes.

Le problème de la vraie nature des éléments physiques ultimes et de leurs actions mutuelles n'approche pas pour cela de sa solution, mais l'explication des phénomènes par des propriétés et des forces abstraites étant écartée de la question de la perception externe, et laissée à la physique mathématique, le champ est ouvert aux théories idéalistes ou monadistes. Nous serions conduits à la définition des

1. *Exposition du système du monde*, t. II, p. 353, 5ᵉ édit.

idées sensibles, telles qu'elles se présentent pour l'immatérialisme de Berkeley, si ce n'était que nous aurions à substituer aux idées-signes, que Dieu, leur auteur selon Berkeley, nous donnerait à percevoir, les réelles modifications propres des êtres élémentaires dont les rapports avec nos représentations et nos concepts mentaux, en vertu de l'harmonie préétablie et suivant les lois de la nature, causent nos perceptions.

CHAPITRE XVII

THÉORIE DE LA SPATIALITÉ DE W. JAMES

La théorie de la perception externe, avec laquelle nous terminerons cette brève revue historique, est extrêmement remarquable par une doctrine de la *perception de la réalité*, traitée distinctement de celle de l'extériorité et de l'espace. Les psychologues empiristes, qui, d'après leurs principes, devraient s'interdire la confusion, si naturelle qu'elle soit, de ces deux choses : les sensations par lesquelles l'extériorité se fait reconnaître à la conscience, et la donnée extérieure assurée des objets dont il s'agit d'expliquer la perception, raisonnent presque toujours, au contraire, comme si toute la question était de découvrir les moyens par lesquels s'effectue une opération dont la réalité ni l'objet ne pourraient être mis en doute. C'est une sorte de pétition de principe, à laquelle il s'en ajoute une autre, un paralogisme plus formel cette fois, que nous avons relevé dans les pages précédentes : supposer, au fond, pour les expliquer, la conscience *présente* à l'esprit des notions mêmes dont on prétend dévoiler la *génération*, qui s'opérerait en lui par des apports extérieurs. M. W. James, en son livre : des *Principes de psychologie*, traite la question de la reconnaissance de la réalité, indépendamment des problèmes complexes, si controversés, de la perception. C'est dire que la solution qu'il en donne est essentiellement morale. Mais nous ne pensons pas qu'il en puisse exister une physique, ou physiologique.

Nous ne saurions étendre jusqu'au principe de sa théorie de la perception de l'espace l'entière adhésion que nous donnons à la théorie de la perception de la réalité de W. James, dont nous allons exposer les points principaux. Mais sur ce point réservé même, nous nous demandons s'il n'entre pas plutôt un gros mal-entendu qu'une dissidence profonde dans la répugnance que montre W. James pour la doctrine kantienne de l'*espace, forme de la sensibilité externe*, qui est la nôtre.

Il s'agit ici de l'idée fondamentale, non des détails et du développement considérable accordé par le psychologue à la discussion des points litigieux de la double perception, tactile et visuelle. Ils seraient hors de notre sujet.

Dès le début, la définition kantienne nous paraît s'adapter plus logiquement au point de vue même où se place W. James, que ne font les termes dont il use pour expliquer le sentiment élémentaire et primitif de la spatialité. « La qualité de grandeur (*the quality of voluminousness*) existe, dit-il, en toutes nos sensations, exactement comme l'intensité ». Il serait plus conforme aux habitudes logiques de l'esprit de considérer l'idée vague de grandeur comme attribuable à toute qualité, que d'appeler la grandeur une qualité. Quoi qu'il en soit, la thèse qui suit cette première constatation est une définition de l'espace : « Cette extension (*this extensity*) discernable en toutes nos sensations, quoique plus développée en quelques-unes qu'en d'autres, est la *sensation originaire de l'espace*, de laquelle toute connaissance exacte, concernant l'espace, que nous puissions obtenir postérieurement, est formée par les procédés de distinction, d'association et de sélection ».

Conformément à cette reconnaissance de quelque chose de tel qu'une vague extension donnée par la sensibilité à ses objets quels qu'ils soient, W. James admet, chez le petit enfant, la sensation de la *vastness of extensity*, sans direction, division ni grandeur précises. N'est-ce point là formuler, quoique en d'autres termes, l'existence de l'intuition spatiale comme forme et condition de la sensibilité, au premier moment d'exercice de cette fonction en une sensation formelle? La doctrine kantienne n'est nullement une doctrine d'innéité, dans le sens de préexistence en acte. L'expérience est une condition des perceptions, de son côté, comme les formes et les concepts du leur. C'est un point sur lequel les objections des empiristes tombent à faux, de même que celles qu'ils aiment aussi à mettre en avant, quand ils prodiguent les explications physiologiques en des sujets où elles n'éclairent en rien la psychologie. Il est certain que l'*origine cérébrale* est requise pour les fonctions des sens et pour celles de l'entendement, ainsi que l'est la virtualité mentale pour que les modifications du cerveau, en rapport avec des mouvements externes, correspondent à des sensations et à des pensées. Ce sont de part et d'autre des conditions nécessaires.

« L'ambiguïté de beaucoup de sensations optiques dans l'appréciation du lieu, de la grandeur, de la forme, etc., a fait croire à plusieurs, dit W. James, que de tels attributs ne pouvaient pas être un résultat de la sensation, mais dépendaient de quelque haut pouvoir d'intuition, de synthèse, ou comme on aimera mieux dire. Mais le fait qu'une sensation présente peut toujours devenir le signe d'un représenté qu'on juge plus réel, explique suffisamment tous les phénomènes sans qu'on ait besoin de supposer que la qualité d'étendue (*quality of extensity*) est créée à l'aide d'expériences inextensives (*non extensive experiences*) par une faculté *sursensitive* (*supersensational*) de l'esprit ».

Mais ne lisons-nous pas, au même endroit[1], que « en regard des pouvoirs ordinaires de distinction, de sélection et d'association de l'esprit appliqué aux sensations, il faut admettre comme inhérentes aux sensations, certaines quantités d'extension native (*certain amounts of extensity native*) » ? S'il en est ainsi, il faut choisir : ou ces quantités d'extension sont des objets externes réels, soumis à la perception, ou ce sont de certaines formes spatiales de représentation, puissances et produits de l'esprit qui perçoit. Si la première opinion, l'opinion réaliste, est rejetée, comme incompatible avec le caractère tout relatif et continuellement variable des grandeurs pour la sensation, et avec la détermination arbitraire de l'unité, reste la seconde, dont la meilleure définition n'est pas l'extension native de la sensation, comme la nomme W. James, mais la virtualité de l'intuition spatiale, donnée avec la vie, vaguement développée chez l'enfant, dès ses premières et indistinctes sensations, et, à la fin, l'étendue précisée, mesurée par l'application des concepts de l'entendement, et suivant le procédé logique de la comparaison des données empiriques des deux principaux sens.

C'est aussi ce qu'admet W. James, en accordant au sens de la vue un rang d'importance que lui ont dénié beaucoup de psychologues : « La mesure de la distance est, comme Berkeley l'a dit, un résultat de suggestion et d'expérience, mais l'expérience visuelle toute seule est apte à la produire ». La constatation des trois dimensions est au pouvoir de l'observation, si l'on suppose l'intelligence chez l'observateur. Remarquons que la donnée en est implicitement fournie par l'image du contenant et du contenu, inséparable des premiers et des plus vagues rapports de situation des objets.

Tout ceci concerne ou l'intuition à l'état potentiel, vague en son actualité première, ou l'appréciation des étendues

---

1. W. James. *Psychology*, p. 349-350.

mutuellement limitées et figurées par cette application des concepts qui constitue l'éducation des sens au cours de l'expérience ; et on pourrait ajouter, — sujet difficile et peu exploré, — la connaissance de l'espace, telle que nous l'observons chez les animaux doués en tant de remarquables façons du sens mesuré des mouvements qu'ils ont à exécuter pour remplir les fonctions relatives à leurs genres de vie. Certainement ils possèdent la spatialité (moins les concepts), dans le sens que donne Kant à cette forme de la sensibilité, quoiqu'il se place pour la définir, au point de vue de l'homme : « L'espace n'est point un concept empirique dérivé d'expériences antérieures. En effet, pour que je puisse rapporter des sensations à quelque chose d'extérieur, ou me représenter des choses en dehors et à côté les unes des autres, il faut que la représentation de l'espace soit en moi déjà. Cette expérience extérieure n'est possible qu'au moyen de cette représentation. L'espace est la condition de possibilité des phénomènes, et non pas une détermination qui en dépende »[1]. Nous n'apercevons jusque-là aucune opposition essentielle du point de vue de W. James à la thèse générale de Kant, à moins de considérer l'étendue comme attachée à toutes les sensations, sans qu'il y ait pour cela, dans l'idée à nous faire de l'espace, rien qui les enveloppe et qui les domine. Il est vrai que W. James s'attaque principalement à cette idée générale ; il la traite de *mythologique*, en ce qu'elle est, suivant les termes de Schopenhauer, cités à ce propos, « un procès intellectuel, une œuvre de l'entendement, à laquelle la sensation fournit seulement l'occasion et les données à interpréter dans les cas particuliers ». W. James n'a pas, quant à lui, « conscience de cette opération intellectuelle pour la création de l'espace », il ne saurait « discerner entre deux moments » : l'un, celui de la sensation inextensive ;

---

1. Kant, *Critique de la raison pure*, Esthétique transcendantale première section.

l'autre, celui de la perception extensive, qui suivrait ». Mais ce n'est point là le sens de Kant, ni celui de Schopenhauer, quoique ce dernier ne distingue pas, au moins dans les mots, comme le fait toujours Kant, l'intuition sensible d'avec l'œuvre de l'entendement.

« L'essence de la thèse kantienne, dit W. James, consiste en ce qu'il n'y aurait pas *des espaces*, mais *un espace*, — une *unité* continue, infinie, — et que notre connaissance de *cette unité* ne serait point une affaire de sensations morcelées qui s'unissent par voie de sommation et d'abstraction : à quoi l'on peut opposer évidemment que, si quelque chose au monde porte l'*apparence* d'une construction par rapprochement de parties et abstraction, c'est précisément la notion de l'espace un et infini du monde. C'est là une notion, s'il en fût jamais, et nullement une intuition »[1].

Mais la doctrine de Kant est exactement le contraire de ce que W. James a cru comprendre. La grandeur de l'espace infini ne nous est point représentée par un concept, qui serait contradictoire en soi ; elle se rapporte à une intuition dont le genre d'infinité n'est point fait de parties, et qui est le fondement imaginatif de tous nos concepts d'étendue illimitée et de limitations internes. Le langage de Kant n'a pas plus d'obscurité que n'en comporte un sujet où les termes abstraits ont besoin d'être aidés par la constatation que le lecteur est appelé à faire en lui-même d'un sentiment d'ordre primordial :

« L'espace n'est pas un concept discursif, un concept de relation des choses en général, mais une intuition pure. D'abord, on ne peut imaginer qu'un seul espace ; quand on parle de plusieurs, on n'entend parler que des parties d'un seul et même. Ces parties ne sauraient non plus être antérieures à cet unique espace qui embrasse tout, comme si elles en étaient des éléments de composition ; car elles

---

[1]. W. James. *The principles of psychology*, t. II, p. 275.

ne peuvent être conçues qu'en lui. Il est essentiellement un, la multiplicité que nous y reconnaissons ne provient que de ses limitations. Il suit de là que les concepts que nous lui appliquons portent sur une intuition *a priori*. C'est ainsi que les principes géométriques, tels que celui-ci, par exemple, que *tout côté d'un triangle est moindre que la somme des deux autres*, ne résultent pas apodictiquement des concepts de ligne droite et de triangle, mais de l'intuition, et d'une intuition *a priori*.

« L'espace est représenté comme une quantité infinie donnée. Or, il est vrai que tout concept est pensé comme une représentation, elle-même contenue dans un nombre infini de différentes représentations possibles, et qui est leur caractéristique commune, et, par conséquent, les comprend ; mais nul concept, comme tel, ne peut être pensé comme s'il contenait lui-même un nombre infini de représentations. Et néanmoins l'espace est pensé précisément de cette manière (car toutes ses parties existent simultanément *ad infinitum*). Conséquemment l'espace est une intuition *a priori* et non point un concept »[1].

Observons bien que ces termes : un *espace unique embrassant tout*, une *quantité infinie*, et le mot *infini* lui-même, expriment en vertu des explications qu'en donne Kant, et qui sont des plus formelles, tout le contraire d'un sujet infini réel formé de parties réelles et actuelles. C'est la représentation spatiale indéfinie et indéfiniment divisible, qu'il appelle *intuition pure*, et qu'il distingue d'un *concept*, à raison de ce caractère de quantité formée d'autres quantités (relation d'une espèce qui n'appartient qu'à une autre catégorie, celle de temps, deuxième forme de la quantité mathématiquement mesurable). On comprend l'empêchement où les psychologues de l'école empiriste se trouvent de prêter à l'esthétique transcendantale son véritable sens. C'est, en effet, une sorte de sensation

---

1. *Critique de la raison pure*, loc. cit.

apriorique dont on leur propose de reconnaître la donnée dans la *faculté sensitive*, laquelle n'a certainement pas la *sensation* pour cause ! L'*intuition pure* de Kant est proprement la Sensibilité, en sa forme imaginative générale, condition des phénomènes représentés comme étendus et figurés, de même que la mémoire est la forme générale et la condition des phénomènes successifs.

« *L'espace n'est pas un concept de relation des choses en général, mais une intuition pure* » : ces termes de Kant expliqués et justifiés plus haut, comme nous l'avons vu, distinguent profondément sa théorie de celle de Leibniz, mais n'en sont nullement la contradiction. Ils nous placent à un autre point de vue, et les deux aspects de la question se complètent l'un par l'autre. La définition de l'espace comme *forme de la sensibilité* énonce la représentation générale de l'étendue, avec la propriété de contenance quantitative universelle, et rend compte de la perception externe à l'état naissant, à l'origine du développement de ses puissances. L'*ordre des coexistants*, définition de Leibniz, embrasse l'ensemble des relations de position, d'étendue, de figure et de quantité, qui composent le développement, la série entière possible des applications des concepts à l'immense donnée de l'intuition, et qui conduisent à d'autres concepts encore, à ceux du mouvement et de sa mesure, à la mesure du temps. L'espace est bien ainsi ce que Kant a tenu à ne pas confondre avec l'étendue, c'est-à-dire une relation portant *sur les choses en général ;* mais les choses en général, ce sont aussi des choses dans l'étendue ; et de là l'obligation de considérer l'espace, *sous un point de vue*, comme une des catégories de l'entendement. Nous l'avons classé comme tel dans notre table des catégories où toutes les notions sont considérées comme exprimant des relations [1].

[1] *Essais de critique générale*, Premier essai, t. I, p. 187 et 209.

CHAPITRE XVIII
THÉORIE DE LA PERCEPTION EXTERNE ET DE LA VOLONTÉ DE W. JAMES

La théorie de la perception externe de W. James prend sa valeur morale, et s'élève à une grande hauteur, en passant de l'étude des sensations et de leur signification à la question de la part due à la croyance et à la volonté dans la reconnaissance de la réalité.

Partons d'un passage remarquable de Stuart Mill, en son examen des théories de son père : « Quelle est, pour notre esprit, la différence entre une représentation que nous nous formons comme d'une peinture imaginaire, et la pensée de la chose, comme d'une réalité ? J'avoue ne pouvoir échapper à l'opinion que cette distinction est ultime et primordiale. Il n'y a pas plus de difficulté à l'admettre qu'à admettre que la différence entre une sensation et une idée est primordiale : c'est comme un autre aspect de la même différence... Je ne peux donc m'empêcher de penser qu'entre le souvenir d'un fait réel, et la pensée de ce fait, il y a quelque autre élément de distinction qu'entre les idées elles-mêmes, présentes à l'esprit dans les deux cas. Cet élément, quelque définition qu'on en donne, constitue la Croyance, et distingue la Mémoire de l'Imagination. Arrivés là, nous trouvons le chemin barré de tous côtés. Il semble que nous ayons, pour ainsi dire, atteint le point central de notre nature intellectuelle, point fixe et présupposé en toute tentative que nous fassions pour expliquer les phénomènes les plus cachés de notre état mental ».

Le subtil psychologue touche vraiment le fond, et cela tout particulièrement eu égard à ses propres analyses. Le *point central* est bien pour lui le point où l'associationiste déterministe doit se voir arrêté, parce qu'il découvre l'impossibilité d'expliquer par l'association pourquoi l'association ne produit pas partout la certitude spontanée avec la représentation, et *nous* laisse dans le doute de savoir ce qu'elle associe décidément, ou n'associe pas. Le mystère ne se peut éclaircir qu'en recourant à deux éléments de l'être mental : l'*émotion* (ou passion) et la *volonté*, par l'œuvre desquels une association se confirme, se suspend ou se rejette.

Hume était conséquent au principe de l'association, quand il prétendait ramener la croyance à la *force*, à la *vivacité*, à la *stabilité* de l'idée qui en pose l'objet. C'était en prendre la genèse dans la représentation toute passive. Mais le troisième caractère, la stabilité, si variable en ses applications, et toujours à la merci de nouvelles associations possibles, réclamait par son incertitude en faveur de la libre vie de l'esprit.

W. James prend résolument le contre-pied de l'associationisme : « *La volonté et la croyance, signifiant une certaine relation entre des objets et le moi, sont deux noms d'un seul et même phénomène psychologique.* Les causes et les conditions de la relation particulière sont des deux parts les mêmes. La question du libre arbitre intervient à propos de la croyance : si nos volontés sont indéterminées, nos croyances doivent l'être également, et le premier acte du libre arbitre doit naturellement consister à croire au libre arbitre [1]. Mais ceci est une conclusion qui demande à être expliquée et complétée. Remontons et plaçons-nous à un autre point de vue essentiel de la croyance.

« *En sa nature intime, la croyance, ou le sens (the sense) de la réalité, est une sorte de sentiment (feeling) allié aux émotions plus qu'à toute autre chose.* M. Bagehot l'appelle précisément l'*émotion de conviction*, et nous l'avons désigné nous-même comme un *acquiesce-*

---

[1] W. James, *The principles of psychology*, t. II, p. 321

ment. Il ressemble surtout à ce qui, dans la psychologie de la volonté, est entendu par *consentement*... Ce qui caractérise à la fois le consentement et la croyance, c'est la cessation de l'agitation théorique, grâce à la venue d'une idée, intérieurement stable, qui occupe solidement l'esprit, dont elle exclut toute idée contradictoire. Quand le cas se produit, les effets moteurs sont près de suivre... Le contraire de la croyance, au point de vue psychologique, n'est pas la non-croyance, — car le non-croire est un autre croire, — mais bien le doute et la recherche. »[1].

La croyance au monde externe porte essentiellement les caractères de ce qui satisfait les besoins de notre esprit, nos désirs, notre attente.

« Certains postulats sont donnés dans notre nature, et tout ce qui leur est conforme, nous le traitons de réel. « Comment connaissons-nous une réalité externe ? il faut » dire simplement, au lieu de répondre à cette question par » toutes sortes de vagues raisons entortillées et de fuyants » compromis : J'entends par le monde externe, en premier » lieu, quelque chose que j'accepte, que je demande, que » je pose, que je postule, que je construis activement sur » le fondement des données des sens. On invoque les » motifs les plus faibles, on néglige l'ultime. Le motif » ultime, est, pour l'homme de la vie de chaque jour, *la* » *volonté d'avoir un monde externe*. Tout ce que la cons- » cience renferme, la raison ne cessera de l'apporter spon- » tanément à la pensée, mais il y aura toujours quelque » chose au delà ;... la populaire assurance de l'existence » d'un monde externe est la *détermination arrêtée de s'en* » *faire un*, maintenant et à jamais » (Professeur Royce, *Religious Aspect of Philosophy*). Cette intervention de la volonté ressort de ce fait, que le doute sur l'existence du monde externe n'existe pas, et que le solipsisme est *une horreur*, si ce n'est une plaisanterie, et ne se prend pas au sérieux.

[1]. W. James. *The principles of psychology*, p. 283.

« La théorie appelle ici une observation pratique. Si la croyance est une réaction émotionnelle de l'homme tout entier à l'encontre de l'objet, comment pouvons-nous croire à la volonté? Nos émotions ne se peuvent contrôler. Il arrive, et le cas n'est même pas bien rare, que la nature produit en nous des conversions instantanées : elle nous met soudainement en actif contact avec des objets pour lesquels elle nous avait d'abord laissés froids. « Je vois main- » tenant, disons-nous, je comprends. » C'est ce qui arrive souvent, quand il s'agit de propositions morales ; nous les avons souvent entendues ; à présent seulement elles nous frappent : nous en sentons la force. Ces croyances instantanées n'ont vraiment pas besoin de la volonté pour s'établir. Mais la volonté peut nous conduire graduellement à des résultats pareils, à l'aide d'une méthode très simple : *nous n'avons besoin que d'agir, de sang-froid, comme si la chose en question était réelle, et de persévérer à agir comme si elle l'était, et elle finira infailliblement par entrer en connexion telle avec notre vie qu'elle deviendra réelle.* Elle deviendra à ce point liée avec l'habitude et l'émotion, qu'elle aura pour nous tout l'intérêt qui caractérise une croyance. Ceux pour qui « Dieu » et « devoir » sont à présent de purs noms peuvent en faire beaucoup plus que cela, si seulement ils leur font chaque jour un petit sacrifice. Mais ce sont là choses si connues, en matière d'éducation morale et religieuse, qu'il n'y a pas lieu d'insister » [1].

Cette méthode repose sur le même fond de vérité psychologique que certaine théorie de la conversion religieuse par la pratique, la volonté et l'habitude, qui nous est si bien connue dans notre littérature théologique, soit du côté des jésuites, soit du côté de leur plus illustre adversaire en France. Mais cette méthode n'est point celle qui fait connaître le rôle actif et libre de la volonté, dans le

1. W. James, *The principles of psychology*, p. 317 sq.

consentement à donner, — ou à refuser, — à un objet de croyance touchant lequel on ne pense point pouvoir être convaincu par voie de démonstration logique ; elle en est précisément le contraire, à moins de supposer le cas singulier, à peu près chimérique, d'un homme qui résoudrait délibérément de se donner une croyance dont il se sent actuellement éloigné. Il nous reste donc à étudier le cas de la délibération et de la résolution, dans la croyance librement voulue et soutenue, et tout d'abord à indiquer les lignes principales de la belle théorie de la volonté de W. James.

Le début de cette théorie est une exposition de la loi qui régit les phénomènes mentaux où n'intervient pas la volonté. C'est au total celle que nous avons nous-même donnée dans nos *Essais de critique générale*,[1] en la caractérisant par l'emploi du mot *vertige*, emprunté à l'ordre mental troublé ou anormal, mais très correctement étendu à l'ordre normal, car il n'embrasse pas un moindre domaine que la loi de production spontanée du mouvement dans les organes à la suite d'une représentation, phénomène psychique.

« Toute représentation d'un mouvement provoque à quelque degré le mouvement qu'elle a pour objet ; elle le provoque éminemment, toutes les fois qu'il ne se trouve pas opposition dans une représentation antagoniste immédiatement présente à l'esprit.

« Le mouvement est l'effet naturel immédiat de tout procès de sensibilité, à quelque espèce que le sentiment appartienne. Il en est ainsi dans les actions réflexes, il en est ainsi dans l'expression des émotions, il en est ainsi dans la vie de volonté (*Voluntary life*)... »

Suivent l'examen des doctrines, l'étude des conditions organiques des phénomènes volontaires, la définition des

---

[1]. *Deuxième essai*, 1re édit. (1850), p. 273 et suiv. ; 2e édit. t. I, p. 852 et t. II, p. 1.

cas de l'action ou spontanée, ou délibérée, en présence d'objets divers et de fins divergentes, l'intéressante discussion des rapports du sentiment et de la volonté dans la délibération ou dans l'acte, et, après cette partie riche en développements, la définition exacte de la volonté :

« *La volonté est une relation entre l'esprit* (*the mind*) *et ses idées* ». — Une volition est, en effet, premièrement et directement à envisager dans le rapport du moi à ses propres états, non du moi à la matière extramentale, comme beaucoup de philosophes conservent la coutume de l'entendre.

« Avec la prévalence, une fois établie de fait, de l'idée motrice, la psychologie de la volition s'arrête. Les mouvements qui procèdent de cette idée sont des phénomènes exclusivement physiologiques, et qui la suivent conformément à des lois physiologiques, en celles des modifications nerveuses (*upon the neural events*) auxquelles correspond l'idée. Le vouloir finit avec la prévalence de l'idée, et soit que l'acte (organique) se produise alors, ou ne se produise pas, c'est un fait complètement en dehors du vouloir lui-même... En un mot la volition est un fait psychique et moral, purement et simplement, un fait qui est absolument complet dès qu'existe l'état stable de l'idée. Quand survient le mouvement, c'est un phénomène incident, surnuméraire, qui dépend des ganglions d'exécution (*on executive ganglia*) dont la fonction réside hors de l'esprit. »

Cette théorie appelle une observation importante. Ou, comme psychologue, et voulant éviter la question métaphysique, W. James s'est abstenu de toute allusion aux doctrines qui, pour trouver la *causalité* dans le rapport du vouloir à l'organe du mouvement, élèvent leurs pensées jusqu'à l'auteur des lois du monde (causes occasionnelles, harmonie préétablie, idées berkeleyiennes); ou bien il ne pense pas que le rapport entre les modifications de la conscience et celles du corps extramental puisse recevoir une explication quelconque ; et, en vérité, il s'exprime presque en des termes qui conviendraient, si son intention était de nier ce rapport indéniable dans l'ordre normal des choses. Quoi qu'il en soit, nous avons à constater que sa théorie est une répudiation entière et résolue de l'entité cause, de la cause transitive, enfin, des forces, dans l'acception vulgaire où elles sont traitées d'agents réels transportables dans les corps pour les mouvoir.

L'acte formel de la volonté étant le maintien fixe et solide d'une idée dans la conscience, il est clair que l'effort volontaire est l'effort de l'attention à une idée. Ce n'est jamais qu'à une idée qu'il peut appartenir, en notre expérience, d'opposer une *résistance* à cette volonté d'attention. « Nous atteignons donc le cœur de notre recherche au sujet de la volition, quand nous nous demandons par quel procès la pensée d'une certaine action arrive à prévaloir et à demeurer ferme dans l'esprit... *L'accomplissement du vouloir le plus volontaire (of the will when it is most voluntary) est d'appliquer l'attention à un objet difficile, et de le tenir devant l'esprit.* C'est là ce qui constitue le *fiat.* Ce n'est plus qu'un incident physiologique, quand, l'objet étant ainsi objet d'attention (*attended to*) les conséquences motrices s'ensuivent.

« Cet effort volitionnel doit être soigneusement distingué de l'effort musculaire, avec lequel on le confond habituellement. Ce dernier consiste dans les sensations périphériques auxquelles peut donner lieu l'exertion musculaire » — W. James, et d'autres physiologistes encore, ont démontré que cet *effort physique* du commun langage est fait tout entier de sensations *afférentes*, semblables à toutes celles qui nous viennent du dehors, matière de perception externe, et non point *efférentes* comme si elles constituaient le sentiment même de cet effort, avec lequel on les identifie vicieusement, de manière à faire de la volonté une sorte d'agent, sensible à lui-même, et qui prendrait corps dans l'organe à mettre en mouvement. — « Ce sensations, quand elles sont fortes, et que le corps n'est pas en état de fraîcheur, sont plutôt désagréables, elles arrivent même à être accompagnées d'arrêt de la respiration, congestion dans la tête, meurtrissure des doigts ou des orteils, douleurs aux épaules, aux articulations. Et c'est seulement en ce qu'elles sont ainsi désagréables, que l'esprit a son effort volitionnel à faire en se tenant ferme à la représentation stable de leur réalité, et donnant ainsi lieu à leur continuation (*consequently bringing it about*). Mais qu'ils soient ainsi rendus réels par l'activité musculaire, c'est une pure accidentelle circonstance. Le soldat qui demeure à son poste, exposé aux balles, attend également de son inactivité musculaire de désagréables sensations ; cependant l'action de sa volonté, soutenant cette attente, est identique à celle que requiert un pénible effort musculaire. Ce qui, dans les deux cas, est dur, c'est de *faire face à une idée comme réelle*...

« Le point immédiat de l'application de l'effort volitionnel est donc exclusivement placé dans le monde mental. Le drame est tout entier mental, la difficulté est mentale, a tout son objet dans notre pensée. Si je peux me servir du mot *idée*, sans recourir aux suggestions associationistes, ou aux fables herbartiennes, c'est qu'il s'agit d'une idée à laquelle la volonté s'applique elle-même, une idée qui, si nous la laissons aller, glissera, s'effacera, mais que nous ne voulons pas laisser aller. Consentir à la présence sans partage de l'idée dans l'esprit, c'est l'accomplissement unique de l'effort. L'unique fonction de l'effort est d'obtenir dans l'esprit ce sentiment de consentement, et, pour y parvenir, il n'y a qu'un moyen : il faut empêcher l'idée de s'échapper, il faut la tenir ferme devant l'esprit jusqu'à ce qu'elle le *remplisse*. Ce plein de l'esprit, formé par une idée et par les idées associées qui l'accompagnent, est proprement le consentement à l'idée et au fait qu'elle représente. Si l'idée est celle d'un mouvement de notre corps, ou l'implique, nous appelons ce consentement laborieusement gagné une volition motrice. Car la Nature alors nous seconde immédiatement, et fait suite par un changement extérieur à notre décision volontaire interne. C'est ce qu'elle ne fait pour nous en aucun autre cas. Quelle misère que cette nature ne se soit pas montrée plus généreuse, et n'ait pas fait un monde où d'autres parties encore auraient été immédiatement sujettes à notre volonté ! » [1].

W. James, en ce dernier passage, se résout à parler de la communication entre *l'acte volontaire* et *l'acte organique*, comme d'une institution naturelle, et non comme d'un accident, et nous ne voyons point alors en quoi sa théorie s'éloigne de la doctrine de l'*harmonie préétablie*, ou peut en différer, si ce n'est qu'elle ne tient point que le *préétablissement* soit un *prédéterminisme*. C'est ainsi que nous aussi, c'est-à-dire avec une semblable réserve, nous tenons la doctrine leibnitienne pour l'expression correcte, philosophique et scientifique de la vérité, touchant le premier, le fondamental problème de l'ordre de causalité dans le monde. De même que, d'un côté, nous constatons physiologiquement l'indépendance de l'organisme, dont les déterminations peuvent ne point suivre la volonté motrice qui compte sur lui pour l'acte physique du mouvement, ainsi, de l'autre, nous reconnaissons, psychologiquement, à la volonté, le libre arbitre, c'est-à-dire le pouvoir original de mettre l'organe en demeure d'agir.

[1] W. James. *The principles of psychology*, t. II, p. 559-569.

CHAPITRE XIX

DIGRESSION SUR LA LIBERTÉ DU VOULOIR

La question du libre-arbitre doit paraître suffisamment résolue par l'affirmative, dans les termes de la belle analyse, dont nous avons dû nous borner à indiquer quelques traits saillants, à laquelle W. James a soumis l'acte de la volonté. Il n'a pas cru cependant devoir en traiter complètement dans sa psychologie, et nous du moins nous sortirions, en la traitant, du sujet que nous nous sommes prescrit ici. Il la pose en ces termes exacts :

« Dans notre expérience de l'*effort*, telle que nous l'avons décrite, nous avons le sentiment de pouvoir faire plus ou moins (*we feel as if we might make more or less*) que nous ne faisons effectivement à chaque moment. En est-il ainsi réellement ? notre effort n'est-il pas une fonction déterminée de toutes nos données ? » La question est débattue entre l'esprit scientifique, demandant à s'appliquer en toutes choses à un système de relations fixes, et l'idée naturelle de la possibilité, qui pourrait être une illusion mentale. « Ma croyance propre sur ce sujet, dit W. James, est que la question est insoluble sur des fondements strictement psychologiques... La prévision scientifique, alors même que l'effort serait entièrement prédestiné, ne découvrira jamais la manière dont une émergence individuelle se décide. Le champ de la science n'est qu'une partie d'un champ plus vaste, impénétrable pour elle... Le calcul du rapport des antécédents à l'acte conséquent, pour constater qu'aucun élément non impliqué par les premiers n'a pu s'introduire dans le dernier, est au-dessus de toute méthode accessible à l'esprit humain... Mais si l'amour du parti pris prévaut sur le goût de laisser les questions ouvertes, ou si, comme l'a dit un philosophe français de génie,

« l'amour de la vie, qui s'indigne de tant de discours », s'éveille en un ardent désir de paix ou de pouvoir, alors, prenant sur nous le risque de l'erreur, nous devons projeter sur l'une des deux vues alternatives ce qui est pour nous l'attribut de la réalité ; nous devons livrer à son idée la possession de notre esprit, tellement qu'elle devienne pour nous une ferme croyance. L'auteur qui parle ici a pris parti pour l'alternative de la liberté (*freedom*), mais comme les fondements de son opinion sont éthique, plutôt que psychologiques, il préfère en écarter l'exposition du présent ouvrage[1]. »

Toutefois ce chapitre de la psychologie de W. James se termine par de hautes vues morales sur la personnalité humaine, sur le sentiment à prendre de la personne, sur ce qu'elle est, sur ce qu'elle peut en ce monde. Ce sont des considérations qui complètent l'admirable analyse de l'*effort*, par l'expression d'un sentiment qui serait inconciliable avec l'idée, si elle était constamment présente à l'esprit, que ce que l'on a fait, ce que l'on fait ou l'on fera, n'a jamais différé, ou ne pourra jamais différer de ce qu'il est ou sera : *de ce qu'il est*, car le futur vaut un présent dans cette hypothèse. — Il est vrai que cette idée, qui peut bien entrer dans l'esprit, ne peut pas lui être constamment présente. La nature y met opposition et nous oblige à penser et à agir dans la supposition de l'existence de certains *possibles* qui ne sont pas des *nécessaires*.

Quant à la question de savoir si le libre arbitre est ou non du ressort de la psychologie, nous observerons que W. James lui-même a traité du libre arbitre à fond, et psychologiquement, assez au delà de ce que nous avons pu résumer de ses analyses. Ensuite, et en tant que le problème appartiendrait plutôt à la métaphysique, en raison de ce que sa solution implique, pour ou contre, une doctrine de l'ordre universel, il faut dire qu'on ne gagne rien

1. W. James, *The principles of psychology*, p. 569 sq.

à la traiter métaphysiquement, en ce qui serait de rendre cette solution plus indépendante de la croyance et des motifs moraux de croire.

En effet, la métaphysique transporte notre examen, de la thèse du libre arbitre, au dogme du déterminisme universel. Si ce *déterminisme* est un *prédéterminisme* dont le point de départ serait un *premier commencement des phénomènes*, ce n'est que par un acte de croyance qu'on peut poser un tel commencement. Si, au contraire, ce déterminisme est un *procès infini, régressif, des phénomènes*, il implique la donnée d'une infinité actuelle, acquise au moment présent, du nombre des phénomènes produit successivement dans le passé, et dont la sommation se trouverait ainsi faite. Or cette somme est un concept qui implique contradiction ; et de savoir si le principe de contradiction peut s'invoquer valablement pour juger des affirmations touchant l'ordre des réalités externes, ainsi qu'il l'est nécessairement pour garder la cohérence dans le discours, c'est une question qui, bien qu'éminemment *logique*, ne pourrait être tranchée *logiquement* sans pétition de principe. De toute manière, en toute méthode, une croyance intervient, avec des motifs moraux entre autres raisons, pour former la conviction.

CHAPITRE XX

L'IDÉE DE FORCE AU POINT DE VUE SCIENTIFIQUE

Nous avons vu la théorie de la volonté locomotrice de W. James répudier l'hypothèse de l'entité-force, cause transitive, et fixer l'idée de force dans l'effort mental, cause interne, action du sujet psychique sur ses idées. La spontanéité appartient donc à l'organe, quelles que soient sa nature intime ou sa propre composition élémentaire, quand il se modifie pour répondre à la volition du sujet. Réciproquement, et suivant la même théorie, nous ne devons pas regarder la sensation tactile, moyen principal de la perception externe par le sujet, comme l'effet d'une force transitive que l'objet ferait passer en lui, et dont il recevrait, par cette voie empirique, la notion, comme d'*une résistance*. Rien de pareil ne peut entrer dans *une sensation*. L'expérience nous fait connaître les modifications mutuelles des mouvements des corps en leurs rencontres; mais c'est par une illusion mentale seulement, que nous appliquons à leurs rapports, soit entre eux, soit avec ceux, en particulier, qui constituent nos organes et donnent lieu à nos sensations, les idées de force, impulsive ou résistante, avec une signification secrètement empruntée aux cas où les agents seraient supposés volontaires.

W. James distingue faiblement la sensation de la perception, la dernière n'étant guère, à ses yeux, qu'un développement de la première, après ce moment de l'entrée dans la vie, où elles se confondent pour donner à l'enfant la connaissance de ce qui est pour lui *le monde*. Toute perception serait, dans la suite, une perception acquise, et la *sensation pure ne serait plus guère qu'une abstraction*. La perception se définit ainsi comme une connaissance progressivement étendue et complexe : « un procès, dans lequel l'esprit donne pour accompagnement à l'impression sensible l'agrégat des sensations actuelles et des sensations ravivées, en les solidifiant, en les intégrant sous la forme d'un *percept*, c'est-à-dire d'une *immédiate appréhension ou connaissance d'un objet* actuellement présent dans une localité particulière, ou région de l'espace[1]. » W. James attribue à la sensation elle-même la qualité perçue, la spa-

---

[1] J. Sully, cité par W. James dans le chapitre de la *perception des choses*, traite séparément de la *perception de l'espace* et de la *perception de la réalité* (*The principles of psychology*, t. II, p. 76).

tialité, par exemple, ainsi qu'on l'a vu ci-dessus. Tout en bannissant les concepts *a priori*, il entend, quand il dit que *la première sensation éprouvée par l'enfant est pour lui l'univers*, que, « *dans l'éveil muet de la conscience de quelque chose là*, un *ceci*, tout court (ou quelque chose pour quoi le terme *ceci* marque encore trop la distinction, et dont la connaissance intellectuelle serait peut-être mieux rendue par une simple interjection : lo !) désigne pour l'enfant la rencontre d'un objet dans lequel (encore bien que sensation pure) toutes les catégories de l'entendement sont contenues : *objectivité, unité, substantialité, causalité*, dans le plein sens où tout objet ou système d'objets ultérieurs posséderont à ses yeux ces choses. Là, le jeune sujet du savoir rencontre son monde et le salue. Le miracle de la connaissance éclate, comme dit Voltaire, aussi bien dans le bas degré de sensation de l'enfant que dans le haut accomplissement du cerveau d'un Newton (*as in the highest achievement of a Newton's brain*) [1]. »

Ce qu'il y a de vrai dans ce curieux morceau serait bien dit de la *puissance* de l'âme de l'enfant, — puissance intellectuelle, équivalente à des *aprioris* encore indistincts ; — il n'est point applicable à une sensation, qui n'est pas même encore un acte de perception, à l'âge que l'on considère, mais seulement une impression et une émotion. W. James se rattache donc à la méthode sensationiste, mais d'une manière originale ; il évite le matérialisme, parce qu'il regarde l'organisme comme la condition (quelque intérêt qu'il attache d'ailleurs, aux observations physiologiques), et non comme la cause de l'intelligence ; et il évite la théorie, si commune dans l'école empiriste, des psychologues qui attribuent au sens du toucher, comme sens de la résistance, la reconnaissance certaine de l'extériorité. Nous disons *sens de la résistance* ; nous

---

[1]. W. James, *ibid.*, t. II. p. 8. Nous regrettons de ne pas connaître le texte français.

pourrions dire *sens de la force*, car l'idée de résistance est une idée de force, et un grand physicien de notre temps a proposé de donner ce nom (*sens de force*) à une subdivision du sens du toucher (l'autre subdivision étant le sens de la température, distingué pour la première fois par Reid, et avec juste raison). Ce savant porte ainsi le nombre véritable des sens, si ce n'est des organes, à six, et il se refuse à distinguer, dans la sensation tactile proprement dite, le sens musculaire d'avec le sens du poli et de la rugosité[1].

Nous pensons que W. Thomson est dans le vrai sur ce dernier point (comme aussi en ce qui concerne le sens distinct du chaud et du froid), et que les frottements, rudes ou doux, les titillations, les tiraillements, les compressions, etc., composent un seul et même ordre d'impressions sensibles proprement dites, à quelque partie et en quelque étendue de la peau, des muscles ou des articulations qu'elles se fassent sentir. Mais nous devons relever une confusion d'idées, aussi profonde que commune d'ailleurs, il faut en convenir, dans l'assimilation des impressions des sens, considérées dans ce qui les constitue positivement en elles-mêmes, à une notion qui n'a d'application propre et directement intelligible que dans la volonté.

W. James, quoique regardant la sensation comme apportant par elle-même la notion de l'externe, est éloigné de la thèse qui en place l'origine dans une action du dehors : « Maine de Biran, Royer Collard, Sir John Herschell, le Dr Carpenter, le Dr Martineau, tous paraissent, dit-il, poser un sens de la force (*a force sense*), grâce auquel avertis d'une résistance extérieure opposée à notre volonté, nous apprenons l'existence d'un monde externe. Je pense quant à moi que toute sensation périphérique nous donne un monde externe (*gives us an outer world*). Un

---

1. *Conférences scientifiques de sir W. Thomson (lord Kelvin)*, traduites et annotées par P. Lugol et M. Brillouin, p. 109 sq. et 192 sq.

insecte rampant sur notre peau nous communique une impression aussi externe que cent livres pesant sur notre dos »[1]. Nous savons combien d'autres noms W. James aurait pu ajouter à ceux qu'il a choisis, en oubliant H. Spencer. Il est peu de psychologues qui, implicitement quand ce n'est pas explicitement, ne supposent comme les plus communs des physiciens, que les corps, à l'état de mobiles, ont en eux une certaine *force*, vertu transmissible, qu'ils introduisent les uns dans les autres, et par laquelle ils communiquent entre eux, se modifient, se ralentissent ou s'accélèrent mutuellement, tandis qu'ils ne sortiraient jamais de leur repos, s'ils n'étaient ainsi actionnés par cette entité; et que ces corps externes, agissant sur d'autres corps qui sont *externes* aussi (et de la même nature, mais de ceux-là nos organes se trouvent être formés) suggèrent à nos esprits, on ne sait comment, par l'entremise de certains de ces mouvements, et à l'aide de certaines sensations qui n'ont aucun rapport de qualité avec ces mêmes mouvements, cette idée de force active, qui n'en a pas davantage. Car on a beau chercher, l'expérience ne fait jamais connaître que les mouvements, et leurs rapports, leurs lois, qui sont leurs rapports les plus généraux; et ces lois sont, après tout, des formes de nos représentations spatiales, et l'idée de force est une idée dont nous ne possédons un réel exemplaire que dans notre volonté.

Nous la transportons, nous l'attribuons à des êtres hors de nous, différents de ceux qui ont comme nous l'organisation et le sentiment, et, dans ces inductions, en elles-mêmes légitimes, au lieu de descendre jusqu'aux êtres élémentaires pour trouver l'activité dans son dernier fond, nous nous arrêtons à des composés inorganiques, auxquels et comme tels l'activité est étrangère, et que nous appelons nous-mêmes des corps bruts. Presque toute théorie de la perception externe, empiriste ou spiritualiste qu'elle soit, est

1. *The principles of psychology*, note de la p. 518, t. II.

tombée dans ce piège : la matière saisie en ses qualités *primaires*, qui sont de pures abstractions. On leur ajoute une vertu abstraite : *la force*.

La vérité sur la question, dans sa partie négative au moins, devait être dite, pour la première fois, avec une netteté parfaite, et cela dans un ouvrage indépendant de la doctrine immatérialiste de son auteur, par Berkeley, qui n'a pas manqué de voir la raison pour laquelle les savants avaient remplacé par une fiction l'idée inaccessible à la science :

« Si l'on considère la pente des hommes à réaliser leurs notions abstraites, on ne s'étonnera pas que les philosophes, mécaniciens et géomètres, aient été, comme les autres, séduits par le préjugé, et qu'ils aient pris de pures hypothèses mathématiques pour des êtres réels existants dans les corps, et cela au point de se proposer pour but de leur science de calculer et de mesurer ces fantômes, au lieu qu'il est très certain qu'on ne peut réellement mesurer ou calculer autre chose que les effets, ou les mouvements mêmes[1]. »

Mais Berkeley était un métaphysicien, et il fallait que la science elle-même, en constituant les principes rationnels de la dynamique, reconnût une lacune, ou ce qui pouvait d'abord paraître en être une, dans l'impossibilité de définir ce qui passait pour en être le fait fondamental. D'Alembert, savant et philosophe aux pensées précises et fermes, vit clairement qu'il n'y a pas place pour l'idée de force dans la science, et peu s'en fallut qu'il ne découvrît où en est le vrai siège. Il l'aurait fait, n'eût été le préjugé sensationiste, quoique fort modéré chez lui, qui lui fit appeler la volonté, ou le sentiment que nous en avons, une *sensation*.

« Nous sommes fort enclins à croire qu'il y a dans un corps en mouvement un effort ou énergie qui n'est point

[1]. Berkeley, *Siris* § 250.

dans un corps en repos. La raison pour laquelle nous avons tant de peine à nous détacher de cette idée, c'est que nous sommes toujours portés à transférer aux corps inanimés les choses que nous observons dans notre propre corps. Ainsi, nous voyons que, quand notre corps se meut, ou frappe quelque obstacle, le choc ou le mouvement est accompagné en nous d'une sensation qui nous donne l'idée d'une *force* plus ou moins grande. Or, en transportant aux autres corps ce même mot, *force*, nous apercevons, avec une légère attention, que nous ne pouvons y attacher que trois différents sens :

« 1° Celui de la sensation que nous éprouvons, et que nous ne pouvons pas supposer dans une matière inanimée;

« 2° Celui d'un être métaphysique, différent de la sensation, mais qu'il nous est impossible de concevoir, et, par conséquent, de définir;

« Enfin, et c'est le seul raisonnable, *celui de l'effet même, ou de la propriété qui se manifeste par cet effet, sans examiner ni rechercher la cause.*

« Or, en attachant au mot *force* ce dernier sens, nous ne voyons rien de plus dans le mouvement que dans le repos; et nous pouvons regarder *la continuation du mouvement comme une loi aussi essentielle que celle de la continuation du repos.* Mais, dira-t-on, un corps en repos ne mettra jamais un corps en mouvement, au lieu qu'un corps en mouvement meut un corps en repos. Je réponds que si un corps en mouvement meut un corps en repos, c'est en perdant lui-même une partie de son mouvement; et cette perte vient de la résistance que fait le corps en repos au changement d'état. Un corps en repos n'a donc pas moins une *force* réelle pour conserver son état qu'un corps en mouvement, quelque idée qu'on attache au mot force[1]. »

[1]. *Encyclopédie méthodique, Mathématiques*, art. Force.

Il est manifeste que d'Alembert touche à la contradiction, s'il n'y tombe, en ces derniers mots, où il semble bien qu'il attribue au corps en repos, par l'idée de la *résistance* qu'il lui prête, quelque chose de plus que son *état*, qui serait l'indifférence. Il obéit encore en cela à l'ancienne opinion instinctive de la *force d'inertie* des corps, qui n'est pas scientifiquement correcte; et qui appellerait naturellement, par la loi des contraires, l'opinion de la *force du mouvement*. Mais d'Alembert ne laisse pas de borner la connaissance scientifique de la *force* aux effets et propriétés que découvre l'étude des lois du mouvement. Il s'en explique formellement de même dans la *Préface* de son *Traité de Dynamique*.

Laplace, en son *Exposition du système du monde*[1], après avoir défini les idées générales d'espace, de lieu et de mouvement relatif des corps, idées qui ne donnent lieu à aucune difficulté, s'exprime au sujet de la force, cette notion si commune pour qui ne philosophe point, en termes bien remarquables : « La nature de cette *modification singulière* » — c'est nous qui soulignons — « en vertu de laquelle un corps est transporté d'un lieu dans un autre *est et sera toujours inconnue*. Elle a été désignée sous le nom de *force* : on ne peut déterminer que ses effets et la loi de son action. » Laplace, après cela, passe, en formulant les abstractions nécessaires, à la définition des lois essentielles des phénomènes du mouvement. L'arrêt d'incognoscibilité du principe ne peut recevoir que deux explications : ou le mathématicien pense que la cause du mouvement est une entité située hors du champ des relations qu'on peut définir; mais cette manière de voir s'accorderait mal avec les termes dont il fait usage : *nature d'une modification*, en parlant non du phénomène, mais de sa cause; ou bien il nous donne à penser que le principe mystérieux de cette modification fondamentale appartient à

---

[1] Livre III, *Des lois du mouvement*.

la nature du corps lui-même, et s'y trouve pour nous impénétrable. Arrêtons-nous à cette dernière idée. Pourquoi ce principe serait-il à jamais impénétrable? évidemment parce qu'on cherche à en démêler la nature dans les propriétés passives des corps, les seules dont on a l'habitude de tirer leur définition, comme si une qualité essentiellement active ne pouvait pas caractériser les ultimes éléments de la matière. Il faut, disait Leibniz[1], « que les changements naturels des monades viennent d'un *principe interne*, puisque aucune cause externe ne saurait influer dans son intérieur ». C'est bien certainement l'idée, que la communication du mouvement par le dehors, l'idée de la modification de l'état d'un corps, dans l'espace, par l'effet de la modification d'un autre corps en sa propre situation, est incompréhensible, encore bien qu'elle soit la plus naturelle, c'est cette idée qui arrête le savant dans la recherche de la définition de la cause. Et c'est pour cela qu'il appartient au psychologue de chercher l'idée de cause hors de l'expérience externe, dans la conscience, où s'en trouve pour nous le vrai type dont nous observons, dans l'animalité, des formes inférieures, que nous pouvons, par induction, transporter, en les abaissant de degré en degré, jusqu'aux êtres inorganiques.

La question de la force, amenée à ce point, est du ressort des études et des inductions physiologiques, et, plus éminemment, de la critique philosophique, juge des notions d'essence et de causalité; mais la question scientifique de la cause, c'est-à-dire de l'emploi de l'idée de cause dans les sciences physiques, doit dès ce moment être regardée comme résolue. La doctrine des essences et des vertus secrètes, des causes formelles, des formes substantielles, étant définitivement répudiée, d'une part, — quoiqu'elle

---

[1]. *Monadologie* § xi. Le pronom possessif *son*, qui se rapporte sans doute à *principe interne* est une incorrection grammaticale, amenée peut-être par la pensée de l'incommunicabilité logique de ces *deux* formes de l'*un* : l'*interne*, l'*externe*.

ait gardé de beaux restes dans nos habitudes de penser, et, d'une autre part, la recherche expérimentale de la cause d'un phénomène étant manifestement impossible en tout autre sens que celui-ci : la *condition nécessaire et suffisante de sa production, alors que l'ensemble des conditions antécédentes, multiples, complexes et indéfiniment régressives dans le passé*, sont supposées données. Il faut se soumettre au sens phénoméniste, ainsi défini, et se borner à l'étude des conditions générales et des conditions déterminantes. C'est la méthode que le fondateur du positivisme a eu le mérite de reconnaître comme imposée à la physique, en ces termes : renonciation à la recherche des causes, réduction de la science à la détermination des lois des phénomènes.

Cette règle est une reconnaissance et une application du principe de relativité, en même temps qu'un aveu forcé de l'impuissance où toute investigation du domaine physique est de constater le siège et l'action immédiate d'une force ou d'une cause. Mais il ne suit nullement de là, comme le positivisme d'Auguste Comte, arbitrairement, le donnait à penser, qu'il ne puisse exister de vraies forces et de vraies causes dans le monde; car il est permis à la métaphysique et à la psychologie d'en poser de réelles partout où l'on peut concevoir la suscitation d'un acte original suffisant pour produire un changement, sous des conditions données, *sans que cet acte soit pour cela nécessaire, c'est-à-dire le seul possible dans ces conditions*.

CHAPITRE XXI

L'IDÉE DE CAUSE AU POINT DE VUE SCIENTIFIQUE

Dans le langage ordinaire, on appelle une cause, et il est facile de comprendre qu'il ne saurait en être autrement, tout acte ou tout événement déterminant un changement défini, pourvu seulement qu'on voie clairement que ce changement a eu lieu *par cet acte*, que *sans cet acte* ce changement n'aurait pas eu lieu. Et on n'a point en général à se préoccuper, dans ce cas, de savoir si l'acte n'a pas été nécessité par ses antécédents, ainsi qu'il nécessite lui-même ses conséquents immédiats. On sait cependant, sans pouvoir en douter, que le plus grand nombre des actes ou événements qui se produisent, le plus grand de beaucoup et dans tous les genres, est l'effet nécessaire d'antécédents qui ont été les effets nécessaires des leurs. Il y a seulement deux circonstances dans lesquelles la croyance commune des hommes est que les séries nécessaires des actes comportent des interruptions en leur continuité, et des transitions ambiguës; et par là se pose à la métaphysique et à la psychologie la question de découvrir si ces interruptions sont quelque chose de plus que des apparences, et s'il existe réellement des forces et des causes originales, ou qui ne soient pas *intégralement* elles-mêmes des effets. Celles-là seules devraient porter par excellence le nom de causes.

Remarquons, en effet, que si les séries régressives (dans l'ordre du temps) des antécédents directs ou indirects d'un phénomène quelconque, tous nécessairement déterminés par leurs propres antécédents, forment une série complexe totale qui n'admet à aucun endroit des termes nouveaux, ou relativement initiaux, nous avons, si loin que notre pensée recule, des effets partout, la cause nous fuit, nous ne trouvons à appliquer nulle part l'idée que nous pensions en avoir. Dans cette hypothèse, ou bien nous admettrons, pour le système entier des séries, un terme initial, nous attribuerons au monde un commencement, et nous pourrons appliquer à l'origine et à l'entier développement des phénomènes l'idée de cause; le monde *aura une cause*, ou bien nous regarderons les phénomènes comme formant une série infinie, dans le temps passé, et le monde devra nous paraître *sans cause.* Nous aurons alors à comprendre comment il est possible qu'une série interminable (dans le passé) soit une série actuellement terminée (dans le présent). Mais cette question de logique n'est point ici de notre sujet.

Les deux cas où la commune croyance fait intervenir dans les phénomènes des causes qui ne soient pas intégralement causées, — nous disons *intégralement* parce qu'il faut toujours supposer des *conditions générales* antérieures données, — sont le cas de l'*accident* qui survient, et le cas d'exercice du *libre arbitre.* On croit à l'accident, parce qu'on n'imagine pas que la nature des êtres animés, capables de mouvements spontanés incessamment multipliés et variés, puisse être assujétie pour tout acte et à tout moment à des déterminations précises, solidaires de toutes les modifications concomitantes ou antécédentes de tous les êtres de l'univers, de tous et de chacun, comme l'exigerait la loi mathématique d'un *interdéterminisme* universel, tel que l'harmonie préétablie de Leibnitz. Il le faudrait pourtant, si les lois prédéterminantes s'étendaient à tout et étaient toutes reliées entre elles. On croit donc à l'accident, en toutes sortes de rencontres inopinées, dans lesquelles entrent pour facteurs des décisions prises par des personnes, parce que, en dépit de la théorie qui les explique par les coïncidences imprévues de causes mutuellement indépendantes, quoique séparément nécessaires, on croit *naturellement,* comme à un fait empirique, à la possibilité des actes *indifférents* chez les personnes.

Le cas du libre arbitre est, en un sens, le contraire du cas de l'indifférence; il lui est semblable par l'*imprévisibilité* de l'événement. Il prend place, en effet, dans le sentiment que l'on a quand on entre en délibération sur *la chose à faire,* avant de prendre un parti, ou après l'avoir pris, de pouvoir ou d'avoir pu prendre le parti contraire, encore bien que l'on sache qu'on se détermine toujours par un certain motif à prendre le parti que l'on prend.

Si ces deux cas répondent à la vérité des choses, comme il est vrai qu'ils répondent au sentiment le plus spontané des hommes, il y a des forces et des causes dans la nature, et il y a force et cause conscientes dans l'esprit humain. Le métaphysicien trouvera les premières en dépassant par la spéculation à la fois l'ordre entier des phénomènes soumis à l'observation scientifique et à la mesure, et les systèmes d'êtres fictifs, tels que *points matériels* et *atomes*, que la mécanique rationnelle, d'un côté, la chimie, de l'autre, définissent en vue de théories abstraites. Il envisagera la réalité ultime des éléments des corps en des êtres simples capables de perception et d'action, sous l'empire d'une loi d'harmonie qui relie comme causes et effets leurs modifications spontanées mutuelles. Dès que cette première conception est établie, quelle que soit la conviction du métaphysicien sur la puissance des lois et sur la portée des déterminations nécessaires dans tous les rapports des phénomènes, il lui est licite d'admettre des *régions d'indéterminisme*, pour ainsi parler, dans la vie des éléments inorganiques, et de là dans la vie des organes, partout où les sciences doivent reconnaître que la mesure, *toujours et inévitablement approximative* des rapports, laisse des intervalles disponibles pour la production de l'accident vital, ou écart de la loi mathématique. Ces intervalles ne sont rien de moins que des espaces, relativement immenses, où se meuvent les êtres élémentaires si l'unité de mesure est prise dans l'ordre de leurs propres dimensions.

C'est parce que les forces élémentaires, au sein des composés que leur action forme dans les organismes, sont toujours internes, et non transitives, à l'égard de leurs effets, que ce nom de force leur appartient légitimement. La puissance et la force réelles sont les propriétés des êtres qui en ont le sentiment, tel que le comporte leur degré d'élévation de conscience; tandis que la définition de la force, au point de vue déterministe absolu, ou de la *séquence invariable*, comme à celui de la mécanique abstraite, est une définition vide, et n'exprime que le rapport de l'antécédent au conséquent dans l'ordre du temps. La force réelle est l'acte suscitateur du mouvement, puis des phénomènes vitaux, de ceux de la pensée, et éminemment du gouvernement de la pensée, à mesure que la puissance de l'être augmente.

Quand les actes se multiplient en se composant, et se coordonnent en cette immense complexité que nous présente le moindre des corps, nous ne pouvons pas plus les rapporter comme effets aux agents individuels, que nous ne pouvons isoler ces derniers, causes réelles des actions cependant. C'est alors que nous envisageons les causes scientifiquement, dans les conditions nécessaires et suffisantes, et observables, de la production des effets. Nous observons, au contraire, immédiatement *la cause*, dans la pensée en tant que directrice de ses propres modifications, et créatrice de leurs rapports successifs, tels qu'ils sont, alors qu'elle peut les rendre différents. Nous reconnaissons, dans la volonté, la force, à ce degré éminent où nous en prenons la conscience par la délibération de nos actes internes, et nous la regardons comme la cause de nos mouvements volontaires, parce qu'ils lui font suite dans l'ordre normal de la nature. C'est un point qui a été discuté plus haut.

La reconnaissance de la force en tant que libre arbitre n'est plus celle de ce domaine indéterminé de l'accident par lequel les sciences sont limitées, faute de pouvoir étendre la mesure mathématique au delà de la simple approximation, dans la recherche et dans la vérification des lois naturelles; elle doit être l'aveu d'un autre domaine essentiellement impénétrable à la prévision exacte, et rebelle à la mesure, qui embrasse les phénomènes les plus importants de la vie humaine, ceux qui dépendent des actions, des pensées et des croyances des individus, et s'étendent aux fins de l'avenir par les suites possibles des libres déterminations de l'esprit dans son harmonie et dans ses conflits. Toute philosophie qui n'admet point ce domaine, ou toute science qui ne se limite point afin de le réserver, sont des systèmes auxquels leurs auteurs donnent, contre leur gré, un fondement hautement hypothétique, soit qu'ils prétendent les établir à l'aide des sciences, en rejetant tout ce qu'ils jugent n'être pas positivement scientifique, soit, au contraire, qu'ils les présentent comme la science même, la science intégralement constituée, parvenue à son accomplissement.

L'hypothèse du positivisme est double : elle est d'abord un déterminisme absolu, qui ne pense pas même avoir à se démontrer, et qui, chez Auguste Comte, a été porté jusqu'à la négation du calcul des probabilités, calcul mathématique dans le domaine de l'accident; elle est ensuite un parfait empirisme, acceptant pour les réalités les seules données de la sensation : d'où toutes les hypothèses requises à l'effet de remplacer par des négations sans preuve, ou par des fins de non-recevoir, les vérités qui n'ont pas pour origine l'expérience des sens. Le positivisme se trouve être ainsi la philosophie qui pose le moins de ces vérités, autrefois dites positives, et fait le plus d'hypothèses pour les rejeter.

Une philosophie qui, comparée à la précédente, est un positivisme *positif*, est la doctrine spéculative qui se prend elle-même pour le résultat de l'expérience accumulée au cours de l'évolution, et qui, se fiant à l'hypothèse d'une matière ou force universelle, génératrice de la vie et de l'esprit, et en vertu du postulat de l'invariable séquence des phénomènes, grâce à beaucoup de pétitions de principe, construit l'édifice de la Science.

CHAPITRE XXII

L'IDÉE DU MOUVEMENT. RELATIVITÉ DU MOUVEMENT

Les forces n'appartiennent à la science que par ceux de leurs effets qui sont des mouvements dont on les regarde comme causes ; la mesure des forces ne peut donc être que la mesure de ces effets, et c'est uniquement là ce qu'il faut entendre en usant de ce terme abrégé : la force, comme c'est la coutume. Quatre points principaux sont à considérer dans cette mesure, qui, en partie, touchent notre sujet :

1° Le déplacement d'un corps dans l'espace, fait fondamental ; la définition de ce phénomène, son caractère relatif ;

2° La vitesse du mouvement, d'où la question de la mesure du temps obtenue par la mesure de l'espace parcouru dans le mouvement, et la question de la continuité de certains mouvements naturels, et de l'action continue *des forces*, comme on dit ordinairement ; d'où la mesure de l'accélération ;

3° La nature du corps *en tant que mobile* ; la question de l'inertie, et la définition de la masse ;

4° Les distances relatives des corps entre lesquels on constate, ou entre lesquels on suppose les relations de cause à effet, dans le mouvement ; enfin la question des sièges élémentaires des causes, et des affections dont l'action causale peut être accompagnée.

L'impossibilité non seulement de fait, ou matérielle, mais de pur entendement, de poser dans l'espace un point fixe — c'est-à-dire de faire plus que de le *poser fixe* relativement à un autre point *supposé fixe*, — est chose certaine. En d'autres termes, on mesure mathématiquement des distances relatives, en supposant une unité linéaire, de grandeur qui ne peut être qu'arbitraire, et on mesure empiriquement des distances relatives, en supposant, pour constituer cette unité, qu'il ne se produit aucun changement dans les distances mutuelles de certains points choisis. Or cette hypothèse ne serait vérifiable que par la constatation de la fixité de certains autres points, et celle-ci, à son tour, de celle de certains autres, à la position desquels on rapporterait la leur ; et ainsi de suite, sans issue possible.

Ce fait n'est pas compatible avec une définition de l'espace autre que celle d'un ordre de représentations, c'est-à-dire d'un système de concepts, accompagnés d'intuition, qui servent à la représentation mutuelle externe des êtres, et constituent l'une des deux formes essentielles de leur individuation dans l'univers.

Les êtres sensibles occupant dans l'espace des lieux où leurs positions mutuelles sont distinguées par des signes, objets spéciaux de la sensibilité (sensations tactiles et couleurs), subissent des changements dans leurs distances relatives, et, de plus, dans leurs formes et figures en tant que corps, c'est-à-dire en tant qu'étendus et composés dans l'espace. Ces changements de lieux se nomment des mouvements ; ils sont relatifs, comme les distances elles-mêmes. Le mouvement absolu est une idée vide de sens, et de même le repos absolu, le repos d'un corps ne pouvant être jugé par rapport à l'espace, mais seulement par rapport au repos ou au mouvement d'un ou de certains autres corps, qui sont à leur tour dans la même condition. Et même, si un point se meut relativement à un autre point qu'on s'est représenté comme fixe, ou relativement à un système entier de points dont les positions mutuelles sont invariables, il est impossible de juger mathématiquement si le premier point est le réel mobile, ou si c'est le second, ou le système entier, fût-il un univers.

Ce paradoxe, au point de vue pratique, ne se peut lever que si l'on considère le sentiment de l'action. Donner ou recevoir le mouvement sont les seules marques par lesquelles on puisse juger de sa source ou de son siège, mathématiquement indéterminables. Descartes, qui a parfaitement reconnu la relativité du mouvement, et qui l'a clairement défini en conséquence, a dit lui-même, soulignant ce que nous soulignons : « Le mouvement, selon qu'on le prend d'ordinaire, n'est autre chose que *l'action par laquelle un corps passe d'un lieu en un autre.* » Cette formule, prise dans le sens transitif que suggère naturellement le mot *passe*, en nous faisant imaginer l'action entrée dans le mobile pour en être le moteur, est viciée par la fiction de l'entité de la force mouvante ; mais elle est susceptible d'un sens meilleur, si l'on a égard seulement au sentiment de la force chez l'agent, cause originale réelle du mouvement, dans tous les cas où elle peut être connue ou supposée. Descartes a rejeté implicitement ce second sens avec le premier, lorsque, après avoir rappelé la réciprocité des phénomènes du mouvement et du repos considérés extérieurement, il ajoute :

« Mais si, au lieu de nous arrêter à ce qui n'a point d'autre fondement que l'usage ordinaire, nous désirons savoir ce que c'est que le mouvement selon la vérité, nous dirons, afin de lui attribuer une nature qui soit déterminée, qu'il est le transport d'une partie de la matière ou d'un corps, du voisinage de ceux qui le touchent immédiatement, et que nous considérons comme en repos, dans le voisinage de quelques autres... Et je dis qu'il est le transport, et non pas la force ou l'action qui transporte, afin de montrer que le mouvement est toujours dans le mobile, et non pas en celui qui meut ; car il me semble qu'on n'a pas coutume de distinguer ces deux choses assez soigneusement. De plus, j'entends qu'il est une propriété du mobile, et non pas une substance ; de même que la figure est une propriété de la chose qui est figurée... Pour ce qu'il ne s'agit pas ici de l'action de celui qui meut ou qui arrête le mouvement, et que nous considérons principalement le transport et la cessation du transport ou le repos, il est évident que ce transport n'est rien hors du corps qui est mû, mais que seulement un corps est autrement disposé lorsqu'il est transporté que lorsqu'il ne l'est pas ; de sorte que le mouvement et le repos ne sont en lui que deux diverses façons [1]. »

Ces définitions sont exactes et vraies, tout autant qu'on exclut de la philosophie naturelle les causes, et c'est ce qu'entendait Descartes, qui n'admettait que l'étendue, la divisibilité indéfinie, la figure et le mouvement, comme propriétés de la matière des corps, et qui non seulement ne pouvait ainsi envisager la nature corporelle comme formée d'éléments capables d'agir et de réagir en tant que mobiles et moteurs, mais encore ne se chargeait pas d'expliquer l'action des moteurs animés sur ces mobiles abstraits. Mais ces définitions abstraites avaient le double mérite, en bannissant du mouvement la cause et l'action, d'exclure les théories de la force transitive, et, en renonçant à rendre compte de l'action de l'esprit sur la matière pour la communication du mouvement, en forçant par là les philosophes à recourir à l'action de Dieu, de ramener la causalité à sa forme intelligible unique : la loi qui relie dans ce qu'elles ont de déterminé les unes par les autres toutes les modifications des êtres de la nature.

CHAPITRE XXIII

L'IDÉE DU TEMPS. LA MESURE DU TEMPS

Le rapport du temps à l'espace n'est point un pur objet de connaissance interne, puisque l'espace est l'intuition externe. Ce rapport est donc un fait de perception qui ne

---

[1]. Descartes, *Les principes de la philosophie* ; 2ᵉ partie, art. 23-28.

peut se produire qu'après les premières expériences du mouvement, et par la comparaison que l'activité mentale fait de la conscience qu'elle a de ses moments successifs, avec l'observation d'un corps dont le transport d'un point à un autre correspond à l'écoulement d'un certain nombre de ces moments, c'est-à-dire prend *un certain temps* pour s'effectuer. Ce fait nécessaire d'une perception fondamentale, — seule raison que nous ayons, si l'on y songe bien, de considérer comme un *rêve* la possibilité de faire traverser à notre corps, instantanément, par notre volonté, les espaces, — explique comment Aristote a pu faire dépendre sa définition du temps de la connaissance du mouvement : « Le temps est le nombre du mouvement sous le rapport de l'avant et de l'après [1] », et ne pas tenir compte du fait, que l'avant, l'après et le nombre appartiennent premièrement à l'*âme* et à l'*intelligence*. La vérité, c'est que la conscience (principe de ce qu'Aristote entend par intelligence et âme) implique la succession, et ne peut la constater dans le mouvement que parce qu'elle la possède et la connaît comme propriété essentielle et constitutive de sa propre nature. Mais Aristote expliquait la mémoire elle-même, par un phénomène matériel de conservation des traces. Encore aujourd'hui, on ne voit pas les psychologues assez attentifs à cette vérité, que la mémoire, avant d'être la faculté de se souvenir des choses passées, est la connaissance que la conscience a d'elle-même en tant qu'elle ne s'évanouit pas à l'instant même où elle s'apparaît, — ce qui serait une façon nouvelle de ne point exister.

Les affections psychiques, sensations, émotions, pensées, sont discontinues, ou intermittentes par elles-mêmes, où occupant en leurs accès divers, ou laissant entre eux des *intervalles*, dans lesquels d'autres affections, qu'elles soient d'origine externe ou interne, se présentent toujours comme possibles à la conscience, *parce que le sentiment*

---

[1]. Aristote. *Physique*, IV, 16.

de *l'actualité* ne *pourrait pas se prolonger sans se contredire*. Ces intervalles sont des *durées*, pendant lesquelles nous disons que le *temps s'écoule*, ce qui veut dire que différentes pensées pourraient ou auraient pu y prendre place et *succéder* les unes aux autres, ou pour notre conscience, ou pour la conscience d'autrui. Mais nous ne possédons, *en nous-même*, aucun moyen de comparer les quantités de ces intervalles. Chacun de nous a *un temps qui lui est propre* pour les accès et les intermittences de sa pensée. Il n'a ni le moyen d'en mesurer les durées, faute de leur connaître une unité de mesure, ni la possibilité de les rapporter aux phénomènes internes des autres consciences *dans le même temps*, d'une manière directe, où sans recourir à l'observation de phénomènes externes qui *coexistent* avec les unes et les autres.

Ces derniers phénomènes sont ceux de l'expérience commune des choses représentées dans l'espace. Le temps est donc lié aux caractères essentiels de l'individualité, au *petit monde* que chacun est à soi-même, et il doit en être ainsi puisque la conscience du *moi* en est inséparable. L'espace, fonction générale de l'extériorité sensible, forme universelle donnée à l'*altérité* mutuelle des consciences, l'espace, en soumettant à notre observation et à notre vérification approximative certains mouvements périodiques, dans le cours desquels *nous supposons que le rapport de l'étendue parcourue au temps écoulé reste invariable*, nous fournit l'unité de mesure du temps sous l'aspect de l'unité de mesure de l'espace correspondant en ce *mouvement uniforme*. Grâce à ce procédé, que les hommes ont trouvé sans peine par l'observation de l'uniformité des principaux phénomènes célestes, le temps, si individuel et si variable en son siège réel, a pu se régler pour régler lui-même les relations sociales, la vie de communauté des hommes; et, grâce à l'abstraction scientifique, la durée a reçu l'application du nombre par l'entremise de l'étendue, et le rapport de l'espace au temps, quoique quantités hétérogènes, l'une mesurable et l'autre non, est devenu intelligible.

Ce rapport de l'espace au temps est la vitesse, dont la mesure devient celle du mouvement et doit être complétée par la définition du mobile en tant que tel, c'est-à-dire de la masse, point de vue abstrait de la quantité de matière, mais qui soulève la question de la nature de la force, ou de la cause par rapport à cette matière abstraite. Les variations de la vitesse dans les phénomènes naturels conduisent aussi à la considération de l'action des forces comme instantanée, ou comme constante et continue.

CHAPITRE XXIV
DE LA CONTINUITÉ PAR RAPPORT AUX FORCES NATURELLES

La question de la continuité mathématique se pose nécessairement au sujet de la vitesse, en dehors de la question des forces, par la seule raison que l'espace, numérateur du rapport qui représente la vitesse, est une quantité géométrique, c'est-à-dire indéfiniment divisible. Le temps, représenté par une quantité du même ordre, doit suivre la même loi. Et, de fait, la physique est obligée de considérer, pour les théories des mouvements vibratoires, des vitesses qu'on aurait autrefois déclarées inconcevables, quoique tout nombre défini soit par là-même concevable. Il arrive ainsi que le calcul de l'infini (qui serait mieux nommé *de l'indéfini*) est le mieux adapté à la théorie générale du mouvement. On considère, en ce calcul, la vitesse non pas seulement comme *continuellement*, mais comme *continuement* variable. On calcule la *vitesse* du mobile, à un instant donné, comme le rapport de la *différentielle* de l'étendue à la *différentielle* du temps, à cet instant ; et on calcule l'accélération comme la différentielle de la vitesse elle-même. Mais, dans l'ordre réel des choses, les *différentielles* de ce calcul doivent répondre à des *différences finies* (les dx à des Δx suivant les notations usuelles) par cette raison qu'une quantité *infinitésimale*, et par conséquent *indéterminée* comme le géomètre est obligé de le reconnaître, ne peut pas être une quantité *actuelle*, ou donnée.

Le philosophe qui admettra la justesse de la présente observation devra penser comme nous, que la mathématique infinitésimale a passé à tort auprès de beaucoup d'esprits pour une méthode destinée à atteindre, pour la découverte de leurs propriétés, les éléments ultimes, et les ultimes mouvements des êtres naturels. Cette méthode les atteint, en ce sens qu'elle les dépasse. Parfaitement rigoureuse en elle-même, en son caractère d'approximation sans fin, conception admirable et presque toujours mal comprise, en l'explication que Leibniz en a donnée, elle n'est capable de représenter les états ou actes des êtres naturels qu'à la condition de n'être pas entendue elle-même à la rigueur ; de telle sorte que ce défaut de rigueur mathématique qui lui a été, mais injustement, reproché, serait plutôt, s'il était fondé, un mérite à lui reconnaître pour ses applications à la nature.

Le temps, la vitesse et les variations de la vitesse, quantités continues comme l'espace, au point de vue mathématique abstrait, doivent donc être rapportés, pour leurs déterminations concrètes, à des actes que séparent les uns des autres des intervalles, ou moments de la durée, pendant lesquels existent des états définis. Le changement, considéré dans l'effet, ne saurait être mathématiquement continu. Un phénomène qui, en tant que représenté, ne s'étendrait pas ainsi sur un moment défini entre deux instants serait une apparition fuyante à laquelle ne conviendrait pas moins la négation que l'affirmation d'existence. L'instant est une limite, comme le point ; le devenir y a son origine ou s'y termine, il ne peut y être déterminé. Le moindre phénomène exige une durée, comme la moindre ligne une étendue. Si du changement considéré dans l'effet, nous passons maintenant au changement considéré dans la cause, ou force réelle, il faut, en conséquence, que nous considérions la force comme intermittente et pulsatile de sa nature; périodique, si elle est *constante*.

Cette doctrine est d'accord avec les théories physiques, définitivement régnantes, qui expliquent les grandes forces naturelles de la lumière, de la chaleur et de l'électricité par des vibrations d'un milieu élastique universel. La constance merveilleuse des actions dont résulte la pesanteur n'est pas un obstacle à ce qu'elles aient le même caractère mécanique, tout en dépendant d'un autre système d'agents élémentaires. La constance est toujours une périodicité.

Si l'on accepte la thèse d'après laquelle la force est de nature mentale, et a son type dans la volonté, on peut en appeler au sentiment intime du caractère du vouloir comme nettement opposé à l'idée de continuité mathématique de l'action. D'une part, en effet, un *acte* s'oppose à un *état* justement en ce qu'il ne signifie pas, comme l'état, la permanence, la *continuation* pure et simple, mais bien l'*initiative*; de l'autre, l'effort ne se conçoit que comme formé d'une sorte de série de moments d'action pour se soutenir contre des tendances contraires.

CHAPITRE XXV

LA LOI DE L'INERTIE ET LA COMMUNICATION DU MOUVEMENT — L'IDÉE DE MASSE — L'EXPRESSION MATHÉMATIQUE DE LA FORCE

On ne devrait pas, au profit d'une science abstraite, quelque intérêt qu'il y ait à la constituer, nier ou paraître nier l'activité interne des éléments des corps inorganiques. En fait, on admet ordinairement l'existence des forces moléculaires, attractives et répulsives, et cependant on semble vouloir donner par les termes d'*inertie*, ou *force d'inertie*, appliqués à la matière objet de la mécanique, une idée toute contraire de la nature des corps. Il conviendrait de remarquer, premièrement, qu'on ne s'occupe que des actions externes exercées sur les corps ; secondement, que de ces actions, on ne considère que les mouvements, qui en sont des effets externes ; troisièmement, que l'inertie est l'état relatif, — ce n'est plus une propriété, — du corps quand il n'est soumis à aucune action externe. Ces remarques faites, on définirait cet état, qui est ou le repos relatif, ou le *mouvement uniforme*, et, en expliquant comment ce dernier mouvement consiste, ainsi que le repos, en une *égale indifférence au repos ou au mouvement* (apparent paradoxe), et comment l'expérience confirme cette manière de voir, on ne risquerait pas de donner l'idée fausse, qu'*un corps en mouvement est nécessairement, pour cet effet, animé d'une force*, ou qu'*une force le meut*.

L'idée fondamentale de la mécanique cinétique pure étant ainsi nettement constituée, on peut y adapter correctement des définitions de la force et de la masse considérées dans leurs effets, de façon à laisser la recherche de leur nature à la physico-chimie moléculaire, et en dernière analyse à la métaphysique. Prenons un corps avec le caractère d'inertie qui vient d'être défini ; tout changement de position qui s'éloignerait de ceux que cet état comporte, relativement à un système de points de repère considérés comme fixes, exige une cause, et une cause externe et sensible, puisque, en limitant notre sujet, nous en avons séparé les forces internes ou moléculaires, à quelque distance d'ailleurs qu'on les suppose actives. Or l'expérience ne nous montre d'autre cause que l'approche, à une faible distance, *ou contact apparent*, d'un autre corps défini dans les mêmes conditions que le premier, et qui lui-même serait sorti pour quelque autre cause de l'état d'inertie. Le cas que nous posons est donc celui qui, de tout temps, et sous les noms d'*impulsion*, de *choc* et de *communication du mouvement local*, a représenté pour les hommes, en dehors de toute science, la *cause du mouvement*, et qui, pour la mécanique rationnelle elle-même, quand elle s'est fondée, a été pris pour le fondement à peu près unique des théories. Il est résulté de la vue continuelle des effets de cette loi qui régit l'ordre des phénomènes les plus facilement observables des milieux à notre portée et à notre usage : 1° que l'on a imaginé le contact des corps à la rencontre les uns des autres comme géométriquement réel, — idée qui peut difficilement être envisagée par la science ; — 2° qu'on a pris pour la cause fondamentale, dans l'ordre des phénomènes physiques, cette communication du mouvement, *cause* essentiellement *causée*, effet d'une cause antérieure du même genre, sans qu'on puisse s'arrêter à aucune à moins de sortir de l'ordre physique et de prendre dans une volonté l'origine d'une première impulsion ; — 3°, que, par suite de l'habitude de tenir ainsi l'impulsion pour la forme de la locomotion par excellence, on a été porté à croire à l'impossibilité des *actions à distance*. On a attaché, avec peu de réflexion, de la valeur à cet aphorisme : qu'*un corps ne peut agir où il n'est pas*. Comprend-on mieux qu'il agisse *où il est*, si c'est ailleurs qu'en lui-même ?

Revenons au fait du choc de deux corps qui se rencontrent en sortant, l'un ou l'autre, ou tous deux, de l'état d'inertie : ou repos, ou mouvement uniforme. Quelle que soit la cause de leurs mouvements, à laquelle il n'est pas besoin de remonter, l'expérience nous soumet, d'une part, des actions mutuelles d'ordre moléculaire qui sont les précédents des effets sensibles qui vont s'ensuivre des deux côtés : c'est le domaine des phénomènes de l'élasticité, et de ceux qui tiennent aux propriétés de la composition et de l'état physique des corps, dureté ou mollesse, etc. ; d'autre part, les phénomènes généraux de la translation des masses. Leur théorie exige des abstractions, dont la première est celle de la nature des masses mues et des forces mouvantes. Et d'abord, de résistance au mouvement, si l'un des corps est au repos, il n'y en a point : il y a action et réaction, et, en résultat, des modifications quelconques. La *résistance* n'est pas un phénomène mécanique. Quand le mouvement est déclaré, deux points seulement sont à considérer : le mobile comme tel, et sa vitesse, qui, mesurés, justifient le nom de *quantité de mouvement*, donné au produit de leurs deux nombres. Le mobile comme tel, c'est le nombre des unités mobiles élémentaires, regardées comme toutes unies en une action commune. Ce nombre varie; à volume égal, pour différents corps, avec la nature spécifique de leurs éléments ; on peut le représenter, en théorie, par un coefficient indéterminé multipliant la vitesse. On le qualifiait autrefois de *quantité de matière*. En ajoutant au mot *matière*, le mot *pondérable*, on exprime toujours une idée juste, parce que la loi de la pesanteur donne les moyens de prêter à ce coefficient des valeurs empiriques réelles, les éléments ultimes de composition des corps spécifiques réputés simples ayant des poids relatifs fixes, qu'ils portent dans leurs composés, et les poids des corps étant des valeurs mesurables qui fournissent des unités pour la mesure de la masse dans la quantité de mouvement.

Après ces explications, la formule consacrée : *la force est proportionnelle à la quantité de mouvement*, se comprend comme il suit : la force, dont l'idée est essentiellement celle de l'effort mental suivi de la sensation à laquelle donne lieu la tension musculaire plus ou moins facile ou pénible, nécessitée pour le déplacement volontaire d'un corps, la force, après que cette idée a été transportée au rapport d'un corps à un autre corps que nous disons *lui imprimer un mouvement*, trouve une expression mécanique dans l'application de la loi de la pesanteur à la mesure de nombreuses classes de phénomènes qui, portant comme ceux de la pesanteur sur des déplacements de matière, sans avoir comme eux l'universalité et la constance, et ne sont pas susceptibles d'une mesure directe. Toute force est assimilable à un *poids*, tant qu'elle n'est que tendance ou puissance de mouvement, pression ou traction exercée, sans déplacement actuel : elle s'estime alors en *kilogrammes*. Elle est assimilable comme *énergie*, ou puissance de *travail* effectif, à l'effet ou action de la pesanteur pour le mouvement d'un corps libre dans le phénomène de la chute. C'est alors en kilogrammètres qu'elle s'évalue, et ce n'est plus la simple quantité de mouvement qui en donne la mesure, mais bien cette quantité multipliée par la vitesse. La capacité de travail est proportionnelle à la masse et au carré de la vitesse, à la *force vive*, terme dont le sens métaphorique ne valait pas moins que celui du terme *énergie*, aujourd'hui préféré, mais qui se prêtait moins bien à l'importante distinction de l'énergie potentielle et de l'énergie actuelle. Cette distinction s'applique essentiellement à la différence d'action d'un corps pesant soutenu à une certaine hauteur, et d'un corps que la loi d'accélération gouverne dans sa chute. Toute force constante, c'est-à-dire agissant constamment et continuement (nous avons dit comment devait s'entendre la continuité), est une force accélératrice, en vertu du principe d'inertie, et a son type parfait dans la force de la pesanteur, dont les effets se prêtent au calcul le plus rigoureux sans autres unités que celles de l'espace et du temps pour sa mesure, l'unité de masse demeurant indéterminée en théorie, et la masse étant proportionnelle au poids.

CHAPITRE XXVI
DE LA NATURE DE LA PESANTEUR. L'ACTION A DISTANCE

L'universalité de cette force, dont le sujet, aussi étendu que celui de l'astronomie, est sans bornes assignables ; son étonnante continuité, qu'on a pu croire mathématique ; ce fait merveilleux, que son action sur les corps n'est que la résultante d'actions mutuelles et similaires de toutes leurs molécules de toute nature, et cet autre fait, que tandis qu'elle se fait sentir aux plus petites distances, pour donner des poids aux atomes, comme aux plus grandes, pour régir les révolutions des astres, c'est cependant aux plus petites qu'elle rencontre, — quoique force essentiellement élémentaire, — d'autres forces élémentaires qui peuvent en masquer ou en dominer totalement l'application ; toutes ces propriétés jointes à la fonction souveraine de la pesanteur qui se définit par la tendance au rapprochement universel et par l'obstacle à la dispersion indéfinie des corps dans l'espace, assignent à cette force, dans la création, un caractère presque comparable à celui de l'espace lui-même. La pesanteur est une loi de distribution, comme l'espace est l'ensemble des rapports de position des corps, ou des distances relatives à raison desquelles ils se modifient dans les plus importantes de leurs propriétés.

Depuis le temps où Newton a donné à la gravitation le

nom d'attraction, en protestant de n'en faire usage que nominalement pour désigner une loi mathématique certaine, *sans hypothèse*, — et cherchant d'ailleurs lui-même s'il n'y aurait pas moyen d'attribuer à des impulsions réelles les apparentes actions à distance, — l'idée de l'attraction s'est peu à peu recommandée sérieusement aux savants comme aux ignorants. Elle a commencé par trouver faveur à titre de *propriété de la matière*, expression insignifiante, inexplicable en ce cas, comme ne désignant aucun mécanisme et ne pouvant se passer d'en supposer un. Cependant cette idée, avec une acception vague, était déjà répandue dans l'antiquité, divers auteurs modernes l'avaient rappelée, et les recherches mathématiques d'inspiration cartésienne ne parvenaient pas à la remplacer par une hypothèse mécanique d'ordre commun. De notre temps, les tentatives d'explication de la gravitation universelle par une action qu'exercerait sur toutes les particules des corps pondérables le même éther élastique, universellement pénétrant, qui serait le siège des ondulations lumineuses, ne résistent pas aux objections tirées des propriétés les plus caractéristiques de la force à expliquer, notamment de celle-ci : que les corps lui sont universellement pénétrables, sans obstacle possible des uns par rapport aux autres, et sans aucune modification pour atteindre des particules quelconques.

Il a fallu se décider à entendre plus ou moins implicitement par l'attraction des molécules gravitantes une qualité d'ordre mental, cause dont les effets sont mécaniques comme le sont ceux de nos affections appétitives suivies de mouvements réflexes, et comme ceux de nos volontés. Et ces phénomènes supposent certains degrés de conscience. Les théories physiques ont suivi la même marche, en ce qui concerne les actions moléculaires à petite distance, que pour la gravitation, qu'on peut appeler une action moléculaire à toute distance, et qui d'ailleurs est une action très faible aussi, quand elle est considérée dans la molécule active, et ne devient considérable que par l'action des masses sur les molécules individuelles, ou plus ou moins agglomérées en forme de corps, qui la subissent. On s'accorde à regarder les actions à faible distance qui dominent ou qui masquent celles de la gravitation : cohésion, adhésion, actions capillaires, élasticité, affinités chimiques, comme des forces attractives ou répulsives et, au fond, par conséquent, comme de la nature des appétitions : désir ou aversion.

On doit tenir le contact pour une image, née du manque de perception intermédiaire, et qui n'a aucun rapport avec les conditions de l'action, parce que toutes les lois se formulent pour un calcul d'actions à distances variables, et supposent des vides entre les agents. L'atomisme a cessé d'être regardé comme une simple hypothèse par les chimistes. La nature de l'atome est seule restée en question et ne peut, en tant qu'être ultime, se déterminer par aucune science positive, parce qu'en ce sens, elle dépasse l'expérience et les principes empiriquement vérifiables.

La raison nette de répudier l'idée de contact, dans la communication du mouvement, comme ayant un rapport fondé quelconque avec l'idée de cause est, premièrement, que cette image n'est liée que par l'habitude à notre perception du mouvement communiqué ; secondement, que le principe de relativité, rapproché de la nature intuitive de l'espace, nous interdit d'envisager deux points contigus qui ne seraient pas un seul et même point, et nous oblige à ne considérer des points comme distincts qu'autant qu'ils sont déterminés de position par de différentes valeurs de leurs coordonnées. Mais, en fait, l'imagination du contact ne peut plus se soutenir, comme répondant à une réalité, depuis que le calcul des vibrations lumineuses a convaincu le physicien que de réels intervalles linéaires sont appréciables pour le calcul entre des molécules voisines dont les centres sont situés à une distance moyenne les uns des autres atteignant à peu près le billionième du centimètre. Il faut renoncer à croire qu'on *voit* deux corps se toucher, alors qu'il se loge entre leurs surfaces *de contact*, d'innombrables molécules, dont les fonctions, sans aucun signe d'existence directement sensible, déterminent, quand elles nous *touchent*, les relations externes de nos organes et toutes nos sensations. Pour concevoir le peuplement des espaces qui sont le siège de ces phénomènes, un éminent physicien nous invite à imaginer (si imaginer se pouvait) dans l'enceinte d'un centimètre cube d'eau ou d'acide carbonique liquéfié, un nombre de molécules qui pourrait approcher de la vingt-septième puissance de 10 ! leurs distances mutuelles étant ce que nous avons dit. Auprès de cet ordre de grandeur, tous les milliards imaginables disparaissent, mais il n'importe pour le concept.

CHAPITRE XXVII

LE SYSTÈME DE L'ENTITÉ FORCE DE A. HIRN

Il semblerait qu'au jugement d'un savant, mais surtout d'un philosophe, quand il a été forcé de reconnaître, d'un côté, que la transmission du mouvement, *au contact*, est une pure apparence, qu'il n'y a pas de contact, et que, par conséquent, toute action est une action *à distance* ; et, d'un autre côté, que l'action, la force, la cause ne se peuvent observer et définir, en une source intelligible, ailleurs qu'en des actes de volonté ; qu'enfin tout ce qui suit de tels actes, ou que nous y assimilons par de vagues inductions, par des rapprochements exclusivement dus à l'ob-

1. Voyez les *conférences scientifiques* de Sir W. Thomson trad. par P. Lugol et M. Brillouin, p. 47 et 139-141.

servation des liaisons ne consiste qu'en des séquences empiriques, seuls phénomènes, atteints dans leurs lois par les théories scientifiques ; il semblerait, disons-nous, que la conclusion rationnelle à tirer de cet état de la question dût être une double proposition aux parties bien liées : 1° la réelle intelligence de l'essence et du siège des forces de la nature ne s'obtient que dans une *doctrine des monades;* l'ancienne idée de matière, abandonnée, fait place à celle de l'essence mentale des actions et de leur distribution dans l'espace en des points qui sont leurs centres, et à des distances mutuelles, variables suivant des lois de temps ; 2° la seule représentation rationnelle possible de la communication des forces, et de la transmission des actions et des mouvements, toute imagination de transitivité des causes étant exclue par la nature de la force et de son siège individuel et mental, se trouve dans *une doctrine d'harmonie préétablie,* qui, de quelque façon qu'on définisse d'ailleurs Dieu et le monde, fait consister la connaissance de la causalité, pour tout ce qui dépasse le témoignage actuel de la conscience de l'action, dans la connaissance des rapports constants de conditionnement mutuel et de succession des phénomènes de toutes les classes dont l'expérience fait ressortir les modifications comme des fonctions les unes des autres.

Les philosophes ne paraissent pas jusqu'ici avoir prêté une suffisante attention à cet état de la question scientifique de la perception et de la force : conséquence fâcheuse de la séparation qui s'est établie depuis plus d'un siècle entre les deux ordres de culture, le positif et le spéculatif, ou métaphysique, et que l'on ne craint pas assez d'aggraver par certaines réformes de l'enseignement qui seraient trop conformes à l'horreur du public pour la philosophie[1] :

1. Voyez sur les rapports de la philosophie à l'enseignement et sur l'intérêt moral des études classiques pour les nations modernes, deux ouvrages profonds de M. Alf. Fouillée : *L'enseignement au point de vue*

..... Quoniam hæc ratio plerumque videtur
Tristior esse, quibus non est tractata, retroque
Volgus abhorret ab hac. (Lucrèce, IV, 18).

Quant aux savants, qui sont cependant les principaux auteurs, ou même les seuls, des nouvelles lumières jetées sur le problème de la nature du monde matériel, ils sont tellement attachés par le genre de leurs études au réalisme empirique de l'espace, à celui des fonctions matérialisées par l'imagination dans l'étendue, qu'ils se montrent rebelles à une application radicale du principe de relativité, qui serait si essentiellement de leur ressort. On voit ceux d'entre eux qui abordent les questions de haute généralité avec des dispositions antimatérialistes essayer de rajeunir le vieux dualisme esprit et matière, en forgeant des entités nouvelles, pour éviter de reconnaître des facultés actives à la matière, et pour maintenir les actions exercées sur elle par des essences abstraites.

L'exemple peut-être le plus remarquable des applications de cet esprit réaliste, parce qu'il est indépendant, chez son auteur, des traditions de l'École, soit théologiques, soit philosophiques a été donné par le savant physicien français A. Hirn, dans une seconde partie de sa théorie mécanique de la chaleur, sous ce titre : *Conséquences philosophiques et métaphysiques de la thermodynamique*. Adversaire de la physique matérialiste, Hirn oppose la notion propre de force au système de la force-matière, en ces termes : « Si le mouvement et la tendance au mouvement ne sont que des conséquences de mouvements antérieurs, il faut rayer le mot *force* de notre dictionnaire ». On ne saurait mieux dire, car la négation de la force, au sens le plus profond, est bien celle qui résulte de la théorie déterministe des mouvements, effets et causes de mouvements, en une régression sans fin. Mais Hirn fait suivre sa réclama-

---

national (Hachette 1891) ; *La réforme de l'enseignement par la philosophie* (A. Colin 1901).

tion, en faveur de la force, d'un dilemme qui ne serre point ; il dit des actions à distance de la pesanteur, et des actions de la chaleur, de la lumière, de l'électricité : « Ou ce sont des mouvements de la matière même, et alors il ne faut plus les appeler des forces ; ou ce sont des forces proprement dites, et alors ce sont des principes constitutifs de l'univers, distincts en nature de la matière, et capables d'agir sur elle ». Il est aisé de répondre que les forces proprement dites ont pour sièges les principes immatériels constitutifs de la matière elle-même (monades) et les composés de ces principes (les corps), et les organes, ou leurs centres, quand il y a organisation.

Mais Hirn se flatte d'avoir démontré que les éléments de la matière sont des atomes matériels d'un volume fini, inaltérable et non élastique. L'espace est occupé, selon lui, en dehors de ces éléments mécaniques, par la force, « principe constituant de l'univers » ; c'est elle qui, à ce moment de repos absolu qui sépare les deux mouvements opposés de la bille élastique rebondissante, lui restitue sa vitesse perdue. Elle n'est point « *dans* l'atome ; elle est *dans l'espace* qui sépare les atomes les uns des autres ». Et de même pour l'espace en grand :

« L'espace infini où sont éparpillés les soleils et leurs planètes est partout occupé par quelque chose qui n'a aucune des qualités de la matière proprement dite. C'est ce quelque chose qui détermine les phénomènes d'attraction et de répulsion, de lumière, etc. Ce quelque chose, en un mot, c'est la FORCE considérée sous son aspect le plus général... Elle existe au même titre que la Matière, au même titre que le principe animique de chaque être vivant[1].

L'âme, à la fois puissance organisante et puissance de penser, mais non sans l'aide de la matière et des forces, sui-

---

[1]. A. Hirn. *Conséquences philosophiques et métaphysiques de la thermodynamique*, p. 60-61. Conf. p. 211.

vant ce système, ne laisse pas d'affecter un « caractère transcendant. — C'est une force qui, sous l'empire de la volonté, va commander les mouvements de nos muscles ; c'est un principe intermédiaire qui nous transmet comme autant de dépêches télégraphiques les impressions des phénomènes externes sur notre corps. » Cette force n'est cependant point la volonté elle-même, comme dans la doctrine de Maine de Biran. » La volition est visiblement un simple acte de notre être pensant. » La force est, au contraire, *ce que nous connaissons le moins*, l'entité dont l'influence établit le courant nerveux, gonfle le muscle ; c'est « l'élément intermédiaire, nature transcendante qui n'est pas soumise aux conditions finies du temps et de l'espace ». — « L'âme n'a nulle prise directe sur la matière, elle n'agit sur elle que par l'intermédiaire de cet élément dynamique[1] », c'est-à-dire par l'*intermédiaire de l'Intermédiaire !* puisque l'élément dynamique, ou la force, n'est défini lui-même que comme intermédiaire entre les conditions nécessaires et suffisantes des phénomènes et leur production.

CHAPITRE XXVIII

LE SYSTÈME DU POTENTIEL. R. PICTET

On s'explique à peine par le fâcheux divorce des sciences et de la philosophie, comment un savant non seulement distingué dans sa partie, mais encore profond dans certains aperçus généraux et dans ses réclamations contre l'esprit régnant des hommes de science, ait pu se laisser séduire à la plus puérile des espèces du réalisme : à celle qui d'un pur mot se fait une essence réelle ; car ce n'est vrai-

---

1. A. Hirn. *Conséquences philosophiques et métaphysiques de la thermo-dynamique*, p. 107, 347-349, 397.

ment qu'un mot, cette essence intermédiaire entre la cause et l'effet, qu'on désigne par le nom du problème à résoudre, par l'intermédiaire à chercher, affecté d'un signe typographique : la lettre majuscule. Mais il y a une compensation (à notre point de vue) pour cette malencontre logique : c'est que, en sa naïveté, le physicien a constaté, dans le simple fait du vouloir, l'absence de l'intermédiaire dont il ne croyait pas pouvoir se passer. Il ressort clairement de la théorie même dont il s'illusionnait, que, dans le rapport de la cause à l'effet, deux choses seulement sont à notre connaissance : le rapport lui-même, signifié par l'effet, et notre conscience, quand c'est notre conscience qui est la cause.

Autre, mais plus scientifique, quoique trop peu métaphysique encore pour échapper pleinement aux interprétations matérialistes, est la théorie d'un savant distingué, qui a pris, pour l'intermédiaire entre la force et les phénomènes, un des termes du langage actuellement reçu dans les théories de la dynamique. La doctrine de M. Raoul Pictet offre en elle-même un sérieux intérêt [1].

Cette doctrine part de la donnée, que l'on croit aujourd'hui quelque chose de plus qu'hypothétique, en sa double partie : une matière des corps, pondérable, et une autre matière l'éther, inobservable pour nous, qui baigne les atomes en nombres immenses de la première, et leur constitue des atmosphères. L'auteur appelle les causes du mouvement des *entités rationnelles* ; il en distingue deux espèces : 1° le mouvement antérieurement acquis qui a pour effet, par le choc et l'impulsion, la *force vive, énergie actuelle* ; 2° l'attraction de la matière pour la matière, cause commune, en fonction des distances, de la gravitation, de la cohésion et des affinités chimiques. Observons que, contrairement, croyons-nous, aux vues les plus ordinaires des physiciens, M. R. Pictet admet une attraction mutuelle des particules

---

[1]. *Étude critique du matérialisme et du spiritualisme par la physique expérimentale* 1896, p. 279 sq. et 443 sq.

de l'éther et des atomes de la matière gravitante, attraction qui reçoit un accroissement plus rapide que celui de la loi newtonienne en raison de la diminution des distances, et, par conséquent, arrête à un certain moment le rapprochement des atomes et fait entre eux l'effet d'une force répulsive.

Ces prémisses posées, la discussion scientifique de tous les phénomènes dus à la cause commune qui s'exerce sur les corps en fonction de leurs distances démontre que l'attraction obtient ses effets sans l'intermédiaire du milieu; que le choc et l'impulsion de l'éther ne peuvent la produire, et qu'on doit accorder l'existence d'une cause de mouvement qui n'est pas un autre mouvement. Il faut donc placer, en regard de la matière pondérable, quelque chose comme ce qu'on appelle *force* ou *esprit*, qui, au point de vue dynamique, est l'énergie virtuelle, ou potentielle. M. R. Pictet la désigne par ce terme unique : *le potentiel*, qui a l'inconvénient de réaliser une abstraction. L'acceptation du potentiel comme *entité logique* nécessaire donne, dit-il, à la Force une valeur scientifique égale à celle de la matière pondérable. Il est loin de méconnaître le sens métaphysique que prennent les conclusions de sa théorie :

« Nous assistons à la *création de la force vive*.

« Cette conception des phénomènes mécaniques nous met en rapport avec les *causes premières*.

« Le *monde des esprits*, la *force créatrice*, le *primus*, sont autant de noms qu'on peut donner au *potentiel*. »

L'auteur souligne tous ces mots, et il ajoute : « La *théorie matérialiste pure*, qui a pour objet de tout expliquer par la *force vive actuelle* se transformant sous tous les modes par les variations dans le mouvement des particules matérielles et leur direction, *succombe* dès qu'on admet le *potentiel*.

« La physique expérimentale a consacré définitivement le *potentiel*. Tous les physiciens modernes l'enseignent dans toutes les universités du monde.

« LA THÉORIE MATÉRIALISTE PURE EST MORTE »

Mais cet arrêt ne sera justifié que le jour où l'on admettra que le potentiel est lui-même l'actualité vivante d'une monade consciente, et que l'acte est *premier*, non la puissance, parce que c'est l'acte qui est créateur. Est-ce là la pensée de M. R. Pictet ? apparemment non ; car il ne dirait pas : « Le potentiel étant un réservoir dont la capacité nous est totalement cachée, nous ne pouvons fixer en aucune façon les limites de cette transformation de potentiel en force vive » ; et encore : « Le potentiel est donc une *entité logique* qui nous force d'admettre un *réservoir d'énergies inconnues*, lesquelles peuvent agir sur la matière pondérable pour provoquer des mouvements *n'ayant pas d'antécédents connus ni observables* ». Les mots *réservoir, transformation, énergies inconnues*, appartiennent plutôt à l'ordre d'hypothèses que M. R. Pictet veut combattre, qu'à son propre point de vue. Si le potentiel est une entité logique, il n'est pas créateur ; s'il est un réservoir, l'idée que nous en prenons ne peut que nous rejeter en arrière et nous donner à concevoir une puissance indéfinie qui d'elle-même est exclusive de l'idée d'acte commençant et de création. Et si les énergies sont *inconnues*, et que le potentiel *se transforme*, ce qui ne se fait sans doute pas au hasard, nous nous trouvons involontairement ramenés au système de l'unité de force, ou puissance évolutive, incessamment transformée, dont une loi universelle détermine et enchaîne les transformations.

Le physicien nous paraît donc avoir manqué le but dans cette partie principale de son ouvrage qui regarde la théorie des forces inorganiques fondamentales. Le philosophe, chez lui, a trouvé sans doute de moindres difficultés à vaincre en des opinions préconçues sur la nature de la matière et sur la loi de l'inertie ; car sa théorie du potentiel lui fournit des formules intéressantes pour l'application de ce concept aux forces du monde organique, à l'esprit et à la volonté. Les phénomènes de la vie supposent des milieux à structures spéciales : cellules, tissus, organes, espèces, races, individus, en lesquels ils ont à se produire. Un tel milieu compose un *potentiel fonctionnel*. « La vie végétative est un potentiel, identique, dans son essence, au potentiel de la gravitation, de la pesanteur, ou de l'affinité. » Mais cette dernière thèse est, ce nous semble, inconciliable avec celle de l'inertie de la matière gravitante. Au sujet des animaux, l'auteur remarque, et c'est, croyons-nous, avec raison, que leur étude ne donne pas de *réponses immédiates*, et que ce n'est guère qu'à travers l'homme, et à l'aide d'inductions, qu'il est permis de les connaître.

Chez l'homme, le *potentiel fonctionnel* s'accroît du potentiel intellectuel. Ici la terminologie de l'auteur se montre ce qu'au fond on peut dire qu'elle a toujours été, pareille pour le sens à celle de l'acte et de la puissance, entrée dans la philosophie avec la doctrine d'Aristote. C'est un second potentiel fonctionnel que l'auteur admet, et intellectuel, cette fois, « qui a pour base la logique aidée de la mémoire ». Une disposition organique, le cerveau, est alors nécessaire pour que ce potentiel se transforme en force vive actuelle. Le terme de *transformation* pourrait, ici comme ailleurs, donner une idée fausse de la vue réelle de M. R. Pictet, qui est bien plutôt, sans qu'il paraisse s'en rendre compte, celle d'une correspondance harmonique, et non par causalité transitive, entre la volonté et les forces organiques :

« Ce potentiel intellectuel ne produit pas de kilogrammètre directement, mais il permet au potentiel fonctionnel de donner des effets kilogrammétriques par l'intermédiaire des muscles, dans des proportions si variables, si colossalement différentes, qu'on sent de suite que c'est lui qui commande toute l'économie de la vie chez l'homme. »

Ardent partisan du libre arbitre, M. R. Pictet établit que
« la liberté opère sans porter aucun préjudice à aucune
loi enseignée en physique expérimentale »; qu' « elle ne
crée rien en fait de kilogrammètres », et que « les mouvements musculaires, sous la domination de notre volonté,
s'exécutent avec les rigoureuses nécessités du déterminisme
fonctionnel de nos organes ». Elle ne peut, en effet, que
diriger l'application des lois du mouvement, faire passer
l'énergie dynamique de l'état potentiel à l'état actuel, ou
réciproquement. Mais que cette action, autre espèce d'énergie, énergie mentale, ne soit point soumise à un déterminisme interne, M. R. Pictet, qui traite la question longuement, avec des raisons de sentiment, et non point en
psychologue, l'affirme, ne le démontre pas, et sent peut-être qu'il n'y en a pas de démonstration possible.

CHAPITRE XXIX

LA THÉORIE PHYSIQUE DE L'ÉTHER

Une explication de phénomènes étant leur réduction à
un phénomène d'ordre général qui passe dès lors pour être
une loi à leur égard, nous avons à constater que les phénomènes de la gravitation n'ont pu s'expliquer par une
communication de mouvement au contact, ni se comprendre
comme des actions à distance. Un genre d'effets analogue
à ces phénomènes, en tant que tendance des corps à des
rapprochements mutuels, les faits de cohésion et d'affinités
ne s'expliquent pas davantage par des impulsions venues
du dehors, et ne se comprennent pas comme actions au
contact, parce que le contact ne se concevrait pas en qualité de cause, et que d'ailleurs il n'existe de contact que

pour une sensation confuse et illusoire de la vue ou du toucher. La perception de la prétendue résistance des corps au mouvement que nous voulons leur communiquer n'est que la contre-partie imaginaire de l'idée de ce vouloir. Enfin, l'induction gratuite de l'état solide, impénétrable, de leurs éléments ultimes, est une fiction de qualités inhérentes dont notre imagination doue des parties d'étendue auxquelles elle suppose une réalité absolue; tandis que l'espace n'admet rationnellement que des divisions relatives, dont l'unité de mesure est arbitraire.

La question de la nature de la lumière et de la chaleur a fait un grand pas, ou plutôt même il faut la dire résolue en ce qui touche la partie physique, et disons alors mécanique des phénomènes, en dehors de notre sensibilité. Mais la question de la transmission des actions lumineuses et calorifiques est restée très ardue. Les physiciens nombreux qui s'entraînent à trouver, dans l'hypothèse de l'éther, l'exacte représentation d'une loi portant sur des sujets réels : les molécules éthérées, ne doivent pas se dissimuler que cette hypothèse, en ce sens, met à une forte épreuve notre sentiment de la réalité. On a d'abord imaginé cet insensible agent universel comme le fluide par excellence, et comme *parfaitement* élastique et *extrêmement* subtil. Il faudrait maintenant, pour suivre l'opinion la plus avancée, le concevoir comme « un milieu répandu partout, un solide élastique doué d'une grande rigidité, une rigidité si prodigieuse que le nombre des vibrations de la lumière y atteint *un million de millions de fois* le nombre de celles d'un diapason dont les vibrations sonores sont de quatre cents par seconde, et exige pour leur production une force dont la valeur est la seconde puissance de la valeur de la force nécessaire pour ébranler ce diapason (soit 1,000,000,000,000 de fois plus grande) ». Ce corps, l'éther, n'oppose pas le moindre obstacle aux mouvements des astres ; tous les corps se déplacent dans son sein comme s'il n'existait pas. « Si des vibrations du même degré de fréquence prenaient naissance dans un milieu tel que l'acier ou le laiton, les forces correspondantes se mesureraient par des millions, et des millions, et des millions de tonnes par centimètre carré de matière. Il n'y a pas dans notre air de forces pareilles... Il pénètre dans notre atmosphère, dans notre air; il y est presque dans les mêmes conditions que dans les espaces interplanétaires... S'il est ou n'est pas cassant, et s'il se crevasse, nous ne pouvons le dire... Nous n'avons pas connaissance d'une attraction analogue à la gravitation et exercée sur l'éther par des masses semblables à la Terre ou au Soleil, pas plus que d'attractions mutuelles entre différentes parties de l'éther lui-même. On dit quelquefois qu'il est impondérable parce que nous pouvons croire ou considérer comme probable qu'il n'est pas pesant [1]. »

Les nombres merveilleux de vibrations moléculaires d'un corps aussi étendu que l'espace lui-même, — car on n'en voit pas de limites possibles, — ne sont pas ce qui peut arrêter non plus qu'éblouir un philosophe bien convaincu de la nature relative de toute mesure de grandeur; mais comment se prêter, quand il s'agit d'une hypothèse, à celle qui ne peut se soutenir sans réclamer de nous l'imagination d'un solide adamantin à la fois perméable à tout et qui pénètre tout, et demeure toujours impalpable? Ce ne serait pas trop qu'il pût expliquer tous les faits, mais il n'en est pas précisément ainsi; et les théoriciens sont amenés à superposer à cet éther de l'ondulation lumineuse, d'autres éthers, pour d'autres ondulations, pour expliquer d'autres phénomènes, sans que les divers ordres de vibrations se confondent ou s'altèrent mutuellement. Cette colossale entreprise de théorie a pour objet de répondre à la question : « Quelles forces y a-t-il dans l'espace compris

1. W. Thompson, *Conférences scientifiques*, trad. par P. Lugol et M. Brillouin, p. 211-213.

entre nos yeux et le soleil, entre nos yeux et l'étoile visible la plus éloignée ? Il y a de la matière, il y a du mouvement, mais quelle peut être la grandeur de la force qui s'y exerce ? » La question est pareille à celle qui, depuis Newton, tient en échec le génie des géomètres et des astronomes : *Quelles forces y a-t-il dans l'espace entre nos corps et le soleil, centre des attractions que nous subissons, avec la terre qui nous porte, pour nous tenir à de certaines distances de lui, réglées par une loi?* et c'est un même esprit qui inspire l'une et l'autre : la répugnance à admettre la possibilité des actions à distance.

En fait, et si nul intérêt de théorie ne motivait l'hypothèse de l'existence des forces dans les intervalles des masses des corps célestes, ou de leurs atmosphères, quand elles en ont, toutes les probabilités sembleraient être en faveur des vides interplanétaires, de l'absence, dans ces milieux, de tous corps définis, capables d'exercer des actions, ou d'en transmettre, qui soient régies par les lois communes de la mécanique, — ce que ne fait pas un éther insensible, à propriétés incompréhensibles. — Après tout, la transmission de la chaleur solaire, celle de sa lumière, de la lumière des étoiles, et de la lumière réfléchie des planètes, sont pour nous des phénomènes essentiellement terrestres, en ce sens que nous ne connaissons absolument rien de ce qui pourrait en être des conditions matérielles hors des limites de notre atmosphère, quoique nos plus claires perceptions nous certifient l'existence de ces corps donnés extérieurement avec leurs propriétés, et en rapport avec nos sensations. Nous ne pouvons pas douter de la production des phénomènes calorifiques et lumineux, de même nature que ceux qui nous sont connus sur notre planète, et situés à des distances, manifestés à des degrés d'intensité, qui sont mesurables pour nous. Mais *des rapports de communication d'ordre mécanique* entre les premiers et les seconds, *non plus que d'ordre sensible* à travers les espaces, encore une fois, nous n'en connaissons point. Mécaniques, c'est pour en tenir lieu qu'on bâtit l'hypothèse éthérienne, demeurée jusqu'à ce jour à l'état d'abstraction mathématique; sensibles, il est vrai qu'on se permet souvent de parler de l'éther comme s'il était lui-même chaud ou lumineux, mais c'est un abus manifeste, il n'y a qu'à des corps témoignés à nos sens que nous puissions reconnaître ces qualités sensibles. Ce pur transmetteur, l'éther, ne les transmet pas à proprement parler, il ne transmet que des mouvements capables de les produire. Les milieux traversés par ses ondulations ne sont pas chauds ou lumineux, tant qu'il ne rencontre pas des corps qui présentent les propriétés sensibles ainsi nommées, avec les phénomènes concomitants : dilatation, expansion, changements d'état des corps, réactions des éléments, incandescence, etc. Le langage transformiste semble tromper jusqu'aux savants qui tout en le sachant bien métaphorique, en usent pour parler de *la chaleur* comme rayonnée dans le vide infini des espaces célestes. Cette chaleur, dit Helmholtz, parlant de celle que notre système solaire perd sans compensation, puisque nous ne sommes touchés que par une partie extrêmement faible des vibrations du milieu éthéré dont le point de départ est le soleil, « cette chaleur perdue pour notre patrie solaire ne l'est pas pour l'univers entier. Elle s'est échappée par rayonnement, et rayonne encore chaque jour dans les espaces infinis : nous n'oserions dire si le milieu qui transmet les vibrations lumineuses et calorifiques a quelque part des limites contre lesquelles ces ondulations se réfléchissent et rebroussent chemin, ou bien si elles accomplissent leur voyage éternel dans l'infini[1] ». — Que le parcours ait ou n'ait point de fin, ce n'est pas la chaleur qui voyage, ce sont seulement les vibrations, tant que rien ne les arrête qui soit susceptible de s'échauffer

---

1. Helmholtz. *Exposé élémentaire de la transformation des forces naturelles*, trad. par L. Pérard, p. 87.

Et il n'y a point de *chaleur perdue*, non plus d'ailleurs que de mouvement perdu, dans l'hypothèse. Il y a toujours chaleur conservée *en puissance*.

Si, instruit par l'exemple de la gravitation qui reste inexplicable par des impulsions ou par des vibrations; si, plus touché qu'on ne l'est par la nécessité des intervalles vides de matière aux deux extrémités, pour ainsi dire, du sujet de la science, en astronomie, pour la libre circulation des astres; en chimie, pour le jeu des atomes, on acceptait franchement les actions à distance[1], que saurait-on de moins qu'on ne sait? On abandonnerait la supposition d'une matière *mobile*, intermédiaire des corps célestes, aussi bien qu'on renonce réellement à attribuer à cette matière la masse *sensible*, propriété corrélative de la motilité, et non moins essentielle, de toute idée de corps? Au fond, c'est le réalisme de l'idée de force qui s'oppose à ce sacrifice : on répugne à séparer la force de sa présence locale comme cause de mouvement, cause par impulsion.

---

1. « Voici ce qu'on acceptait autour de Newton, écrit M. H. Faye (*De l'origine du monde.* — *Théories cosmogoniques*, p. 95). Imaginez un corps placé seul dans le vide de l'espace. Il restera immobile si aucune impulsion extérieure ne lui a été communiquée. Mais si vous placez quelque part, dans le vide de l'espace, un second corps, aussi loin que vous le voudrez du premier, instantanément le premier sentira sa présence et l'attirera vers lui; le second agira de même sur le premier. Tous deux se mettront en marche l'un vers l'autre et finiront par se choquer en un point de la droite qui les joint. En d'autres termes, toute molécule de matière inerte, incapable de modifier par elle-même son état de repos ou de mouvement, rayonne pourtant dans le vide de l'espace, tout autour d'elle à l'infini, une vertu attractive, et toute autre particule de matière ressent aussitôt son action. Cette omniprésence d'une simple molécule inerte qui a le privilège d'agir là où elle n'est pas, c'est-à-dire dans l'univers entier, est en quelque sorte une contradiction dans les termes ».

S'il avait pu y avoir là une contradiction, ce n'eût été qu'au cas où, *autour de Newton*, on aurait regardé comme *inertes* les molécules *attractives*, mais on sait qu'il n'en était rien, et qu'on les voulait actives, contrairement à la prétention de Newton de *ne point faire d'hypothèses*. Au surplus, pour se donner le droit de nier, avec M. Faye, la possibilité des actions à distance, il serait bon de prouver d'abord qu'il en existe au contact, et qu'il y a des contacts.

CHAPITRE XXX
DOUTES SUR L'EXISTENCE D'UN MILIEU MATÉRIEL INTERPLANÉTAIRE

La marche des études en optique a dû partir de la contemplation d'une matière lumineuse rayonnée par les astres, traversant l'atmosphère, réfléchie, réfractée, etc. Newton s'exprime encore ainsi au début de l'exposition de ses admirables découvertes : « Il est évident que la lumière est composée de parties successives et de parties simultanées, puisque, à chaque instant, on peut arrêter celles qui tombent sur un même endroit, et laisser passer celles qui y tombent l'instant d'après, comme on peut, au même instant, les arrêter dans un endroit et les laisser passer dans un autre. Ainsi toute partie de lumière qui peut être arrêtée ou propagée seule, comme toute partie de lumière qui peut agir ou être affectée indépendamment des autres, est ce que j'appelle *rayon*. »

Newton lui-même, cependant, a écrit, dans les *Questions* qu'il pose et développe à la fin de son *Optique*, ces lignes qui le montrent, contrairement à l'opinion qu'on s'en fait communément, partisan d'une théorie des vibrations de l'éther, en principe, en même temps que d'une théorie de l'émission de la lumière (il s'agit d'une expérience de transmission de la chaleur dans un vase où l'on a fait le vide d'air) : « La chaleur n'est-elle pas communiquée, à travers les parois du verre, par les vibrations d'un milieu très subtil, qui reste dans le vase après qu'on en a pompé l'air ? Ce milieu n'est-il pas le même que celui qui réfracte et réfléchit la lumière,... et qui par ses vibrations échauffe les corps au foyer d'un miroir ardent ? Les vibrations de ce milieu ne contribuent-elles pas à la violence et à la durée de la chaleur qu'elles ont excitée ? Et les corps chauds ne communiquent-ils pas leur chaleur aux corps froids contigus par les vibrations de ce milieu, propagées des premiers aux derniers ? Ce milieu n'est-il pas incomparablement plus rare, plus subtil, plus élastique et plus actif que l'air ? ne pénètre-t-il pas promptement tous les corps ? et en vertu de son élasticité n'est-il pas répandu dans la vaste étendue des cieux ? »

Cette *question* est suivie d'une autre, où Newton se demande si ce milieu, devenant plus dense à mesure de son éloignement des grands centres matériels, ne pourrait pas « par son extrême force élastique suffire pour pousser les corps des régions les plus denses vers les plus rares avec ce mouvement que nous nommons gravitation... En supposant que l'éther soit composé comme l'air de particules qui tendent à s'écarter les unes des autres (car j'ignore sa nature), et que ses particules soient incomparablement plus petites que celles de l'air, ou même que celles de la lumière, l'excessive petitesse de ces particules peut contribuer à la grandeur de la force en vertu de laquelle elles s'écarteront les unes des autres et formeront un milieu infiniment plus rare et plus élastique que l'air, par conséquent excessivement moins propre à résister aux mouvements projetés, et excessivement plus capable de comprimer les corps pesants par l'effort qu'il fait pour se dilater ». Newton calcule la densité voulue pour rendre la résistance du milieu *de nulle considération*.

Plus loin : « La vision ne dépend-elle pas principalement des vibrations de ce milieu, excitées au fond de l'œil par les rayons de lumière, et propagées jusqu'au *sensorium* par les fibrilles solides, diaphanes et homogènes des nerfs optiques ? Et l'ouïe ne dépend-elle pas des vibrations de ce milieu (ou de quelque autre), excitées dans les nerfs acoustiques par les vibrations de l'air, et propagées jusqu'au *sensorium* par les fibrilles solides, diaphanes et homogènes de ces nerfs ? Ainsi des autres sens.

« Les mouvements musculaires ne dépendent-ils pas des vibrations de ce milieu, excitées dans le cerveau par la volonté et propagées par les fibrilles solides, diaphanes et homogènes des nerfs, jusqu'aux muscles qu'elles dilatent et contractent[1] ? ».

Remarquons enfin le calcul que fait Newton du degré où le vide est « porté par la nature elle-même dans les espaces célestes ». L'air serait, suivant lui, s'il était pris seulement à 240 milles au-dessus du niveau de la mer, un quintillion de fois plus rare (1.000.000.000.000.000.000) qu'il n'est à ce niveau. Cette infiniment petite quantité d'air est encore au-dessus des « quelques exhalaisons d'atmosphères de planètes et de comètes » dont Newton admet la présence possible dans les espaces immenses des cieux », et encore plus au-dessus de l'éther, comme densité; et il qualifie d' « être fictif » le milieu fluide, que d'autres philosophes imaginent, qui serait capable d'exercer une pression[2].

Nous ne pouvons pas douter qu'il n'eût porté le même jugement sur l'éther, tel qu'il l'avait conçu, s'il n'eût été retenu par le préjugé de la nécessité des molécules matérielles et du mécanisme de leurs impulsions pour expliquer toute action physique. Sans cet empêchement, le grand mathématicien et physicien aurait étudié les phénomènes de l'optique exactement de la manière qu'il a fait; mais les hypothèses qu'ils lui auraient suggérées pour l'assimilation de la lumière au son, pour la théorie des vibrations, auraient pu porter immédiatement, sans aucune préoccupation de la source céleste des actions lumineuses et calorifiques, et de leur transmission interastrale, — sur la production terrestre des conditions physiques de ces phénomènes sensibles, pareille à celle qui se trouvait déjà avérée pour ceux de l'audition. Il n'aurait point trouvé nécessaire

1. *Optique de Newton*, trad. franc., de 1787, livre III, Question, 18-24.
2. *Ibid.*, Question 28. p. 225-227, t. II.

de recourir à l'hypothèse d'un fluide paradoxal, infiniment peu matériel et doué d'une puissance matérielle énorme. Il lui aurait suffi des molécules des corps communs, avec un état fluide et des propriétés de motilité analogues à celles de l'air, et plus subtiles, ne les troublant point, et n'en étant point troublées, pour amener au point où il a fait l'étude des phénomènes. En abandonnant la matérialité des rayons, qui n'explique rien, il aurait prolongé jusqu'à l'abord des *fibrilles solides*, et jusqu'au *sensorium*, le phénomène physique, mécanique, étranger en lui-même à l'acte de la vision; il aurait justifié scientifiquement, pour la lumière, la définition donnée pour la chaleur, et appuyée sur toutes sortes de raisons vagues, par Bacon, en sa *vindemiatio prima de forma calidi* : *Quod ipsissimus calor, sive quid ipsum caloris, sit motus, et nihil aliud*. Et Newton aurait mis certainement ce *quid ipsum* dans le *sensorium*, non dans le mouvement[1].

La supposition plus qu'invraisemblable, mais qui ne laisse pas de servir à expliquer notre thèse, où l'étude des phénomènes lumineux et calorifiques se serait poursuivie jusque-là, se maintenant dans le milieu physique et atmosphérique, avant que l'on s'enquît de ce que sont en euxmêmes les rayons solaires, leur source principale, autrement que pour se les représenter sous la forme antique d'une *matière subtile*, terme à peu près synonyme d'*esprit*, cette supposition nous fait penser à un savant qui, pour la première fois, songerait à lier une théorie photomécanique et thermomécanique, purement terrestre, avec le prodigieux phénomène des rayonnements transmetteurs des effets lumineux et calorifiques de ces lointains foyers de matières incandescentes qui sont le soleil et les étoiles. Cet hypothétique savant serait frappé de l'impossibilité d'appliquer à l'espace, où les lois des révolutions des astres permettent si difficilement d'admettre la présence d'aucun corps capable

---

[1]. Bacon, *Novum organum*, II, 20.

de les troubler, une hypothèse de mouvements vibratoires conçue d'après l'analogie des ondulations sonores, et rapportée à des corpuscules matériels, d'une tout autre échelle de grandeur, sans doute, que les molécules aériennes, mais non pas dépourvus des propriétés essentielles des éléments corporels. On n'observe en dehors de la sensation même, ni la lumière sans le corps lumineux, ni la chaleur sans le corps chaud. Or le physicien que nous supposons, qui en étudiant le spectre solaire, ou même les spectres des étoiles, serait bien obligé de reconnaître qu'il a sous les yeux des effets dont les causes sont dans le soleil, sont dans les étoiles, mais il faudrait qu'il se dît aussi que ces images sont obtenues sous des conditions corporelles communes, l'atmosphère, les corps réfringents, etc.; que les rayons sont sensibles à quelque distance dans l'atmosphère, mais qu'ensuite et au delà il n'y a plus rien dont on puisse déterminer la donnée pour l'expérience. Cette observation négative le mettrait, à l'égard de l'explication de la transmissibilité céleste de la lumière et de la chaleur, dans le cas même où nous nous trouvons, depuis la découverte de la loi newtonienne, pour l'explication des actions matérielles attractives à toute distance. Les intermédiaires manquent; on en supplée, qui satisfont aux conditions posées par la théorie, mais non sans en violer d'autres, d'une exigence plus universelle et plus certaine. On voit des effets, à un point d'arrivée sensible du rayonnement, c'est-à-dire de l'action de la cause. Ce sont des effets encore, ceux qu'on voit au point de départ, à distance; car on n'explique pas comment les forces énormes qui là-haut se déploient en d'infinies vibrations, pour des bouleversements incessants, effroyables, à travers toutes les associations ou dissociations possibles des éléments dans le corps immense du soleil, sont les causes efficientes des impressions, tantôt douces et bienfaisantes, et tantôt destructives, qu'on appelle chaleur, et de ces phénomènes de composition et de décomposition de molécules spécifiques au jeu merveilleux desquelles toute vie végétale ou animale et toute sensation, toute pensée dans l'univers sont suspendues.

On pourrait conjurer l'espèce de terreur scientifique dont on est saisi à la pensée de supprimer l'action mécanique entre le ciel matériel et nous, on pourrait admettre le vide de matière sensible, en le comblant par l'imagination d'un fluide immatériel de monades sans étendue, forces mécaniques pures, dont toute la fonction consisterait à se faire passer des unes aux autres par des actions répulsives semblables à celles d'un corps parfaitement élastique, les vibrations de molécules matérielles du corps solaire, parties de ce corps et reçues par les molécules matérielles du corps de la planète. Cette hypothèse hyperphysique ressemble trop à un moyen désespéré d'échapper à la question des actions à distance. Les vraies actions demeurent à distance ; celles dont il y a transmission sensible, expérimentale. Quoi qu'on imagine, et serait-ce en des hypothèses à fondement mécanique certain, pour combler la distance intermondiale, elle demeure le fait inscrutable dont Pascal a senti la nature profonde, qui est morale : « Le silence éternel de ces espaces infinis m'effraie ».

Mais ce sont des doutes seulement, que nous osons émettre sur le fondement matériel de cette théorie de l'éther, objet de tant d'admirables travaux d'analyse mathématique ; et notre but unique est de fortifier la doctrine des actions à distance contre l'aveugle ardeur qu'apportent les physiciens à ranger le système entier des forces de l'univers sous la loi de l'impulsion mécanique, elle-même laissée sans explication.

CHAPITRE XXXI

LA FORCE COMME TRAVAIL ET COMME CHALEUR

Nous avons paru nous éloigner de notre sujet; c'est cependant toujours de la nature de la force qu'il s'agissait, et de savoir si la force peut être réalisée dans un phénomène mécanique de communication du mouvement, ou si, étant de nature mentale, il n'est pas aussi peu intelligible qu'elle soit transmise que réalisée, ou produite, par les ondulations d'un éther. Nous avons maintenant à traiter la même question en nous rendant compte des rapports de la force et de la chaleur, de la loi qui les unit, dans les phénomènes offerts par les corps soumis à notre expérience, et à montrer, dans cette nouvelle étude, comment ce qu'on nomme force et cause, et transformations de la force, ne consiste jamais qu'en des effets liés, dont l'unité est dans les lois du mouvement, d'une part, dans nos sensations, de l'autre. Servons-nous librement, pour abréger l'exposition, du terme de *force*, comme le font avec l'apparence d'un sens réaliste, les auteurs mêmes qui ne prétendent pas désigner par ce mot quelque chose de plus que la connaissance des effets.

Le fait capital, donné par l'expérience, est celui-ci : Le poids d'un corps est proportionnel à la *masse* (quantité du mobile, en tant que mobile) et à l'*accélération*, c'est-à-dire à la vitesse que le mobile acquerrait dans l'unité de temps, s'il était libre, en partant du repos, et que la loi de son mouvement fût l'accélération constante (uniforme et continue). Cette formule, $P = mg$, est la loi de la pesanteur; g, l'accélération, varie seulement avec la station terrestre de l'observateur, et le poids varie dans la même proportion. La *force*, considérée comme *motion en puissance*, sous des conditions données, et non mouvement actuel, peut se dire constante, si cette motion doit en se produisant suivre la loi de l'accélération constante; elle peut donc être assimilée à un poids, représentée par un poids, d'après la relation : $P = mg$. Le poids est, de son côté, mesuré par une balance ou par la tension d'un ressort [1].

Considérons maintenant la *force actuelle* accomplissant, par le *mouvement en acte*, ce qu'on appelle un *travail* : soit l'élévation du poids P à la hauteur h (l'unité de travail étant l'élévation du poids d'un kilogramme à un mètre de hauteur). Le travail, proportionnel à la hauteur et au poids, sera $T = Ph = mgh$, puisque l'on a : $P = mg$.

Or cette quantité de travail est évaluable en chaleur, en vertu de la loi d'équivalence, dans le fonctionnement d'une machine à vapeur, entre une *calorie dépensée* et une *quantité fixe de travail obtenu*. La calorie est le quantum de chaleur capable d'élever d'un degré centigrade la température d'un kilogramme d'eau au maximum de densité. Il importe de remarquer que la force n'est, des deux parts, mesurée qu'en des quantités directement ou indirectement géométriques et mécaniques, qui sont considérées comme ses effets : celle du travail, par le parcours d'un mobile déterminé en sens inverse d'une accélération virtuelle constante; celle de la chaleur, par une certaine quantité de dilatation d'un corps, effet attribué aux vibrations de ses particules; vibrations qui sont ce qu'on nomme la chaleur, en elle-même inconnue, hormis comme sensation, dont la

---

[1]. « Les valeurs relatives des poids ou des forces nous sont données par l'action qu'ils exercent sur des balances ou dynamomètres. Mais la notion première du poids est toujours corrélative de la pression qu'un corps exerce sur notre main quand celle-ci s'interpose entre la terre et lui. Les mots *force, poussée, résistance* répondent toujours à la sensation qu'éprouvent nos organes dans le cas où ils en reçoivent une pression, qui est d'autant plus intense que la masse et l'accélération virtuelles sont elles-mêmes plus grandes... La seule force dont nous ayons conscience, c'est la volonté. Quoi que nous fassions, c'est toujours à des actes de la volonté que nous rapportons tous les phénomènes que nous croyons expliquer en les faisant dériver de forces générales ou particulières » (H. Sainte-Claire Deville, dans les *Leçons de chimie professées à la Société chimique de Paris*, 1866, Hachette, édit., p. 28).

physique ne s'occupe pas. Le fait empirique est qu'un travail évalué à 425 kilogrammètres est le quantum de travail produit, en rapport avec le quantum d'une calorie dépensée (perdue), ou, au contraire, du travail dépensé, en rapport avec le quantum d'une calorie produite (dégagée). Et de ce fait capital dépend l'observation d'un autre fait, plus anciennement connu, et alors inexpliqué, dit de la *chaleur latente*; chaleur qui se manifeste (se dégage) quand un corps passe de l'état gazeux à l'état liquide, ou de l'état liquide à l'état solide, et qui se dérobe (s'absorbe) dans le passage inverse du solide au liquide, ou du liquide au gazeux. Le phénomène, mystérieux pour le physicien qui considérait la chaleur comme une essence matérielle *sui generis*, trouve son explication dans la théorie thermomécanique ; la chaleur, perdue ou retrouvée, est la fonction des mouvements moléculaires internes du corps, relative à son état, gazeux, liquide ou solide ; elle *se perd*, si ces mouvements font place à un mouvement de masse, au travail d'où suit un tel mouvement ; elle *se retrouve* en valeur exacte par l'effet d'un travail inverse qui dépense le mouvement local à la production de mouvements moléculaires. Pour ce qui est de la chaleur sous l'aspect sensible, elle soutient avec la chaleur sous l'aspect mécanique le rapport d'ordre général de la nature qui lie les sensations aux mouvements.

Il est aussi vain de chercher un lien entre le mouvement externe et la sensation, — lien qui serait une sorte d'action afférente, ou centripète, — qu'entre la pensée volitive et le mouvement, — sorte d'action, en ce cas, efférente et locomotrice [1]. L'unique solution du problème, essentiellement

---

[1]. « Qu'on y réfléchisse attentivement, on verra qu'il ne peut exister dans la matière une action, une force, une cause de mouvement, qu'à la condition de lui prêter par hypothèse une sorte de volonté. Or, entre la volonté et son exécution par nos organes, il y a un abîme. Aucun système plausible d'explication ne peut même être proposé dans l'état actuel de la science. Il en résulte que nous ne comprenons d'aucune façon (même en nous) la cause immédiate de nos mouvements ; et c'est si vrai qu'en physiologie les vrais savants n'étudient que les effets, en laissant de côté toute cause première. Dans les phénomènes de la nature

métaphysique, de l'intermédiaire est qu'il n'y a point de fait intermédiaire ; ou que l'intermédiaire, c'est la loi, si l'on préfère parler ainsi. La doctrine de l'harmonie préétablie des phénomènes est à substituer, pour notre représentation du monde, à notre habitude réaliste de fiction des causes ou forces transitives, rationnellement inintelligibles. Et disons, pour descendre au dernier fond de la question, que l'harmonie elle-même est tout entière entre des actes et des états également mentaux ; car les mouvements aussi sont des représentations.

extérieure, il en est de même à plus forte raison. Aussi le véritable progrès, dans les sciences physiques, consistera, j'en suis sûr, à étudier les mouvements, les effets, sans se préoccuper de leur origine, sans faire l'hypothèse de la force, qui consiste simplement à prêter à la matière la volonté, qui ne peut être qu'en nous et dans les êtres qui en sont doués. Autrement, la force devient une abstraction, c'est-à-dire une fiction, un mot, auquel, à force de nous en servir, nous donnons un corps et une interprétation erronée ..

« En mécanique, le produit mq de l'accélération qui est l'expression numérique du déplacement (virtuel) dans l'espace, par la masse, quantité de la matière déplacée, peut s'appeler *force*. Le mot force représente ce produit, et non la cause du mouvement ; car si nous voulons imaginer cette cause, nous ne trouvons de point de comparaison, de point d'appui, qu'en nous-même, que dans la volonté... » (H. S. C Deville, *loc. cit.* p. 30).

Il y a trente ans et plus que ces mots étaient prononcés dans une conférence pour une réunion de savants. Cependant la plupart s'expriment encore en termes réalistes et transformistes sur *la force* et ses modes de manifestation divers. Il arrivait à Deville lui-même, à l'occasion, de parler des phénomènes mécaniques calorifiques, comme si on devait les regarder comme produits, au fond, par quelque cause inconnue étrangère à la nature matérielle des corps et échappant à la science. L'opinion encore trop peu raisonnée du vrai sens de l'*inertie de la matière*. — abstraction, dont la science a besoin pour définir strictement le sujet du mécanisme, — explique seule la persistance d'un vague sentiment réaliste, chez le chimiste, qui voulait cependant bannir de la chimie les affinités électives des atomes. Tenant la matière des corps pour inerte, il fallait bien qu'il supposât quelque part la cause des mouvements.

CHAPITRE XXXII

QUESTION DES FORCES VIVES, THÉORIE DE L'ÉNERGIE

On trouve dans nombre de livres d'histoire scientifique, où même simplement littéraire, la mention, avec de vagues renseignements, sur certaine grande querelle qui s'éleva entre Leibniz et les cartésiens touchant la meilleure idée à prendre de la force, que Leibniz disait n'être pas la quantité de mouvement (ou produit de la masse par la vitesse : mv), mais bien le produit de cette même quantité par la vitesse (mv^2, ou *force vive*). Et Leibniz reprenait aussi Descartes, sur ce que ce philosophe avait professé que la quantité de mouvement demeure constante dans la nature, à travers tous les phénomènes, tandis que c'est à la force vive qu'appartient cette grande propriété. Nous avons à expliquer le sens et la différence de ces deux expressions numériques, afin d'éclaircir leur signification et de la montrer indépendante de l'idée réaliste de la force.

Les auteurs les mieux instruits du sujet constatent que les formules mathématiques : mv, mv^2, représentent, en mécanique, par ces différentes fonctions numériques, différentes relations dans les propriétés du mouvement ; et ils en concluent ordinairement qu'on se disputait sur les mots : en quoi ils se trompent, car on cherchait alors le sens que l'on doit donner proprement au mot *force*, en mécanique, pour répondre au sens qu'on lui prête en philosophie, ou même dans le commun langage ; et les auteurs de notre temps eux-mêmes sont forcés de reconnaître là quelque chose de plus qu'une question de mots, s'ils croient, eux aussi, que le mot force représente une réalité dans les phénomènes mécaniques. Mais ce n'est pas tout ; car indépendamment de la question *philosophique*, il y en a une autre, qui concerne la loi fondamentale du mouvement en rapport avec ses effets de travail, et par conséquent, avec le sens *pratique*, et très réel celui-là, qui s'attache à l'idée de force dans notre esprit. Ce n'est pas simplement à la quantité de mouvement que la quantité de travail est proportionnelle, mais bien à cette quantité, mv, de nouveau multipliée par la vitesse, c'est-à-dire à mv^2. Descartes ne songeait pas aux forces *constantes* et à l'accélération. Il avait accordé trop peu d'attention aux découvertes de Galilée.

A la formule du travail, mh, dans laquelle h, espace parcouru, n'est fonction que de la simple vitesse, il faut ajouter le facteur de l'accélération, g, d'où $T = mgh$, et calculer ce facteur, c'est-à-dire calculer la valeur de l'accroissement de la vitesse au bout du temps t (puisque l'accélération est la *vitesse de la vitesse*, ou vitesse acquise dans l'unité de temps, au cours d'un mouvement uniformément accéléré). Cet accroissement est la différentielle de la vitesse, ou différentielle seconde de l'espace parcouru par rapport au temps. Le calcul donne $g = \frac{v^2}{2h}$, d'où la quantité de travail $mgh = \frac{1}{2} mv^2$; expression qui reçoit le nom de *force vive*. Elle mesure la capacité acquise des effets dûs à un corps qui tombe de la hauteur h, ou celle qu'on lui fait acquérir de puissance de chute en le portant à cette hauteur; et elle mesure de même tous les effets et les pouvoirs assimilables à ceux dont la gravitation est la source. De là les termes généralement adoptés maintenant, d'énergie *cinétique* (ou actuelle) et d'énergie *potentielle* pour désigner ces effets : là, en acte, et ici virtuelle seulement; c'est-à-dire sous la condition de l'acte capable de les produire.

C'est un fait intéressant d'histoire de la philosophie des sciences, que ce retour obligé à la terminologie d'Aristote (malgré le fâcheux changement d'emploi du mot aristotélicien *énergie*), et à son sens le plus profond, qui est l'idée du double point de vue à prendre sur les phénomènes suivant qu'ils sont considérés en puissance ou en acte. Il s'y ajoute, pour la philosophie moderne, sous le nom de *principe de la conservation des forces vives*, la loi de constance de la somme de l'énergie actuelle et de l'énergie potentielle en tout temps : c'est-à-dire que cette fonction des phénomènes du mouvement est invariable dans la réunion de ses deux parties. Le travail accompli, énergie employée (ou *perdue*), est emmagasiné comme pouvoir acquis (ou *créé*) de restituer l'état initial[1].

L'application de cette loi offre des aspects bien divers, pour le travail humain, et dans l'œuvre des phénomènes naturels. Quand le travail humain se produit en sens inverse d'une action naturelle, par exemple, en élevant un poids, qui acquiert de ce fait une puissance de travail égale à la quantité de travail que son élévation a coûtée, l'énergie potentielle obtenue se trouve disponible pour l'homme, et pourra ne lui coûter qu'un effort pratiquement infinitésimal pour être mise en œuvre et passer à l'acte. Au contraire, si le travail se produit dans le sens et par l'effet d'une action naturelle, par exemple, un corps qui tombe, une rupture d'équilibre instable, une explosion, ce sont des faits de passage d'une énergie potentielle à une énergie actuelle, qui peuvent être spontanés et accidentels, ou provoqués par le plus léger effort humain, — la somme des énergies dans les deux états de choses n'est plus constante qu'en ce sens que l'énergie potentielle *pourrait* être restituée par un apport de travail équivalent à toute l'énergie cinétique

---

[1]. La formule de Descartes (conservation de la quantité du mouvement) n'est pas précisément contredite par celle de Leibniz (conservation des forces vives). Elle demeure vraie quand on considère un système de mouvements donné, se continuant sous la loi de l'inertie; et la force, aussi, est simplement proportionnelle à la quantité de mouvement en puissance, dans les cas d'équilibre. Il en est autrement dans le cas des mouvements produits, contre des obstacles, par des forces d'action constante, et ces cas sont ceux que concerne la grande loi de l'énergie, pour lesquels l'action est proportionnelle au carré de la vitesse.

déployée dans l'événement naturel ; et que, en attendant, une certaine autre quantité équivalente d'énergie actuelle l'a remplacée, qui peut se trouver désastreuse pour l'homme.

Une autre différence, dont la portée est immense pour tenir l'industrie humaine en échec, consiste en ce qu'il n'est point possible de dépenser un travail pour un effet cherché, — de quelques engins qu'on fasse usage pour utiliser les énergies soit actuelles soit potentielles, — sans qu'une partie de l'énergie cinétique déployée se trouve détournée, par le fait, à la production d'effets différents de ceux qu'on se propose d'obtenir. De là ce qu'on appelle *forces perdues*, effets de frottement dans une machine, par exemple, qui sont un empêchement à ce qu'il y ait jamais équation exacte entre le travail effectué et la puissance (énergie potentielle) qu'il aurait pour objet de constituer. Le travail humain ne rend jamais *en utilité* le total de ce qu'il a coûté en dépense d'énergie cinétique. L'espérance chimérique de faire servir un travail effectif à créer comme résultat la puissance disponible d'un travail égal a donné lieu à l'illusion qu'on nomme recherche *du mouvement perpétuel*.

Ces deux grands obstacles au déploiement des forces humaines : la destruction sans retour possible des puissances naturelles à notre usage, ou du moins d'une partie, et l'impossibilité de récupérer en totalité, comme énergie potentielle, les énergies cinétiques employées, n'ont rien qui leur corresponde dans l'ordre de la nature, auquel il n'est rien d'extérieur, et pour lequel il ne peut y avoir perte ni gain, quand on le considère exclusivement sous l'aspect mécanique. Les énergies cinétiques en plus ou en moins y sont toujours compensées par des énergies potentielles en moins ou en plus, et ces dernières sont, elles aussi, des fonctions des masses et des vitesses, mais exercées en mouvements moléculaires, et non plus en transports de masses dans l'espace. Ce sont essentiellement celles qui répondent aux effets sensibles de la lumière, de la chaleur ou de l'électricité. La loi ne donne par elle-même aucune garantie sur la distribution des deux ordres de phénomènes. La constance de la somme des forces, les unes en acte, et dont les effets sont sensibles, les autres en puissance, est seule assurée.

Il faut se rappeler ici que la science n'a jamais en vue que des effets de mouvement, dans la définition des actions des forces. En tant qu'actions réelles, ou forces proprement dites, ces forces sont toujours en acte, sensibles ou non qu'elles soient pour nous, dans leurs effets. Elles ne tombent elles-mêmes en aucun cas, sous nos sens. Ce sont ces effets, qui ne sont qu'en puissance à l'égard de certains phénomènes, alors que d'autres effets que nous n'observons pas, ou que nous éprouvons en d'autres manières, sous d'autres formes, sont produits. La force physique réelle, ou énergie, ne se sépare pas en deux natures, et ce sont toujours des mouvements qu'elle a pour effets.

Ce grand principe du mécanisme universel n'a pas seulement été formulé par Leibniz, qui déduisit des découvertes de Galilée, et fit valoir contre Descartes, la distinction de la *vis motrix* et de la *quantitas motus*[1], et substitua à la thèse de la conservation de la quantité de mouvement celle de la constance de la somme des *forces mouvantes*, « autre loi de la nature, que je tiens, dit-il, la plus universelle et la plus inviolable, savoir, *qu'il y a toujours une parfaite équation entre la cause pleine et l'effet entier...* Et quoique cet axiome soit tout à fait métaphysique, il ne laisse pas d'être des plus utiles qu'on puisse employer en physique, et *il donne moyen de réduire les forces à un calcul de géométrie* ». Leibniz a fait de plus cette grande observation, jetée en peu de mots, selon sa coutume, et dont le rapport à la question réelle de la force n'a peut-être pas encore été suffisamment relevé [2].

1. Leibniz. *Brevis demonstratio erroris memorabilis*, etc. Opp, Dutens, t. III, p. 180.
2. *Id., ibid.*, p. 199 : Réplique de M. Leibniz à M. l'abbé de Conti.

« J'ajouterai, écrit-il dans une polémique contre un maladroit défenseur de l'erreur de Descartes, une remarque de conséquence pour la métaphysique. J'ai montré que la force ne se doit pas estimer par la composition de la vitesse et de la grandeur, mais *par l'effet futur*. Cependant, il semble que la force, ou puissance, est quelque chose de réel dès à présent, et l'effet futur ne l'est pas. D'où il s'ensuit *qu'il faudra admettre dans les corps quelque chose de différent de la grandeur et de la vitesse, à moins qu'on veuille refuser aux corps toute la puissance d'agir*. Je crois d'ailleurs que nous ne concevons pas encore parfaitement la matière et l'étendue même. L'auteur de la *Recherche de la vérité*[1] a reconnu cette obscurité à l'égard de l'âme et de la pensée, contre le sentiment commun des cartésiens, mais, quant à la matière et à l'étendue, il paraît convenir avec eux... »

Cet écrit de Leibniz est daté de quelques années avant la publication première de ses idées relatives à la doctrine des monades. On voit qu'ici, en passant, ce n'est rien de moins déjà que l'action réelle de la matière des corps qu'il revendique, et, par conséquent, ce qu'on pourrait appeler *force vive*, et cause proprement dite, ou action du mobile corps, en outre du sens abstrait de la définition de la loi qui fournit « le moyen de réduire les forces à un calcul de géométrie ». A un point de vue supérieur qui est celui de la métaphysique, et qui s'éloigne de la méthode illusoire de réalisation des abstractions, en ce qu'il vise les éléments mêmes des corps en leur attribuant implicitement la fonction mentale pour leur reconnaître la force, Leibniz résout le double problème de donner à la philosophie une théorie de la matière, et à la physique mathématique une loi qui doit lui suffire jusqu'à nouvel ordre, et la préserver du réalisme de la force abstraite.

---

1. Malebranche. — Voyez livre III, 2e partie, chap. VII, de la *Recherche de la vérité*.

CHAPITRE XXXIII.

ACCORD DES ACTIONS LIBRES AVEC LA CONSTANCE DE L'ÉNERGIE.

Une grande hypothèse règne dans la démonstration *mathématique* de la loi de conservation des forces vives, et en interdit l'application rigoureuse, ou sans réserve, à l'univers *réel*. Non seulement la théorie est exclusivement géométrique et mécanique, en son sujet propre, et ignore tout de la cause du mouvement, excepté les effets, mais encore elle établit, en vertu de sa méthode, ce sujet comme un ensemble de forces donné et fermé, susceptible de répartitions diverses et de modifications corrélatives internes de ces forces par rapport aux masses ou molécules, aux vitesses respectives des mobiles, et aux directions des mouvements, mais sans qu'aucune force nouvelle s'introduise du dehors dans le système, ou soit suscitée dans son intérieur. C'est à cette condition, qu'on démontre que la somme algébrique de tous les produits de la forme $\frac{mv^2}{2}$ demeure constante, par quelque état que passe le système. Pour peu qu'ici l'on réfléchisse, on comprendra que la question n'a jamais pu être prise par le mathématicien en d'autres termes que ceux-là, car comment concevoir une loi déterminant des sommes constantes de grandeur, et de direction des vitesses, dans un système de masses en mouvement, pendant qu'on regarderait de nouvelles impulsions comme pouvant à tout instant s'y introduire à l'improviste, ou arbitrairement, soit par l'effet d'une action venant d'un système étranger, soit intérieurement, du fait d'une volonté. Il est parfaitement clair qu'une telle loi n'est applicable ni à un système de mouvements dans lequel on supposerait des agents matériels libres, ni à un univers qui ne serait pas regardé comme fini, à un monde illimité, parce que les phénomènes d'un tel monde ne peuvent être sommés, et que c'est d'une sommation qu'il s'agit.

Comment se fait-il, les choses étant ainsi, qu'il ait été de mode, à notre époque, parmi ceux des philosophes qui professent la doctrine du déterminisme universel et absolu, d'invoquer le principe de la conservation des forces vives, supposé démontré, pour contester la possibilité du libre arbitre? Le cercle vicieux de cet argument est patent, quoique d'une forme détournée : il consiste à réfuter la thèse de l'adversaire en s'appuyant sur une proposition qui n'a pu elle-même être démontrée que dans l'hypothèse où cette thèse serait bannie de la question. Il faut convenir que ces philosophes, s'ils ne pèchent pas contre la logique, montrent une grande ignorance de la question mathématique, et des conditions dans lesquelles elle se pose avec les abstractions nécessaires.

Il n'y a, dans le fait, aucune contradiction entre la loi mathématique et les thèses opposables à son application. Il s'agit seulement d'examiner comment, ou dans quelles limites, le maintien de la vérité abstraite, dans ce qu'on pourrait appeler la constance de l'action matérielle dans le monde, est conciliable avec une certaine mesure de variabilité et de changements, que la raison réclamerait en faveur de la liberté de la vie ou de la liberté morale. Et on peut parfaitement répondre à cette question sans entrer dans celle du fond.

La solution la plus simple et la plus naturelle de la difficulté serait de penser qu'il en est de cette vérité mécanique, la plus haute à laquelle il soit possible de s'élever dans ce domaine, comme des grandes généralisations de la géométrie, et, avant cela même, des définitions de cette science, qui ont dû, dès son origine, être reconnues impropres à représenter exactement les données empiriques de la sensation, sans qu'il en coûtât rien à leur vérité idéale et abstraite. La vérité idéale du principe de la conservation des forces vives serait de même celle d'un système de mouvements dans lequel on ne tient compte, par hypothèse ou définition, que de leurs causes données *a priori*, et à l'exclusion de leurs causes adventices.

Mais il y a une explication plus intéressante, qui laisse au principe de conservation son caractère souverain dans l'ordre de phénomènes qu'il régit. La forme essentiellement instructive du principe, en ce qui touche l'ordre mécanique de l'univers, est celle d'une répartition variable entre les énergies cinétiques et les énergies potentielles, la somme totale des unes et des autres étant seule invariable. Or, dans la supposition où l'introduction des effets accidentels dans le système se bornerait à des changements, quelque considérables même qu'ils fussent, dans la balance des deux sortes d'énergie, la loi serait sauvegardée. De tels changements, pour les êtres de la nature, sont des questions de vie ou de mort justement parce que c'est la répartition qu'ils intéressent. D'un autre côté, celles des causes déterminantes des mouvements, dans la nature, qui dépendent originairement d'actes mentaux, désirs ou volontés, ne peuvent pas être définies, *en cette source*, comme des changements dans les valeurs des énergies, car il faudrait pour cela qu'elles imprimassent à certaines masses des vitesses (positives ou négatives) qui n'appartenaient pas au système donné. Aucun acte mental n'est ou ne produit du mouvement par lui-même ; il n'est qu'immédiatement suivi, selon les cas, de mouvements que l'on trouve impossible de lui rattacher par d'autres mouvements intermédiaires, qui, comme tels, n'atteindraient pas ou ne toucheraient pas sa nature propre.

Il est donc vraisemblable que la volonté ou le désir suivis d'un déploiement d'énergie cinétique ne sont que la cause occasionnelle de certains passages du potentiel au cinétique dans les organes, et de tous les mouvements qui suivent ce mouvement. Ce sont des ruptures d'équilibre et des sortes d'explosions. Dans la doctrine de l'harmonie préétablie, la raison de ce fait se présente immédiatement : il est l'application simple et directe de cette loi universelle de la causalité. Au point de vue des idées plus communes, on peut imaginer qu'une impulsion infinitésimale (puisqu'il n'y en a pas de sensible) détermine le déclic de la machine, et commence une suite de phénomènes, petits ou grands, interminable, qui n'est pourtant faite que des changements de distribution de l'énergie dont la somme, constante pour toute expérience, se dépense tantôt dans des transports de masse et tantôt en des vibrations moléculaires.

L'explication ne diffère alors que peu de celle qui part de la supposition où la loi de conservation ne régnerait qu'approximativement dans les choses de l'expérience, à peu près comme fait la géométrie dans les travaux du plus habile ouvrier. Mais, même dans ce cas, la latitude laissée par la loi mécanique aux actes libres, avec ou sans portée morale, dépasserait de beaucoup celle dont la pratique autorise la perspective dans les actions humaines ; car il est manifeste que toutes les résolutions d'une volonté libre, après délibération, peuvent se dire des ruptures d'équilibre : ruptures mentales d'abord, — la délibération n'étant autre chose elle-même que le jeu réfléchi de la balance des représentations, — ruptures organiques ensuite, dans lesquelles nous sentons les effets du déclic effectué sans qu'il nous soit possible de prendre sur le fait le doigt de l'opérateur[1]. Elles peuvent donc se produire sans aucune manifestation sensible d'impulsion, ailleurs que dans les effets, où le potentiel passe à l'actuel.

Il y a lieu d'observer ici un rapprochement admirable entre la loi des phénomènes internes et celle des phénomènes externes, toutes les deux de la même forme, et régissant la sortie du phénomène du domaine des possibles

1. Voyez ci-dessus § XVIII. p. 344 sq.

et son entrée dans le domaine de l'actuel, ou *vice versa*, ici, sur le théâtre de la conscience, et là, sur la vaste scène du monde matériel. Du côté de la conscience, les actes d'inhibition de la volonté sont, eux aussi, des manières de passage de l'actuel au potentiel, en ce qu'ils sont des confirmations de ce dernier état alors que le phénomène représenté comme possible, et non voulu encore, était sur le *seuil de l'actualité*, et, avec lui, les phénomènes extérieurs de sa dépendance.

En résumé, les phénomènes de la vie, dans leurs rapports avec la loi mécanique universelle et d'un caractère exactement scientifique, sont tels, que cette loi laisse à la disposition de l'homme, — ajoutons et de l'animal en général, car ce que nous avons dit est applicable à la volonté, au désir et à leurs effets, indépendamment des caractères propres du libre arbitre, — la faculté de déterminer des modifications de l'état mécanique du milieu, analogues, dans leurs effets, à celles qui ont lieu dans les changements d'état de la matière, dans les compositions et décompositions des corps en leurs éléments, enfin dans tous les phénomènes de la thermodynamique, et qui consistent en passages de mouvements moléculaires insensibles à des transports de masse, ou, réciproquement, de ces mouvements locaux à des vibrations des particules élémentaires des corps. Ces transformations n'apportent aucun trouble à la loi de conservation des forces vives, et elles représentent en substance tout le matériel de l'activité physique des animaux, qui, dans leurs mouvements volontaires, ne peuvent rien de plus que faire passer à l'acte l'énergie potentielle.

CHAPITRE XXXIV

LES ORIGINES DE LA THERMODYNAMIQUE

Le fondement de toute la théorie, la distinction de la puissance du mouvement et de l'énergie cinétique, manquée par Descartes, méconnue encore par Newton, et formulée par Leibniz, attendit plus d'un siècle pour recevoir son complément : la connaissance du rapport entre la chaleur et le mouvement. La découverte était cependant bien préparée à l'époque de la célèbre polémique de Leibniz et de Clarke, qui eut en partie pour sujet la question de la *conservation de la quantité du mouvement*, encore soutenue par les cartésiens, ou de la *somme des forces vives*, dont Leibniz exposait la théorie. Newton niait l'une et l'autre.

« Deux corps dénués d'élasticité, écrivait Clarke [1], se rencontrant avec des forces contraires et égales, perdent leur mouvement. Et M. le Chevalier Newton a donné un exemple mathématique (p. 341 de l'éd. lat. de son *Optique*) par lequel il paraît que le Mouvement diminue et augmente continuellement en quantité sans qu'il soit communiqué à d'autres corps. »

Et Leibniz répondait : « J'avais soutenu que les *Forces actives* se conservent dans le monde. On m'objecte que deux corps *mous* ou non élastiques, concourant entre eux perdent de leur *Force*. Je réponds que non. Il est vrai que les Touts la perdent par rapport à leur mouvement total; mais les *parties* la reçoivent, étant agitées intérieurement par la force du concours. Ainsi ce défaut n'arrive qu'en apparence. Les *Forces* ne sont point détruites mais dissipées parmi les parties menues. Ce n'est pas les perdre,

---

[1]. *Lettres entre Leibniz et Clarke.* — *Quatrième réplique de M. Clarke,* article 38.

mais c'est comme ceux qui changent la grosse monnaie en petite. Je demeure cependant d'accord que la quantité du mouvement ne demeure point la même et en cela j'approuve ce qui se dit... Mais j'ai montré ailleurs qu'il y a de la différence entre la quantité du mouvement et la quantité de la force[1]. »

Cependant Newton, qui croyait la lumière constituée par des corpuscules, et sa propagation effectuée jusqu'à l'organe de la vision, jusqu'au *sensorium* lui-même, par les vibrations d'un certain milieu, Newton avait, semble-t-il, assez d'observations réunies déjà pour appuyer une induction qui lui aurait permis à la fois d'accueillir l'hypothèse de Leibniz sur la *dissipation* du mouvement sensible en mouvements moléculaires, et de la compléter par cette autre hypothèse, à laquelle Leibniz, lui, ne songeait aucunement, que cette *petite monnaie* des forces était la forme mécanique des phénomènes lumineux, calorifiques, électriques, d'autres peut-être encore, ressortissant à la chimie. Nous lisons dans son *Optique*[2] un curieux passage où tous ces phénomènes sont indiqués comme produits par des vibrations : « Les corps fixes échauffés à un certain degré deviennent lumineux et brillants : *cette émission de lumière n'est-elle pas produite par les vibrations de leurs parties ?* Et les corps qui abondent en parties terreuses, en parties sulfureuses surtout, ne jettent-ils pas de la lumière *toutes les fois que ces parties sont suffisamment agitées par la chaleur, par le frottement, par la percussion, par la putréfaction, par les mouvements vitaux, ou par quelque autre cause ;* comme font l'eau de la mer battue par la tempête, le mercure secoué dans le vide, le dos d'un chat frotté à contre-poil, le bois pourri, les poissons putréfiés, les vapeurs qui s'élèvent des eaux

1. *Lettres entre Leibniz et Clarke.* — Cinquième écrit de M. Leibniz, art. 99.
2. *Optique de Newton,* questions VIII et XXIII.

stagnantes, le foin ou le blé humides mis en tas et enflammés par la fermentation, les vers luisants, les yeux de certains animaux agités par la colère, le phosphore de Boulogne exposé à la lumière, le phosphore commun qui éprouve quelque attrition, l'ambre et certains diamants frottés, les particules d'acier détachées par le choc d'une pierre à fusil, le fer battu à coups de marteau, un essieu enflammé par le mouvement trop rapide des roues ; et les liqueurs dont le mélange excite une vive effervescence, telles que l'acide nitreux fumant mêlé avec le double de son poids d'huile d'anis ? »

Ce langage où la théorie des vibrations, causes des phénomènes, se propose, sans renoncer au point de vue de l'émission d'une matière spécifique, qui cependant en est à peu près le contraire, nous montre l'obstacle à l'adoption du principe de la physique mécanique, dans la persistance du réalisme des qualités sensibles. Ce principe, que des applications arbitraires, des explications fondées sur la pure imagination des tourbillons formés au sein d'une matière continue, discréditaient dans la philosophie de Descartes, surtout en présence des brillantes découvertes dues à la méthode sévère de l'expérience, en Angleterre, ce principe capital ne devait reparaître qu'au moment où le caractère fictif des « fluides impondérables » éclata dans la déclaration que faisaient unanimement les physiciens, vers le temps où Comte exposait son plan de *Philosophie positive*, de n'user de ces hypothèses que comme de moyens commodes pour « relier les faits ». Ce reliement laissait toujours un hiatus qu'on trouvait impossible à combler, entre chaque fluide et son action, pour donner lieu aux mouvements caractéristiques de son ressort. La vérité du principe cartésien ne se montra vivement qu'à la suite du progrès des machines, de l'étude du fonctionnement de la machine à vapeur, notamment, et du calcul du travail moteur et de la production calorifique, reconnus inverses l'un de l'autre en quantité. De là l'assimilation de ces quantités, l'une à des sommes de forces vives motrices, l'autre à des sommes de forces vives moléculaires, et enfin l'interprétation du principe de la conservation des forces vives comme constance de la somme de ces deux variables ; l'énergie virtuelle et l'énergie cinétique actuelle dans le monde.

CHAPITRE XXXV
LA COSMOGONIE ET LA PHYSIQUE DE DESCARTES.
LES TOURBILLONS

Quoique l'électricité et les réactions chimiques n'occupent pas encore, à côté de la chaleur et de la lumière, la place bien déterminée qui paraît devoir leur revenir dans l'ensemble de la physique mécanique, on peut désigner, en termes abrégés, par la chaleur, le grand ordre de fonctions qui dépend des vibrations moléculaires des corps en tant que leurs modifications répondent aux affections sensitives des êtres et aux phénomènes de la vie végétale, et, avant cela même, aux états divers de fluidité ou de solidité des corps. D'une autre part, la gravitation est la forme dominante des énergies cinétiques, parce qu'elle est la seule force universelle constante, dans le sens dynamique de ce mot, et agissant à toutes distances. Et la qualification de forces réelles peut être attribuée à la chaleur et à la gravitation, parce que leurs actions peuvent être regardées comme remontant jusqu'aux monades, êtres ultimes, essentiellement actifs, dont les atomes ou molécules, premiers corps élémentaires, vibrants et gravitants, à propriétés spécifiques, sont les produits, soit fluides, soit sous les formes de la cristallisation, et enfin de l'organisation.

Les actions respectives de la gravitation et de la chaleur sont devenues, depuis les découvertes de la thermodynamique, le sujet de toutes les spéculations cosmogoniques et eschatologiques en un sens tout matériel de ce dernier mot, emprunté à la théologie qui lui donne une signification morale.

Il est de la nature et du devoir de la science de s'élever aux notions et aux conceptions les plus générales possibles, sans que la recherche et les hypothèses échappent au ressort de l'expérience et de la logique, comme si l'ultime vérité de l'origine et de la cause n'était pas au delà. Telle est la condition des cosmogonies physiques. « Je ne doute point, écrivait Descartes, au début de la sienne [1], que le monde n'ait été créé au commencement avec autant de perfection qu'il en a... pour ce que considérant la toute puissance de Dieu, nous devons juger que tout ce qu'il a fait a eu dès le commencement toute la perfection qu'il devait avoir... Tout de même nous ferons mieux entendre quelle est généralement la nature de toutes les choses qui sont au monde, si nous pouvons imaginer quelques principes qui soient fort intelligibles et fort simples, desquels nous fassions voir clairement que les astres et la Terre, et enfin tout le monde visible aurait pu être produit ainsi que de quelques semences, bien que nous sachions qu'il n'a pas été produit en cette façon; que si nous le décrivions seulement comme il est, ou bien comme nous croyons qu'il a été créé. Et pource que je pense avoir trouvé des principes qui sont tels, je tâcherai ici de les expliquer. » Et Descartes procède à l'exposition du système des Tourbillons.

Ce système est rigoureusement mécanique. C'est un mérite qu'on devrait plus unanimement reconnaître à son auteur, aujourd'hui qu'on n'admet plus d'autre fondement possible à la physique générale pure, que le mouvement de la matière abstraite régie par des lois mathématiques. Des-

---

1. *Les Principes de la philosophie*, III, 45.

cartes définit la matière par l'*étendue continue, substance des corps*; il la suppose primitivement divisée par le Créateur en parties séparables les unes des autres, mues circulairement autour de leurs propres centres, et réunies en de certaines agglomérations qui sont elles-mêmes portées en des révolutions circulaires communes autour de centres disposés dans l'espace aux lieux où doivent se former les astres : ce sont les tourbillons. Descartes cherche ensuite à montrer par des raisonnements et des images, mais qui demeurent vagues, comment toutes ces divisions d'étendue, de grandeur moyenne, et à peu près rondes, ou qui le deviennent, sont amenées sans autre action divine, par leurs chocs et leurs frottements continuels, en parties de diverses figures et grosseurs, dont certaines extrêmement menues, à former les « trois éléments principaux du monde visible ». Le Soleil et les étoiles fixes « ont la forme du premier de ces éléments », le plus subtil; « les cieux, celle du second, et la Terre avec les planètes celle du troisième ». Les cieux sont faits de l'étendue intermédiaire, transparente en vertu de sa constitution moléculaire, que Descartes décrit minutieusement, et la *nature de la lumière* est l'effort que les particules infinitésimales du premier élément font pour s'éloigner de leurs centres.

« Quand je dis, explique Descartes, que ces petites boules font quelque effort, ou bien qu'elles ont quelque inclination à s'éloigner des centres autour desquels elles tournent, je n'entends pas qu'on leur attribue aucune pensée d'où procède cette inclination : mais seulement qu'elles sont tellement disposées à se mouvoir, qu'elles s'en éloigneraient en effet, si elles n'étaient retenues par aucune autre cause. » La force centrifuge, ingénieusement expliquée dans son rapport avec la force centripète, originaire de la création, est le mouvement qui, communiqué et prolongé en droites lignes ou rayons, instantanément, à

1. *Les Principes de la philosophie* III, 57.

travers le plein de l'espace, est la cause de la lumière.

C'est la lumière, que Descartes, — trouvant plus de difficulté peut-être à s'expliquer la transmission de la chaleur que celle de la lumière, à travers la *transparence* du *second élément* — définit comme le produit essentiel des actions centrifuges du *premier élément*. Il fait de la chaleur un effet probable de la lumière elle-même, un effet terrestre, mais toujours rapporté au mouvement comme cause, — autant, du moins, que la causalité est applicable dans la philosophie de Descartes, à la corrélation des phénomènes du mouvement et de ceux de la sensibilité.

« C'est une agitation des petites parties des corps terrestres, qu'on nomme en eux la chaleur (soit qu'elle ait été excitée par la lumière du Soleil, soit par quelque autre cause) principalement lorsqu'elle est plus grande que de coutume, et qu'elle peut mouvoir les nerfs de nos mains pour être sentie; car cette dénomination de chaleur se rapporte au sens de l'attouchement. Et on peut ici remarquer la raison pourquoi la chaleur qui a été produite par la lumière, demeure par après dans les corps terrestres, encore que cette lumière soit absente, jusqu'à ce que quelque autre cause l'en ôte; car elle ne consiste qu'au mouvement des petites parties de ces corps, et ce mouvement, étant une fois excité en elle, y doit demeurer jusqu'à ce qu'il puisse être transféré à d'autres corps [1]. » La théorie s'étend sans peine à une vague explication de la dilatation des corps par l'action de la chaleur.

En conséquence de sa théorie générale des tourbillons et des mouvements luminifères du premier élément, Descartes admet que la Terre a été primitivement un astre composé, comme le Soleil, quoique plus petit, de la pure matière de ce premier élément; que cette matière est devenue progressivement plus opaque et obscure, gardant au centre seulement son premier état, et que, n'obéissant plus par

---

1. *Les Principes de la philosophie*, IV, 29.

suite à la force de son tourbillon, « la Terre avec l'air et les corps obscurs qui l'environnaient, est descendue vers le Soleil jusques à l'endroit où elle est à présent ». Ce n'est pas une force dont le soleil serait le centre qui aurait déterminé cette *descente* de la Terre ; car la pesanteur est comme la chaleur un phénomène terrestre. La pesanteur n'est pas non plus une action de la masse de la Terre sur les corps à sa surface, suivant Descartes ; mais elle est causée « par le mouvement des petites parties de la matière du Ciel en général, par leur agitation continuelle, qui est si grande, que non seulement elle suffit à leur faire faire un grand tour chaque année autour du Soleil, et un autre chaque jour autour de la Terre, mais aussi à les mouvoir cependant en plusieurs autres façons ». Cette action est, par exemple, celle qui fait devenir rondes les gouttes de toutes les liqueurs qui ne sont point de nature à se mêler aux matières environnantes.

« C'est la même matière subtile, qui par cela seul qu'elle se meut indifféremment de tous côtés autour d'une goutte d'eau, pousse également toutes les parties de sa superficie vers son centre, et qui, par cela seul qu'elle se meut autour de la Terre, pousse aussi vers elle tous les corps qu'on nomme pesants, lesquels en sont des parties. » Descartes ajoute que si l'espace autour de la Terre était vide, les corps seraient projetés hors d'elle de tous côtés vers le Ciel par le tourbillon, et pourraient dès lors être appelés légers plutôt que pesants[1].

On voit qu'en réunissant les différentes actions attribuées à la matière subtile, ou céleste, c'est-à-dire à celui des trois *éléments* de formation première qui est essentiellement mobile et actif, et en donnant à cet élément le nom d'*éther*, substance impondérable et même immatérielle en tant qu'elle n'a que l'étendue pour siège de ses forces impulsives, on peut dire que la physique de Descartes a pour

1. *Les Principes de philosophie*, IV, 2, 15, 18 ; 20 sq.

hypothèse fondamentale l'existence de l'éther universellement répulsif qui, par l'agitation continuelle extrêmement vive de ses parties extrêmement petites, produit la lumière (de laquelle naît ainsi la chaleur) et, par les poussées constantes dans tous les sens qu'il exerce sur les corps plus massifs, obtient sur eux les mêmes effets que si leurs parties obéissaient à des forces centripètes. En se plaçant à ce point de vue, et négligeant tout un détail explicatif dont Descartes lui-même ne garantissait peut-être pas aussi complètement qu'on s'est plu à le croire l'exactitude et la scientifique adaptation [1], on regardera sa physique comme un spécimen anticipé de ce que doit être une philosophie de la nature absolument mécanique, c'est-à-dire telle que la doctrine idéaliste la réclame, afin de conserver de son côté sa pureté et sa force.

Il est aisé de voir ce qui pèche, et ce qui devait nécessairement pécher, au temps où il fut conçu, dans ce plan, esquisse de génie d'une philosophie physique pure. Ce n'est certainement pas l'idée générale des tourbillons, malgré l'aveugle proscription dont ils devinrent l'objet par l'effet de la popularité acquise au siècle suivant par le système newtonien qui semblait en éviter la donnée première. Cette idée générale s'impose comme le point de départ de tout système universel purement mécanique. En effet, « quel que soit le nombre des impulsions différentes qu'un corps ait pu recevoir en tant de points et suivant tant de directions qu'on voudra dans l'espace, on a démontré, — la formule est prise textuellement d'un écrit de l'un de nos grands géomètres du siècle dernier [2], — que *ces formes sont toujours réductibles à une seule, appliquée au centre de gravité de ce corps, et qui en transporte également toutes les parties suivant des directions parallèles, et à*

1. Voyez sur ce point les articles 43, 45 de la 3e partie des *Principes de la philosophie*.
2. *Note sur le double mouvement de la terre et des corps célestes*, — à la suite des *Éléments de statique* de Poinsot, 5e édit., (1830), p. 375.

un seul couple, ou moment, qui fait tourner le corps autour de ce centre mobile. Le double mouvement qu'on observe dans la Terre et dans les corps célestes est donc un phénomène naturel qui n'a besoin d'aucune explication ni d'aucune hypothèse particulière; puisque c'est le mouvement le plus général de tous les corps qui se meuvent en vertu de forces ou impulsions quelconques. Ainsi toutes les planètes doivent naturellement tourner sur elles-mêmes, en même temps qu'elles sont emportées dans l'espace ; et si elles ne tournaient point, ce serait un phénomène très singulier et qui demanderait une explication toute particulière ; car il faudrait supposer : 1° que toutes les impulsions primitives se sont précisément réduites à une seule fixe, et 2° que la direction de cette force passait par le centre de gravité de la planète que l'on considère. Et de même, si la planète ne faisait que tourner sur son axe, sans éprouver aucun déplacement dans l'espace, il faudrait supposer que toutes les impulsions transportées au centre de gravité s'y sont fait exactement équilibre, et que, de toutes les forces appliquées, il n'est ainsi résulté qu'un seul couple, ce qui présenterait un second cas particulier tout aussi invraisemblable que le précédent. Mais celui de la nature n'a rien qui doive surprendre, puisque ce double mouvement des corps célestes est le résultat général des forces ou impulsions quelconques qui ont pu être imprimées à ces différents corps ».

Cet irréfutable théorème a été opposé par Poinsot à des géomètres qui, se plaçant à un point de vue trop particulier, observaient que, pour expliquer le double mouvement de la Terre, — ainsi d'ailleurs que d'une planète quelconque, ou du Soleil, — « il suffit de supposer qu'elle a reçu une impulsion dont la direction a passé à une petite distance du centre de gravité ! ». Cela suffit, en effet, mais cela n'est point nécessaire, et la supposition de l'impulsion

1. Laplace, *Exposition du système du monde.* III, 5.

primitive est inutile ; la supposition du mouvement répond
à tout, quand on fait abstraction de l'idée de création, pour
ne s'occuper que des données de la nature. La donnée
générale, mathématiquement bien définie par Poinsot, revient
à celle du *chaos* des anciens philosophes naturalistes, quand
on le réduit aux notions exclusivement mécaniques de
matière et de force mouvante. Seulement, il faut alors supposer, parmi les forces, des actions centripètes (telles que
celle de la pesanteur) afin d'expliquer les effets de cohérence des parties de la matière entre elles, la formation
des masses. Dans ce cas, selon que ces masses se forment, et acquièrent, grâce à la constitution stable de ces
parties liées, des *centres de gravité*, le monde ainsi conçu
n'est autre chose qu'un système de tourbillons ; un ensemble
plus ou moins confus de corps de différentes grandeurs,
en différents états, mus en différentes directions et tournant
sur eux-mêmes, sans doute aussi les uns autour des autres.
Mais il y a à cette forme du chaos primitif une condition
indispensable : l'existence de corps massifs et gravitants ;
et c'est ce qui manque au monde primitif de Descartes, qui
ne connaît de matière que l'étendue infiniment divisible et
divisée, et toujours mue sans perdre jamais sa continuité.

Descartes, ne pouvant trouver, dans une telle conception
de la matière, aucun moyen de génération des corps par des
voies réellement mécaniques, se vit obligé de supposer des
lois de choc, de communication et de distribution du
mouvement entre ces parties qui *manquaient de corps*
(pour user ici d'une très claire expression commune), et ne
tiraient leurs forces de rien, pour se frotter les unes contre
les autres, ou se chasser les unes les autres et se remplacer.
Les géomètres démontrèrent que ces lois du choc de Descartes n'étaient pas conformes aux propriétés réelles des
corps ; ils auraient dû remarquer d'abord que le choc lui-
même ne répondait, dans l'étendue pure, à aucune action
définissable, qu'il n'y avait que la donnée d'une force cen-

trale qui pût servir à expliquer les faits de condensation et de concentration, la formation des masses. Mais Descartes avait cru, dans sa première ardeur spéculative, la constitution du monde explicable sans supposer aucune disposition particulière donnée au commencement par le Créateur à la matière :

« Bien que les lois de la nature soient telles, qu'encore même que nous supposerions le Chaos des poètes, c'est-à-dire une entière confusion de toutes les parties de l'univers, on pourrait toujours démontrer que, par leur moyen, cette confusion doit peu à peu revenir à l'ordre qui est à présent dans le monde ; *et que j'aie autrefois entrepris d'expliquer comment cela aurait pu être*, toutefois à cause qu'il ne convient pas si bien à la souveraine perfection qui est en Dieu de le faire auteur de la confusion que de l'ordre, j'ai cru devoir ici préférer la proportion et l'ordre à la confusion du Chaos. »

Descartes va jusqu'à affirmer, dans le passage qui suit, qu' « il importe fort peu de quelle façon *il* suppose que la matière ait été disposée au commencement, puisque sa disposition doit par après être changée suivant les lois de la nature, et qu'à peine en saurait-on imaginer aucune de laquelle on ne puisse prouver que par ces lois elle doit continuellement se changer, jusques à ce qu'enfin elle compose un monde entièrement semblable à celui-ci (bien que peut-être cela serait plus long à déduire d'une supposition que d'une autre) ; car *ces lois étant cause que la matière doit prendre successivement toutes les formes dont elle est capable, si on considère par ordre toutes ces formes, on pourra enfin parvenir à celle qui se trouve à présent dans le monde*[1] ».

[1] Descartes. *Les Principes*, III, 47. — L'ouvrage antérieur auquel il est fait allusion dans le texte est |*Le Monde*, ou *Traité de la lumière*, dont Descartes supprima la rédaction originale parce que le mouvement de la Terre (condamné par l'inquisition romaine) n'y était sans doute pas déguisé (comme il l'est dans les *Principes*) par cette fiction :

On peut dire, en résumé, que le monde de Descartes était un système géométrique de figures infiniment multipliées et changeantes, qui, incessamment mues les unes par rapport aux autres, et entremêlées, sans permettre jamais aucun vide entre elles, devaient par l'application des lois mécaniques instituées par le Créateur, composer à la fin l'ordre physique qu'il nous est donné de contempler. Le caractère de cet ordre est l'absence de forces, et rien n'est plus conforme à la fondamentale conception métaphysique du cartésianisme, qui consiste dans le parallélisme du monde physique et du monde mental, incapables de causalité réciproque. Il fallait remonter à Dieu, cause unique au fond, pour se rendre compte de leur interdépendance.

Les vraies causes, dans le monde physique, les vrais principes originaires du mouvement et des formations qui en sont la suite, ne se peuvent trouver que dans les monades ; et comme il n'est pas de l'objet et de la compétence de la physique, science abstraite, d'une part, expérimentale, de l'autre, de définir les monades et leurs fonctions, il faut à cette science des principes physiques, ce sont les *Forces*, qui expliquent les phénomènes fondamentaux de l'univers en tant que mouvements. Or il y a deux forces qui font essentiellement défaut dans la physique cartésienne. L'une est la gravitation comme nous venons de le voir, parce qu'elle rend compte de la formation et de l'action des masses ; l'autre est celle qui doit expliquer l'incandescence des corps célestes, et il faut qu'elle ait aussi un caractère mécanique. Celle-là, Descartes la reconnaît en principe, il est vrai, mais ne peut en faire que l'application vague en sa définition des propriétés de la matière subtile.

que ce n'est pas la Terre qui se meut (dans le système de Descartes), mais seulement le Tourbillon, lequel entraîne avec lui la Terre. Il y avait probablement aussi des différences plus graves qu'on n'en trouve aujourd'hui, touchant les conditions de la création, entre les *Principes*, qu'il publia lui-même, et le *Monde*, ouvrage posthume remanié par lui, et peut-être honnêtement falsifié par les éditeurs (?).

CHAPITRE XXXVI

LA MATIÈRE ET LES FORCES DANS LA COSMOGONIE DE KANT

La généralisation de la pesanteur et sa définition mathématique comme loi universelle des phénomènes satisfit, pour la science, au premier des deux grands désidérata du monde de Descartes, et ce fut Kant qui en tira parti le premier, dans son essai de cosmogonie. Il présenta lui-même cette œuvre comme une théorie de la constitution et de l'origine *mécanique* de l'univers, *d'après les principes de Newton*. Il définit les forces par leurs effets, réduits essentiellement à deux, l'attraction et la répulsion, en tant que pures actions mécaniques, fonctions inverses d'approcher ou d'éloigner les corps, et qui ne nous les font considérer que sous l'aspect de leurs positions et distances mutuelles. Il se conformait en cela à l'intention que Newton avait exprimée, comme géomètre, d'éviter toute hypothèse sur la nature réelle des forces; mais il s'éloignait doublement de lui, d'ailleurs : 1° en admettant les actions à distance; 2° en rejetant le vide, et revenant à la physique cartésienne sous ce rapport. Il admettait aussi, comme Descartes, un éther calorifique et lumineux, mais sans pouvoir plus que lui imaginer aucun rapport défini reliant la formation et les révolutions des astres avec la cause de leur incandescence, phénomènes rapportés cependant tous au mouvement. Le progrès, dans cette cosmogonie mécanique, consistait à prendre pour état initial, au lieu de la pure étendue, divisée et mue par l'acte divin, une sorte de chaos réel, hypothèse toutefois peu intelligible d'un état informe *qui succède au néant*, et qui est doué de finalité. Cet état initial renferme, avec des espèces de matière diverses, une force d'attraction variable, capable, d'une part, de former des agglomérations, et tenue, d'autre part, en équilibre par des forces répulsives.

Kant remplaçait l'action d'un créateur par la tendance, qu'il attribuait à la matière, de se façonner et de s'organiser pour répondre à *l'idée éternelle de l'intelligence divine*. C'est le principe de l'évolution, auquel il donna un plein développement, dans sa *théorie du ciel*, en supposant des mondes et des systèmes de mondes, passés et futurs, détruits et renaissants, éternellement formés par l'être suprême suivant les mêmes lois, pour manifester, dans le temps et l'espace indéfinis, l'infinité actuelle de ses perfections. Kant admit néanmoins l'unité du monde formé progressivement autour d'un point central unique, d'attraction prépondérante, centre de la nature autour duquel se produirait l'expansion d'une création sans fin; et cette conception s'accorde mal avec la précédente; mais ne sortons pas de notre sujet.

L'idée d'une force attractive est ordinairement celle d'une force qui agit à distance, et c'est pour cela même que Newton, à qui la supposition d'une telle force répugnait, — comme elle a fait depuis à tant d'autres géomètres, — la posait comme loi mathématique seulement, et en répudiait l'interprétation suivant laquelle une action serait transmissible sans intermédiaire mécanique. Kant admit que l'attraction implique, en son concept même, l'extériorité de son objet; il énonça ce théorème : « L'*attraction essentielle à toute matière* est une action immédiate de cette matière sur d'autres à travers l'espace vide. » Ce texte est formel et se trouve dans ses *Principes métaphysiques de la science de la nature*[1], encore bien que la réalité du vide soit contestée dans cet ouvrage. Kant entend par là que l'action s'exerce indépendamment du fait d'un espace interposé, et aussi sans qu'aucune matière intermédiaire y puisse faire obstacle. Mais l'espace ne laisse

---

[1] Chap. II, *Dynamique*, théorème VII.

pas d'être plein : « La matière remplit les espaces qu'elle occupe, par les forces répulsives de toutes ses parties, c'est-à-dire par une force d'expansion qui lui est propre... La matière est divisible à l'infini ; elle l'est en parties dont chacune à son tour est matière... La force répulsive ne peut mouvoir aucune partie plus éloignée si ce n'est par le moyen des parties intermédiaires », — propriété contraire de celle de l'attraction qui occupe l'espace sans le remplir. — « L'action de l'attraction universelle à des distances quelconques s'appelle la *gravitation*... L'action de la force répulsive s'appelle l'*élasticité primitive*... Dans l'attraction, *toutes les parties* d'un corps agissent immédiatement sur *toutes les parties* des autres ; par la force expansive, *les parties situées* sur la surface de contact agissent seules, et il est indifférent que, derrière cette surface, il existe une grande ou une petite quantité de matière... Le contact, au sens physique, consiste en l'action ou la réaction immédiate de l'impénétrabilité, ou action réciproque des forces répulsives à la limite commune de deux matières... L'attraction considérée à ce contact seulement s'appelle cohésion [1]. » On voit que cette théorie renverse l'ancienne fiction dogmatique d'un solide passivement impénétrable en son occupation d'un espace coextensif avec lui.

Mais cette théorie appelle une autre remarque de la plus grande importance métaphysique. La matière est, comme l'espace, divisible à l'infini, selon Kant. Il n'entend pas nier, cependant, qu'il y ait contradiction à admettre l'existence d'une infinité actuelle de parties dans la matière, qu'on assimilerait de la sorte à l'étendue mathématique, dont la divisibilité ne doit passer que pour potentielle ; mais il se défend de la contradiction par cette assimilation même, c'est-à-dire en considérant la matière comme n'ayant pas plus d'existence réelle, que n'en a, hors de nos représentations, l'étendue avec ses propriétés géométriques, con-

1. Chap. II, *Dynamique, passim*.

ceptuelles et abstraites. Or, si la physique peut gagner quelque chose, en tant que construction scientifique, à ce point de vue, c'est une question ; mais qu'elle devienne, sous cet aspect, impropre à nous représenter la réalité externe, on peut l'assurer. En effet, le philosophe, dit Kant, se sauve de la difficulté à une condition : « c'est que, dans le cas où il met *la matière et l'espace* au rang des purs phénomènes (s'il considère l'espace comme la simple forme de notre intuition sensible externe, et s'il fait du temps et de l'espace non des choses en soi, mais seulement des manières subjectives de nous représenter des *objets inconnus en soi*), il se sauvera de la difficulté qu'il y a à admettre une matière *infiniment divisible* qui toutefois *ne se compose pas d'un nombre infini de parties* ». Le procédé consiste simplement, comme va nous le montrer la suite intéressante de la citation, à confondre, dans le sujet, ce qui appartient à l'espace et ce qui appartient à la matière. L'auteur de la *Critique de la Raison pure* a le droit de dire du premier, l'espace, qu'il n'existe pas hors de nous ; mais il ne résulte nullement de là que le second, la matière, qu'il appelle *inconnue* seulement, soit dans le même cas ;

« Les parties, en tant qu'elles appartiennent à l'existence d'un phénomène, n'existent que dans la pensée, c'est-à-dire dans la division même. Or la division va sans doute à l'infini, mais elle n'est cependant jamais donnée comme infinie. Aussi, de ce que la division va à l'infini, il ne s'ensuit pas que l'objet divisible contienne une multitude infinie de parties *existant pour soi*, en dehors de notre représentation,... ce qui serait une contradiction dans les termes. » On (Wolf?) s'est trompé, continue Kant, sur le sens qu'un grand homme donnait à l'espace et au phénomène. On a cru qu'il s'agissait pour lui d'une propriété inhérente en soi à une chose hors de nos sens, et de l'objet inconnu duquel nous apparaît *le phénomène que nous appelons matière.* « Le théorème mathématique de la divisibilité infinie de la matière, on l'attribuait alors à une représentation confuse de l'espace, que le géomètre aurait prise pour base ; et il était loisible au métaphysicien de composer l'espace de points, et la matière de parties simples, afin d'éclairer, à ce qu'il croyait, le concept. La cause de cette erreur est dans une *monadologie* mal comprise ; car la monadologie ne se rapporte pas à l'explication des phénomènes naturels : c'est un concept platonicien du monde, que Leibniz a développé, qui est vrai en lui-même, quand le monde n'est pas considéré comme un objet des sens, mais comme en soi, et pur objet de l'entendement, quoique donné pour fondement aux phénomènes sensibles. Or, sans doute, *dans les choses en soi, le composé* doit être constitué par le simple, car les parties doivent être données avant la composition. Mais, *dans le phénomène, le composé* n'est point constitué par le simple ; car le phénomène ne saurait être donné autrement que comme composé (étendu) ; ses parties ne sont pas antérieures au composé, mais ne peuvent être données qu'en lui. Aussi la pensée de Leibniz n'était-elle pas, autant que je puis la comprendre, de définir l'espace comme un ordre d'êtres simples situés les uns à côté des autres ; il plaçait bien plutôt cet ordre à côté de l'espace, et comme lui correspondant, mais dans un monde purement intelligible (inconnu de nous) ; il ne soutenait donc pas autre chose que ce que nous avons montré ailleurs, à savoir que l'espace (aussi bien que la matière dont il est là forme) ne contient pas le monde des choses en soi, mais seulement le phénomène de ce monde, et qu'il n'est lui-même que la forme de notre intuition sensible externe [1]. »

C'est une interprétation bien extraordinaire de la monadologie leibnitienne, que celle où elle est ainsi présentée

---

[1]. *Principes métaphysiques de la science de la nature* (trad. de MM. Andler et Chavannes (*Dynamique*, sch. II du théor. IV.

comme une conception platonicienne qui n'a nul rapport aux phénomènes sensibles dont elle se donne pour le fondement. Que signifient donc, chez Leibniz, et la définition des monades, *atomes de la nature, éléments des choses*, sièges des phénomènes, qui ne sont tous que des représentations en eux (*perceptions, appétitions, action*)? et la définition de la matière, comme réservoir infiniment infini des âmes et des êtres vivants de toute organisation et de toute grandeur, qui sont encore des monades? « Chaque portion de la matière n'est pas seulement divisible à l'infini, mais encore divisée actuellement sans fin, chaque partie en parties, dont chacune a quelque mouvement propre... Il y a un monde de créatures, de vivants, d'animaux, d'entéléchies, d'âmes, dans la moindre partie de la matière [1]. »

Il est clair que Kant avait oublié les lectures de sa jeunesse, quand il portait ce jugement de la monadologie, plus de vingt ans après la mort de Wolf, soixante-dix ans après celle de Leibniz, dont la doctrine n'avait jamais été comprise. Il était lui-même sexagénaire, et avait publié, trente ans auparavant, immédiatement après sa *Théorie du ciel*, un premier ouvrage de physique générale, intitulé *Monadologie physique*. Il avait pu garder de ce livre, à raison de l'idée qui le lui avait inspiré, l'habitude de reprocher à Leibniz une conception de la *monade* trop platonicienne, ou idéale, impropre à poser le fondement d'une véritable physique. L'approbation relative que Kant accorde à ce concept de pur entendement, tel qu'il le comprend là, *vrai*, dit-il, *en lui-même, ou quand le monde n'est pas considéré comme l'objet des sens*, ressemble à de l'indulgence qu'il aurait gardée pour son œuvre passée (pour l'emploi qu'il y avait fait de la monade comme substance), malgré le défaut que l'avaient induit à trouver à cette spéculation les méditations dont la *Critique de la Raison pure* fut le résultat. Autrefois, il avait tenu les monades pour des objets réels dans

---

[1]. *Monadologie*. 3, 13-15, 65-67.

le monde des sens [1]. En effet, dans la *Monadologie physique*, *les monades* sont définies comme *des substances simples qui sont des forces*; l'espace est défini comme un rapport seulement. Ce rapport est *entre les substances*, qui n'occupent aucun espace, et ne laissent non plus entre elles aucun intervalle qui soit la partie réelle d'un composé et d'un tout. Ce sont les forces données qui font les directions et constituent les trois dimensions de l'espace; sans les forces, on pourrait avoir d'autres espaces avec d'autres dimensions à constater [2].

La divisibilité de l'espace n'étant d'après cela qu'une mesure de rapports n'implique point, dans la matière, des parties que l'espace lui-même n'a pas. La matière est faite de points physiques, points mathématiques quant à l'étendue, et ce sont ces points qui remplissent l'espace d'une certaine manière ; à savoir par des forces répulsives dont les limites d'action sont ce qu'on appelle les lieux occupés. La force est la génératrice de l'espace.

L'abandon de cette théorie par Kant a dû être l'effet de l'erreur de critique qui lui fit embrasser le système des antinomies. Plaçant sur la même ligne, comme il fit dans sa *Critique de la raison pure*, les arguments empiriques en faveur de la divisibilité infinie du sujet matériel, et l'argument logique en vertu duquel on doit nier la possibilité d'un composé infini actuellement donné, *il parut* les rejeter l'un comme l'autre, afin de conclure que « le monde

---

[1]. La *Monadologie physique* est de 1756, la *Critique de la Raison pure* de 1781 et les *Principes métaphysiques de la science de la nature* de 1786.

[2]. L'idée première de la *métagéométrie*, ou géométrie non euclidienne, étude des espaces supposés de plus ou moins de trois dimensions, appartient à Kant, en sa *Monadologie physique*. Il n'en parla plus en ses *Principes métaphysiques de la science de la nature*, sans doute parce qu'il avait reconnu l'intuition spatiale comme une donnée *a priori*, dans la *Critique de la Raison pure*. L'origine qu'il avait cru trouver pour le concept des trois dimensions, dans l'expérience des forces de la nature, était une idée illogique ; car c'est la force motrice qui suppose direction et dimensions, et non pas l'espace qui suppose la force.

n'existe ni comme un tout fini *en soi*, ni comme un tout infini en soi, par cette raison qu'il n'existe nullement en soi »; ce qui écarte la contradiction et fournit la *solution des antinomies*[1]; mais *en réalité*, et au point de vue du commun sentiment des hommes, c'est en faveur de la doctrine de l'infini que fut sa conclusion, parce que c'est dans le monde phénoménal, à l'aide d'arguments empruntés aux choses du monde phénoménal, que l'infinitisme trouve son application, et que ce monde est le seul qui nous soit connu, le seul qu'on appelle universellement *le monde*.

Le renoncement de Kant à la doctrine des monades ne fut nullement, chez lui, le résultat de l'invention de la méthode criticiste, mais bien de la décision qu'il prit, à laquelle on ne voit pas ce qui manque pour être parfaitement dogmatique, de poser l'existence d'un monde dit *en soi*, ou inconditionné, d'idées dont on n'a point les concepts, puisqu'on les suppose hors du temps et de l'espace, mais dont le sens, abstrait et nominal, ne laisse pas d'exiger, en contre-partie, que la *réalité vraie*, — terme singulier que la logique amène ici, — soit refusée au monde des phénomènes.

La primitive théorie du monadisme mécanique de Kant était, nous l'avons vu, exempte de cette espèce de falsification que, dans son second ouvrage de physique, il fit subir à sa définition idéaliste de l'espace en y introduisant l'hypothèse du plein, sous ce prétexte, que la matière n'existant pas en soi, n'étant que phénomène, elle ne saurait impliquer contradiction par le fait de l'infinité actuelle de sa composition. Cette primitive théorie de Kant présentait d'ailleurs les caractères principaux que l'auteur ne se crut pas obligé d'abandonner en embrassant le système des antinomies : d'abord, essentiellement, la thèse des monades mutuellement attractives à toute distance; mais c'était des monades mêmes et non pas du milieu

---

[1] Voyez dans *la Critique de la Raison pure : Dialectique transcendantale*, la section 7ᵉ du livre II, chap. II, (trad. Barni, t. II, p. 111).

spatial que devaient émaner les forces répulsives, variables avec les distances : toutes les forces étaient rapportées à ces monades, purs centres dynamiques dont les propriétés de l'étendue sont des rapports. La fonction calorifique et lumineuse était pareillement attribuée à un milieu élastique et à ses mouvements vibratoires ; les états des corps, solides ou liquides, leurs degrés de cohésion, à une commune compression exercée par des forces externes ; enfin, les propriétés spécifiques des corps, aux intensités des forces susceptibles de degrés, *densités dynamiques* : chapitre des moins satisfaisants, mais sur lequel on ne peut pas dire que la physique mécanique ait encore jeté la moindre lumière.

Deux grandes lois étaient posées comme régissant, en leur plus grande généralité, les deux forces primordiales : la loi de proportionnalité inverse aux carrés des distances, pour l'attraction ; la loi de proportionnalité inverse aux cubes, pour la répulsion. On pouvait, de cette manière, se rendre sommairement compte de l'accroissement beaucoup plus rapide des répulsions, et de leur action devenue exclusive à l'approche du contact, et de l'action prépondérante de l'attraction universelle à partir d'un certain éloignement. Les questions de l'inertie et de la masse et la définition dynamique de la force nous semblent être restées particulièrement confuses en cette théorie.

A peine est-il besoin de dire ici qu'on ne peut regarder les déterminations de détail que nous avons dû indiquer, dans l'œuvre physique de Kant, que comme de grossières et douteuses anticipations des déterminations futures de la science. Ce qui nous y intéresse à peu près exclusivement, c'est la théorie des monades, premièrement acceptée, ensuite rejetée par Kant ; c'est la question de l'espace et de la nature de la matière, celle des actions à distance, et la division générale des forces naturelles les plus élémentaires, en forces attractives et en forces répulsives ;

c'est enfin, pour l'histoire du criticisme, le côté remarquable et le moins remarqué de la révolution mentale de Kant, qui ne fut pas simplement l'invention de la méthode criticiste et transcendantale, mais l'adoption d'une doctrine très dogmatique de l'espace phénoménal, doctrine parfaitement indépendante de la théorie de l'intuition spatiale apriorique, et qui le conduisit à l'implicite négation de la réalité du monde des phénomènes[1].

CHAPITRE XXXVII

SYSTÈME MATHÉMATIQUE DES FORCES DE BOSCOVICH

Il serait injuste, quoique Boscovich ne soit pas habituellement classé comme philosophe proprement dit, d'omettre ici son œuvre, qui est antérieure et, sur un point essentiel, supérieure à celle de Kant, en physique mécanique. Le traité principal de ce mathématicien ne fut, il est vrai, publié que trois ans après la *monadologie physique* de Kant, mais ses idées caractéristiques, sa théorie générale de la *loi des forces naturelles*, avaient été exposées en d'autres de ses ouvrages, plusieurs années auparavant.

---

1. Nous sommes redevables, pour l'étude de la physique de Kant, à l'intéressante introduction que, sous le titre de *Philosophie de la nature dans Kant*, M. Ch. Andler a écrite pour sa traduction (en collaboration avec M. Ed. Chavannes) des *Premiers principes métaphysiques de la nature de Kant*. Mais nous sommes loin de partager le sentiment de ce philosophe, quand il appelle la seconde théorie de la matière de Kant, après qu'il se fut arrêté à la théorie des antinomies, une *conversion à l'idéalisme* (p. XC). La *monadologie physique* de 1756 était parfaitement idéaliste (V. p. 325 ci-dessus) ; les *Principes métaphysiques de la nature* de 1786 ne le seraient que si, par *idéalisme*, on devait entendre la doctrine absolutiste attribuant l'existence en soi à un monde situé hors de l'espace et du temps, et la refusant à un monde phénoménal dont les phénomènes ne seraient que les apparences de substances absolument inconnues.

Il donnait lui-même, trop modestement, sa doctrine comme un composé de celles de Leibniz et de Newton, quoique différant beaucoup de l'une et de l'autre ; il n'en marquait pas assez l'originalité. Nous la trouvons dans la conception on ne peut plus nette et mathématique de la force immatérielle, abstraite, absolument distincte à la fois de toute faculté mentale et de toute composition corporelle. Il en ressort de curieux points de vue sur la séparation absolue entre l'esprit et le mouvement local, dans le cartésianisme, et sur l'harmonie préétablie de Leibniz, que toutefois Boscovich repoussait sans s'arrêter à la discuter.

Boscovich emprunte, dit-il, à Leibniz ses éléments simples, inétendus ; à Newton, les forces attractives et répulsives, fonctions des distances ; à tous deux, la connexion universelle des phénomènes par les déterminations mutuelles des forces. Il s'éloigne de Leibniz, en ce qu'il rejette la thèse de l'étendue continue, formée par des éléments inétendus, contigus : opinion suffisamment réfutée jadis, ajoute-t-il, par les arguments de Zénon, auxquels il n'a jamais été ni ne sera jamais répondu ; mais il omet de remarquer que l'étendue n'est pas, pour Leibniz, un sujet en soi composé de parties réelles. Nous avons vu que, à cet égard, Kant ne pensait pas autrement que n'avait fait Leibniz. Enfin, Boscovich s'éloigne de Newton en expliquant tous les phénomènes physiques par un principe unique de mouvement, et en n'admettant, aux distances minima des points, que la force répulsive, au lieu de l'attractive qu'y envisage Newton.

La dissidence capitale consiste plutôt, par rapport à Leibniz, en ce que Boscovich considère, dans les éléments, — qu'il appelle des *points* non des *monades*, — exclusivement la force physique, qu'il ne se charge pas d'expliquer ; au lieu que Leibniz entend par la force le mode interne d'activité propre de la monade, en son accord avec le mouvement correspondant suivant la loi de l'harmonie préétablie. Et la dissidence, par rapport à Newton, et à l'opinion presque universelle des physiciens, consiste en ce que Boscovich n'admet pas seulement les actions à distance, mais n'en admet point d'autres, et nie la possibilité du contact entre les points sièges des forces.

Ces points de Boscovich sont tels que la géométrie euclidienne les considère; c'est-à-dire impropres à composer des lignes par juxtaposition, parce que la contiguïté ne peut différer pour eux de l'identité. La *géométrie des indivisibles*, comme on la nomme, est dans le fait une géométrie de l'infini, pour laquelle le point représente un élément linéaire *infiniment petit*, sans quoi elle n'impliquerait pas seulement la contradiction attachée à l'idée de composition infinie actuelle, mais encore une contradiction formelle, *in terminis*; car on y supposerait le point à la fois *inétendu* et pourvu de *deux côtés distincts*, pour se lier aux points contigus de part et d'autre, et ne pas se confondre avec eux. Boscovich niait donc la possibilité du contact des *points de force*. Leur unique matérialité devait résider dans la force, cause du mouvement local. Et cette force, il ne prétendait pas en pénétrer le fond; car il admettait ce que les fondateurs de la mécanique rationnelle ont appelé la *force d'inertie*, laquelle est exactement le contraire de toute activité propre qu'on reconnaîtrait au sujet matériel que l'on caractérise par cet attribut.

Boscovich définit avec la rigueur voulue cet attribut négatif en posant ce principe, que nulle force particulière ne doit être considérée séparément des forces corrélatives. La persévérance du point, soit dans son repos, soit dans un mouvement rectiligne uniforme, s'il est en mouvement, — c'est la définition même de l'inertie, — ne signifie pas autre chose que l'inactivité, le néant, comme force de ce point pris en lui-même. Il faut, en mécanique, considérer tout au moins deux points, et le fait qu'ils tendent à se rapprocher ou à s'éloigner l'un de l'autre, et rechercher la loi de ce phénomène. Cette relation que soutiennent entre eux deux points quelconques est la force, tantôt attractive, tantôt répulsive, qui les lie selon leurs distances mutuelles. Les forces se composent d'ailleurs suivant les théorèmes reçus dans la science. Tout se borne là. Une loi commune régit tous les mouvements et enveloppe tous les phénomènes. « C'est dans cette détermination que consiste la *force d'inertie*, comme nous la nommons. Si elle dépend du libre décret de l'Auteur suprême (*a libera Supremi Conditoris Lege*), ou de la nature même des points, ou de quelque chose qui s'y joint, quoi que ce puisse être, je ne le cherche pas, et je n'espérerais pas le trouver si je le cherchais. Et je dois en dire autant de la loi que je formule »[1].

Sur la loi des forces attractives et répulsives, Boscovich exprime catégoriquement sa pensée, et il y insiste, qui est de n'entendre nullement par cette détermination au rapprochement ou à l'éloignement des points, qu'il appelle une force, un mode d'agir (*agendi modum*) mais *la détermination elle-même*, d'où qu'elle provienne, et simplement telle qu'elle est représentée par une formule algébrique, ou se peut construire géométriquement. En langage commun, la loi des forces reçoit cet énoncé : aux distances minimes, elles sont répulsives et croissantes *in infinitum*, à mesure que les distances diminuent, tellement que la vitesse d'un point mû vers un autre doive, quelque grande qu'elle soit, être annulée avant que la distance où il est de cet autre ne devienne nulle. Quand, au contraire, les distances augmentent, les forces répulsives diminuent, deviennent, pour des distances encore très faibles, nulles, puis attractives, et d'abord croissantes, ensuite décroissantes, évanouissantes ; redeviennent répulsives, croissantes, décroissantes, etc., et cela plusieurs fois, mais toujours dans un ordre

---

[1]. Boscovich, *Philosophiæ naturalis theoria redacta ad unicam legem virium in natura existentium*, Viennæ austriæ 1759, p. 5.

de distances très petites, jusqu'à ce qu'enfin elles soient et demeurent attractives à toutes distances, si grandes qu'elles soient, telles que celles qui séparent les corps célestes. Elles sont alors inversement proportionnelles aux carrés des distances. C'est la loi de la gravitation. Il est aisé de voir que la courbe qui représente cette loi est une sinusoïde dans la partie moyenne et finie de son cours, laquelle est comprise entre deux branches qui ont respectivement deux droites pour asymptotes et se rapportent, l'une, à l'intervalle indéfini des forces invariablement répulsives, et croissantes, qui s'opposent au contact ; l'autre, à la force invariablement et de moins en moins attractive de la gravitation.

Nous ne pouvons aujourd'hui regarder que comme une de ces prétentions de tout expliquer, telles qu'en ont les sciences dans l'enfance, cette tentative de *ramener la philosophie naturelle* à la conception toute géométrique d'une *loi unique des forces données dans la nature;* aussi n'est-ce pas dans les explications des qualités sensibles : cohésion, états des corps, lumière et chaleur, électricité, magnétisme, propriétés chimiques, par les simples variations de la *force unique attractive ou répulsive des points matériels,* ce n'est pas dans des combinaisons arbitraires de distances et de mouvements hypothétiques, que réside l'intérêt de la spéculation de Boscovich, mais dans les questions générales qu'elles lui donnent l'occasion de traiter sur la nature de la matière, ou qui en sont inséparables.

Les questions métaphysiques engagées, dans son système, sont celles de l'espace, en rapport avec la matière, de la continuité, et, quoiqu'il ne l'approfondisse que le moins qu'il peut, — Boscovich appartenait à la Compagnie de Jésus, — le problème de la relation des forces physiques à la volonté, en un système du monde, le sien, le plus rigoureusement mécanique qu'on eût vu depuis *le monde* de Descartes, encore que si différent.

La différence entre le mécanisme de Boscovich et celui

de Descartes consiste en ce que ce dernier se fondait sur la continuité et la divisibilité indéfinie de la matière dont les parties posséderaient le mouvement et se le transmettraient les unes aux autres, tandis que Boscovich envisage la force mouvante dans les rapports mutuels des points espacés, matière inétendue dont les éléments n'ont d'intervalles que leurs distances mutuelles, dans l'étendue qu'ils divisent. Cet immatérialisme aurait dû logiquement amener, avec la thèse de l'essentielle discontinuité des forces dans l'espace, celle de la réelle discontinuité du milieu, en d'autres termes, la thèse du vide et la définition relativiste de l'espace, rapport et ordre des coexistences. Nous savons que Kant, en son *monadisme physique*, s'était arrêté à ce point de vue, qu'il abandonna plus tard. Mais Boscovich l'entendait autrement, et nous croyons en trouver la raison dans le réalisme spatial qu'il se laissa imposer par une application stricte de la méthode géométrique à la représentation des déterminations des forces variables, en fonction des déterminations des distances des points. Les distances étant représentées par les abscisses de la courbe, suivant la *loi unique des forces de la nature*, et les abscisses étant des droites continues, il fallait, semblait-il, qu'elles correspondissent à des ordonnées également continues, et dès lors les forces représentées par ces ordonnées devaient subir aussi la loi de continuité. Continues dans l'espace, elles devaient naturellement l'être dans le temps. Boscovich, par cette conséquence, qu'il aurait pu éviter peut-être à l'aide d'une distinction entre les rapports des phénomènes naturels et ceux de leurs abstractions géométriques, confirma le caractère abstrait des forces dans son système, et leur éloignement du concept des forces mentales, qui sont essentiellement discontinues dans leur action.

Boscovich admit donc l'espace à titre de sujet réel, ou en soi. Mais ce fut implicitement seulement, et en tâchant de se défendre, par une exposition très subtile, de constituer, par les intervalles des points, des infinis actuels, dont il disait n'admettre pas la possibilité. « Tout d'abord il me semble évident, dit-il, que, tant ceux qui admettent un espace absolu en sa réelle nature, et continu, éternel, immense, que ceux qui, avec les leibnitiens et les cartésiens, posent l'espace dans l'ordre qu'ont entre elles les choses qui existent, tous également doivent admettre, outre les choses qui existent, un certain mode imaginaire, mais réel d'exister, par lequel elles sont là où elles sont, et qui existe quand elles sont là, et qui périt quand elles cessent d'être où elles étaient... Dans le second cas, en effet, si cet ordre qui, selon ces philosophes, constitue le lieu, n'était entendu des choses auxquelles il s'applique, qu'alors et autant de fois qu'elles existent, c'est toujours en ce même ordre que ces choses existeraient, et, par conséquent, elles ne changeraient pas de place. Un raisonnement semblable se peut faire au sujet du temps ». Le vice de l'argument ainsi opposé par Boscovich à la théorie leibnitienne de l'espace réside dans ce *si*, hypothèse qu'il ajoute à cette théorie et qui en dénote, chez lui-même, la complète méconnaissance. « *Si*, dit-il, cet ordre ne constituait le lieu de la chose qu'autant que le lieu est occupé par la chose, etc. ». Mais c'est tout le contraire que veut la théorie : l'ordre constitue, pour chaque point, des lieux qui varient avec le mouvement local de la chose ou des autres choses du système. Le lieu est relatif, comme le déplacement. Ne se définissant que par la relation, il change avec elle, et ne saurait se rapporter à des points fixes dans l'espace, par la raison que la position d'un point dans l'espace n'est définissable que par la position de certains autres points, et cela sans terme. Le principe de relativité ressort encore plus clairement, s'il est possible, de la considération des choses du temps. La détermination d'un moment absolu du temps est la plus évidente des chimères.

« Il faut nécessairement admettre, conclut Boscovich,

un certain mode réel d'exister par lequel la chose est où elle est et quand elle est. Que ce mode soit appelé *chose*, ou *mode d'une chose*, ou *quelque chose*, ou *l'on ne sait quoi*, c'est hors de notre imagination qu'il doit être, et la chose peut changer, pour affecter tantôt un tel mode, tantôt un autre ». — Le géomètre réaliste, en sa naïveté, définit précisément l'objet d'une imagination indéterminée, dans son effort pour nous faire croire que cet objet est quelque chose de plus.

« J'admets donc pour les points de la matière individuels (*singulis*) — et tout ce qui en est dit peut aisément se transporter aux choses, même immatérielles, — j'admets, dis-je, deux genres réels de modes d'exister, dont les uns se rapportent au lieu, les autres au temps. Tout point a un mode réel d'exister, par lequel il est où il est, et un autre, par lequel il est quand il est. Ces modes réels d'exister sont pour moi du temps réel et de l'espace réel ; leur possibilité, qui nous est connue indéfiniment, est pour moi l'espace vide, et pour ainsi parler, le temps vide, ou, si l'on veut, l'espace imaginaire, et le temps imaginaire ».

Ne craignons pas de nous étendre sur une théorie curieuse, non pas, sans doute, en elle-même, car elle répond aux plus communes imaginations dans l'espace, mais curieuse justement par ce fait qu'elle traduit d'une manière plus claire et distincte qu'on ne le voit ailleurs l'illusion réaliste de la séparation réelle entre ce qui demeure et ce qui se transporte, et que l'on prend pour quelque chose en soi : c'est, d'un côté, un mode de quelque chose, comme occupant le lieu ; de l'autre, c'est le lieu qui est occupé qui reste, et à la fois s'éloigne avec l'occupant. La question est d'autant plus intéressante que le sujet en remonte à Descartes : à Descartes initiateur véritable de l'idéalisme, et, tout ensemble, croyant candide en la réalité en soi du sujet de la géométrie, et dont Boscovich a tort de confondre les disciples avec les leibnitiens partisans de la définition de l'espace par l'*ordo coexistentium*. La physique mécanique de Descartes repose, en effet, sur une double manière d'envisager l'étendue. Comme *substance*, elle est pour lui la matière, tout ce que la matière est en soi et en ses parties divisibles à l'infini, qui posent, et qui portent, partout où elles sont et où elles vont, leurs étendues particulières : ce sont leurs modes d'être où elles sont, comme parle Boscovich, excepté que ce dernier les tient malgré cela pour inétendues, ce qui n'est point logique. Mais, en regard de cette substance idéalement continue, et réellement divisible et divisée, Descartes est obligé de faire reposer son exposition des phénomènes du mouvement sur l'imagination inaliénable d'un espace immobile possédant en soi, et à l'état de lieux fixes, les stations que les parties de l'étendue divisée et mobile occupent ou évacuent en s'y succédant continuellement. C'est cet espace-là que Boscovich, l'envisageant seulement dans les possibilités de lieux qu'il constitue, appelle l'espace *vide*, ou, si l'on veut (*seu etiam*), *imaginaire*. Il est plus que probable que Descartes le regardait comme une fonction de l'imagination, en effet, et il le pouvait, puisque ce n'est pas ce point de vue, mais l'autre, celui des parties divisées, qui lui donnait la substance matérielle ; mais Boscovich le peut-il, lui qui ne dispose pas de cette substance divisible pour y colloquer des lieux réels et mobiles à occuper pour ses points matériels inétendus. Ne va-t-il pas forcément rétablir une continuité réelle, et non pas seulement potentielle, comme il la voudrait, de tous les lieux *occupables* pour remplir l'office d'un espace indéfiniment disponible pour les points *occupants* ?

« Ces modes réels et individuels, dit-il (ceux par lesquels les points matériels inétendus occupent des lieux) naissent et périssent (*et oriuntur ac pereunt*), et sont, selon moi, indivisibles, inétendus et immobiles en leur ordre. Ils sont réels, eux et leurs lieux, et les temps des points auxquels ils appartiennent. Ils fournissent le fondement de la réelle relation de distance de deux points, ou temporelle de deux événements. Et que ces deux points de matière aient cette distance déterminée, ce n'est pas en soi, autre chose que ceci : qu'ils ont ces modes d'exister déterminés, dont ils changent nécessairement quand ils changent de distance. Ces modes de l'ordre du lieu, je les appelle des *points de lieu réels* ; et, ceux de l'ordre du temps, *des moments, séparés et sans parties* : les premiers dénués d'extension, les seconds de durée, les uns et les autres, de divisibilité.

« Les points de matière ne peuvent être contigus, ou bien c'est qu'ils coïncident ; s'ils ne coïncident pas, ils ont entre eux une distance... ». À ces notions, strictement géométriques, Boscovich ajoute celle qui établit la continuité, en un sens également correct, c'est-à-dire par une définition de possibilités, qui ne sauraient impliquer contradiction : et il continue d'exposer sa pensée comme s'il ne s'agissait jamais que d'une continuité imaginaire et non d'une infinité actuelle de parties données pour la constituer réellement : « Lorsque deux points de matière existent à quelque distance l'un de l'autre, il peut toujours se placer, sur la ligne qui les joint, un autre point au delà, à pareille distance ; et un autre de même, plus loin, et ainsi de suite sans fin. Entre eux peut se placer aussi un point qui coupe cette droite en deux parties égales, et puis, dans les intervalles ainsi créés, de nouveaux points, en pareille position,... et ainsi de suite sans fin. Quelque grand ou quelque petit que soit un tel intervalle de deux points, il pourra s'en établir, dans le premier cas, un plus grand, un plus petit, dans le second... La divisibilité réelle se prolonge sans fin, mais toujours le nombre des intervalles réels et le nombre des points réels demeurera fini tandis que le nombre des parties possibles n'aura pas de fin... Quand nous concevons ainsi les points de lieu possibles, nous avons l'infinité et la continuité de l'espace, avec la divisibilité à l'infini. Pour les choses existantes, il y a toujours une limite certaine ; pour les points, un nombre déterminé ; pour les intervalles, de même. Pour les possibles, il n'y a pas de fin. La connaissance abstraite des possibles, excluant toute limite par l'argument possible de l'intervalle diminué sans cesse, et toujours existant, constitue l'infinité de la ligne imaginaire, et la continuité qui n'a pas ses parties en acte, mais possibles seulement. Mais comme cette possibilité est éternelle et nécessaire, car, de toute éternité et nécessairement, il fut vrai que ces points et ces modes pouvaient exister, un tel espace imaginaire, continu, infini fut en même temps éternel et nécessaire ; mais il n'est pas quelque chose d'existant, il est seulement quelque chose de pouvant exister (*aliquid tantummodo potens existere*) objet pour nous d'un concept indéfini : l'immobilité de l'espace lui-même résultera de l'immobilité des différents points (*a singulorum punctorum immobilitate orietur*). »

Cette dernière phrase est incompréhensible, car elle se rapporte apparemment à la notion générale de l'espace, et l'espace, en ce sens, étant essentiellement le lieu des mouvements, on ne saurait imaginer comment ce composé indéfini des « modes réels d'exister par lesquels les points sont où ils sont », — c'est sa définition, — existe sous ces points mobiles comme quelque chose d'immobile. Quand c'est la possibilité de ces modes, possibilité que Boscovich appelle, nous l'avons vu, espace *imaginaire*, et non point leur réalité qu'on a cru considérer, l'immobilité de cette possibilité ne dit rien à l'imagination, à moins que, laissant là la théorie des *points de force*, on ne se confie à l'intuition, pour laquelle les *points de lieu* sont tous en pareille condition et immobiles. Mais alors on rentre dans le commun concept. Les explications que donne Boscovich sur l'infinité des lieux d'une même distance que deux points réels de matière, observant entre eux cette distance, peuvent occuper dans l' « espace vide ou imaginaire », et sur l'infinité des intervalles de « temps vide ou imaginaire », pendant lesquels cette occupation est possible, sont compliquées et difficiles à suivre ; il suffit de les citer comme de curieux exemples des singularités auxquelles conduit l'abandon du double point de vue philosophique sur la nature de l'espace : ordre et position, relativité de la grandeur géométrique (Leibniz) ; intuition spatiale, fondement de la représentation objective (Kant)[1].

CHAPITRE XXXVIII
LA THÉORIE DE LA CONTINUITÉ DE BOSCOVICH

Après avoir constaté en quels termes d'une netteté parfaite Boscovich expose la théorie de l'infini potentiel, on ne s'attendrait pas à trouver chez lui celle du continu actuel ; il en est ainsi pourtant, elle lui est imposée, comme nous l'avons dit, par la continuité que la fonction géométrique des distances, entraînant celle des forces, exige du mathématicien qui applique la loi des attractions et des répulsions : « La loi de continuité consiste en ce qu'une quantité quelconque, passant d'une grandeur à une autre, traverse toutes les grandeurs de la même nature... ce qui se doit comprendre de telle manière qu'à différents moments répondent différents états, avec des accroissements ou des décroissements opérés en des petits temps continuement diminués (*non nisi continuis tempusculis*)... Il n'y a pas, dans le temps, un moment assez voisin d'un moment précédent pour être le premier qui le suive ; ou ils sont un seul et même moment, ou bien il s'interpose entre eux un petit temps continu (*tempusculum continuum*) divisible à l'infini en d'autres moments intermédiaires ; et de même, il

1. Boscovich, *Philosophiæ naturalis theoria*, p. 306 sq.

n'est pas d'état de la quantité continûment variable assez rapproché d'un état précédent pour être le premier après lui, en conséquence de quelque fait momentané qui arrive; mais la différence entre deux tels états tient à un petit temps continu intermédiaire, et, la loi de la variation étant donnée, ou la nature de la ligne qui l'exprime, et si petite que soit la modification quelconque survenue, il doit se trouver un petit temps continu pendant lequel cette modification s'est opérée ».

Boscovich présente donc ici comme réellement effectuée dans le mouvement, par les forces de la nature, l'interposition sans fin de ces mêmes éléments du continu que, dans le passage cité ci-dessus, il déclarait avec insistance n'être que des possibles; il admet, pour l'étendue et le temps, et pour les phénomènes qui s'y produisent, cette infinité actuelle qu'il a reprochée à la doctrine de Leibniz, et qu'il a jugée suffisamment réfutée par les arguments de Zénon. On peut prouver, en effet, en appliquant l'*Achille* à sa propre théorie, que nulle évolution naturelle ne pourrait se terminer, ni le temps atteindre jamais à une grandeur donnée, à cause du nombre infini des intermédiaires à traverser entre deux états déterminés d'une chose qui change, et entre les deux moments auxquels ils correspondent[1].

Si Boscovich n'arrivait pas, comme fit plus tard Kant, parti comme lui des monades-forces disséminées dans l'espace idéal, à remplir l'espace de ces points, amenés à la continuité, ainsi que leurs actions; s'il ne supprimait pas l'inexplicable *vide*, en remontant, grâce à cette vue toute géométrique, à la matière infiniment divisible du *plein* de Descartes; s'il ne peuplait pas comme Leibniz, la moindre étendue finie d'une infinité de monades, il ne laissait pas d'y placer, par sa doctrine de la continuité, une infinité de degrés de force attractive ou répulsive, en correspondance

---

1. Boscovich, *Philosophiæ naturalis theoria*, p. 14-16.

avec l'infinité de variations possibles des distances, c'est-à-dire des variables de l'espace et du temps, et c'était y placer une infinité de phénomènes, non pas possibles seulement mais réels ; et autant il eût valu multiplier les sujets que les actions dont ils sont les sièges. Cela ne change rien au déterminisme de la loi des forces.

C'est peut-être ici le lieu de placer une observation sur cette question du *vide*, qui, très effacée aujourd'hui dans les doctrines régnantes, a été si disputée tout le long de l'histoire de la philosophie. Elle n'a été un sérieux embarras pour les philosophes qu'à raison de ce que, considérant le vide comme une sorte d'existence, opposée pour la pensée à l'existence du plein, ils ne pouvaient se rendre compte, en tant que distincte, de la propriété qu'il a de *contenir un contenu, le corps, qui déjà par lui-même apporte ce qu'est le contenant!* Cette difficulté bizarre, mise en évidence si particulièrement dans la physique de Descartes, où l'on peut la croire au fond résolue, mais trop peu clairement, par la considération de l'espace comme une simple idée générale, ne se lève complètement qu'en considérant l'étendue, — qu'elle soit inhérente aux corps, ou imaginée hors des corps, — sous son point de vue intelligible ; c'est-à-dire comme une relation. C'est un rapport de quantité entre des choses coexistantes, rapport qui croît ou décroît indéfiniment de grandeur, et dont la perception est accompagnée de l'intuition spéciale de l'ordre et de la position relative des objets comparés. Le caractère de cette intuition est de comporter entre les représentations données de deux objets la représentation objective de la possibilité d'en percevoir un troisième qui entrerait en relations déterminées avec les précédents. L'image en quelque sorte abstraite du lieu de cette possibilité est ce qu'on appelle le lieu ou l'intervalle *vide*, c'est la distance, sans intermédiaires, et quand on en généralise l'intuition par son extension indéfinie en toutes directions, c'est l'espace indéfini. Cela posé, la question du vide se présente en des termes positifs; car l'idée du vide apparaît simplement comme *l'idée du rien d'existence*; son nom n'est pas le nom de quelque chose. Le dilemme se pose ainsi :

Devons-nous, dans l'espace représentatif idéal, concevoir tout lieu imaginé possible, — concevoir tout point, pour descendre au minimum, — comme le siège réel, qu'il nous soit ou non percevable, d'une force distincte, d'un phénomène distinct; — ou bien la dissémination des forces, et le fait d'extériorité réciproque et de distance locale des agents règnent-ils dans les profondeurs de la nature ainsi qu'ils se manifestent là où les lois de la conscience éclatent? Sont-ils la loi universelle des êtres dans le monde[1]? La question est donc celle de l'infini et non autre. Si on la résout en rejetant la possibilité de l'infini actuel, l'idée du vide ne trouve plus aucun concept où se prendre, celui de la continuité de l'espace et du temps lui faisant défaut; on doit y substituer la négation de tous termes intermédiaires entre les termes de tels rapports déterminés et donnés, l'affirmation de l'absence d'être et d'action dans certains intervalles qui sont pour l'entendement les cadres vides des possibles.

Boscovich n'a pas été sans se rendre compte de l'espèce de

1. Il est remarquable que l'imagination de la continuité, inhérente à la représentation géométrique (divisibilité indéfinie de l'étendue linéaire), et qui se transporte si aisément de l'étendue au temps, à la faveur de la mesure que l'espace prête au temps, nous permette le concept de la continuité et de l'infinité des moments du temps à venir et des moments du temps passé, mais que nous ne trouvions pas la même facilité à placer ce concept entre deux moments de notre conscience discursive. Nous éprouvons, au contraire, une résistance invincible de notre pensée à la supposition que des évènements successifs *sans nombre* puissent trouver place dans l'intervalle qui sépare deux de nos perceptions. Cependant le raisonnement *in abstracto* serait le même pour démontrer que ces deux moments ne sauraient être contigus sans se confondre; que s'ils diffèrent, c'est donc qu'il s'en écoulé une infinité de l'un à l'autre, c'est-à-dire tout autant qu'il y en eut dans le temps passé, et qu'il y en aura dans le temps à venir ! Boscovich présente de cette manière sa loi des possibles dans le « temps vide, ou imaginaire » (p. 307) sans remarquer aucune différence entre les trois cas, dont l'un, celui de la conscience est le témoin de la discontinuité.

contradiction introduite dans sa théorie par la reconnaissance de « l'impossibilité de l'existence simultanée d'un nombre absolument infini des *points de lieu réels* » d'un côté, et, d'un autre côté, par l'adoption du principe de la continuité mathématique, « en vertu duquel, tous les points d'une ligne donnée peuvent être occupés les uns après les autres par des points de lieu réels, à savoir dans le mouvement continu, et tous les moments du temps continu peuvent se rapporter à la durée d'une chose quelconque. » Il se pose, à cet endroit, la question : et « on peut, dit-il, mettre en doute, si tous ces points de lieu peuvent exister à la fois : je n'oserais en décider (*definire non ausim*) ». Mais ce qui le confirme en son opinion sur la nature et la continuité de l'espace, c'est qu'elle évite les principales difficultés des autres doctrines, et résout tous les problèmes physiques, de la manière la plus satisfaisante.

Boscovich fait au système de la continuité réelle une autre objection très profonde, sans en apercevoir la portée : il démontre, en effet, que les véritables grandeurs, les distances, les mouvements absolus nous échappent; que le monde resterait le même pour nos perceptions si les dimensions des choses étaient changées, établies sur une autre échelle, ainsi que les forces; que nous ne pouvons nous assurer d'aucune unité de mesure dans le temps, ni même dans l'espace, et qu'enfin nous ne connaissons que des relations. Mais au lieu de conclure de cette constatation le principe de la relativité de la connaissance, principe qu'elle fait ressortir en montrant la chimère de la poursuite des derniers éléments de la quantité extensive ou successive, Boscovich se contente de remarquer que notre entendement ne va pas au fond des choses; et il suppose par là que cette matière vide a *un fond*, que logiquement elle ne saurait avoir; car la continuité est, comme l'infini : le sans fond;

1. Boscovich. *Philosophiæ naturalis*, etc., pp. 314, 317 sq., 286 sq.

CHAPITRE XXXIX
LES THÈSES THÉOLOGIQUES CHEZ BOSCOVICH

Le point de vue de Boscovich est contraire à la continuité, dans l'appendice de son ouvrage, où il fait une incursion sur le champ théologique. Là, la doctrine de la création lui dicte la thèse nettement finitiste, et, en vertu de l'impossibilité (*qu'il a démontrée*) de l'existence de l'infini déterminé en soi, dans l'ordre de la grandeur comme de la petitesse, il réfute l'opinion de l'éternité du monde. Il pose l'œuvre du Créateur comme une constitution divine de tous les éléments des choses en des nombres déterminés, et il fait une importante remarque : c'est que le concept de l'éternité future n'est nullement atteint par la contradiction à laquelle est condamnée l'hypothèse d'une éternité écoulée : la raison très simple en est que le prolongement sans fin des phénomènes ne peut jamais aboutir à l'infinité numérique réalisée, jamais cesser de constituer des nombres déterminés[1].

La doctrine de Boscovich nous paraît, malgré tout, si on la considère dans le système physique, qui en est la seule partie originale, une sorte d'hérésie du leibnitianisme, qui apporterait un amendement considérable, et dans une heureuse direction, à l'infinitisme des monades leibnitiennes, si ce n'était que le physicien renonce au caractère essentiel de la monade, pour en réduire la définition à des propriétés mécaniques. Il ne laisse pas de conserver la loi mathématique de la continuité, incompatible avec la réelle individualité des forces, et il garde ainsi le fondement physique du déterminisme, quoiqu'il n'en accepte pas la conséquence. Il refuse enfin de compléter la loi universelle qui

---

1. Boscovich, *Philosophiæ naturalis theoria*, p. 288.

détermine en fonction les unes des autres les forces des monades, par l'hypothèse d'une harmonie préétablie, analogue à celle de Leibniz, unique moyen de faire concorder le mécanisme de ces forces avec les déterminations des esprits.

Le motif que Boscovich fait valoir pour refuser le caractère mental à ses monades, dont les qualités uniques sont l'attraction et la répulsion, et se réduisent à rien, pour ce qui serait de définir la nature de ces êtres élémentaires; car il nous a avertis qu'elles n'ont pour lui que la signification des faits mécaniques d'approche ou d'éloignement de ces points selon leurs distances. Le motif d'une vue si abstraite, quoique procédant de la distinction absolue (cartésienne) de l'esprit et de la matière, se tire d'une idée de la matière toute différente de celle de Descartes, mais propre à fournir à la doctrine des distances le sujet mathématique dont elle a besoin. Boscovich trouve la propriété favorable à sa théorie dans l'impénétrabilité, non dans l'étendue, la composition et le mouvement, propriétés que d'ailleurs il ne croit point incompatibles avec le sentiment et la perception. L'impénétrabilité absolue, résultat de la répulsion indéfiniment croissante avec le rapprochement des points, ensuite les distances, les degrés des forces, qui en dépendent, étant les faits uniques ajoutés à la donnée des points, l'idée de matière n'a qu'une signification mathématique en son application à la monade; c'est donc une sorte de matérialisme sans matière, et auquel ne se joint pas une doctrine de la vie et de la pensée, en corrélation suffisante avec le mécanisme. Les brèves et vagues explications de Boscovich sur l'âme, ses rapports avec les mondes, son siège, qu'il n'entreprend pas de définir, son commerce avec le corps, ne présentent rien de l'intérêt d'un monadisme qui aurait porté moins exclusivement sur l'aspect mécanique du système du monde[1].

1. Boscovich, *Philosophiæ naturalis theoria*, p. 78 sq., 280 sq.

La définition de la monade de Boscovich, *point local*, comme il la nomme, point d'application de la force, ne la rend pas seulement étrangère à toute perception qu'on supposerait liée à l'action proprement dite, s'il y avait *action*, mais ce serait encore un non-sens de lui attribuer la *spontanéité*, caractère éminent de la monade de Leibniz, même quand il l'envisage au plus bas degré de l'échelle de l'être. La loi universelle de Boscovich est un parfait déterminisme mécanique réalisé par la solidarité des forces, toutes et à tout instant corrélatives, mutuelles et dépendantes de leurs antécédents. Les âmes, ou esprits, et les volontés peuvent bien constituer un monde différent de celui des monades, et dont le philosophe définira les actes comme capables d'introduire des modifications dans les forces, ou monades, et d'en recevoir de ces dernières, en leurs propres modifications ; mais il ne rend pas intelligible cet échange d'influences entre des essences auxquelles leurs définitions ne donnent rien de commun ; il ne le cherchera même pas, ce ne sera que par une évidente contradiction, introduite dans le concept de son mécanisme universel, qu'il en imaginera la loi altérée en des cas particuliers, pour donner l'entrée à des forces d'une autre nature, on ne sait comment produites et comment agissantes, et pour faire que les attractions et les répulsions cessent d'être ce qu'elles sont, là où elles sont, et de causer les mouvements qu'elles doivent causer en vertu de l'institution fondamentale des fonctions de la force et de la distance.

Ce déterminisme est d'ailleurs conforme aux vues de Boscovich, en ce qui touche la séquence nécessaire des événements ; et il en fait remonter le point d'attache au tout-puissant créateur qui, de tous les moments possibles de l'éternité antérieure et postérieure arrêta, dans sa liberté, le moment particulier où il créa la matière, et, entre tous les états infinis possibles de la matière, choisit l'état particulier, détermina les lieux, la courbe des forces, les distances des points locaux, les directions et les vitesses des mouvements, tels qu'ils devaient exister. L'impossibilité de l'éternité du mouvement et de la matière, dit Boscovich, ressort plus fortement que de toute autre théorie, de la mienne, qui fait dépendre tous les phénomènes *de la courbe des forces et de la force d'inertie*.

« La matière, en effet, quoique posée avec son essentielle et nécessaire force d'inertie, en regard de la loi des forces actives, doit cependant être déterminée à son état, à un moment donné, par son état au moment immédiatement précédent... Mais l'état précédent ne peut déterminer le suivant qu'autant qu'il a été déterminé lui-même à l'existence par un précédent... Poursuivant à l'infini la série des déterminations successives, qui toutes ont été en elles-mêmes dénuées de la détermination à l'existence, nous trouvons que la série entière ne peut non plus la tenir d'elle-même, par la raison qu'une somme infinie de termes dont chacun est égal à zéro est elle-même égale à zéro. Elle ne peut la recevoir que d'un être posé hors d'elle ». L'être extérieur à la série, et qui a déterminé celle-là entre une infinité d'autres séries possibles, ordonnées ou inordonnées, a dû posséder la puissance de détermination infinie, la puissance élective, la connaissance et la sagesse, au défaut desquels tout état qui a pu se produire à un moment quelconque, encore plus toute série de ces états, dans la suite des temps, devrait être jugée avoir été infiniment improbable [1].

Ne retenons, de cette intéressante forme amendée du vieil argument *a contingentia mundi*, que la proposition de l'enchaînement absolu de tout état de la matière à l'état qui le précède immédiatement : cette proposition exclut la supposition qu'il puisse appartenir à un agent différent de ceux qui sont pourvus de la *force d'inertie* de produire la moindre

[1]. Boscovich, *Philosophiæ naturalis theoria*, p. 290.

modification dans les déterminations de ces derniers. Il faudrait que cet agent, inerte d'une autre manière, reçut de quelque action extérieure une modification de *sa liberté* qui en mit la détermination exactement d'accord avec celle de l'état de la matière au même moment ; car, s'il agit librement, l'enchaînement des effets réglés par la loi des forces pourra être troublé.

Boscovich reconnaît « trois genres de lois dans ce commerce de l'âme et du corps que nous appelons leur union ». L'un, dit-il, est relatif à la position et au mouvement local de l'âme dans le corps, où quand elle se retire du corps ; et celui-là se rapproche de la loi qui gouverne les points de la matière, encore qu'il y ait des différences ; mais les deux autres en diffèrent totalement ; « l'une est une loi de connexion nécessaire, l'autre de connexion libre. »

Ces deux autres connexions sont les actions du corps sur l'âme et de l'âme sur le corps. Il ne sert de rien à Boscovich, pour les expliquer, d'attribuer la locomotion à l'âme, ce qui les assimile, sous un rapport, aux points locaux ; elles lui sont plus incompréhensibles encore qu'elles pouvaient l'être aux cartésiens. Au moins son affirmation est-elle claire et nette, pour déclarer qu'il n'y a pas réciprocité pure et simple d'action nécessaire, mais qu'il existe un libre arbitre.

« Toute notre liberté consiste sans doute dans l'excitation des actes de la volonté et, par leur moyen, des idées de l'entendement, grâce auxquelles, une fois excitées par le libre mouvement *animique* intérieur (*libero animastico motu intrinseco excitatis*), et, en vertu de cette espèce de loi, certains mouvements locaux doivent aussitôt naître dans cette partie de notre corps qui est l'instrument premier des mouvements libres. Mais il n'y a de mouvements locaux d'aucune partie de notre corps, il n'y a point d'idées de notre entendement, qui déterminent l'esprit, par une loi certaine, à un acte libre de la volonté plutôt qu'à un autre, quoiqu'il se puisse que, par une loi certaine, ils l'inclinent et lui rendent certains actes plus faciles que d'autres, tandis que le très libre pouvoir demeure toujours dans l'esprit, dans cette faculté même qu'il a, que nous appelons volonté, de choisir cela même qui est contre son inclination, et de faire que, par l'effet de sa pure détermination, la prépondérance appartienne à cela qui, indépendamment d'elle, a le moins de force »[1].

Ce ne serait pas ici le lieu de remarquer l'extrême dureté de cette définition de la pure *liberté d'indifférence*, si ce n'était pour constater la rupture qui en résulte de tout rapport entre cette étonnante faculté et le déterminisme absolu du mécanisme de la nature. Au vide établi entre les deux *espèces de lois* qui règnent sur le commerce de l'âme et du corps, quand on considère la faculté de vouloir, il s'en ajoute un autre dans la partie des *connexions nécessaires*; car Boscovich confesse une entière ignorance de ce qui touche les « rapports nécessaires, multiples et variés, entre les mouvements locaux du corps et les idées de l'entendement, d'un côté, et certaines affections indélibérées de l'esprit, de l'autre, et la possibilité, s'il y en a une, de les ramener à l'unité d'une loi ». Les règnes de la nature et de l'esprit apparaissent donc à Boscovich comme absolument séparés, ce qui se conçoit bien quand on réfléchit au caractère purement mathématique de sa loi universelle des forces. Et il n'y a pas séparation d'essence seulement, mais encore on ne saurait concevoir l'union, qui s'opère de fait, selon Boscovich, puisqu'il admet que, en conséquence de déterminations absolument libres de la volonté : *des mouvements locaux naissent dans une partie de notre corps qui est l'instrument des mouvements libres*; et c'est ce qui ne se peut faire sans que les effets naturels de la loi des attractions et des répulsions des points soient altérés, c'est-à-dire sans que cette loi soit violée. Et cependant Bos-

[1]. Boscovich, *Philosophiæ naturalis theoria*, p. 283.

covich rejette la doctrine de l'*harmonie préétablie*, loi de concordance qui serait instituée divinement par le Créateur entre les mouvements des points et les déterminations des esprits[1]. Il est très probablement empêché d'embrasser la grande hypothèse de Leibniz, parce que ses monades ne sont que *des points*, dénués de tout mouvement spontané, inassimilables aux monades leibnitiennes dont les déterminations internes en rapport avec les mouvements sont toutes placées en cela sous la même condition, spirituelles qu'elles puissent être, ou simples éléments du corps, et se conçoivent mieux dès lors comme éternellement réglées en fonction les unes des autres.

La ressource de l'harmonie préétablie étant donc refusée au système de Boscovich, on n'imaginerait plus aucun moyen que ce philosophe aurait eu de se satisfaire au fond sur cette question, si l'on n'avait recours à la théologie. Mais il savait sa théologie, et les traditions de l'École lui en fournissaient deux principaux, dont il a pu se croire dispensé de mêler à son sujet les difficultés. Le premier moyen, et le plus simple, consiste à affirmer à la fois la liberté d'indifférence et l'universel déterminisme des actes, en tant que décrets de la Providence, et à déclarer que ces deux vérités s'accordent, encore bien qu'on ne voie pas comment elles peuvent s'accorder (euphémisme), pour ne pas dire : *encore qu'on voie qu'elles ne peuvent s'accorder*). Le second moyen, et le plus profond, se trouve dans ce que nous avons nommé ailleurs le panthéisme théologique : doctrine suivant laquelle l'Être éternel donne l'être actuel à tout ce qu'il y a de réel en nos pensées, nos sentiments

---

1. Boscovich n'admettait pas non plus l'optimisme de Leibniz. Il y opposait une raison curieuse : l'impossibilité d'un maximum de perfection du monde, ainsi que d'un minimum, d'ailleurs. Quel monde que Dieu eût créé, un meilleur monde aurait toujours été possible, *Dieu n'a pas pu créer à la fois tout ce qu'il aurait pu créer*. Il a créé dans sa liberté. Toute perfection imaginable était infiniment loin de se pouvoir imposer par son mérite au créateur. Ce dernier trait nous gâte les précédents et part d'un autre esprit, visiblement.

et nos actes, lesquels sont nécessairement d'accord, pour cette raison, avec les lois et les mouvements de la matière dont ce créateur du monde est aussi l'auteur. Comme jésuite, Boscovich ne pouvait que rejeter cette dernière doctrine, répudiée par sa Compagnie. L'autre, ou quelqu'un de ses équivalents, lui restaient disponibles.

CHAPITRE XL

DU SUJET ABSTRAIT DE LA PHYSIQUE

Le mérite de Boscovich comme physicien spéculatif ne fait en quelque sorte qu'un avec ses défauts comme philosophe. C'est en écartant de l'idée de la force, l'idée, le caractère de la force mentale, en dépit de leur unité profonde, que, en même temps qu'il s'est fermé le chemin et l'intelligence du monadisme idéaliste, il a le premier formulé le concept de la force au point de vue le plus rigoureusement scientifique, c'est-à-dire aussi abstrait que possible, géométrique et mécanique. Et c'est à cela que tient sa juste renommée, c'est pour cela que sa *conception* a toujours été remarquée, approuvée de plusieurs, sans que *son système* ait passé un seul instant pour viable. On a le sentiment que la physique et la chimie doivent trouver, au dernier fondement de leurs théories, des lois mécaniques, quoiqu'on se sache encore bien éloigné de les pénétrer dans ce qui constituerait leur parfaite unité, mais on se rend de mieux en mieux compte de ce qu'implique l'abandon, désormais accompli en physique, de la *recherche des causes*. Aux causes, il faut ajouter ici les *qualités*, ou *essences*, qui jouaient aussi le rôle de causes dans l'ancienne physique.

La science, qui substitue à l'étude des causes, celle des

conditions des phénomènes et de leurs lois de coexistence et de succession, et qui renonce à rien envisager, dans les qualités sensibles, de ce qui dépasse l'observation et la description des modes objectifs implique, par opposition avec son domaine ainsi constitué, l'existence d'un domaine impossible à écarter, qui est celui de la psychologie pure et de la métaphysique. La science positive n'a nullement à nous dire *ce qu'est la force*, mais seulement ce que les forces produisent dans l'espace et dans le temps. Ce que les forces produisent, c'est le mouvement, auquel tout ce qu'il y a d'effets au monde est subordonné, et les sujets du mouvement sont les êtres sensibles dont la science étudie les qualités, les relations et les modifications en fonction les unes des autres, et toutes dépendantes des lois qui régissent la répartition du mouvement entre eux, ses directions et ses vitesses, suivant qu'il se compose et se décompose. Mais la nature intime de ces êtres, sujets du mouvement, ne peut être révélée par le mouvement, parce qu'elle ne saurait se définir par des propriétés d'étendue divisible et de figure ; elle ne comporte pas l'application de la quantité dans l'espace et de sa mesure, mais celle du nombre seulement, quoique indéterminable, grâce à notre concept des unités individuelles qu'embrassent les corps, les *masses*, et auxquelles appartient l'existence numérique discontinue.

La loi de continuité étant imposée à l'étude des êtres dans l'étendue et dans le temps à raison des modes possibles indéfinis de leurs déterminations, sous ces deux catégories, et, d'un autre côté, la limitation, la définition formelle des sujets des phénomènes du mouvement étant indispensables pour constituer une matière d'application de ses lois générales à étudier, il faut, là même, où la méthode infinitésimale est imposée par les problèmes, définir en dernière analyse le sujet proprement et originairement mû, et le lieu d'application de la force qui imprime le mouvement (c'est-à-dire la condition nécessaire, suffisante et immédiate du changement de lieu à son premier moment). Or il est impossible que le physicien définisse ce sujet dans les limites de la science, car il faut, pour le définir, entrer dans les questions de la monade, ou de la substance et de la cause. La définition du lieu d'application exigerait elle-même, préalablement, celle du sujet. C'est pourquoi on a recours, en mécanique, au *point matériel*, être abstrait dont on fait le sujet d'une double propriété : celle du *point géométrique*, indivisible, et que, aisément, on imagine mobile, et celle d'un siège de puissance : le pouvoir de communiquer le mouvement à d'autres points semblables, comme de le recevoir d'eux par telle ou telle voie de communication. Pour éviter d'attribuer à ce point la force intrinsèque, ou un mouvement spontané quelconque, on a créé la fiction appelée *force d'inertie*, qui consiste en ce que de lui-même le sujet reste comme il est, mû s'il se meut, et alors sans variation dans sa vitesse; en repos, s'il est en repos, et ne peut-être défini en son état que par relation aux états donnés d'autres points, au moment où on le considère. C'est pour cela que Kant, se représentant certaine chose donnée sous le concept d'une force d'occupation d'un espace, et d'empêchement d'occupation de cet espace par quelque autre chose, définissait la matière : « le *mobile* en tant qu'il *remplit un espace* »; ce qui réduit la *substance matérielle* à toute l'abstraction mécanique voulue; et c'est pour cela que Boscovich, encore plus soucieux d'éviter la substantification de la force, la plaçait dans le point, agent mathématique d'attraction ou de répulsion, et ramenait entièrement cette double *cause* à la fonction des distances des points, qui n'est rien qu'une condition des phénomènes de rapprochement ou d'éloignement.

La chimie, science dont la tâche serait de définir, à la suite des merveilleuses découvertes de l'analyse, après l'œuvre de la synthèse opérant sur des éléments empiriques, les éléments ultimes des compositions les plus profondes d'où naissent les propriétés spécifiques des corps, la chimie ne peut dépasser la connaissance de la molécule, qui ne diffère du corps sensible que par les dimensions, et en représente les qualités distinctives ; elle ne saurait atteindre, par quelque spéculation que ce soit de son domaine, l'*atome*, en attachant à ce mot une signification positive. Quand le chimiste a donné le nom d'atome à un élément qui possède déjà une pesanteur spécifique et des propriétés qui simulent, si ce n'est qu'elles expriment réellement des attractions tout autres que mécaniques entre des êtres de différentes natures, exerçant, comme on dit, des affinités électives, il ne peut pousser plus loin sa recherche sans abandonner la méthode scientifique, ou prendre le parti de remplacer le concept physique de l'être atomique par le concept abstrait de la force. Mais ce mot force désigne lui-même, pour le savant, une propriété, ou a cause d'un groupe de propriétés. Les forces doivent se définir par leurs effets, par des mouvements déterminés, et avoir des points d'application qui sont des points géométriques. C'est donc la réduction de la chimie, comme auparavant de la physique, à la mécanique.

Sous l'aspect de la réalité, qui se trouve ainsi définitivement *opposé* à l'aspect de la science, mais nullement *contraire*, il devient très vraisemblable que les ultimes éléments de composition de ces êtres complexes qui sont les corps ne sont pas eux-mêmes des êtres d'une espèce définie par la quantité et la mesure, et qui se puissent présenter à l'imagination sous l'aspect des sujets de l'étendue de la figure et du mouvement. L'accord des méthodes se fait par la juste détermination de la notion de force, qui passe de l'une à l'autre, en ses applications, mais qui doit se prendre originairement, pour l'interprétation de la nature, dans l'ordre mental, et se rattacher au désir et à la volonté. La science, dont le sujet et les principes, dès le commencement et dans tout le cours de son développement, sont abstraits, se découvre à la fin comme devant être le système achevé d'une *mécanique rationnelle*. Mais la nature, sujet réel, est le théâtre vivant d'une *psychologie en acte*, ou vie de l'esprit, dont la manifestation la plus haute et les assises inférieures sont également soustraites à toute expérience de notre part. La *mathématique* est la méthode de la science, qui n'avance qu'à mesure des progrès effectués dans l'emploi de cet instrument. La *métaphysique* part de l'étude psychologique des notions générales que fournit la conscience pour la connaissance spéculative au delà de l'expérience actuelle.

CHAPITRE XLI

DE LA GRAVITATION ET DES ACTIONS A DISTANCE

Pour récapituler maintenant les résultats généraux de notre étude sur la *perception externe* et sur la *nature de la force*, deux questions que nous avons trouvées continuellement liées l'une à l'autre, considérons les deux grandes espèces de forces naturelles : l'une qui règne avec la plus grande simplicité, et une universalité dont nous ne voyons pas les bornes, sur les corps répandus dans les espaces qu'atteint notre vision et sur leurs mouvements, et qui semble se retrouver, la même essentiellement, mais en conflit avec des actions antagonistes, aux plus petites distances que nos observations et les plus probables inductions peuvent atteindre ; l'autre qui produit et entretient les conditions de la vie, de la pensée par conséquent, et régit l'ordre des mouvements en rapport avec nos sensations, aux lois desquels, comme instruments, se rattache la possibilité des communications mentales des êtres sensibles.

La gravitation ne s'explique pas en qualité de force mécanique, quelques efforts qui aient été faits, dans l'analyse mathématique, pour en ramener les effets à ceux de la transmission du mouvement au sein d'un milieu à définir par hypothèse. Si l'on parvenait à surmonter les difficultés qui jusqu'ici s'opposent à l'adaptation d'une hypothèse bien appropriée aux effets de cette force constante, universelle, on se croirait plus avancé, au point de vue scientifique, en ce que la force mécanique supposée ne paraîtrait plus être une action à distance ; et il est vrai que la répugnance à admettre ces sortes d'actions existe encore en beaucoup d'esprits de savants [1] ; mais ce ne serait là qu'une illusion : en effet, la force à laquelle on rattacherait ainsi les phénomènes, serait bien du genre que nous imaginons le mieux comprendre, c'est-à-dire une impulsion, un mouvement communiqué par un mouvement ; on se rendrait compte de la nature des effets sensibles de la gravitation, effets causés par d'autres effets, insensibles ceux-ci, et produits dans un milieu insensible, universellement ambiant et pénétrant tous les corps. Ce milieu, où résiderait la cause, doit lui-même être défini comme ne possédant les mouvements internes, vibratoires, par exemple, des molécules qui le constituent, que grâce à des actions exercées au contact, en principe, d'après l'hypothèse. Mais ces actions supposent, comme condition préalable, la donnée des distances qui doivent être franchies pour amener le contact, le choc et l'impulsion ; elles impliquent

---

[1]. Voy. ci-dessus (chap. XXIX) une note sur l'opinion de M. H. Faye, appelant l'action à distance une *omni-présence*, qui serait « en quelque sorte une contradiction dans les termes ». De quelle *sorte* est cette contradiction qui n'est qu'*en quelque sorte* dans les termes ? La logique ne la connaît pas ; ce ne peut être qu'une pétition de principe qui vise à confondre l'action avec le contact.

donc l'existence d'une cause des mouvements qui portent ainsi les molécules à la rencontre les unes des autres. Quelle est cette cause, cette force ? L'expliquer par des chocs antérieurs, c'est reculer sans fin l'origine. Il faut qu'il y ait des actions avant le contact et pour que vienne le contact, s'il est possible, entre des corps supposés primitivement distants.

L'objection physique la plus forte à l'existence d'un corps intermédiaire, opérant la transmission universelle des mouvements qui produisent sur toute matière observable les effets de la pesanteur, est celle qu'Arago notamment a fait valoir, et à laquelle il ne semble pas qu'on ait opposé des hypothèses à fondement bien spécieux. Elle consiste en cette remarque : que, si la gravitation est une action transmise par un fluide, sa transmission est un phénomène progressif, et qui se propage en des temps déterminés. En ce cas, comme dans le cas de la lumière, dont la vitesse, encore que très grande, est parfaitement mesurable, la vitesse du mouvement du fluide, agent de l'attraction apparente, devrait se composer avec celle des mouvements planétaires, et son existence se constater par un déplacement de la direction de la pesanteur vers le soleil, de même que la position apparente du soleil est déplacée, dans la direction du mouvement de la terre dans son orbite, par l'effet de l'*aberration de la lumière*. Or toutes les observations possibles nous montrent la pesanteur comme un phénomène absolument différent de ceux d'un rayonnement ; elle répond à une action rigoureusement rectiligne, sans admettre aucune influence de ce qui s'interpose entre les corps quelconques situés à toutes distances dont il constitue une relation à laquelle nulle autre n'est semblable ou comparable.

Mais l'objection pour nous la plus décisive est celle qui ressort du point de vue logique et métaphysique. La distance est une relation. L'absence de distance est une idée négative, une idée qui ne pose aucun rapport définissable, mais qui nie seulement l'un des termes d'un rapport institué dans l'entendement, et représenté dans nos perceptions, pour régler notre connaissance des objets. De même que la notion du point géométrique n'admet pas deux points contigus qui ne soient un même point[1], de même l'idée du point matériel (à laquelle il faut recourir pour fonder celle du contact matériel, et qui est même la seule image que nous nous formions d'un tel contact par la juxtaposition de deux de ces points d'un minimum d'étendue sensible) ne nous facilite en aucune manière l'intelligence de ce que c'est qu'une action : elle ne nous donne point la raison pour laquelle les points n'agiraient pas les uns sur les autres à la distance d'un millionième de millimètre aussi bien qu'au contact idéal parfait. Or, un millionième de millimètre est, tout comme un million de kilomètres, une distance, une relation dans l'espace.

Un penseur à qui on faisait valoir ce philosophème : qu'*un corps ne saurait agir que là où il est*, répliquait : *mais où est-il?* et ceci n'est pas un simple trait d'esprit; car il est impossible de désigner le *lieu* d'une *action*, on ne connaît que le lieu de l'effet. Le savant et profond écrivain scientifique auquel nous empruntons cette citation observe qu'on ferait aussi bien de dire : *un corps est où il agit*. Et en effet, la force et l'action ne se localisent qu'en tant qu'on les considère scientifiquement dans leurs effets, ou dans leurs conditions d'existence, mais, comme l'esprit, en elles-mêmes, on ne peut les attacher à des lieux, on ne peut dire qu'elles occupent, remplissent ou bornent des étendues.

« L'action à distance, écrit le même auteur, demeure un fait ultime, inexplicable par les principes du choc et de la pression des corps en contact immédiat. Et ce fait (le fait

---

1. Remarquons à ce propos que le *contact* géométrique signifie une identité aussi : l'identité de deux éléments linéaires ou superficiels; au lieu de celle de deux points.

de la gravitation) est le fondement de la construction théorique la plus magnifique que la science ait jamais érigée, — fondement qui s'enfonce plus avant avec chaque nouvelle conquête de la vision télescopique, et s'élargit avec chaque progrès de l'analyse mathématique[1] ».

On a vu que la transmission des phénomènes mécaniques en rapport avec les effets de la lumière et de la chaleur sensibles, à travers les espaces célestes, par les ondulations d'un éther universel interposé, est toujours une hypothèse, malgré les grands et nombreux travaux mathématiques dont sa vérification a été et reste l'objet. Mais qu'on l'admette ou non, que l'on suppose un milieu parfaitement élastique, ou, comme on l'a essayé aussi, composé d'une immense multitude de corps infinitésimaux qui se choquent, pour propager le mouvement, il faut toujours, à moins de revenir à l'idée cartésienne de la parfaite continuité, reconnaître des distances entre les éléments qui se communiquent l'impulsion ; il en faut pour le jeu de l'élasticité dans le corps élastique, et pour les intervalles vides qu'impliquent les chocs. La continuité, qu'on pourrait appeler une suite infinie de contacts, supprimerait la transmission elle-même, outre que, dans l'ordre physique des existences actuellement données, elle implique contradiction. Tout cela bien considéré, le physicien et le mathématicien peuvent, du point de vue strictement scientifique, envisager, dans le calcul, la distance zéro, ou de contact, qui, dans l'ordre naturel, est la distance insensible. Ils n'ont à s'occuper que des effets et de la liaison des effets ; la force est la définition nominale de cette liaison ; on en pose l'action entre des molécules oscillantes ; la méthode est irréprochable ; il y aurait seulement à convertir les hypothèses en phénomènes vérifiés ; mais, pour le philosophe qui attache au mot *force* un sens positif[2], il reste la

1. J.-B. Stallo. *La matière et la physique moderne*, p. 44, (Paris, F. Alcan).
2. Attacher à ce mot un sens positif, c'est bien ce que souvent croit

tâche de trouver le siège et la nature de la force ; or il est clair que, dans un ordre de transmissions successives comme ceux dont nous nous occupons, elle ne peut être imaginée que s'exerçant à distance ; car elle doit avoir son siège dans les éléments. Son idée est liée à celle de ces centres originaux d'action et de réaction, non à leurs trajets des uns vers les autres, et, comme elle est sans étendue par son concept propre, elle ne saurait se localiser qu'en des points mathématiques. Il faut donc que les éléments des corps agissent et réagissent à distance, et cela à leur intérieur, comme entre eux extérieurement. Mais c'est dire que de telles forces sont de nature mentale, et qu'elles lient la cause et l'effet par un rapport non mécanique qui fait partie de l'ordre général de la nature. Autrement il faudrait les définir comme Boscovich[1], faire de la mathématique pure et abandonner l'idée réelle de force.

La conclusion qui porte ici sur les vibrations calorifiques et lumineuses est applicable à la propriété de la gravitation, soit que l'action dont elle dépend se trouve répartie entre tous les corps, et s'exerce, directement attractive, à toutes distances, soit qu'elle s'exerce sur eux par l'entremise d'un agent répulsif universel, hypothèse que nous examinions tout à l'heure. Une loi d'action à distance est la même loi, et ne présente ni plus ni moins de difficultés à se faire admettre pour de grandes que pour de petites distances. Le principe de relativité dissipe tout doute à cet égard, attendu qu'en imaginant un changement d'échelle des grandeurs pour tous les phénomènes représentés dans l'espace, on peut concevoir une soudaine élévation proportionnelle des petits intervalles des molécules, des moindres

---

faire le physicien en l'appliquant à des rapports de phénomènes où n'entrent que des liaisons mécaniques. Le mouvement, dit-il, est produit *par la force* : la force du *choc, la force de la pesanteur*, etc. Il ne pense, au fond, qu'au mouvement lui-même et à ses rapports. Ou bien c'est qu'il réalise l'idée de force en lui donnant le sens indéterminé de cause du phénomène dont il s'agit.

1. Voir ci-dessus, p. 442.

distances actuellement insensibles des corps à des grandeurs quelconques, avec l'agrandissement pareil de notre unité de mesure pour tout ce que nous sommes aptes à percevoir, et ce concept, supposé réalisé, n'apporterait aucun changement dans nos perceptions habituelles, *ni, par conséquent, dans nos imaginations.* Or, toute la difficulté qu'on peut trouver à admettre l'action de la force à distance est certainement une affaire d'imagination, d'une part, d'habitude d'observer les contacts apparents, de l'autre.

CHAPITRE XLII

DES FORCES NATURELLES ET DES ÉTATS DES CORPS

Examinons les actions à très petites distances, en écartant d'après les considérations précédentes l'idée rigoureuse du contact. Les unes ont toujours pu être assimilées par la nature de leurs effets à la gravitation ; ce sont la cohésion, les modes d'adhésion divers des molécules physiques, les intimes liaisons des éléments dans les combinaisons chimiques plus ou moins stables, enfin certaines actions électriques ou magnétiques qui, sous l'une des faces des phénomènes de leur dépendance, opèrent le rapprochement des corps, ou de leurs particules. Ce sont donc là des *forces attractives.* Les autres, les *forces répulsives* ne sont ni d'une moindre extension, ni d'une moindre importance dans la nature. Considérées dans leur sphère d'action élémentaire, aux distances infinitésimales, nous devons, en nous rapportant à la partie durable des théories physiques de Boscovich et de Kant, dont nous avons rendu compte, les définir comme de fondamentales propriétés des corps, et leur donner la place autrefois occupée dans la science par la fiction de la matière impénétrable des anciens physiciens, ou par l'imagination du dur absolu et du solide indivisible en soi des atomistes et de divers psychologues. La fonction de ces forces est de maintenir les distances, sans lesquelles la coexistence et les actions mutuelles des forces localisées dans l'espace ne peuvent nous être représentées. Maintenir la distance, c'est conserver l'individualité. Les forces répulsives défendent l'individualité de la molécule, que toutes les sortes d'attractions menacent si elles ne sont limitées.

Mais ceci ne concerne la propriété de la force répulsive que prise à son principe, à l'origine ou au fondement de son action. Il faut la considérer dans l'immense développement qu'elle prend par la constitution essentielle des gaz et, par conséquent, dans l'ordre le plus élémentaire de composition du monde physique. C'est l'état gazeux (l'état des gaz qu'on appelle *parfaits*) qu'il est juste de regarder comme le plus simple de la matière des corps, malgré les étonnantes diversités spécifiques qui distinguent les uns des autres les éléments appelés *simples*, sous cette forme de gaz, sans composition connue, autre que quantitative. La proportionnalité du volume à la pression extérieure subie, et de la dilatation à l'accroissement de température, l'uniformité de chaleur spécifique, à toute température, pour une pression et un poids donnés, la simplicité des rapports numériques des éléments, *en volumes*, dont se forment les composés; ces propriétés si différentes (particulièrement la dernière) des irrégularités et des complications que les liquides et les solides (ceux-ci n'étant pas même aptes à entrer en combinaison, s'ils ne changent d'abord d'état) opposent aux recherches du chimiste, désignent l'état gazeux, comme fondamental, par rapport aux synthèses plus complexes réalisées dans les autres états, et comme relativement premier, au point de vue de l'évolution des forces naturelles dans l'histoire du globe. On a remarqué très justement que l'ordre vrai de la nature est en cela le contraire de celui qu'ont imaginé les atomistes et les psychologues, auteurs des théories du solide radical et de la perception du résistant, dans le jugement qu'ils ont ainsi porté de l'essence positive de la matière des corps[1]. Mais il n'y a vraiment pas lieu d'imputer, comme on l'a fait, à « la métaphysique » et à la méthode *a priori*, qui prend des concepts pour des faits, une erreur si commune, dont la source est visible dans les plus frappantes impressions des sens. Les plus grands métaphysiciens, Descartes, Leibniz, Berkeley ont été les plus éloignés de réaliser le concept de la solidité.

La grande et caractéristique propriété des gaz est la tendance à la diffusion indéfinie, jointe à leur pénétrabilité les uns par les autres, et à la pression qu'ils exercent en tous sens sur les obstacles solides opposés à leur expansion. Une puissance intérieure d'écartement mutuel des molécules, directement contraire aux lois de synthèse par lesquelles se contractent les liaisons locales individuelles, dénote une fonction répulsive des forces élémentaires, au même titre que les liaisons constatent la fonction attractive. Quand l'action de ces lois est écartée, il reste, pour le gaz parfait, l'action générale de la gravitation à subir, à exercer et à transmettre, mais il n'y a plus d'attractions moléculaires à vaincre pour se dilater, plus de travail intérieur à effectuer pour les changements de volume.

L'état solide est intérieurement constitué par des molécules qui oscillent autour de leurs positions d'équilibre, en des sens déterminés, tandis que celles des fluides se meuvent en tous sens. Si un tel mouvement intérieur du corps n'appartient pas à tout composé de parties solides, c'est au moins une fonction essentielle qu'exige l'élasticité, de même que la réclament comme la loi de leur milieu propre les phénomènes calorifiques. Le mouvement vibratoire

---

1. J.-B. Stallo. *La matière et la physique moderne* p. 131 sq.

implique dans le solide, une action moléculaire répulsive, qui s'atténue, s'arrête à une certaine distance et fait de nouveau place à l'attraction, dans une sphère d'action qui domine la grande loi commune de la gravitation, dans ces limites. C'est le mouvement pendulaire que Boscovich a représenté par la partie sinusoïdale de sa courbe de l'*unique loi des forces naturelles*.

L'état liquide est l'état de balance et d'indifférence entre les mouvements attractifs et répulsifs, sans organisation, pour ainsi dire, et sans loi fixe, au sein d'une matière donnée. Toute position déterminée d'équilibre des molécules, telle que celle qui appartient à un solide, et spécialement quand sa construction revêt la forme d'une loi mathématique de cristallisation, est perdue pour les molécules dans l'état liquide ; elles ne présentent plus que des oscillations sans régularité, des mouvements divisés de translation et de rotation, sans séparation complète, mais avec aptitude de la masse à se disjoindre en petits volumes limités, sortes d'intermédiaires entre une des formes de concrétion où tout corps peut être réduit par la perte de la chaleur, et l'état de diffusion où il peut toujours être porté par un développement suffisant des vibrations calorifiques. L'action répulsive intermoléculaire de la chaleur amène progressivement, par une suite de degrés de dilatation de volume, un corps quelconque à une sorte de crise intérieure aboutissant à la rupture de ses liens de cohérence, à l'entière dissolution de ses parties intégrantes sans que les molécules composées perdent leurs liaisons plus intimes. L'état liquide est celui qui présente les conditions sous lesquelles se produisent le plus spontanément, ou sous les moindres actions extérieures, les *réactions* par où se font et se défont les combinaisons chimiques, c'est-à-dire ces passages des uns aux autres des groupements des éléments spécifiques dont résultent de nouvelles propriétés sans cesse, avec d'essentiels phénomènes calorifiques. Les gaz parfaits ne réagissent pas entre eux, sauf excitation externe, et l'état solide ne permet, tant qu'il est conservé, que de faibles changements de propriétés.

Que la matière des corps, quelles que soient les qualités par lesquelles elle se spécifie et se divise entre les corps que nous appelons simples, doive nécessairement se présenter sous l'un des deux états extrêmes que nous venons de définir, suivant qu'elle est soumise à l'action de la chaleur ou à celle du froid, sous certaines pressions, c'est une vérité depuis longtemps admise et désormais passée à l'état de fait vérifié, grâce aux températures dont on dispose dans les laboratoires ; mais il y a plus, et nous pouvons regarder comme probable que les combinaisons des molécules des corps simples ne se peuvent maintenir aux plus hautes températures, et que leur dissociation serait le terme des décompositions dont la science peut atteindre les notions positives.

La question des *monades*, — si ce n'est celle des *atomes*, un mot dont le sens n'est pas encore bien déterminé dans son emploi moderne, — doit être remise à la spéculation métaphysique. Le chaos des molécules des corps simples sous les actions antagonistes de la gravitation et de la chaleur serait ainsi l'état dans lequel la physique et la chimie sont amenées à considérer les corps, quand ils ne sont pas dépouillés des qualités spécifiques, unique fondement des existences définies, mais affranchis des liens, exempts des combinaisons, ou empêchés de les former, desquelles dépendent les conditions nécessaires et les propriétés de la vie. Et il y a de grandes raisons de penser que cet état est celui du soleil. Les éléments y paraissent livrés, en des mouvements d'immense étendue de ses parties, à d'incessantes alternatives de composition et de décomposition. On ne sait comment cet état violent est entretenu. On peut seulement, se fondant sur les théories de la thermodynamique, conjecturer avec vraisemblance qu'il a été produit par des collisions qui ont fait succéder à des forces vives de translation de masses agglomérées, sous l'action de la gravitation, les forces moléculaires vibratoires, agents de l'incandescence. Nous ne remonterions pas plus haut sans nous élever au-dessus des questions physiques. Les auteurs des principales hypothèses cosmogoniques modernes n'ont pu, ne recourant pas ouvertement, comme Descartes, à une disposition volontaire des éléments du monde par le Créateur, éviter d'introduire dans leurs plans des conditions arbitraires.

CHAPITRE XLIII

LA MATIÈRE SELON LES COSMOGONIES PHYSIQUES. — LA THÉORIE CINÉTIQUE DES GAZ

La cosmogonie de Kant, exposée dans son *Histoire générale et théorie du ciel, ou essai sur la constitution et l'origine de l'univers d'après les lois de Newton*, est, comme le dit le titre de l'ouvrage, un traité dans lequel il n'est rien demandé qu'à des notions physiques. Kant pose, sans explication, le fait de la création, puis un état de la nature « qui touchait encore immédiatement à la création et était aussi brut, aussi informe que possible ». Il ajoute, — et c'est là substituer en quelque sorte au principe de la création celui de l'évolution, — que « déjà, dans les propriétés essentielles des éléments qui constituaient le chaos, on peut reconnaître la marque de cette perfection qu'ils tiennent de leur source, puisque leur existence découle de l'idée éternelle de l'Intelligence divine... La matière qui semble purement passive et dépourvue de forme et d'ordonnance possède, dans son état le plus simple, une tendance à se façonner en une organisation parfaite par une évolution naturelle ». Kant, se rattachant aux idées générales de la physique newtonienne sur la matière et les forces, et supposant l'attraction universelle et la division des éléments en une infinité de parties de densité inégale, admet, ce que, sans doute, Newton ne lui aurait pas accordé, que « les éléments possèdent par essence les forces qui peuvent les mettre en mouvement, et sont pour eux-mêmes sources de vie. La matière est, par suite, en effort constant pour se façonner. Les éléments disséminés d'espèce plus dense attirent à eux toute la matière plus légère qui les environne... La conséquence de ce travail sera la formation de diverses masses qui, une fois créées, resteraient éternellement en repos, équilibrées par l'égalité de leurs attractions mutuelles ». L'hypothèse des forces répulsives vient ici s'ajouter à la loi de l'attraction universelle pour expliquer les mouvements célestes. La « force de répulsion des dernières particules dans lesquelles la matière est résolue » est appelée à donner la raison des mouvements circulaires, de la rotation des masses sur elles-mêmes, et des orbites planétaires [1].

Les deux parties dont se compose cette cosmogonie sont également insuffisantes en leur fondement mécanique : la première en ce que, partant de l'idée d'une diffusion de la matière dans l'intégralité, — ou plutôt l'infinité — des espaces stellaires, l'auteur envisage une loi d'attraction universelle qui aurait pour effet de rassembler en une masse unique le système des amas de matières dénués de vitesse initiale. Le principe manque pour la constitution des individualités physiques. La seconde partie, qui fait intervenir les forces répulsives, n'apporte pas une application correcte des lois de la mécanique à l'explication des révolutions célestes, telles qu'elles sont constituées. Laplace, quoiqu'il n'ait pas laissé de spéculer, lui aussi, sur une

[1]. Kant. *Théorie du ciel* (trad. de M. Wolf dans son savant Traité des *Hypothèses cosmogoniques*) 2º partie, chap. 1.

origine matérielle étendue à l'ensemble de l'univers[1] s'est vu obligé, pour son exposition mathématique du système du monde, de prendre le point de départ dans une nébuleuse individuelle soumise à des mouvements déterminés, dont il a développé les conséquences.

M. Faye qui, de notre temps, a été conduit par les objections auxquelles certaines observations astronomiques ont prêté de la force, contre le système du monde de Laplace, a tenté une restauration du système cartésien des tourbillons, a corrigé le plus grave défaut du « monde de Descartes » en y introduisant la loi de l'attraction. Il a pu aussi combler par la thermodynamique les desiderata laissés par sa théorie de la chaleur; mais le dernier fondement physique lui a fait défaut, comme il avait fait à Kant pour lui permettre de passer de l'unité du primitif concept de la matière infiniment divisée, mobile et gravitante, à la loi des individualités astronomiques; et il a dû supposer des centres particuliers d'attraction au sein du chaos immense de matière raréfiée, divisée et transportée en tous sens, où s'agglomèrent des masses et se produisent les phénomènes d'incandescence suite des collisions :

« L'univers a été tiré du chaos, c'est-à-dire d'amas informes de matériaux excessivement rares, occupant des espaces immenses et animés de mouvements de translation en sens divers qui ont divisé le chaos général en lambeaux séparés. *C'est par la condensation progressive de ces lambeaux, ou nébuleuses chaotiques, vers certains centres d'attraction, que se sont formées les étoiles innombrables.* Leur incandescence vient de la chaleur développée dans l'acte de leur formation. Leur provision de chaleur est limitée; elles finiront par s'éteindre. »

« Ces idées sont généralement acceptées », continue M. Faye, dont les hypothèses propres innovent seulement sur l'ordre et les lois propres du système solaire et de ses

[1]. Voyez *Le personnalisme*, p. 99-101.

tourbillons, et ne sont point de notre sujet ; et il pourrait ajouter qu'en leur plus grande généralité, ces idées ne diffèrent pas beaucoup de celles de Kant. Il dit, pour conclure, à la suite d'un passage relatif à l'immense et inexplicable déperdition d' « énergie qui file incessamment dans l'espace sous forme de lumière et de chaleur… : il faut ici, comme dans toutes les questions d'origine, débuter par une hypothèse et demander à Dieu, comme le fait Descartes, la matière disséminée et les forces qui la régissent » [1].

Nous opposerons à la conclusion de M. Faye une double contradiction : s'il faut s'adresser à Dieu, dirons-nous, il serait naturel que ce fût pour lui demander une création achevée, avec une matière organisée et des forces réglées pour la régir, non une matière disséminée et des forces vagues. Et si c'est une origine que nous avons à déterminer dans les bornes imposées à la science, si ce sont des forces que nous avons à définir, qui répondent à l'œuvre du monde actuellement sous nos yeux, la logique exige que nos hypothèses sur la matière, son état et les forces, nous permettent de déduire, d'accord avec les lois de la mécanique rationnelle, le système entier des phénomènes astronomiques. Mais c'est ce que ces hypothèses ne font point.

Nous ne considérons les cosmogonies physiques que dans leur rapport avec les idées de matière et de force. Il n'y a pas lieu de comprendre ici dans notre critique la cosmogonie que M. H. Spencer a présentée, sous le titre de doctrine de l'évolution, comme l'accomplissement de la science ; car un des caractères saillants de cette doctrine consiste en ce qu'elle fait de la Force, identifiée avec la Matière, une entité métaphysique dont la matière empirique, ou les idées que nous nous en formons, ne sont que des symboles. Suivant H. Spencer, les qualités de la matière

---

1. *De l'origine du monde. — Théories cosmogoniques*, par H. Faye, p. 193-195.

et les propriétés physiques dont dépendent les sensations de lumière, de chaleur, etc., celles du toucher, et les formes de la pensée, ne seraient que des modes de transformation du principe universel, et ce principe échappe à la physique des physiciens qui ne connaissent en tous ces phénomènes et dans la force elle-même que les lois du mouvement. De plus, ce philosophe regarde le fond et l'origine des choses, tant objectives que subjectives, comme impénétrables, et les notions ultimes de la science comme incompréhensibles, aussi bien que leur négation comme inconcevable, double caractère qui semblerait les devoir soustraire à toute détermination scientifique. Mais la réalité de leurs objets serait, selon cette doctrine, imposée à notre affirmation par l'évolution de la nature qui a formé notre cerveau et notre esprit en conformité avec le monde externe.

Les systèmes scientifiques de cosmogonie, y compris celui de Kant, si l'on ne recourt pas aux notions plus abstraites d'une autre partie de ses théories physiques, et en exceptant la théorie de Boscovich, dont nous avons traité plus haut, ne nous donnent pas une autre idée de la matière que celle dont l'imagination commune est en possession : c'est l'idée du solide impénétrable, dont les gaz parfaits seraient eux-mêmes composés ; et nous la trouvons encore, avec toute sa force, dans l'hypothèse la plus récente et la plus hardie des physiciens, allemands ou anglais, qui a reçu le nom de théorie cinétique des gaz. Cette théorie a pour nous, outre l'importance du sujet, comme conception atomistique nouvelle, l'intérêt des vues relatives à l'ordre infinitésimal de la matière.

Le premier point de l'hypothèse consiste dans ce postulat, que les molécules gazeuses, affranchies de toute condition d'équilibre, se meuvent chacune (sauf les rencontres entre elles et les chocs) en ligne droite, suivant le mouvement naturel que comporte la loi de l'inertie. La force d'expansion du gaz est une résultante de tous leurs mouvements. Elles se choquent incessamment, se réfléchissent, et reçoivent en outre, de leurs impulsions en des directions non centrales, certains mouvements de rotation, le tout n'opposant d'ailleurs nul obstacle à des vibrations d'espèces diverses, non plus même à ce fait, que des molécules, ou des atomes, leurs constituants, posséderaient des atmosphères d'une substance plus subtile, qui les accompagneraient dans leurs évolutions. Il faut imaginer que les espaces occupés par les molécules ont des dimensions négligeables, par rapport au volume considéré du gaz ; que la durée du choc est également négligeable en regard des intervalles de temps qui séparent les chocs ; que les forces attractives des molécules, aux distances moyennes, sont insensibles en comparaison de la force d'expansion ; et qu'enfin l'étendue du parcours d'une molécule, dans le voisinage des molécules dont elle peut être sujette aux actions attractives, est négligeable auprès de l'étendue de la partie du parcours où elle n'en subit point. Ces conditions étant remplies, on peut admettre que les molécules obéissent, en recevant leurs mouvements de translation par les chocs, aux lois de l'élasticité. En d'autres termes, les molécules sont par hypothèse des corpuscules élastiques ; on ne laisse pas de les regarder comme des composés d'atomes.

Le concept fondamental des corps gazeux, en cette originale théorie, demeure, sauf l'introduction de la propriété de l'élasticité dans les éléments, celui que définissait Newton, à la fin de son *Optique*, comme la forme donnée par Dieu, au commencement, à la matière : « des particules solides, pesantes, dures, impénétrables, de telles grosseurs, figures et autres propriétés, en tel nombre et en telles proportions à l'espace qui convenaient à ses desseins ». Ce point de vue du réalisme atomistique est resté le plus ordinaire aux physiciens ou chimistes qui n'embrassent pas, et c'est le grand nombre, le système immatérialiste des *centres de force*, introduit dans la science par Kant et Boscovich. Mais la théorie de l'élasticité est devenue le point capital en mécanique, et les corps durs des anciens physiciens ne peuvent, dans les théories, s'accommoder aux phénomènes; or l'élasticité est rebelle aux explications atomistiques, autant qu'inévitable comme base empirique des actions répulsives. En attribuer la propriété aux particules ultimes des corps, pour rendre compte de la nature des fluides élastiques, c'est expliquer *le même par le même* ; et la vouloir déduire d'une composition atomistique des molécules, et de l'ordre et des mouvements de ses parties, ce n'est que reculer la question en la reportant sur les propriétés des atomes.

Mais notre conclusion doit se tirer ici d'une logique plus profonde. Les physiciens atomistes, qu'une langue philosophique bien faite devrait appeler *matérialistes*, si ce nom n'avait été adopté pour désigner ceux des philosophes qui n'acceptent pour principe des choses *que la matière*, sont pour la philosophie, des *réalistes* qui substantialisent des propriétés de la matière, fondamentales et caractéristiques, à leur avis, interprétées d'après certaines impressions du toucher : abstractions géométriques solidifiées, desquelles toute propriété interne d'ordre mental est exclue. Et les physiciens tels que Ampère, Cauchy, Faraday, ou leurs disciples, sont pour la philosophie des *réalistes* idéalistes, qui substantialisent l'idée de *force* comme origine ou cause substantielle du mouvement. Il importe seulement d'observer que, d'un côté comme de l'autre, il faut tenir à part de cette classification, les physiciens, et Boscovich lui-même est de ceux-là, qui ne considèrent, soit les atomes, soit les forces que comme des sortes de fictions et d'êtres purement nominaux qui servent à désigner des groupes de phénomènes et de rapports. Mais alors il doit être entendu que ces savants ne prétendent pas pénétrer le *vrai fond* de la nature.

Un tableau des vastes systèmes de tourbillons de molécules, dans l'enceinte d'interstices plus petits, incomparablement, que les moindres de ceux où peuvent pénétrer nos microscopes, a pour nos concepts cet intérêt, qu'il transfère, dans la pensée jouant avec la loi de relation, les dimensions relatives des espaces interstellaires à d'autres dimensions, également relatives, dont nous ne parvenons pas mieux à nous représenter les grandeurs dites *absolues*, qui ne pourraient jamais être que des rapports à nos unités *sensibles*. Et ce jeu est instructif, mais il n'est pas bien sûr que le génie mathématique des Clausius, des Maxwell et des W. Thomson ne se trouverait pas applicable avec un pareil succès à des hypothèses où figureraient, au lieu des petites balles rigides, de petits ballons à fine enveloppe gonflés d'un éther infiniment subtil ; il ne resterait toujours qu'à expliquer l'élasticité de cet éther. Le reculement du pur problème mécanique est sans fin ; en admettant que les constructions matérielles, partie positive des travaux mathématiques dont nous parlons, eussent pour fondement les inductions les plus vraisemblables, elles ne seraient jamais que des abstractions et ne pourraient avoir, pour notre imagination, que l'aspect d'un jeu de boules extrêmement compliqué. La réalité n'est point là.

De ce que les théories opposées de la solidité de la particule matérielle en soi, et des forces pures, sont, l'une comme l'autre, des produits de la méthode qui *réalise* des concepts et substantialise des qualités, il ne faudrait pas conclure à la rupture entre le conceptuel et le réel, comme si des concepts ne pouvaient pas fournir légitimement les attributs du réel ; mais ce sont ces attributs, ce sont les relations, qu'il ne faut pas réaliser. Ne confondons pas la fonction nécessaire des rapports pour la définition de l'être réel, avec leur *substantialisation* pour constituer cet être en son ultime et propre nature. Ajoutons de suite que l'*être mental* est le seul qui, par la conscience que nous en avons, soit compris de manière à n'être point en sa définition un simple rapport réalisé ; c'est, au contraire, lui, cet *être mental*, qui pose le rapport en acte, et qui renferme, tant pour notre expérience (celle du *Cogito ergo sum*) que par la compréhension, qui nous en est donnée, tous les rapports en puissance.

CHAPITRE XLIV

DE L'APPLICATION DU PRINCIPE DE RELATIVITÉ AUX NOTIONS PHYSIQUES PREMIÈRES

« Toutes les tentatives pour construire les phénomènes physiques avec une synthèse d'éléments conceptuels personnifiés sont vaines en physique aussi bien qu'en métaphysique... Que ces éléments soient substance et accident, ou matière et force, ils n'en sont pas plus réels, et aucune réalité ne peut être produite par leur adjonction [1]. » Tel est l'arrêt rendu contre la physique moderne, même la plus récente, et contre la métaphysique substantialiste, au nom du principe de relativité. L'auteur est un savant critique scientifique, très au courant des théories, dont l'ouvrage, à l'adresse des physiciens, était exposé à recevoir d'eux le genre d'accueil qui ressemble à la « conjuration du silence ». Quant aux métaphysiciens, moins nombreux que les savants, et qui ne sont pas visés directement, ceux d'entre eux au moins qui embrassent la doctrine des monades ne doivent pas se sentir atteints par la condamnation du réalisme. Les termes de *substance* et *substance simple*, chez le grand philosophe créateur de la Monadologie, n'ont point une autre acception que celle d'être, ou

---

[1] J.-D. Stallo. *La matière et la physique moderne*, p. 120 et 143.

simple ou *composé* ; et l'être, synonyme de substance[1], se définit par des qualités et des relations empruntées exclusivement à la fonction mentale ; perception, appétition, action spontanée, qui sont des rapports donnés dans l'espace et dans le temps.

Mais, selon M. Stallo, le principe de relativité exigerait que les notions corrélatives du simple et du composé fussent telles, que l'une, la seconde, fût applicable à la réalité, et l'autre, sans application rationnelle possible. « Un des plus remarquables spécimens, dit-il, de raisonnement ontologique, est l'argument qui, de l'existence de substances composées, infère l'existence de substances absolument simples. Leibniz place cet argument en tête de sa Monadologie : « *Necesse est dari substantias simplices quia « dantur compositæ ; neque enim compositum est nisi « aggregatum simplicium.* » Mais cet enthymème est évidemment un paralogisme, une erreur de l'espèce connue en logique sous le nom d'*erreurs de relatif supprimé*. L'existence de substances composées prouve certainement l'existence de parties composantes qui, *relativement à cette substance*, sont simples. Mais elle ne prouve rien quant à la simplicité de ces parties en elles-mêmes ». Nous devons remarquer d'abord que les mots : *substances absolument simples*, employés par M. Stallo, ne sont pas applicables à la monade leibnitienne, qui est un composé de qualités ; et,

---

1. « Il faut que les monades aient quelques qualités, autrement ce ne seraient pas même des êtres » (Leibniz, *Monadologie*, VIII).
« La quantité redouble et multiplie l'être, mais elle ne le constitue à aucun degré. Elle le suppose. Car l'être consiste dans quelque chose de *distingué* qui offre une matière à l'entendement ; et la quantité, en elle-même, ne comporte rien de tel. Seule, la *qualité* ou dénomination intrinsèque peut fonder l'être, ainsi défini ; et la qualité n'est vraiment telle qu'autant qu'elle consiste dans l'action spirituelle, ou tendance à la perception distincte » (É. Boutroux, *Leibniz, La monadologie publiée d'après les manuscrits*, p. 144 et 43).
C'est la quantité qui est exclue de la *monade*, comme le mot le dit : la composition quantitative, exclue de l'être simple ; mais la multiplicité et le changement, quant à la qualité, appartiennent à la monade et la *distinguent*.

de fait, l'*absoliment simple* est un terme qui n'a pas de sens puisque le sujet dont il serait le prédicat n'admet aucune définition. Passons maintenant à l'argument. Le vice de l'argument de M. Stallo consiste à entendre en un sens absolu l'attribut de simplicité, dont Leibniz ne s'occupe pas, que Leibniz applique seulement à la substance en tant qu'il doit y en avoir de simples, — des substances simples qui sont des parties des substances composées.

Il ne s'agit pas d'un rapport de composition quelconque, dans la proposition de Leibniz, mais d'un rapport de quantité, d'un rapport du tout à ses parties qu'il implique. « Il faut, a écrit Leibniz[1], qu'il y ait *des substances simples* puisqu'il y a des composés; car le composé n'est autre chose qu'un amas ou *aggregatum des simples*. — Or, là où il n'y a point de parties, il n'y a ni étendue, ni figure, ni divisibilité possible. Et ces Monades sont les véritables Atomes de la Nature et en un mot les éléments des choses ». Et qu'est-ce qu'une monade, et qu'est-ce qu'être simple? Leibniz l'a dit non moins clairement : » La monade n'est autre chose qu'une substance simple, qui entre dans les composés ; simple, c'est-à-dire sans parties ». C'est toujours de la composition en quantité qu'il s'agit et de la substance, c'est-à-dire de l'être.

Il est très vrai que, dans une proposition générale telle que : *L'existence du composé implique l'existence du simple*, le principe de relativité exige du logicien qu'il entende que les deux termes : *le composé* et *le simple*, sont corrélatifs, et qu'en lui-même le second, comme le premier, doit se définir par des relations et, par conséquent, être composé à d'autres égards qu'en sa relation avec le premier, dont il est un élément de composition. Mais il est faux que la proposition de Leibniz : *l'existence des substances composées implique l'existence des substances*

---

[1] Leibniz, *Monadologie*, I-III. C'est le texte français, texte original de l'auteur.

simples, nous présente l' « erreur du relatif supprimé », comme le dit M. Stallo, parce que les deux termes ont un sens bien déterminé, le sens leibnitien de substance, ou être, pourvu de qualités mentales; que la simplicité est définie par l'absence de parties, et qu'enfin l'absence de parties n'est point la négation de toutes relations.

Nous ne savons quelles raisons ont, au fond, guidé Stallo dans sa critique du principe de Leibniz, mais celle qu'il demande au principe de relativité pour nier les êtres simples, dans l'acception leibnitienne, n'est certainement pas logique. Pour les affirmer on a, au contraire, la force du principe de contradiction, appliqué à l'idée de composition. Si les éléments d'un composé, quel qu'il soit, étaient eux-mêmes des composés, et ces composés des composés à leur tour, et cela sans fin, il faudrait que chacun de ces termes, composants et composés, fût un composé *infini actuel*, ce qui ne se peut, parce que le concept d'une division dont la fin est à la fois *atteinte en fait* et, par définition, *impossible à atteindre*, est ce qui s'appelle un concept contradictoire *in terminis*. La contradiction n'arrête pas tous les penseurs; elle n'a pas arrêté Leibniz lui-même, en une autre et de ses plus importantes propositions; mais le devoir incombe à tous de la regarder en face et de bien s'en expliquer avec eux-mêmes et avec le public. C'est cependant ce qu'ils font rarement.

Le principe de relativité, tel que Stallo le comprend, est certainement l'empirisme, et non pas simplement la négation des concepts qui ne seraient point des relations; car le sens en paraît être à ses yeux, que l'entendement ne doit envisager de rapports que ceux dont les deux termes sont donnés, ou tout au moins accessibles à l'expérience. Si l'interprétation du principe ainsi entendu ne s'arrête pas à l'empirisme, et à la simple déclaration d'agnosticisme pour ce qui dépasse le domaine de la science, elle oblige le penseur à embrasser un infinitisme nettement dogmatique. En effet, s'il n'est pas vrai que l'existence du composé implique l'existence du simple, dans le sens que nous avons éclairci d'après Leibniz, il faut que les parties du composé étant elles-mêmes composées de parties sans fin, l'univers et chaque partie de l'univers soient des infinis réels. Le même principe, avec la même interprétation, appliqué à la succession des causes rétrogradant dans le passé conduit ce penseur, tout à l'heure empiriste, à quelqu'une de ces philosophies panthéistes, comme on les nomme, qui sont bien éloignées de son point de départ.

Nous devons entendre le principe de relativité, qui sans cela démentirait le principe de contradiction, dans cet autre sens : que la suite des rapports, considérés dans l'ordre de la réalité, doit toujours se terminer à un terme ou donné, ou conçu, pour lequel la relation se pose dans un sens et prend fin dans l'autre, où il s'arrête. Ce terme d'arrêt est un terme premier, si l'ordre des rapports est ascendant; un terme dernier, si cet ordre est descendant.

Nous disons la suite des rapports *considérés dans l'ordre de la réalité*, parce qu'il doit être entendu que les termes sont constitués par des phénomènes réels, distincts les uns des autres, et nombrables. Autrement le principe de contradiction n'interdirait nullement la divisibilité indéfinie, telle que l'exigent notamment les idées géométriques. La continuité, dans l'étendue ou dans le temps, est un pur concept, dont le sujet est idéal et ne porte que sur les possibles. Ce sont ces possibles de la division et de la numération qui, comme tels, et pour l'entendement n'admettent pas de fin, mais qui ne peuvent s'actualiser qu'autant qu'ils se terminent à des sommes faites d'unités. Le concept de la quantité continue est un concept de parties et de divisions possibles. On y introduit le nombre en y portant, pour la multiplication ou la division, une unité arbitraire, de la même nature, et la grandeur de cette unité n'est dès lors elle-même qu'un possible, en sorte qu'elle reste nécessairement indéterminée, et que l'*indéfini* ne peut jamais devenir l'*infini actuel*. Et si la quantité est discontinue, formée d'unités concrètes, réelles et distinctes, telles que les présente l'ordre des phénomènes déterminés et toujours nombrables de la nature, les ensembles que ces unités composent sont toujours, soit qu'on les considère dans le présent ou dans le passé, des sommes déterminées au moment et dans les lieux où on les envisage; et les sommes déterminées d'objets individuels réels sont des nombres.

La logique de la quantité exigeant ainsi, que toute composition d'unités réelles et distinctes s'arrête à un certain nombre, il faut que le principe de relativité s'accorde avec cette logique dont le sujet est une branche de relations. Et en effet, soit qu'il s'agisse de la composition du tout donné en ses parties, ou de celle des phénomènes successifs qui forment un processus dans le temps passé, la notion du terme ultime est non seulement bien définissable, mais encore imposée par la notion de composition elle-même. Dans le premier cas, elle s'échapperait par la fuite indéfinie des parties composantes, et s'évanouirait dans la somme infinie, contradictoire en soi. La substance composée, l'être complexe, le corps seraient sans éléments concevables. Au contraire, l'existence du terme limite de la division se conçoit clairement, en conformité avec le principe de relativité, par son rapport au tout des parties, et comme devant être lui-même sans parties en vertu du concept. Il tire de ce rapport une définition dont les termes résultent, bien ou mal déduits, qu'ils soient d'ailleurs, de l'étude du composé. C'est l'objet, en physique, des systèmes atomistiques et de la doctrine des forces ou monades.

Dans le second cas, le cas de l'enchaînement des causes ou conditions des phénomènes remontant dans le passé, l'hypothèse du procès à l'infini annihile, par son application au tout de ces phénomènes, la notion même de causalité qui en est cependant la matière. Le monde en son ensemble ne peut plus être conçu comme ayant une cause. L'idée de sa cause fait place à celle de son infinité, et, au lieu du premier terme, cause non causée, on a l'infinité sans cause des termes successivement causés, qui n'est pas seulement inconcevable, mais contradictoire. Le premier terme, au contraire, posé en vertu du principe de relativité, qui exige que tout ce qui est intelligible soit une relation, se définit par son rapport à l'ensemble des phénomènes qui en dépendent, conformément à la nature de ces phénomènes.

CHAPITRE XLV

LES MONADES ET L'HARMONIE PRÉÉTABLIE DANS LE MONDE PHYSIQUE.

Notre critique et nos analyses des notions de matière et de force, dans la science, comme celles des idées de la matière et des théories de la perception externe en psychologie, nous mènent à la doctrine des monades. Le concept de la monade est le seul qui donne un fondement clairement intelligible aux forces attractives et répulsives, sous l'aspect desquelles le monde mécanique et physique est nécessairement envisagé par la science. La force en tant que cause du mouvement ne peut avoir pour siège (si ce n'est à l'aide d'une abstraction et d'une convention) le *point matériel*, parce que l'idée du point matériel est l'idée d'un composé, et que l'origine du mouvement dans le composé demeurerait en problème ; et le *point géométrique* dont le concept est exclusivement local, avec l'acceptation de limite, ne peut représenter d'une force que le point d'application. D'une autre part, l'espace et les étendues partielles sont ou des modes d'intuition, ou des rapports de quantité et de mesure, qui n'impliquent ni le mouvement ni la force ; c'est le mouvement qui les implique, mais qui leur est, quel qu'il soit, indifférent dans sa détermination, tandis que ce qui détermine le mouvement, la direction du mouvement, sa vitesse, sont représentés comme des dépendances de la *force*, dont il n'y a que la volonté ou le désir, *modes d'être mentaux*, qui expriment l'idée en tant que cause originelle intelligible.

On demande alors quels rapports se peuvent concevoir entre ces modes d'être mentaux et les mouvements qui se produisent dans l'espace et le temps, comme leur conséquence, ou qui, aussi bien, peuvent les précéder et les avoir pour conséquence ; et c'est la question qui s'est présentée partout à nous, dans le cours de notre étude de la perception et du mouvement volontaire. Elle a pour unique réponse le principe de relativité, dont c'est ici le moment d'intervenir utilement, après que l'essence de l'être ultime a été reconnue par son application en quelque sorte unilatérale, dans l'affirmation de la conscience, être et fondement de toutes les relations possibles, siège unique et certain de l'existence. La réponse à la question : *Quel rapport ?* doit être une tautologie : *Le rapport de causalité*. Il n'existe pas un seul cas d'application de la notion de cause, quand le rapport de la cause à l'effet est immédiat pour notre expérience, où il soit possible de concevoir entre l'antécédent et le conséquent un intermédiaire supposable qui expliquerait le phénomène, y ajouterait quelque chose. Ou bien il s'agit d'un fait formel de désir ou de volonté chez l'animal, fait immédiatement suivi d'un autre fait, qui est un mouvement correspondant de l'organe, et nous ne pouvons saisir entre les deux qu'un troisième fait : le fait même de leur rapport. Ou bien c'est un lien que nous observons constamment entre deux phénomènes naturels réduits à leur plus simple expression, et dont l'un suit l'autre immédiatement, si *toutes choses sont égales d'ailleurs;* et ce cas est celui que l'analyse de Hume a réduit irréfutablement, pour notre connaissance empirique, au fait de la *séquence invariable.* Mais ce fait, c'est le rapport de causalité, qui répond à un concept fondamental de l'entendement : pouvoir et force que Hume a eu le tort de méconnaître.

Les cas où la séquence n'est pas immédiate sont ceux où les causes sont multiples et complexes, ou éloignées, ou l'un et l'autre à la fois. Ce dernier cas est le plus commun. Les causes, que nous ne faisons alors que supposer, ne pouvant être démêlées ou clairement définies, se classent, à notre point de vue, comme des conditions d'existence ou de production pour les phénomènes que nous observons. Mais nous devons, afin de faire droit à l'inaliénable concept de causalité, imaginer, pour le rapport de l'antécédent au conséquent, partout où notre pensée se reporte aux origines des faits observés, quelque chose d'analogue à la volonté, fondement unique de la notion, et, par suite, une connexion *sui generis* qui appartient à l'ordre de la nature.

Nul rapport de cause à effet dans le monde n'est autrement pénétrable. La nature entière constituée par la communication du mouvement, et par la connexion des mouvements et des changements de toutes les espèces, depuis les êtres inorganiques jusqu'à ceux qui vivent et à ceux qui pensent, n'est que la série et la somme des rapports de cause à effet. C'est donc à un degré plus éminent en quelque sorte que les autres concepts universels, ou catégories, que la loi de causalité est la loi de la nature. Quoi d'étonnant que l'intelligence que nous avons de la Cause n'obtienne pas pour nous plus d'explication que nous n'en possédons de l'Existence! C'est la loi de causalité, proprement, que Leibniz, nomma l'*harmonie préétablie*, à un moment de la pensée philosophique où l'on ne séparait pas de l'idée de Dieu l'idée de cause, ainsi qu'en faisait foi la théorie des *causes occasionnelles*, imaginée pour rattacher directement à l'action divine la soi-disant action mutuelle de l'Esprit et du Corps, à laquelle on avouait ne rien comprendre.

Mais cette harmonie, qui est la loi de causalité, est bien, de toutes manières, avec ou sans théologie, préétablie à notre égard, préétablie dans la claire acception du terme, puisque nous la trouvons donnée en fondement de l'univers, et ne concevons rien au monde qui n'en suppose l'action, et cela même antérieurement à l'existence. Ne posons-nous pas la question de la cause du monde? Cette question précède la théologie, et elle y conduit.

La théologie interprète la causalité par la création, qui est le préétablissement de l'harmonie par la Volonté. Et cette interprétation est la plus naturelle, à raison de la véritable essence de l'idée de Cause. Là est le point d'arrêt de la pensée, là est l'origine de l'ordre entier des relations. Il est souverainement illogique de chercher *une cause* à la *Cause première*. C'est l'impasse où vont se heurter et vainement se débattre les théologiens et les philosophes de l'absolu; et c'est aussi l'empêchement à reconnaître la volonté et la personnalité dans la cause première, parce que l'absolu, niant la relation, nie nécessairement la volonté.

L'harmonie préétablie doit être la loi des relations des forces réelles primitives, ou monades, pour pouvoir être l'accord et l'enchaînement de ces effets coordonnés qui sont les forces naturelles, régulatrices des phénomènes. Considérons ces dernières en cette origine métaphysique, inaccessible aux sciences de la nature. La définition générale de la monade, donnée par Leibniz, est valable pour nous, car elle ne viole point le principe de relativité, et les *qualités* que Leibniz fait entrer dans cette définition sont les rapports qui de tout temps, ou sous les mêmes noms, ou avec des noms équivalents, ont été reçus comme les caractères de l'être mental. Et le terme de substance employé pour désigner la monade n'a exactement qu'une valeur nominale, ainsi qu'il est facile de s'en assurer en surmontant l'habitude qu'on pourrait avoir de lui attribuer un autre sens que celui qui ressort, nous l'avons vu, du contenu et de l'explication de la définition de la monade [1].

[1]. Complétons ici les traits rapportés ci-dessus touchant cette définition.

« La Monade, dont nous parlerons ici, n'est autre chose qu'une substance simple, qui entre dans les composés; simple, c'est-à-dire sans parties.

« Là où il n'y a point de parties, il n'y a ni étendue, ni figuré, ni divisibilité possible. Et ces Monades sont les véritables Atomes de la nature et en un mot les Éléments des choses...

« Il n'y a pas moyen aussi d'expliquer comment une Monade puisse être altérée ou changée dans son intérieur par quelque autre créature, puisqu'on n'y saurait rien transposer, ni concevoir en elle aucun mouvement interne, qui puisse être excité, dirigé, augmenté ou diminué là dedans, comme cela se peut dans les composés, où il y a des changements entre les parties. Les Monades n'ont point de fenêtres par lesquelles quelque chose puisse entrer ou sortir...

« *Cependant il faut que les monades aient quelques qualités, autrement ce ne seraient pas même des êtres...*

« Les changements d'un monade viennent d'un principe interne, puisqu'une cause externe ne saurait entrer dans son intérieur...

« *L'état passager qui enveloppe et représente une multitude dans l'unité ou dans la substance simple n'est autre chose que ce qu'on appelle la perception qu'on doit distinguer de l'aperception ou de la conscience...*

« L'action du principe interne qui fait le changement ou le passage d'une perception à une autre peut être appelé *appétition...*

« La perception et ce qui en dépend est inexplicable par des raisons mécaniques... C'est dans la substance simple et non dans le composé, ou dans la machine, qu'il la faut chercher. Aussi n'y a t-il que cela qu'on puisse trouver dans la substance simple, c'est-à-dire les perceptions et leurs changements. C'est en cela seul aussi que peuvent consister toutes les *actions internes* des substances simples.

« On pourrait donner le nom d'*entéléchies* à toutes les substances simples, ou monades créées, car elles ont en elles une certaine perfection (ἔχουσι τὸ ἐντελές) il y a une suffisance (αὐτάρκεια) qui les rend sources de leurs actions internes, *et pour ainsi dire des Automates incorporels.*

« Si nous voulons appeler âme tout ce qui a perceptions et appétits dans le sens général que je viens d'indiquer, toutes les substances simples ou monades créées pourraient être appelées âmes; mais comme le sentiment est quelque chose de plus qu'une simple perception, je consens que le nom général de monades et d'entéléchies suffise aux substances simples, qui n'auront que cela; et qu'on appelle âmes seulement celles dont la perception est plus distincte et accompagnée de mémoire. »
(*La monadologie*, I, III, VII-VIII, XIV, XV, XVII, XIX.)

CHAPITRE XLVI

DE LA CORRECTION A APPORTER A LA MONADOLOGIE LEIBNITIENNE

Deux points de doctrine des plus considérables, qui peuvent sembler inhérents à la monadologie, parce qu'ils le sont au leibnitianisme, sont cependant tout à fait indépendants de la théorie, tant métaphysique que physique, des monades, et doivent en être séparés. L'une concerne la notion de l'activité, l'autre la notion de l'infini.

Des trois qualités caractéristiques de l'être simple : la *perception*, l'*appétition*, l'*action interne*, la dernière est, suivant Leibniz, un changement interne de cette monade, sorte d'*automate incorporel*. C'est une fonction spontanée qui suffit, il est vrai, s'il n'est question que de la généralité des êtres naturels, mais qui n'exprime point l'*activité*, telle qu'on doit l'entendre de ceux d'entre eux qui ont, avec la conscience réfléchie de leur nature, la puissance de la délibération et de l'option libre. Leibniz ne formule pas l'harmonie comme loi de causalité, simplement en ce sens que les actes et les états des êtres soient fonctions les uns les autres dans le cours des phénomènes. Il demande qu'il ne puisse entrer aucune variable indépendante dans les équations qui règlent les déterminations mutuelles. Ce résultat, que nous pouvons énoncer en ces termes mathématiques rigoureux, aurait été obtenu infailliblement par le Créateur, qui a prédisposé, dans chaque monade, afin de réaliser son dessein éternel, la série entière des états et des changements qu'elle doit traverser, en son développement *spontané*, dans toute la suite des temps. Il a coordonné entre elles ces séries infinies, relatives aux différentes monades ; elles s'accordent donc entre elles, les états des unes s'accordent avec les actes des autres, et *vice versa*, sans que, rien puisse *entrer dans aucune ou sortir d'aucune* ; bien plus (car ceci ressort légitimement de la définition de la monade) sans qu'il puisse naître, soit activement, soit passivement, en aucune, d'autres déterminations que celles qui ont été ainsi prédéterminées [1].

La seconde théorie, que nous notons comme distincte et séparable de la doctrine des monades, dans laquelle elle a été enveloppée par Leibniz, est un infinitisme porté au comble des affirmations les plus inconcevables, et bien lié d'ailleurs au plan de prédéterminisme absolu de l'harmonie préétablie, telle qu'il l'a définie [2].

1. Une créature est plus parfaite qu'une autre, en ce qu'on trouve en elle ce qui sert à rendre raison *a priori* de ce qui se passe dans l'autre, et c'est par là qu'on dit qu'elle agit sur l'autre...

« Et c'est par là qu'entre les créatures les actions sont mutuelles ; car Dieu, comparant deux substances simples, trouve en chacune des raisons qui l'obligent à y accommoder l'autre ; et, par conséquent, ce qui est actif à certains égards est passif suivant un autre point de considération : actif, en tant que ce qu'on connaît distinctement en lui sert à rendre raison de ce qui se passe dans un autre, et passif, en tant que la raison de ce qui se passe en lui se trouve dans ce qui se connaît distinctement dans un autre.

« Et comme il y a une infinité d'univers possibles dans les idées de Dieu, et qu'il n'en peut exister qu'un seul, il faut qu'il y ait une raison suffisante du choix de Dieu, qui le détermine à l'un plutôt qu'à l'autre...

« Or cette liaison ou cet accommodement de toutes les choses créées à chacune, et de chacune à toutes les autres, fait que chaque substance simple a des rapports qui expriment toutes les autres, et qu'elle est par conséquent un miroir vivant perpétuel de l'univers...

« Il arrive que, par la multitude infinie des substances simples, il y a comme autant d'univers, qui ne sont pourtant que les perspectives d'un seul, selon les différents points de vue de chaque monade. » (*La monadologie*, L, LII, LIII, LVI, LVII).

2. « Comme tout est plein, ce qui rend toute la matière liée, et comme dans le plein tout mouvement fait quelque effet sur les corps distants, de sorte que chaque corps est affecté non seulement par ceux qui le touchent, mais aussi, par leur moyen, se ressent de ceux qui touchent les premiers dont il est touché immédiatement : il s'ensuit que cette communication va à quelque distance que ce soit. Et, par conséquent, tout corps se ressent de tout ce qui se fait dans l'univers ; tellement que *celui qui voit tout pourrait lire dans chacun ce qui se fait partout, et même ce qui s'est fait ou se fera*, en remarquant dans le présent ce qui est éloigné, tant selon les temps que selon les lieux...

« L'auteur de la nature a pu pratiquer cet artifice divin et infiniment merveilleux » — à savoir que les « machines de la nature, les corps vivants, sont encore machines dans leurs moindres parties, jusqu'à

En affranchissant le monadisme des doctrines de l'infini, de la continuité absolue, du déterminisme absolu et du plein de matière, thèses très connexes qui suppriment, dans le monde physique, toute individualité réelle, comme dans le monde moral la liberté ; en localisant les monades séparées en des points géométriques, d'où s'exercent leurs actions à distance, nous ne faisons autre chose que d'appliquer aux forces naturelles, ramenées à leur nature mentale, la notion de l'espace telle que Leibniz lui-même l'a définie : *ordo coexistentium* : Entre les monades, l'espace est interposé, en d'autres termes, représenté ; il est donné avec les simples monades, au premier degré de l'être, en sa représentation, que les moindres d'entre elles doivent avoir à l'état confus, puisqu'il est une relation liée à celle que constituent leurs actions mutuelles. A l'unité de mesure près, c'est la même que les êtres les plus développés possèdent, et que, l'imagination aidant, ceux-ci étendent indéfiniment selon leurs progrès dans la perception. L'espace étant essentiellement la *forme de la sensibilité* externe, suivant le complément donné par Kant à la définition de Leibniz, on dirait volontiers, à un point de vue évolutioniste qui prendrait l'origine des choses dans le minimum de l'être et de la connaissance, que l'espace a opéré son entrée dans le monde avec la première monade mise en rapport avec la monade sa semblable.

Mais la création n'est pas partie de l'infiniment petit ; c'est dans l'ensemble et l'harmonie des fonctions dont elle

---

l'infini », — « parce que chaque portion de la matière n'est pas seulement divisible à l'infini, comme les anciens ont reconnu, *mais encore sous-divisée actuellement sans fin*, chaque partie en parties, dont chacune a quelque mouvement propre, autrement il serait impossible que chaque portion de la matière pût exprimer tout l'univers » (*La monadologie*, LXI-LXV.)

Il est vraiment inexplicable que Leibniz n'ait pas vu qu'il y avait contradiction flagrante entre la proposition, *que la matière est actuellement divisée sans terme*, et celle qui fonde la monadologie : *il faut qu'il y ait des substances simples; puisqu'il y a des composés* ; ou plutôt que, l'ayant bien vu, il n'ait pas jugé à propos d'en rendre compte.

se compose que nous devons nous la représenter. Les attractions et les répulsions se présentent immédiatement, avec l'espace, à la science, comme des fonctions premières, et s'expliquent, au point de vue métaphysique et moral, comme des propriétés mentales. C'est l'acception dans laquelle a toujours été pris le terme d'*attraction*, en dehors de la science, depuis qu'il s'est imposé aux savants pour la représentation matérielle des phénomènes, et même avant ce moment; car l'imagination d'une vertu attractive de la terre comme cause de la pesanteur remonte à l'antiquité, et se trouve exprimée de temps à autre par les penseurs avant Newton. Quand l'idée de la gravité a été généralisée pour l'explication des révolutions célestes, l'idée de l'attraction s'est offerte comme la plus naturelle pour étendre la même conception générale des forces aux actions élémentaires de la matière, et, dans ce domaine, l'idée de la répulsion a dû se joindre à celle de l'attraction pour rendre compte des phénomènes inverses de cette dernière, et de l'obstacle à la pénétration mutuelle des corps. Les savants, conduits par l'abstraction, se sont alors efforcés de donner aux mots *attraction* et *répulsion* le sens tout mathématique des effets de rapprochement ou d'éloignement des corps. C'est ce que Kant et Boscovich ont fait, qui ont perdu, par sa réduction à des rapports géométriques, le caractère propre de la force, que Leibniz avait au moins reconnu comme spontanéité de détermination des monades.

CHAPITRE XLVII
LA DOCTRINE DES MONADES ET LES IDÉES GÉNÉRALES DE LA PHYSIQUE MODERNE

L'être le plus élémentaire dont la physique et la chimie aient atteint certaines déterminations, et qui se nomme toujours, comme Démocrite l'a très justement nommé, l'atome, ces sciences n'ont pu encore en obtenir la définition. La plupart des savants s'obstinent à le prendre pour un petit corps à la fois indivisible, étendu et solide, comme faisait aussi Démocrite, et sont en peine de lui conserver l'indivisibilité. On n'est point parvenu à le concevoir, sous les conditions de l'expérience, de telle manière que, soumis à la gravitation, propriété commune, il n'exige plus qu'on en distingue des espèces, et assez nombreuses, que séparent les intensités diverses de l'application de cette propriété. On n'aperçoit pas non plus, dans les phénomènes observés et les lois découvertes, le moindre indice d'une explication possible de leurs autres propriétés spécifiques, celles qui concernent les « affinités électives » de ces éléments auxquelles toute la nature, morte ou vivante, est suspendue. Il importe de remarquer à ce propos que toutes les recherches que nous voyons entreprises pour découvrir les structures atomiques des molécules composées, si ce n'est des atomes eux-mêmes, qui auraient à se diviser à cet effet, visent des lois géométriques, ou mécaniques, dans lesquelles on ne pourrait jamais voir que certains rapports externes à constater avec les mystérieuses qualités des corps.

Les travaux relatifs à la thermochimie donnent lieu à des espérances d'un autre genre ; ils partent du rapport observé entre la chaleur spécifique et le poids atomique, dans les différents corps, et de la loi d'après laquelle il y a tantôt de la chaleur dégagée dans les réactions chimiques, tantôt de la chaleur réclamée pour qu'elles s'opèrent (*exothermie, — endothermie*). La stabilité du composé qui se forme est la plus grande dans le cas de la production de chaleur. Les conséquences tirées de ces observations donnent à la thermochimie une forme thermodynamique, par l'application du principe de proportionnalité de la quantité de chaleur consommée ou produite, à la quantité de travail produite ou consommée ; et le résultat espéré de cette sorte de transformation de la science chimique serait d'expliquer la variété des substances, et la nature de leurs réactions, par les masses et les mouvements des particules. Il est donc manifeste que l'œuvre scientifique poursuivie dans cette direction laissera complètement inexpliquées les qualités proprement dites des substances, celles qui sont à notre connaissance empirique et à notre usage, et, dans la nature, les sources de la vie et de la mort. L'avancement des théories scientifiques n'est jamais qu'un progrès dans l'abstraction.

Il faut avouer que la substitution de la monade à l'atome, si elle lève les difficultés logiques insurmontables de l'atomisme pour une théorie des forces élémentaires réelles, ne nous met pas mieux en état de pénétrer les profondeurs des existences élémentaires, les rapports de ce qu'elles sont en elles-mêmes avec nos sensations et avec les impressions, utiles ou nuisibles, agréables ou pénibles, que nos organes et la vie en général reçoivent de leur commerce mutuel intime. C'est le monde inconnu de nos origines. Il y a avantage cependant à placer dans la monade, et non dans l'atome, concept géométrique et mécanique, l'enceinte impénétrable des propriétés inaccessibles à l'investigation scientifique. Le passage de la notion de la monade à la notion de la molécule est très intelligible et très simple, et la molécule peut occuper rationnellement la place de l'atome, au point de vue scientifique, ainsi que pour l'imagination, divisée ou indivisée qu'on ait à la considérer selon les cas. L'indivisibilité conceptuelle ne s'applique correctement qu'au point mathématique ou à la monade.

En effet, les *atomes inétendus*, — c'est le terme dont usaient Ampère et Cauchy, et qui convient aux monades restreintes à leur rôle physique, — ces atomes disposés et groupés en de certains nombres et à de certaines distances es uns des autres, lesquelles ne peuvent jamais devenir nulles, forment les molécules intégrantes des corps, par les volumes qu'elles délimitent en vertu de ces distances ; et ces volumes, encore que variables en raison des forces tantôt attractives et tantôt répulsives dont les monades sont les centres, déterminent l'exclusion mutuelle de ces molécules et, par suite, des corps eux-mêmes, des lieux que d'autres molécules occupent. L'*impénétrabilité de la matière* étant ainsi, quoique invincible d'après la loi des répulsions, une propriété relative, Cauchy a pu dire : « S'il plaisait à l'auteur de la nature de modifier seulement les lois suivant lesquelles les atomes (inétendus) s'attirent ou se repoussent, nous pourrions voir les corps les plus durs se pénétrer les uns les autres, les plus petites parcelles de matière occuper des espaces démesurés, où les masses les plus considérables se réduire aux plus petits volumes, et l'univers se concentrer pour ainsi dire en un seul point »[1]. Mais il faut ajouter que, si la modification de la loi ne portait que sur les distances, et que les distances conservassent leurs proportions, il n'y aurait rien de changé dans les perceptions des êtres sensibles.

En prenant le point de départ dans l'*atome inétendu* d'Ampère et de Cauchy, au lieu de l'atome matériel hérité de l'ancienne atomistique, où des forces mathématiques de Boscovich et de Kant, pures abstractions, la science s'accorderait avec la doctrine des monades sans avoir à entrer dans la partie métaphysique de cette doctrine, non plus qu'à s'embarrasser du vieux concept de matière indivisible, où la question de l'infini est nécessairement impliquée par la continuité de l'étendue ; et la physique et la chimie n'auraient rien à changer d'ailleurs aux recherches ou théories de la composition moléculaire, et à l'étude, qui a pris tant d'importance, des rapports des réactions avec l'énergie motrice et la chaleur.

1. A. Cauchy, *Sept leçons de physique générale*, éditées par l'abbé Moigno, p. 36-39.

En résumé, nous regardons les monades comme les éléments ultimes de l'existence, sous le double rapport de la représentation et de l'action. En tant que représentations spatiales elles posent le fondement du monde physique par leurs distances, qui constituent l'extériorité et donnent la raison de la force mécanique et du mouvement, en vertu de la loi qui lie les variations de ces distances aux déterminations internes de la perception, de l'appétition et de l'activité. Les molécules, premiers éléments de l'étendue, essentiellement constituées par les résultantes des attractions et des répulsions qui s'y produisent, forment des composés plus ou moins stables qui prennent en conséquence les innombrables propriétés tant actives que passives de la matière inorganique. La cellule, premier principe des évolutions vitales, subordonnée aux propriétés moléculaires pour sa composition, et aux lois physiques générales d'ailleurs, se distingue de la matière commune des corps par la loi de vie et de mort qui lui est propre et qui se poursuit dans la formation, la génération et la destruction des organes et des organismes. La monade s'individualise et s'agrandit à la fois, au cours de certaines évolutions pour lesquelles elle acquiert des fonctions centrales et dirigeantes en rapport avec la puissance d'organisation posée au fondement du monde.

Considérons les deux grandes et fondamentales lois naturelles que la science tout entière a été conduite à définir, l'une par l'attraction, l'autre par la répulsion, les rattachant ainsi, d'une part et sans se le proposer, au grand mobile mental de double sens qui dirige la force de la volonté; d'une autre part, à la question géométrique des distances, et aux relations de masse et de vitesse, qui n'atteignent pas l'idée de force et de cause en essence, parce qu'elle n'est pas mathématique. Ces deux grandes lois de la nature nous présentent l'ordre de l'univers comme fondé sur une opposition pareille à celle qui domine l'ordre universel des relations : l'*identification* et la *distinction*, avec la *détermination*, leur synthèse. La détermination est aussi l'union dans les différentes relations logiques qui constituent la qualité, la quantité, etc., toutes les catégories, par l'apposition des limites. De même, les forces antagonistes d'attraction et de répulsion déterminent ces unions variables qui sont les synthèses physiques. Les unes tendent d'une manière générale à l'universel, les autres à l'individuel le plus étroit; dans les limites normales de leur action naturelle c'est donc partout l'harmonie qu'elles réalisent.

Les lois de la thermodynamique ont complété par une immense découverte ce qu'on pouvait connaître de l'éclatante opposition de la chaleur et de la gravitation, c'est-à-dire de ces phénomènes de dilatation et de dispersion de la matière qui, prenant leur point de départ dans les vibrations moléculaires, supposent entre les molécules des forces répulsives incessamment en action, et de cette force universelle, à laquelle nous ne connaissons point de limites dans l'espace, qui enchaîne toutes ces molécules à toutes distances, et s'affaiblit indéfiniment sans se perdre. La proportion des masses compense les effets de l'éloignement en de certains états d'équilibre qui s'établissent dans le système des mouvements. Cette opposition des deux grands ordres de forces est une sorte de corrélation qui les rend partout complémentaires l'une de l'autre à l'égard de la somme constante des énergies de la nature. Les mouvements, sous l'une des deux formes, se produisent toujours ou s'annihilent dans la même proportion qu'ils s'annihilent ou se produisent sous l'autre[1].

Considérons les états des corps par rapport au développement que peut obtenir chacun de ces systèmes corrélatifs de forces, et au terme que, suivant sa loi, chacun d'eux semblerait pouvoir atteindre. Du côté de la déperdition de chaleur, par l'affaiblissement des vibrations molé-

[1]. Voyez, ci-dessus chap. XXXI.

culaires dont dépend la vie de la nature, les inductions tirées des phénomènes du refroidissement dont nous sommes témoins ou que nous produisons dans nos laboratoires, nous montrent tous les corps, simples ou composés qu'ils puissent être, arrêtés dans un état de solidité invariable, cristallisés peut-être en toutes leurs molécules intégrantes, jusque sous l'apparence d'une pulvérisation informe, en tout cas sans réactions mutuelles entre ces molécules, qui fixées dans leurs conditions d'équilibre interne n'auraient plus d'autres relations extérieures que celles qui résultent de vitesses acquises et de la loi de la gravitation. Ces relations subsistantes, accrues de l'énergie perdue des vibrations calorifiques, et en l'absence supposée de tout milieu capable de résistance au mouvement, feraient du monde le théâtre exclusif des transports de masses plus ou moins agglomérées, mues par la pesanteur sous des lois de mécanique céleste. L'idéal des conséquences de cette hypothèse est la réduction de l'être matériel à l'unité de concentration (sauf la perpétuation des mouvements acquis) puisque telle est la tendance de la force attractive si on ne suppose aucune autre action dans le monde. Mais si on fait une réserve pour la conservation d'une donnée antérieure de masses et d'impulsions diverses dont l'effet se perpétue, il faut ajouter que, en cas de rencontres et de chocs entre ces masses, les collisions ramèneraient la chaleur dans le monde.

Le sens inverse du développement de l'énergie détruit la cohésion, augmente l'écartement des molécules, les désagrège et tend à un état de dissociation des molécules et d'absence de réactions et de combinaisons, en cela pareil à celui qui peut répondre à la température dite de *zéro absolu* (soit 273° au-dessous du zéro de notre échelle thermométrique). Les termes extrêmes que les deux transformations inverses du mouvement nous donnent à imaginer, seraient donc, si nous les définissions d'un point de vue abstrait, d'un côté, l'énergie cinétique parvenue à son maximum, portant sur les masses données, en quelque état d'agglomération ou de division qu'elles se trouvent, et avec les mouvements de translation et de rotation qui leur appartiennent en vertu de la gravitation et des impulsions quelconques antérieurement reçues, mais dénuées de vibrations moléculaires; de l'autre côté, la dissolution universelle de la matière et sa distribution uniforme dans l'espace, sous l'action exclusive de forces répulsives égales, placées en de mutuelles conditions partout identiques. La gravitation universelle maintenue, s'exerçant sur les molécules uniformément disséminées laisserait la matière en cet état diffus, faute des différences de densité nécessaires pour constituer des centres d'attraction distincts, et par là ramener l'énergie cinétique. Il y a donc parité entre les deux hypothèses des fins, en ce que les éléments y parviennent également à l'état de constitution fixe et de mort, sans actions mutuelles capables de donner naissance à d'autres êtres individuels que les monades réduites à leurs propriétés constitutives primaires et universelles.

CHAPITRE XLVIII
DE L'ORIGINE DU MONDE AU POINT DE VUE MÉCANIQUE

Considérons les états opposés de la matière aux deux extrémités de la distribution des forces cinétiques et vibratoires dont l'ensemble compose l'énergie constante de l'univers. La matière de la somme totale des molécules qui sont actuellement réparties entre les corps divers du système solaire, si on la supposait diffuse et uniformément distribuée dans une étendue de rayon égal au rayon de l'orbite de Neptune, serait portée à un degré de raréfaction dépassant celui qu'on n'obtient aujourd'hui qu'avec les meilleures machines pneumatiques. C'est l'état où la matière est peut-être, mais à différents degrés, d'une condensation supposée croissante, dans les nébuleuses étudiées par Herschell. Si une pareille masse vient à se concentrer, l'application de la théorie thermodynamique nous montre, — en réduisant du moins à un temps assez court une période qui a dû être longue, — le choc des molécules, mises en vibration thermique, développant, au centre, une quantité de chaleur qui se serait élevée, au total, jusqu'à un demi-milliard de degrés centigrades de température. Et telle a pu être, on a prétendu la calculer, la température initiale du globe solaire avant son refroidissement, par l'effet duquel se serait formé progressivement le système des planètes selon l'hypothèse de Laplace[1].

Laplace lui-même, quoique ne disposant pas des ressources de la thermodynamique pour l'explication de l'incandescence, a fait remonter sa cosmogonie beaucoup plus haut qu'on ne le remarque d'ordinaire et jusqu'à l'état primitif d'une nébulosité presque imperceptible. Il laissait par conséquent le développement calorifique inexpliqué, et c'est aussi, nous l'avons remarqué plus haut, ce qu'avait fait Kant. « Dans l'état primitif où nous supposons le soleil, c'est Laplace qui parle, il ressemblait aux nébuleuses que le télescope nous montre composées d'un noyau plus ou moins brillant, entouré d'une nébulosité qui, en se condensant à la surface du noyau, le transforme en étoile. Si l'on conçoit par analogie toutes les étoiles formées de cette manière, on peut imaginer leur état antérieur de nébulosité, précédé lui-même par d'autres états dans lesquels la matière nébuleuse était de plus en plus diffuse, le noyau étant de moins en moins lumineux. On arrive ainsi, en remontant aussi loin qu'il est possible, à *une nébulosité*

---

[1]. Secchi, *Le soleil*, p. 286.

tellement diffuse que l'on pourrait à peine en soupçonner l'existence »[1]. Cependant Laplace attribue à une chaleur excessive l'état de ce *fluide* qui formait l'atmosphère du soleil, primitivement étendue au delà des orbes de toutes les planètes. Mais l'évolution mécanique de la nébuleuse crée pour la cosmogonie une difficulté plus radicale que ne fait l'origine de la chaleur, et logiquement insurmontable.

Le propre d'un système d'évolution est de poser un état originaire. La condensation de la nébuleuse, qui est cet état, n'est point un accroissement universel et uniforme de densité, qui serait une création et non pas une évolution. C'est la constitution d'un ou de plusieurs centres particuliers autour desquels la matière se condense. Il faut donc un agent ou une puissance qui suscite ces formations dans un état primitif de la matière dont l'idée se tire précisément de l'absence de toutes différences. Mais où les prendre sans sortir de l'hypothèse? L'homogénéité des éléments et l'uniformité de leurs conditions quant à l'espace se refusent à l'emploi de la gravitation pour donner la raison de la constitution de certains centres. Eût-il connu cette loi, Descartes n'aurait pas moins été obligé, dans son système, qui n'est point sans analogie avec celui de la nébulosité de la matière, de recourir à Dieu pour diviser cette substance continue, et partout égale à elle-même, en parties de grandeurs convenables, dont « plusieurs ensemble, autour de quelques centres disposés en même façon dans l'univers que nous voyons que sont à présent les centres des étoiles fixes ». Au lieu de dire de Dieu qu' « il a fait qu'elles ont toutes (ces parties) commencé à se mouvoir en deux diverses façons, à savoir chacune à part autour de son propre centre »[2], il aurait attribué à Dieu l'institution de la loi des révolutions célestes, ce qui est la même chose,

1. *Exposition du système du monde*, note VII.
2. *Les Principes de la philosophie*, III, 46.

excepté que c'est partir d'un principe de changement intelligible, et non pas faire naître la variété de l'uniformité.

La même impossibilité de définir un commencement dans un état donné de la matière se trouve, sous une forme opposée, dans l'hypothèse dite de l'agglomération météorique, d'après laquelle un système solaire se forme des collisions et de la consolidation d'une multitude immense de masses errantes dans l'espace. Imaginons, par exemple, des corps « en nombre fini, au plus égal au nombre d'atomes contenus dans la masse actuelle du soleil : ce nombre fini (qui doit être assez probablement compris entre 4×10^{57} et 140×10^{57}) est aussi facile à comprendre et à imaginer[1] que les nombres 4 et 140. Immédiatement avant l'incandescence, la totalité des éléments constituants du soleil pouvait être dans un état de division extrême, c'est-à-dire à l'état d'atomes séparés; ces éléments pouvaient ainsi constituer un plus petit nombre de groupes d'atomes agglomérés en petits cristaux (des flocons de neige de matière, pour ainsi dire); ou bien ils pouvaient former de petits tas de matière semblables à des pavés, ou encore semblables à cette pierre que vous pourriez prendre par erreur pour un pavé, mais qui a réellement voyagé à travers l'espace jusqu'au moment où elle est tombée sur la Terre à Possit, au voisinage de Glascow, ou à celle-ci, qui a été trouvée dans le désert d'Atacama, dans l'Amérique du Sud, et que je crois être tombée du ciel, morceau de fer et de pierre, etc... » ici, l'éminent physicien, auteur d'une conférence dont nous citons cet extrait, présente à ses auditeurs quelques remarquables aérolithes, et « il est indifférent, continue-t-il, pour la théorie du Soleil, que la matière qui le constitue ait pris l'une ou l'autre de ces formes immédiatement

[1]. A *comprendre*, oui, sans doute ; à *imaginer*, c'est un peu trop dire ; l'auteur aurait mieux fait de distinguer (ou le traducteur ?) Mais cela ne fait rien à l'affaire.

avant qu'il devint incandescent, mais je ne puis jamais penser à l'état initial de cette matière sans me rappeler une question que me posa, il y a trente ans, feu l'évêque Ewing, évêque d'Argyll et des Iles : « Imaginez-vous que cette « masse de matière ait été, dès l'origine, ce qu'elle est « maintenant; qu'elle ait été créée telle qu'elle est, ou « qu'elle soit restée toujours dans cet état, dans l'espace, « jusqu'au moment de sa chute sur la Terre? » Je lui avais dit que, dans mon opinion, le Soleil avait été formé par des pierres météoriques, mais il ne fut satisfait que lorsqu'il eut appris ou pu imaginer ce que sont ces pierres. Je ne pus que partager son opinion au sujet de l'impossibilité qu'il y a à imaginer qu'une quelconque des météorites semblables à celles qui sont sous vos yeux ait toujours été ce qu'elle est à présent, ou que les matériaux qui forment le Soleil aient été semblables à elle pendant tout le temps qui a précédé leur agglomération et leur élévation de température. Cette pierre a sûrement une histoire pleine d'événements, mais je n'abuserai pas de votre patience en essayant en ce moment de conjecturer ce qu'elle a pu être. Je me bornerai à dire en terminant que nous ne pouvons qu'accepter l'opinion générale d'après laquelle les météorites sont des fragments détachés de masses plus grandes qui se sont brisées; mais pour satisfaire entièrement notre curiosité, il faudrait essayer d'imaginer quel a été le passé de ces masses. »

Après ces derniers termes, nous ne pouvons rien dire, ce semble, si ce n'est que la question de l'origine n'a fait que reculer. Il ne paraît pas qu'après qu'on a expliqué les masses par la réunion des fragments, et les fragments par leur détachement de masses antérieures, on soit plus avancé pour « imaginer quel a été le passé des masses », si l'on n'imagine aussi ce qu'a pu être leur formation première. A moins de résoudre ce problème en tant que problème de mécanique, il faut avouer de l'ultime fondement de cette science ce qu'on dit hautement du fondement de la vie : « L'origine et la continuation de la vie sur la terre sont absolument et infiniment au-dessus des saines spéculations de la science[1]. »

Aux résultats où nous conduisent deux cosmogonies physiquement si différentes, la nébuleuse et la météorique, il est aisé de voir le problème physique et le problème métaphysique se confondre. Ce problème est celui dont les termes se posent dans l'opposition de la doctrine de la création et de celle du procès à l'infini des phénomènes. Les concepts scientifiques y trouvent leur borne infranchissable, par l'impossibilité d'expliquer ce que, dans la langue philosophique des anciens, on appelait *l'origine du mouvement*, et ce qu'en termes plus généraux et plus profonds nous appellerons l'origine de l'individuel dans l'universel. C'est, au fond, l'acte de la volonté dans la matière, ou pour la constituer.

Le dilemme du commencement des phénomènes, ou de leur infinité régressive, où s'arrête l'hypothèse météorique, se montre et reste sans solution, en ce qu'il faudrait ou connaître l'origine des masses divisées avant leurs rencontres d'où naissent les nébuleuses, ou trouver le moyen d'expliquer les rencontres sans supposer une origine aux masses. On ne sort d'embarras que par la thèse de la création de Descartes (et de Kant lui-même, qui cite Descartes et en cela le suit, au point de départ de sa *Théorie du ciel*, qui, en elle-même, est évolutioniste[2]) ou par la thèse de l'éternité des atomes et de leurs chocs, dont Démocrite le premier trouva pour explication le fait supposé, que, *de tout temps les choses s'étaient ainsi passées*. Si, au lieu des météores errants, nous prenons l'origine dans la nébuleuse absolument diffuse et uniforme,

---

1. W. Thomson, *Conférences scientifiques*, trad. par MM. Lugol et Brillouin, p. 260-275.
2. Kant, *Théorie du ciel*, trad. de M. Wolf, p. 114.

nous sommes hors d'état d'expliquer le passage de l'*homogène* à l'*hétérogène* ; mais alors, à la condition de pouvoir ramener par l'évolution les phénomènes à leur état originel de diffusion, nous trouvons l'explication de la nébuleuse elle-même dans la loi universelle qui fait les évolutions se succéder éternellement les mêmes. C'est la conception d'Héraclite et des Stoïciens, et c'est encore le procès à l'infini, qui nous vient sous cette forme, à moins que nous n'admettions, à l'origine, la présence d'un agent capable de commencer, dans le milieu donné, le mouvement de causalité et de finalité à la fois d'où procèdent les individualités dans le monde. Mais si nous admettons un tel agent, il est logique de le poser comme le créateur aussi de ce milieu, le créateur de la matière, qui, sans la force n'est rien, non plus que la force n'est rien, si elle n'est la cause volontaire et n'agit pas pour une fin.

CHAPITRE XLIX

DES FINS POSSIBLES DU MONDE MÉCANIQUE

Le problème des fins de l'univers, au point de vue des lois de la mécanique, diffère beaucoup de la question de l'origine du monde. On part, en effet, d'une donnée vérifiable, celle de l'état actuel et des tendances vérifiées des forces naturelles, au lieu d'avoir à créer des hypothèses sur l'état premier, constitutif de la matière, et on a la ressource des inductions auxquelles se prêtent l'action et les lois de ces forces. Mais il se présente, dans l'étude de ces lois, une circonstance qui change totalement le point de vue premièrement sorti pour nous de l'opposition entre l'énergie cinétique et l'énergie calorifique, lorsque les supposant développées au détriment l'une de l'autre, et chacune jusqu'au terme extrême de son développement, nous arrivions pour les deux cas pareillement, à une hypothèse qui mettait fin aux réactions moléculaires et à toute vie de la nature. Nous prenons ce mot vie dans l'acception la plus large qui peut embrasser les modes variables de la matière inorganique.

Il ne paraît nullement y avoir parallélisme, en effet, sous la condition réelle des deux formes de l'énergie, telles qu'elles sont données dans la nature, entre les deux hypothèses pures dont l'une envisagerait le refroidissement absolu, avec la conservation des mouvements, en quelques états de densité que se trouvassent les corps diversement agglomérés, et mûs dans le vide ; l'autre, l'entière dispersion des molécules exclusivement livrées aux vibrations calorifiques. Les deux termes respectivement complémentaires de l'énergie constante de l'univers n'observent pas une loi de réciprocité dans la substitution *naturelle*, l'une à l'autre, des actions qu'ils expriment.

Un postulat de physique que son inventeur (R. Clausius) a pu nommer le *second principe de la théorie mécanique de la chaleur*, et qui, bien que ne passant pas encore sans objections, nous offre assez le caractère d'une loi de la nature, part de l'idée que « la chaleur doit tendre par sa nature à équilibrer les températures. Elle doit donc toujours chercher à passer d'un corps chaud à un corps froid ; et le passage inverse ne peut avoir lieu que pour autant qu'une autre quantité passe en même temps d'un corps chaud à un corps froid, ou qu'il arrive une autre modification qui ait la propriété de ne pouvoir être anéantie sans occasionner un passage analogue. Cette modification spontanée doit être regardée alors comme l'équivalent du passage de la chaleur d'un corps froid à un corps chaud, de sorte qu'on ne peut pas dire que ce passage se soit effectué de lui-même.

« Je crois donc, conclut l'auteur, pouvoir adopter dans ce sens, comme axiome,

« Que la chaleur ne peut pas passer d'elle-même d'un corps froid à un corps plus chaud. »

Le premier principe de la thermodynamique découvert par N.-L. Sadi Carnot, consiste en cette loi : que le passage de la chaleur d'un corps à un autre est ce qui constitue le travail effectué par la chaleur, sans qu'il y ait rien dans l'effet produit qui dépende de la nature des corps qui servent à la transmission[1]. Mais Carnot paraît être demeuré dans l'idée, autant du moins qu'en témoigne son ouvrage, que la chaleur est une quantité *sui generis* qui ne se perd point pour que le travail se fasse. J.-R. Mayer et les physiciens qui ont calculé l'*équivalent mécanique de la chaleur* ont complété la découverte. Clausius, y appliquant sa méthode, et se fondant sur son axiome, c'est-à-dire sur le défaut de *réversibilité* du passage de la chaleur d'un corps chaud à un corps plus froid, a démontré que le passage du travail à la chaleur, lequel s'effectue de lui-même sans compensation, n'est pas non plus *réversible*, mais que la chaleur ne peut se transformer d'elle-même en travail, et qu'il y faut une compensation.

Ces principes, appliqués à l'univers, sont de grande conséquence : « S'il se présente constamment, dans l'univers, des cas où des mouvements propres à de grandes masses, et qui sont provenus du travail des forces naturelles, ou qui du moins, à supposer que nous n'en connaissions pas l'origine, peuvent être censés provenir de ce travail, se convertissent en chaleur, c'est-à-dire en mouvements moléculaires[2] par le frottement ou par d'autres

---

1. *Réflexions sur la puissance motrice du feu*, 1824.
2. *C'est-à-dire en mouvements moléculaires*; est-il besoin de saisir l'occasion de ces mots pour remarquer que le langage du physicien, quand il emploie les termes commodes de *conversion* ou de *transformation*, se doit toujours entendre comme signifiant une distribution au lieu d'une autre, de l'*énergie*, de la *force*, dans le sens mécanique du mot (suivant que le mouvement se produit dans le transport et dans la rotation des masses, ou par les vibrations moléculaires de l'intérieur des corps), et non point cette œuvre magique : la métamorphose de l'*entité force* passant d'une forme sensible, la locomotion, à une autre

résistances analogues au frottement, et si, de plus, la chaleur a toujours la tendance à modifier sa distribution en ce sens que les différences de température qui existent s'équilibrent, l'univers doit approcher de plus en plus d'un état où les forces ne peuvent plus produire de nouveaux mouvements et où il n'existe plus de différences de température. »

Un physicien anglais, admettant cette loi, et « que le monde connu, d'après ce que l'on peut voir, paraisse tendre vers un état final où toute énergie physique serait uniformément répandue sous forme de chaleur rayonnante, où toutes les étoiles seraient éteintes, et où tous les phénomènes naturels cesseraient », a cru découvrir le moyen par lequel « le monde, tel qu'il est créé, pourrait reconcentrer ses énergies physiques et renouveler son activité et sa vie ». Ce moyen consisterait, dans l'hypothèse où le monde formerait un tout fini, en ce que la chaleur rayonnante atteignant les limites du monde y serait peut-être réfléchie, et concentrée en de nouveaux foyers, tellement qu'un astre éteint ne pourrait dans le cours de son mouvement traverser certains espaces sans y être vaporisé, décomposé en ses éléments. L'étude mathématique des lois du rayonnement, en admettant le principe que la chaleur ne peut pas passer d'elle-même d'un corps froid à un corps plus froid, conduit Clausius à la réfutation de cette espèce de remède imaginé pour la perte des différences de température dans le monde.

Mais l'hypothèse du physicien anglais, touchant l'action des limites du monde pour obvier à l'équilibre final des températures est vraiment trop naïve et nous n'en laisserons pas passer l'occasion sans nous expliquer sur ce qu'il

---

forme sensible, qui peut être chaleur, lumière, électricité ou phénomène mental. L'usage familier du terme métaphorique, *transformation*, s'est introduit naturellement en physique ; les savants ne risquent pas de s'y tromper ; mais, inoffensif dans leur domaine, il a eu le fâcheux effet de servir les inclinations transformistes de tel métaphysicien, et de lui dérober le véritable esprit de la physique moderne.

faudrait entendre par l'existence d'une force qu'on supposerait transportée à ces limites, puisque aussi bien la question n'est pas étrangère à l'étude de la nature de la force, et que nous regardons le monde comme limité, en vertu du principe de contradiction et de l'irrationnalité du procès à l'infini des phénomènes.

Les limites du monde sont les *limites des phénomènes* : idée négative. Elles résultent du *vide de phénomènes*, là où il cesse de s'en présenter aucun au delà d'une certaine enceinte, et de l'opposition entre l'existence du monde et ce vide, lequel n'est autre chose que l'intuition spatiale, forme et condition de notre aperception des phénomènes, quand il y a des phénomènes, et de l'imagination de leur possibilité, quand il n'y en a pas. Et ce vide n'est pas *infini*, sa réalisation n'ayant aucun sens, mais *indéfini*, parce qu'il est la forme sans limites de cette imagination des possibles. Cette expression : *les limites du monde*, est donc une sorte de métaphore, par laquelle la négation est envisagée sous le mode imaginaire, et pourtant contradictoire, d'une certaine existence bornant extérieurement l'existence. Le point de vue de la force, transportée aux lieux indéterminés de l'arrêt des phénomènes et des forces, est facile à saisir après ces simples remarques. Soit qu'il s'agisse de la lumière, de la chaleur, etc., ou de cette *flèche*, dont Lucrèce nous défie de comprendre le sort, en la supposant lancée de l'endroit où finit le monde, c'est un problème qui se pose, d'optique, de thermodynamique, etc., ou de balistique : un problème dont les données et les lois seraient prises de l'ordre connu du monde, et toutes les données égales à zéro au delà d'une station fixée géométriquement, borne de toute perception et de toute observation qui auraient jamais été acquises jusqu'au moment présent. Si la solution qu'on en jugerait acceptable comportait la détermination de phénomènes *nouveaux* hors de ces limites, — si, par exemple, la *flèche* devait, ce qu'on croira naturellement, les dépasser, — ce ne serait qu'un phénomène de plus, avec un certain prolongement du monde, dont les limites se trouveraient reculées pour autant, conformément à notre intuition de l'espace ; et la trajectoire de la flèche observerait les lois auxquelles la soumettraient les actions *laissées derrière elle* et le principe de l'inertie. Elle irait indéfiniment. Rien ne s'oppose à l'indéfini dans le concept.

La conclusion de la théorie mécanique de la chaleur de Clausius, en ce qui concerne la répartition finale des forces et leurs effets sur l'état des corps, *l'énergie de l'univers demeurant constante*, est donnée dans cette formule : *l'entropie de l'univers tend vers un maximum*. Clausius a créé ce mot *entropie*, dont il n'a pas suffisamment déterminé le sens en termes communs, car on l'a diversement interprété, pour désigner une certaine somme mathématique du *contenu de chaleur* des corps et de leur *désagrégation* : la désagrégation étant la transformation de l'arrangement actuel de leurs parties constituantes qui a pour effet de détruire la cohésion et de porter le plus loin possible l'écartement des molécules[1].

De cette œuvre ardue de théorie sont nés des débats entre physiciens, anglais ou allemands, sur la dissipation de l'énergie motrice, la limite des transformations de la matière, la conversion totale en chaleur et l'équilibre des températures, débats dans lesquels la question de la finité ou de l'infinité du monde a apporté le trouble si connu qui ne pouvait manquer. W. Thomson a adopté la vue décisive d'une déperdition de l'énergie productive, par suite de l'impossibilité du passage de la chaleur, devenue uniforme à des corps d'une température plus basse ; et de là le retour du monde à l'état d'où il est sorti. Mais comment a-t-il pu en sortir, si c'était *le même* qu'on suppose maintenant voué à une ruine sans remède ?

---

1. Clausius, *Théorie mécanique de la chaleur*, trad. par F. Folie, t. I, p. 310 sq., 336 sq., 419.

Nous avons mentionné l'expédient imaginé par Rankine ; il avait contre lui non pas seulement la difficulté de concevoir le genre de bornes qu'il admettait pour l'univers, mais surtout l'idée commune qu'on se fait de l'espace infini réel, et le besoin qu'on éprouve d'y envisager quelque existence palpable. Wundt a émis l'idée que la masse universelle pouvait former une quantité finie, tout en accompagnant sans fin l'espace, qui est le volume du monde, pourvu que sa densité décroissante répondit aux termes d'une série infinie convergente. D'autres savants furent séduits par les découvertes des *métagéomètres* qui leur proposaient d'abandonner la conception vulgaire de l'espace en faveur d'une autre qui le définit comme réellement courbe; ce qui lui permet d'être illimité sans être infini. En dernière analyse, les hypothèses et les raisonnements sur les fins du monde sont dénués de valeur et de sens, si on les applique à l'univers infini, dans lequel aucune action ne peut s'intégrer pour le calcul. Dans l'infini, il n'y a de fin à rien. D'une autre part, les croyances infinitistes sont aujourd'hui profondément enracinées dans les cercles scientifiques. Il résulte de là cette inconséquence, que la spéculation ne porte en réalité que sur l'origine et la destinée du système solaire, et que, le plus ordinairement, c'est bien ainsi qu'on l'entend, quoique sans renoncer toujours à étendre à un monde supposé infini les inductions fondées sur l'étude des lois du monde limité. Or, si le monde est fini pour la raison, il est au moins, certainement, indéfini pour notre connaissance. Bien plus, la limite inférieure de son étendue dépasse déjà toute imagination, et la limite supérieure est un nombre peut-être plus grand que celui qu'il nous plairait d'écrire avec l'unité et autant de zéros que nous aurions la patience d'en écrire à la suite. Il est donc puéril, non pas de généraliser les lois qui nous sont connues pour essayer d'en prévoir les fins dans une sphère limitée, mais de raisonner sur les données du système solaire pour nous faire une idée de la fin du monde intégral, alors que les données des différents systèmes et de leurs rapports mutuels et avec le nôtre doivent évidemment être considérés ensemble, et qu'ils nous sont inconnus. Kant et les penseurs qui, à sa suite, spéculant sur l'observation des nébuleuses à divers états de condensation, ont imaginé des mondes naissants, évoluants et mourants dans l'immensité, sans autres origines ni autres destinées que les chaos nés de leurs rencontres, n'ont pas été guidés, en cette spéculation, par le sentiment d'une Fin réelle du Monde, ou le besoin moral de croire qu'il en aura une. C'est la doctrine de l'Infini qui les a séduits, la même qui engendra jadis l'hypothèse des mondes naissants et mourants d'Anaximandre, ou de Démocrite, qui n'attendirent pas la thermodynamique pour les imaginer.

Nous devrions d'autant plus nous contenter d'appliquer au système solaire les inductions sur la fin probable à tirer des lois de la pesanteur et de la chaleur, qui sont les siennes, que nous ignorons totalement si l'abord de la constellation vers laquelle le soleil semble s'avancer, ou ne fût-ce que son approche à une époque indéterminée, ne serait pas de nature à exercer des actions nouvelles ou d'un genre imprévu, capables de modifier les lois qui servent de fondement à nos spéculations. Mais même ne devrions-nous pas nous dire, que dans la seule enceinte de notre système, le champ des fins physiques dont l'étude nous est possible dépasse dans une mesure énorme les fins humaines, qui sont apparemment celles qui donnent aux fins cosmiques un intérêt autre que de vaine curiosité?

Soit que nous considérions les forces attractives, ou les forces répulsives, par rapport à leur évolution générale pour approcher le monde de sa fin, il est évident que le globe terrestre doit devenir inhabitable aux races humaines, et puis impropre à l'entretien de toute vie, longtemps avant le terme des périodes énormes de cette évolution. Si nous la regardons du côté de la chaleur, l'affaiblissement du rayonnement solaire, où, plus généralement, la dissipation de l'énergie calorifique doit amener la fin de la vie par le froid, à la surface des planètes, indépendamment de la fin d[ern]ière et très reculée de l'ensemble du système. Et si nous regardons de préférence aux actions retardatrices du milieu céleste et à la déperdition graduelle de l'énergie cinétique des planètes et de leurs satellites, leur commun rapprochement du soleil ne peut manquer d'amener les atmosphères et les mers, là où il en existe, à un état incompatible avec le développement de la vie, à la surface de ces globes, tout à fait en dehors de la fin commune à prévoir de leur réunion à l'astre central.

On peut, selon ce que nous avons exposé plus haut, mettre en doute, la présence dans les milieux interplanétaires, de corps capables de retarder les mouvements des masses, mais il semblerait établi par les calculs astronomiques les plus récents que l'action des marées, — ce terme généralisé doit s'entendre des déplacements des parties relativement molles et mobiles à l'intérieur comme à l'extérieur des planètes, et des satellites par l'effet de leurs attractions mutuelles, — est capable de diminuer l'énergie cinétique de ces astres, et d'amener progressivement les satellites à s'unir à leurs planètes, et les planètes au soleil, le tout, finalement à l'incandescence universelle.

La plus intéressante des lois relatives aux fins physiques nous paraît être celle qui nous fait envisager la dissipation des forces motrices et la désagrégation moléculaire, avec l'équilibre de température, qui mettrait fin à toute puissance de composition chimique ou biologique. Il n'est pas à nier que, des deux forces qui se partagent la quantité constante d'énergie de notre monde, celle qui reçoit en accroissement, et sans réversion, les effets de la décroissance de l'autre ne doive conduire à la désorganisation de l'univers. La déperdition des forces motrices est un résultat certain de tous les travaux moteurs qui s'effectuent dans la nature et qui tous donnent lieu à des productions de chaleur. Considérée en elle-même, elle conduit à la conséquence extrême d'un monde où le retour de l'énergie cinétique serait impossible, puisqu'il troublerait l'équilibre de température qui est atteint par hypothèse; mais, en fait, l'hypothèse est irréalisable, parce que l'attraction universelle subsistant toujours, l'anéantissement des révolutions célestes ne peut être que la réunion de tous les corps au corps du soleil, et, par suite, la fin du monde dans la nébuleuse incandescente, telle qu'elle se présentait pour les considérations précédentes. De toutes manières, le terme de la vie de l'humanité doit précéder d'un laps de temps incalculable la ruine du système solaire.

La conclusion philosophique qui se présente le plus naturellement, quand on réfléchit à ces lois de finalité physique, c'est que l'ordre de la nature, sous cet aspect, et abstraction faite des termes extrêmes de l'évolution, origine et fin, consiste essentiellement dans le jeu harmonique des deux forces antagonistes. Les philosophes qui portent leur attention sur ces termes extrêmes, mais qui ne spéculant pas sur la nébuleuse de pure théorie, homogène et uniforme, se tiennent au point de vue expérimental, et pensent que le monde revenu à l'état de diffusion et d'incandescence, peut renaître, en son évolution de refroidissement, puisqu'il est déjà né, suivant eux, d'un état semblable, ces philosophes sont fondés à imaginer que l'action ainsi recommencée des forces naturelles ramènera des réactions chimiques et des synthèses d'éléments pareilles, et puis des productions végétales, et des espèces animales, et enfin, pourquoi pas? des races humaines. Ils peuvent imaginer cela, sans aucun doute, mais l'idée de ces races n'est pas pour nous l'idée de l'Humanité; cette dernière a péri avec l'ancien monde et même longtemps avant lui, comme nous l'avons remarqué. Ce n'est plus pour nous la même chose. Cette palingénésie n'est pas la palingénésie.

Nous ne sachions pas qu'aucun des savants modernes, ni Kant, premier auteur moderne de la théorie astronomique des mondes formés progressivement autour d'un premier centre, dans le chaos, et se multipliant à l'infini puis mourant, ainsi que doit mourir tout ce qui naît, et renaissant éternellement des cendres les uns des autres[1], nous ne sachions pas qu'ils aient seulement songé à renouveler la doctrine cosmothéologique d'Héraclite et des stoïciens, et attendu de Zeus-Père qu'il fit revenir, à chaque évolution d'un monde, les mêmes hommes dans le même ordre et les mêmes rapports, avec les mêmes aventures. Il faudrait donc déclarer nettement que l'Humanité, en cette conception, est un simple accident, en un certain monde, ou que, si l'accident se reproduit ailleurs et en d'autres temps, il ne nous regarde pas.

Ceci ne veut pas dire qu'il soit impossible de concilier une telle doctrine des mondes avec des croyances spiritualistes venues, d'une autre part, en juxtaposant un régime des âmes immortelles, en un ciel idéal, et un ciel physique voué aux évolutions de la Force; mais la conciliation n'est pas naturelle, elle formerait, ce semble, un cas singulier dans l'esprit du savant qui ainsi se dédoublerait. La doctrine illogique de l'infini matériel a été la cause d'une déviation des concepts de totalité et de fin en cosmologie. Depuis l'époque où une induction, non pas simplement illégitime, mais contradictoire en soi, a été tirée du changement d'échelle apporté par les découvertes astronomiques à la représentation géométrique et à l'imagination des distances et des volumes dans les phénomènes célestes, l'habitude a gagné les esprits de mesurer l'importance et la dignité des choses sur la place qu'elles occupent dans l'étendue et la

---

[1] On peut voir un excellent résumé, présenté avec admiration et une faveur marquée, de cette *théorie du ciel* de Kant, dans le savant traité des *Hypothèses cosmogoniques* de M. Wolf, p. 95. Et certes l'admiration est justifiée par la sublimité des idées, mais le sublime n'est pas le moral; il admet l'horreur, comme les abîmes et les précipices.

quantité de matière mise en œuvre pour leur développement. L'humanité et son habitat, la terre, ces infiniment petits, en présence de l'espace, de la matière et du temps, ont été jugés n'avoir, aux yeux d'un auteur supposé du monde, ou bien en soi, si c'est en soi que ce monde existe, qu'un intérêt proportionné à leurs dimensions. Et l'homme rapporte tout à lui! La science doit, pense-t-on, dissiper cette illusion. Cependant l'anthropocentrisme, si le savant consent à séparer, de ce qu'il entend aujourd'hui par ce mot, des superstitions et des puérilités, qui n'en sont pas le fond, l'anthropocentrisme est le point de vue moral de l'univers. On oublie, quand on le condamne, que le monde ne peut être quelque chose pour l'être pensant, si la pensée ne se pose au centre du monde. Tout être humain a le pouvoir et la mission de s'y poser. L'univers peut l'*écraser*; mais *l'univers qui l'écrase n'en sait rien*, comme dit Pascal.

En se plaçant au point de vue de l'espace et dans l'enceinte du système solaire, on ne réfléchit pas que le lieu de la station humaine est privilégié, et qu'il est douteux que beaucoup d'autres lieux soient mieux adaptés, quant à l'intensité de la gravitation et à la variété des températures, aux développements concordants de l'organisation et de l'esprit. Nous ne savons même point s'il y a d'autres planètes habitées que la nôtre, et, quant aux autres systèmes stellaires, notre ignorance de ce qu'ils peuvent valoir en ce qui concerne la vie et la pensée est entière. Si donc notre habitation est petite, il nous est permis de croire qu'elle n'est pas la plus incommode, et qu'elle pourrait bien être, avec les conditions qu'elle réunit, le centre de quelque chose d'important pour le monde, et enfin si ce n'est pas nous qui écrasons l'univers matériel de notre supériorité d'agents intelligents.

Quoi qu'il en soit, et pour revenir à la question générale de la fin des forces physiques, on peut dire de la situation du système solaire dans le nombre immense des régions stellaires dont nous ne percevons que les rayonnements lointains et les différences d'éclat, qu'elle est analogue à la situation de la terre dans le système solaire, c'est-à-dire qu'elle ne laisse prévoir aucun changement possible dans les rapports généraux des forces antagonistes entre lesquelles se partage l'énergie constante de l'univers, qui ne doive être envisagé à un éloignement dans le temps, du même ordre de grandeur que celui qui sépare, dans l'espace, le soleil des étoiles à parallaxes mesurables. La stabilité de notre système ne répond pas, sans doute, à la rigueur mathématique que les astronomes ont d'abord pu croire démontrée par les calculs de Laplace qui ont établi la périodicité des perturbations que Newton avait regardées comme s'opposant à la durée indéfinie des relations actuellement assurées par la loi de la gravitation entre les planètes. Cette stabilité est telle cependant que les altérations auxquelles elle permet de s'introduire, et dont l'issue est incertaine à cause de la complexité des phénomènes, ne la menacent que spéculativement, et, à vrai dire, imaginairement, en dehors de toutes vues humaines raisonnables. Le fait donné est l'harmonie des forces en ce qui touche la condition actuelle. L'avenir est à des fins physiques que la fin de l'humanité précédera cependant, et même d'un intervalle de temps incalculable, si tant est que les races humaines durent jusqu'au moment où le milieu terrestre cessera d'être compatible avec la vie physiologique, et que les vices des hommes, plus puissants que la raison, n'aient pas une marche plus rapide que les causes physiques générales, toutes si lentes, pour la destruction des organismes des êtres rationnels.

La philosophie nous conseille donc de reporter tout notre intérêt, dans la question des origines et des fins, sur l'Origine et sur la Fin, universellement parlant, des phénomènes actuels, parce que celle-là seule, en dépit des apparences, est liée au jugement de la raison sur la nature humaine et sur la destinée de l'homme. Au point de vue empirique pur, quelque étendu et pénétrant qu'il puisse être sur les conditions de l'univers et de la vie, il est trop manifeste que l'humanité actuelle est un phénomène passager et même accidentel, un des effets des forces attractives et de la chaleur à la surface terrestre, ainsi que l'état de la terre elle-même est le produit de ses rapports avec le soleil depuis une certaine époque à déterminer, sur le calcul de laquelle les astronomes et les géologues ne désespèrent pas de se mettre d'accord. La question première, ou de l'origine des phénomènes, ne se pose pas sur ce terrain. Elle est inévitablement métaphysique, par cette raison fort simple que, pour la résoudre, il faut ou partir d'une donnée physique empirique, dont on ne définit pas les premiers antécédents, ou bien définir un état physique fixe, antérieur au mouvement, au changement considéré dans l'espace et dans le temps, et survenu dans cet état, et définir la cause de ce mouvement. Dans le premier cas, ces antécédents indéterminés, qui eux-mêmes en ont supposé d'autres, impliquent nécessairement chez le philosophe, soit ou non qu'il le déclare lui-même, la doctrine du procès à l'infini des phénomènes. Le problème de l'origine n'est donc pas résolu, il semble l'être seulement, par cette doctrine, dont la critique est liée à celle de toutes les questions transcendantes, et en réclame l'examen. Dans le second cas, *l'origine du mouvement*, — car il est à propos d'employer ces termes que les philosophes de l'antiquité entendaient au sens d'origine des phénomènes, — pose un problème dont la solution se cherche vainement dans la donnée physique immobile où l'on prend le point de départ.

L'apparente solution par le procès à l'infini est celle que donnent à la question d'origine tous les systèmes d'évolutions périodiques, tant ceux qui, comme l'évolutionisme stoïcien, envisagent dans l'état originaire du monde une donnée identique à l'état final d'un monde antérieur, et de laquelle un monde nouveau, mais identique, doit procéder, que ceux dont le point de départ est la thèse d'un enveloppement primitif universel des phénomènes dans un état d'indistinction et d'uniformité de la matière, avec toutes les forces en puissance, à peu près comme Kant et H. Spencer paraissent l'avoir compris ; car leurs doctrines sont à cet égard comparables, et elles supposent nécessairement que l'état premier d'un monde correspond à l'état final d'un monde précédent, ainsi que ce monde lui-même, après son involution, doit se redévelopper en un monde nouveau, mais non pas peut-être identique. Les vues de ces philosophes touchant une puissance supérieure aux évolutions, et que l'un dit être l'*Absolu* dont la Force-matière n'est que le symbole, et que l'autre appelle Dieu, selon l'usage, pour pouvoir au moins le regarder comme un principe de finalité, ces vues ne changent rien à la thèse cosmogonique essentielle. Le procès à l'infini est l'unique explication proposée de chaque évolution. La question réelle du commencement des phénomènes n'obtient pas de solution ; ou bien le philosophe doit sortir du domaine physique pour embrasser une doctrine de l'infini, qui est contradictoire à l'idée même de commencement, et, de plus, *contradictoire au principe de contradiction*, qui exige l'arrêt dans le reculement des phénomènes.

Enfin la théorie qui, pour éviter le recul à l'infini, en même temps que se maintenir dans le domaine physique, pose en principe l'existence d'une matière uniforme, définie par des propriétés mécaniques, mais sans aucun mouvement antérieur de ses éléments, n'a pas de solution possible pour l'origine du mouvement. C'eût été le cas de la cosmogonie de Descartes, avec sa définition de la matière uniforme et continue, si Descartes n'avait pas eu recours au Créateur pour former et mouvoir les tourbillons ; et c'est le cas des systèmes mécaniques auxquels peuvent se ramener, au point de vue de la physique actuelle et de la théorie de l'énergie, les concepts de la matière moléculaire, mobile et gravitante. La force est considérée, nous le savons, dans les phénomènes seulement, c'est-à-dire dans les mouvements, non dans sa nature; ou, en d'autres termes, ce n'est que nominalement que le mot *force* est employé pour désigner des effets, sans prétendre en définir la cause.

Cela posé, deux grandes classes de mouvements sont à distinguer dans la matière moléculaire pour se placer à l'origine du monde, avant que les molécules aient contracté des liens qui déjà appartiendraient à la nature d'un monde constitué, et avant même que la molécule soit vraiment définissable, puisque ses relations ne sont pas connues. Il faut regarder la molécule comme une simple partie uniforme de la matière divisible et mobile sous les deux aspects résultant des deux grands phénomènes universels, et qui sont, l'un la gravitation, à laquelle toutes les molécules sont également soumises, l'autre la chaleur, c'est-à-dire les vibrations moléculaires auxquelles correspondent les phénomènes que nous appelons calorifiques. La définition de la molécule se réduit ainsi à l'idée que nous avons de la matière divisée dont les parties sont mues selon ces deux lois. Or, si nous prenons d'abord la matière au point de vue exclusif de la gravitation, et dans un état où l'énergie est tout entière cinétique, et en puissance seulement, parce que sans cela nous supposerions le mouvement déjà donné, il nous sera impossible, nous l'avons vu plus haut,[1] d'expliquer par l'attraction universelle la formation des centres particuliers d'attraction, et par là, la constitution des corps.

Si c'est de l'autre aspect des forces naturelles que nous parlons, en prenant l'énergie cinétique pour nulle, et les actions moléculaires en possession de la somme entière de l'énergie cosmique, il faut supposer l'équilibre de température, tel

---

1. Voy. ci-dessus p. 89 et 509.

que le définit la théorie de Clausius, et nous avons vu aussi qu'il n'était pas possible de faire sortir de cet état les mouvements de translation et la formation des masses, phénomènes qui supposent des transports d'énergie et par conséquent des variations de température, contrairement à l'hypothèse de l'équilibre initial [1].

Si enfin nous prenions l'origine du monde en l'état de l'énergie divisée, ce n'est plus une origine que nous poserions ; ce serait le monde lui-même, avec les liaisons établies et les propriétés des éléments dont le fonctionnement, qui ne dépend que des relations des forces attractives et répulsives, conduit par les actions et réactions de ces forces aux synthèses qui sont les atomes ou molécules spécifiques, les corps, les organismes, la vie, la nature tout entière en son développement.

La physique ne peut, en résumé, ni donner la raison du mouvement, soit qu'il ait à naître d'impulsions sans précédents, soit qu'il naisse de l'attraction mutuelle de molécules semblables, uniformément réparties dans l'espace, et, par suite, expliquer la formation des masses et la production de la chaleur par leurs collisions ; — ni rendre compte, inversement, de la génération de l'énergie cinétique (attractive) en prenant pour donnée l'énergie moléculaire (répulsive) uniforme et sans différences ; — ni nous faire comprendre le passage de l'un de ces genres de forces à l'autre, quoiqu'elles existent potentiellement les unes dans les autres, pour ainsi dire, et que leurs actions se remplacent les unes les autres sans que la somme de leurs valeurs mécaniques varie ; — ni enfin les supposer toutes à la fois données et en rapport entre elles de la manière dont témoigne l'expérience, ce qui serait le monde posé, non expliqué. Mais tout cela veut dire, un mot suffit, que la physique n'expliquant pas la force n'explique pas la cause, n'explique pas l'origine.

1. Voy. ci-dessus p. 515-516.

La raison nous conseille d'élever nos regards au-dessus de ces forces naturelles dont nous ne connaissons que les effets, dont nous réduisons les notions à des concepts mathématiques, seuls moyens de les définir en les généralisant. Rendons à la force le sens supérieur, sens intelligible réel, dont l'application nous échappe dans les essences des êtres élémentaires, et portons-le au siège éminent des causes, en cette Volonté et Intelligence première qui a institué ces êtres pour le service de la vie universelle, en les douant des qualités propres à préparer des organes, à travers les phases de leur existence immortelle, pour les consciences à l'intention desquelles elle a créé le monde physique.

En l'état actuel de ces forces créées, c'est la balance de leurs actions antagonistes, ce sont les pôles de l'individuel et de l'universel, dans le règne de l'attrait, qui constituent, par de continuelles liaisons, actions et réactions limitées, l'harmonie du tout. Aux deux extrémités du développement des conditions souveraines de l'ordre du monde, considérées dans leur relation générale, la physique mécanique, sans se laisser arrêter par l'insuffisance des données et la complexité des calculs, se trouve en face du fait de la vie, qui n'est pas de son sujet, et, l'envisageant cependant, ne saurait en imaginer aucune sorte d'explication. La science n'a point le droit d'opposer aux fins morales de l'homme dans la nature les résultats de découvertes et d'inductions qui ne portent que sur les forces abstraites; pas plus qu'elle ne se connaît de ressources pour imaginer dans cet ordre d'études une conciliation possible au lieu d'une antinomie formidable. Mais ni le concept des fins de l'humanité, ni les croyances, ni les spéculations cosmologiques qui s'y peuvent joindre ne réclament de nous des connaissances empiriques ou scientifiques de plus d'étendue que nous n'en possédons.

CHAPITRE L

RÉSUMÉ DES THÈSES PRINCIPALES
CONCLUSION

Le phénomène mental que nous nommons *volonté* ne peut être défini en lui-même, ou expliqué d'aucune manière ; le sentiment et l'idée peuvent seulement en être évoqués, chez ceux qui les ont comme nous, grâce à des liaisons avec les autres phénomènes mentaux, et avec tout ce que nous appelons les *effets* de cette *cause* : la volonté.

Entre cette cause consciente et les phénomènes objectivement représentés du monde physique, c'est-à-dire les effets sensibles dans l'étendue, les mouvements qui la suivent, aucun intermédiaire n'est perçu, aucune hypothèse rationnelle ne s'offre, au delà du fait lui-même, et de notre idée de cause, et d'une liaison vérifiée, qui puisse nous faire comprendre cette liaison elle-même ou la séquence empirique de l'effet par rapport à la cause.

Entre les phénomènes objectifs de forme externe, qualités sensibles et mouvements qui nous représentent des corps, dont notre corps fait partie, et la perception réelle de ces corps en tant qu'ils seraient constitués en eux-mêmes par telle ou telle de ces qualités sensibles (soit l'étendue sensible, l'impénétrabilité, la dureté, la résistance, etc.,) il n'y a aucun rapport à reconnaître. Une telle perception n'existe pas, mais seulement des idées que la présence de ces corps fait naître en nous, et qui sont des signes de cette présence et de leur extériorité, dont nous ne doutons pas. Sur leur nature intime, sur celle de leurs éléments, qui sont aussi les éléments de nos organes, nous faisons des hypothèses, mais les phénomènes sensibles par lesquels se manifestent pour nous leurs actions mutuelles et leurs actions sur nous, en un mot nos perceptions formelles sont toujours des modes de sentir ou des modes de penser.

Parmi les hypothèses qui ont le plus grand cours dans les doctrines philosophiques et dans les sciences physiques, celle qui définit les corps comme composés de parties infinies réelles d'une matière indéfiniment divisible, — ou encore d'éléments eux-mêmes non corporels, mais en nombre infini, — sont réfutables par le principe du tout et du nombre. Le tout actuel de parties sans fin est un concept contradictoire en soi.

Les qualités et les idées, qu'elles soient sensibles, ou qu'elles soient intellectuelles et abstraites, sont toujours relatives, représentées les unes par rapport à d'autres, sous condition de certaines autres comme données, et toutes par rapport à quelque conscience pour laquelle elles sont des phénomènes représentés, inséparables de l'idée de leur représentation comme possible, alors même qu'elle est de forme externe. Il est illogique de rompre ce lien et d'imaginer les qualités réalisées en dehors et indépendamment de toute conscience, pour constituer des principes ou éléments des corps, ou ce qu'on appelle des substances matérielles.

Une substance, si nous voulons conserver ce nom, est une conscience, c'est-à-dire une relation encore, mais de soi à soi, de soi comme sujet à soi comme objet. Et cette relation fondamentale est la condition et le principe de toute autre relation possible représentée en une conscience sous forme objective externe.

En toute substance ou conscience entrent, avec les rapports qui sont des perceptions, ceux qui s'y joignent et leur sont liés comme rapports d'appétition, tendances à des fins imaginées ou conçues, et ceux qui sont des rapports de force ou causalité, desquels il dépend que, certains phénomènes étant produits ou perçus par telle conscience, des phénomènes correspondants soient perçus ou produits par d'autres consciences.

Le fondement unique et la source pour nous de cette idée de force qui s'entremet entre des phénomènes dont le rapport de succession, comme d'antécédent à conséquent, est constant, est la volonté.

Quand ce rapport de séquence invariable s'observe entre des phénomènes complexes et certains phénomènes particuliers, distincts, nous n'appelons proprement cause, parmi les premiers, que le phénomène distinct et défini dont la présence ou la production actuelle est une condition nécessaire et suffisante de tels phénomènes qui suivent.

Une volition nettement déterminée et efficace est dans ce cas. C'est une cause formelle et directe.

Si ce n'est pas d'une volition qu'il s'agit, ce que nous avons encore coutume d'appeler *cause* est simplement une condition nécessaire et suffisante de la production de l'*effet*, non point une force proprement dite, à la prendre isolément. Cette condition est accompagnée d'autres conditions nécessaires en plus ou moins grand nombre, parmi lesquelles des forces réelles, sans doute, mais qui ne se dégagent pas pour nous, que nous ne discernons pas.

L'explication du mouvement et de sa communication d'un corps à un autre corps, dans l'hypothèse du mécanisme de l'agent, est une pure abstraction qui consiste à donner le nom de force à l'impulsion, c'est-à-dire à un terme qui désigne simplement la loi empirique observée du phénomène. Mais ni l'idée de transmission, ni celle de transition n'expriment rien d'intelligible qui passe de la cause à l'effet, pour expliquer celui-ci; ou de la force au mouvement, quand nous regardons la cause et la force comme des phénomènes mentaux de volonté, et les effets de mouvement comme des représentations objectives à l'égard desquelles la conscience est passive. Il faut donc, après avoir défini les forces de la nature par des agents mentaux, — on peut les appeler des *monades*, — définir l'efficacité externe de leurs actions, phénomènes internes, par un ordre général de la nature, partout semblable à celui dont nous vérifions la donnée générale dans les cas particuliers de nos désirs et de nos volontés, en rapport avec les déterminations de nos centres nerveux, les mouvements de nos viscères et de nos membres, phénomènes externes; et c'est l'*harmonie préétablie*.

TABLE DES MATIÈRES

Préface i

LE PERSONNALISME

PREMIÈRE PARTIE

LA MÉTAPHYSIQUE DU PERSONNALISME

Chapitre I. Les deux hypothèses contraires. — La création. — La suite infinie des phénomènes sans origine. . . . 1
— II. Des doctrines qui font descendre le monde de principes abstraits . . . 7
— III. La cause première comme volonté et personnalité. La conscience. Le monde extérieur. . . . 11
— IV. De la personnalité divine créatrice. . . . 15
— V. Les principes de relativité et de contradiction. La réalité et l'idée. Le sens de l'idéalisme . . . 19
— VI. L'idée de perfection. . . . 24
— VII. La perfection du monde créé primitif. — Objet rationnel de la création, . . . 30
— VIII. Conditions générales d'un monde parfait . . . 35
— IX. L'état actuel et l'état primitif de l'homme et de la nature. . . . 42
— X. De la personnalité et des lois de l'entendement. . . . 47
— XI. Les monades et l'homme. — Rapports de l'homme à la nature. . . . 54
— XII. La société parfaite et la possibilité de la chute. L'origine du péché; l'origine du devoir . . . 62
— XIII. De la nébuleuse et de son rapport à la création . . . 83
— XIV. La ruine du monde primitif. . . . 91
— XV. La conservation et la reproduction de l'organisme humain sous de nouvelles lois. . . . 102
— XVI. D'un mode possible de restauration des personnes immortelles. . . . 118

DEUXIÈME PARTIE

LA SOCIOLOGIE DU PERSONNALISME

Chapitre XVII. Du commencement et des premiers éléments de l'état social . . . 129
— XVIII. De la loi de l'humanité terrestre. . . . 172

TABLE DES MATIÈRES

TROISIÈME PARTIE
L'ESCHATOLOGIE DU PERSONNALISME

Chapitre XIX. De la restauration finale de la personne et de la société ... 211

ÉTUDE
SUR LA PERCEPTION EXTERNE ET SUR LA FORCE

Chapitre I. La perception externe dans les doctrines du XVIIe siècle ... 227
— II. La perception externe chez Locke et chez Condillac. 230
— III. La perception externe chez Destutt de Tracy ... 237
— IV. La perception externe chez Maine de Biran ... 242
— V. La volonté locomotrice de Maine de Biran ... 249
— VI. La théorie de la perception de Berkeley ... 256
— VII. Théorie de la perception de Reid ... 264
— VIII. Théorie de la perception de Brown ... 273
— IX. Reid, Brown et Hamilton ... 278
— X. Hamilton et Herbert Spencer ... 284
— XI. La perception externe chez Alexandre Bain ... 296
— XII. La perception externe chez Stuart Mill ... 303
— XIII. La perception externe chez H. Taine ... 308
— XIV. L'idéalisme Kantien ... 316
— XV. Les théories génésiques en Allemagne. Herbart, Lotze, Wundt, Helmholtz ... 321
— XVI. Point de vue physique et point de vue métaphysique de la perception externe ... 328
— XVII. Théorie de la spatialité de W. James ... 332
— XVIII. Théorie de la perception externe et de la volonté de W. James ... 340
— XIX. Digression sur la liberté du vouloir ... 349
— XX. L'idée de force au point de vue scientifique ... 351
— XXI. L'idée de cause au point de vue scientifique ... 360
— XXII. L'idée du mouvement. Relativité du mouvement. 366
— XXIII. L'idée de temps. — La mesure du temps ... 369
— XXIV. De la continuité par rapport aux forces naturelles. 372
— XXV. La loi de l'inertie et la communication du mouvement. — L'idée de masse. — L'expression mathématique de la force ... 375
— XXVI. De la nature de la pesanteur. — L'action à distance ... 379
— XXVII. Le système de l'entité force de A. Hirn ... 382
— XXVIII. Le système du potentiel. — R. Pictet ... 386
— XXIX. La théorie physique de l'éther ... 391
— XXX. Doutes sur l'existence d'un milieu matériel interplanétaire ... 397
— XXXI. La force comme travail et comme chaleur ... 403

Chapitre XXXII.	Question des forces vives. — Théorie de l'énergie. — La force vive chez Leibniz	407
— XXXIII.	Accord des actions libres avec la constance de l'énergie	412
— XXXIV.	Les origines de la thermodynamique Newton et Leibniz	418
— XXXV.	La cosmogonie et la physique de Descartes. Les tourbillons	421
— XXXVI.	La matière et les forces dans la cosmogonie de Kant	431
— XXXVII.	Système mathématique des forces de Boscovich	440
— XXXVIII.	La théorie de la continuité de Boscovich	451
— XXXIX.	Les thèses théologiques chez Boscovich	456
— XL.	Du sujet abstrait de la physique	463
— XLI.	De la gravitation et des actions à distance	467
— XLII.	Des forces naturelles et des états des corps	473
— XLIII.	La matière selon les cosmogonies physiques. — La théorie cinétique des gaz	478
— XLIV.	De l'application du principe de relativité aux notions physiques premières	486
— XLV.	Les monades et l'harmonie préétablie dans le monde physique	492
— XLVI.	De la correction à apporter à la monadologie Leibnitienne	497
— XLVII.	La doctrine des monades et les idées générales de la physique moderne	500
— XLVIII.	De l'origine du monde au point de vue mécanique	507
— XLIX.	Des fins possibles du monde mécanique	513
— L.	Résumé des thèses principales, Conclusion	531

ÉVREUX, IMPRIMERIE DE CHARLES HÉRISSEY

FÉLIX ALCAN, ÉDITEUR
108, BOULEVARD SAINT-GERMAIN, PARIS, 6e

BIBLIOTHÈQUE
DE
PHILOSOPHIE CONTEMPORAINE

(Extrait du Catalogue)

MÉTAPHYSIQUE

BERGSON, de l'Institut, professeur au Collège de France. — Sur les données immédiates de la conscience. 3e édit. 1 vol. in-8 3 fr. 75
— Matière et mémoire, *essai sur le rapport du corps à l'esprit.* 2e édit. 1 vol. in-8 . . . . 5 fr.
CARUS (P.). Le problème de la conscience du moi, traduit de l'anglais par A. Monod. 1 vol. in-18 . . . . 2 fr. 50
CONTA (Basile). — Le fondement de la Métaphysique, traduit du roumain par M. Tescanu. 1 vol. in-18. . . . . 2 fr. 50
FONSEGRIVE, professeur au lycée Buffon. — La causalité efficiente. 1 vol. in-18. 2 fr. 50
— Essai sur le libre arbitre. *Théorie, histoire.* 2e édit. 1 vol. in-8. 10 fr.
FOUILLÉE (Alf.), de l'Institut. — L'avenir de la métaphysique fondée sur l'expérience. 1 vol. in-8 . . . . 5 fr.
— La liberté et le déterminisme. 9e édit. 1 vol. in-8 . . . . 7 fr. 50
LECLÈRE, docteur ès lettres. — Essai critique sur le droit d'affirmer. 1 vol. in-8 . . . . 5 fr.
LIARD (L.), de l'Institut, directeur de l'enseignement supérieur au ministère de l'Instruction publique. — La science positive et la métaphysique. 4e édit., 1 vol. in-8. . . . . 7 fr. 50
PIAT (Abbé C.), professeur à l'école des Carmes. — Destinée de l'homme. 1 vol. in-8. . . . . 5 fr.
RENOUVIER, de l'Institut. — Les dilemmes de la métaphysique pure. 1 vol. in-8. 5 fr.
— Histoire et solution des problèmes métaphysiques. 1 vol. in-8. 7 fr. 50
SCHOPENHAUER. — Le libre arbitre, traduit par M. S. Reinach. 7e édit., 1 vol. in-18. . . . . 2 fr. 50
SPENCER (Herbert). Premiers principes, trad. par M. Cazelles. 9e édit. 1 vol. in-8. . . . . 10 fr
THOUVEREZ (Émile), chargé de cours à l'Université de Toulouse. — Le réalisme métaphysique. 1 vol. in-8 . . . . 5 fr.

Félix ALCAN, éditeur, 108, boulevard Saint-Germain, Paris, 6e.

LOGIQUE

BAIN (Alex.), professeur à l'Université d'Aberdeen (Ecosse). — La logique inductive et déductive, traduit de l'anglais par G. Compayré, 2e édit., 2 vol. in-8 . . . . 20 fr.

BROCHARD (V.), professeur à la Faculté des lettres de Paris. — De l'erreur, 1 vol. in-8, 2e édit. . . . . 5 fr.

BRUNSCHVICG (L.), professeur au lycée Condorcet, docteur ès lettres. — La modalité du jugement. 1 vol. in-8 . . . . . . 5 fr.

LACHELIER, de l'Institut, inspecteur général de l'Instruction publique. — Du fondement de l'induction, suivi de *Psychologie et Métaphysique*. 4e édit., 1 vol. in-18 . . . . 2 fr. 50

LIARD, de l'Institut, directeur de l'enseignement supérieur au ministère de l'Instruction publique. — Les logiciens anglais contemporains. 3e édit., 1 vol. in-18 . . . . 2 fr. 50

MILHAUD (G.), professeur à l'Université de Montpellier. — Essai sur les conditions et les limites de la certitude logique. 2e édit. 1 vol. in-18 . . . . 2 fr. 50

— Le rationnel. 1 vol. in-18 . . . . 2 fr. 50

REGNAUD (P.), professeur à l'Université de Lyon. — Précis de logique évolutionniste. *L'entendement dans ses rapports avec le langage*. 1 vol. in-18 . . . . 2 fr. 50

STUART MILL. — Système de logique déductive et inductive, traduit de l'anglais par M. Louis Peisse. 4e édit., 2 vol. in-8 . . . 20 fr.

REVUE PHILOSOPHIQUE
DE LA FRANCE ET DE L'ÉTRANGER

Dirigée par **Th. Ribot**, de l'Institut, professeur honoraire au Collège de France

VINGT-HUITIÈME ANNÉE, 1903

La Revue Philosophique paraît tous les mois, par livraisons de 7 à 8 feuilles grand in-8, et forme ainsi à la fin de chaque année deux forts volumes d'environ 680 pages chacun.

CHAQUE NUMÉRO DE LA *REVUE PHILOSOPHIQUE* CONTIENT :

1° Plusieurs articles de fond; 2° des analyses et comptes rendus des nouveaux ouvrages philosophiques français et étrangers; 3° un compte rendu, aussi complet que possible, des *publications périodiques* de l'étranger, allemandes, anglaises, américaines, italiennes, russes, pour tout ce qui concerne la philosophie; 4° des notes, des documents, des observations pouvant servir de matériaux ou donner lieu à des vues nouvelles.

PRIX D'ABONNEMENT :

Un an, pour Paris, **30 fr.** — Pour les départements et à l'étranger, **33 fr.**

La livraison . . . . . **3 francs.**

Les années écoulées se vendent séparément 30 francs et par livraison de 3 francs.

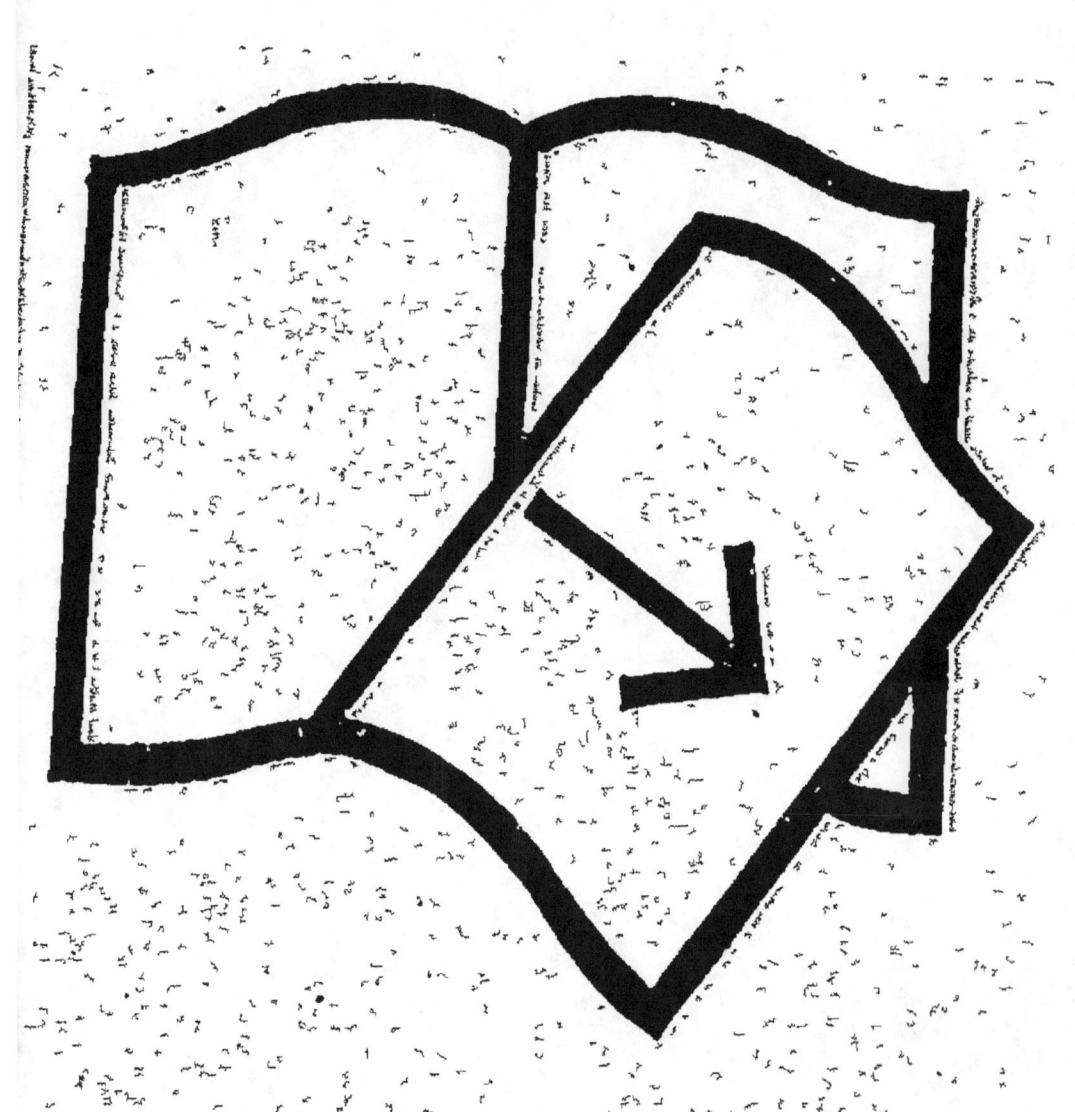

www.ingramcontent.com/pod-product-compliance
Lightning Source LLC
Chambersburg PA
CBHW070833230426
43667CB00011B/1779